专家论证刑事案件意见选编

ZHUANJIA LUNZHENG
XINGSHI ANJIAN
YIJIAN XUANBIAN

刘金友 编

中国政法大学出版社

2022·北京

图书在版编目（ＣＩＰ）数据

专家论证刑事案件意见选编/刘金友编. —北京：中国政法大学出版社，2022.7
ISBN 978-7-5764-0580-4

Ⅰ.①专… Ⅱ.①刘… Ⅲ.①刑事犯罪－案例－中国 Ⅳ.①D924.115

中国版本图书馆 CIP 数据核字 (2022) 第 121660 号

出 版 者	中国政法大学出版社
地 　　址	北京市海淀区西土城路 25 号
邮寄地址	北京 100088 信箱 8034 分箱　邮编 100088
网 　　址	http://www.cuplpress.com (网络实名：中国政法大学出版社)
电 　　话	010-58908586(编辑部) 58908334(邮购部)
编辑邮箱	zhengfadch@126.com
承 　　印	北京中科印刷有限公司
开 　　本	720mm×960mm　　1/16
印 　　张	27.75
字 　　数	460 千字
版 　　次	2022 年 7 月第 1 版
印 　　次	2022 年 7 月第 1 次印刷
定 　　价	118.00 元

编者简介

刘金友，1943 年 2 月生，山东莱州人，法学硕士，中国政法大学教授、博士生导师，现为中国政法大学法律应用研究中心主任。

1963 年至 1968 年在北京政法学院（中国政法大学前身）政法系学习，毕业后在沈阳市铁西区教育局工作，1979 年至 1982 年在北京政法学院研究生院刑事诉讼法专业学习，师从张子培、严端、陈光中教授，主要研究方向为刑事诉讼法学、证据法学，为中华人民共和国第一批刑事诉讼法学、证据法学专业的研究生。

1982 年毕业后留校任教至今，先后担任讲师（1984 年）、副教授（1988 年）、教授（1994 年），硕士生导师（1994 年）、博士生导师（2003 年）；曾先后担任校刑事诉讼法教研室副主任、法学综合教研室主任、校科研处副处长、继续教育学院副院长，2007 年担任校法律应用研究中心主任至今；1984 年获律师资格并做兼、专职律师执业至今，先后担任校属北京市光大律师事务所主任，北京易准律师事务所主任及名誉主任。

编者说明

（一）

在《专家论证刑事案件意见选编》即将付梓之际，心中满怀激动与感激之情。

之所以激动，是因为这是十多年来的一个集体研究的结晶，所谓"十年磨一剑"啊！

中国政法大学法律应用研究中心成立于 2007 年 3 月 14 日，是中国政法大学唯一的一所以法律应用为研究对象的科研机构，我本人是中心的主任。中心被定位为：深入法律应用研究，为社会提供法律帮助，促进司法公平正义。其中，接受政府机关、公安司法机关、企事业单位、社会团体和当事人委托，代为聘请权威法学专家进行专家论证，提供法律意见，是本中心的重要任务之一。到今年 3 月 14 日，就是中心成立 15 周年华诞了。值此，中心拿什么来回馈学校和社会呢？正好，今年又是学校成立 70 周

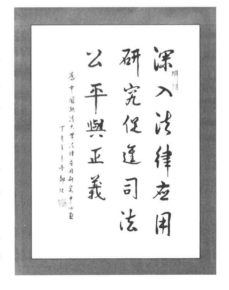

年，学校科研部门要求学校各科研机构提供最新科研成果，我就只好，将 15 年来本中心接受委托，代为组织专家论证形成的"专家论证法律意见书"，加以汇总、整理，形成了《专家论证刑事案件意见选编》和《专家论证民事行政案件意见选编》两卷，予以正式出版，就算是本中心和本人对学校和社会

的一份献礼吧。

之所以感激，是因为十多年来，每一份"专家论证法律意见书"，都是参与论证的我国权威法学专家们的集体智慧的结晶，所凝聚的不仅是智慧和心血，而且是对法治忠诚和担当的精神。十多年来，我作为论证的组织者和参加者，从专家们身上学到的不只是他们的专业知识，而且是他们作为法律人对法治忠诚和担当的赤诚之心，即法律人应持守的良心。所以，我要借此机会代表中国政法大学法律应用研究中心，对每一位参加专家论证的专家的支持和帮助，表示衷心的感谢。同时，还要对委托方及代理律师们表示衷心的谢意，他们对当事人和法治高度负责的精神，也永远值得我学习。

此外，我的心情还有些忐忑。虽然每一篇"专家论证法律意见书"都是我国权威法学专家集体研究讨论的结果，可是，我本人虽然还可被称为刑事诉讼法学、证据法学专家，但对案涉的刑法学、民事法学、行政法学问题，自己却是站立在其科学的大门之外，怎敢妄称专家？最要害的是，最后每一个案件的意见，都要由我本人来加以汇总、整理，形成正式文件，最后再请相关专家审核。但是，这样的文件，都能准确地反映每位权威专家的意见和水平吗？为此，我本人在每一个刑事案件的论证过程中，都尽量怀着敬畏之心，怀着对事实、证据负责，对法律负责，对社会负责，对委托人负责、对公安司法机关负责，对论证专家负责，这"六个负责精神"，力图做到每一篇"专家论证法律意见书"都能反映出我国权威法学专家的负责精神和学术水平，甚至包括文本中的体例、逻辑、层次、文字、标点符号和装潢，等等；我对于事实、证据问题，尤其是关键事实和证据，都要认真进行核查，许多都要与原始卷宗材料进行核对；对于法条、司法解释，都要根据专家意见进行准确核对和把握；对于学理解释，都要追根求源，对专家们的相关著作和核心观点进行认真学习和消化理解。十几年来，我对于每一个刑事案件的论证，虽然经过"预审"，将不能论证的案件筛选掉，对于可以论证的案件都有了自己的粗浅把握，但我都是抱着一个小学生的态度，先将自己的先入之见"归零"，然后再认真地听取委托方和权威专家们的意见，认真地做好记录，对于有的较为复杂的案件还要做好录音，对于不清楚、不明白的问题，要当面向委托方和专家请教；然后再认真消化理解，必要时，还要再翻阅资料，请教专家，务必尽力将案涉事实、证据、法律条文、司法解释规定、法理观点这"五个基本方面"弄清、弄懂、弄通，然后在此基础上，才可形成文件，以充分体现出专家们对法治忠诚、担当的"法律人的良心"。15 年来，我都坚持亲自撰写每一篇"专家论证刑事案件法律意见书"，我把它们作为我自己的一个再学习的极好的机会，也想把每一篇"论证意见书"写成实质上是一篇法律应有的活的论文。我尽管力图让每一篇"论证意见书"都能反映出各位论证权威法学专家的水平，但因自己能力所限，出现一些差误必不可免，但这并不能代表是专家们意见的差误，而只能是归于我没有领会到位、核查到位的责任。故，对于其中的差误之处，诚请能得到大家的及时斧正；而如果其中还能基本上反映出专家们的研究水平的话，那就只能是专家们的研究成果的反映；如果还可以从某种意义上算作是中心和我本人的科研成果的话，那也只能是因为这些"论证意见书"，是中心受委托组织提供，是由我本人全程参加，并亲自撰写，总之是我学习的成果反映。准确地说，我在本"意见选编"中的作用，一是我全程组织并参与了所有案件的论证；二是所有"论证意见书"都由我亲自撰写、修改、定稿和出具正式文本；三是我对本"意见选编"中的【案情简介】和【论证意见】，为公开出版需要做了相应的编辑；四是在开头加上了一个【论证要旨】提要；五是在最后赘上了一个【瞽言刍议】的结尾，以借题发挥，谈了自己对专家论证意见的某些感悟。从小处说，算是提出了一些个人的粗浅体会，从大处说，算是提出了自己对我国司法落实法治的一种"拷问"。此即所谓"瞽言刍议，伏待斧钺"! 仅此而已。

还需要特别说明的是，为正式出版需要，以防止对号入座，特将案情和"论证意见"中所涉的所有的相关人名、单位名、地名等相应隐去，用"某某"等代替，而不再具有相关权威专家意见对相关具体个案的论证作用，即本"意见选编"，仅供对我国法律应用作普遍性研究参考之用。故，敬请切勿对号入座，以此对原案具体处理问题而借题发挥。

（二）

最近，周强在出席"2021 年度十大案件"评选结果揭晓活动时强调："一个案例胜过一打文件"，要深入挖掘司法案例"富矿"，注重案例收集整理，加强案例宣传发布和释法说理，讲好中国法治故事，传播好中国法治声音。

余以为，如果说这"十大案件"是总结出的我国 2021 年的具有示范引领作用的正面经验的案例，那么本"意见选编"收集整理的则是经过本中心十多年来组织和由权威专家参加论证的刑事案件的较为典型的 50 个案例，是仅从另一个小的局部侧面反映了公安司法工作中的某些教训。总结经验固然重要，接受教训也必不可缺。深入挖掘司法案例"富矿"，从正面褒扬其中蕴含的正气、正能量，以抑恶扬善、讲道理、摆经验、明是非、彰力量、显温度，具有重要意义；而我们的论证"意见选编"，由权威专家来以此讲道理、明是非、摆教训、提建议、维法治，亦具有其内在的价值。这是"以案说法"，维护法治的一个问题的两个不同角度和方面。总之，这些论证案例，也是属于"富矿"，是活的司法教材，甚至也可以说，一个好的典型的论证案例，也胜过多篇"文件"和学术论文，是法律应用的宝贵的公共财富，将它们公开出版，可供法律人共同进行发掘、研判。故，余以为，本"意见选编"的公开出版，对于我国的法律应用，对于刑事法律的司法、立法、教学、科研都应当是有着不可替代的价值和意义的。

（三）

最后，我还想借此机会说一下有关我国的法学专家论证立法问题。在我国，对于个案开展法学专家论证，自改革开放开始，也已有几十年的历史了，应当说这对一些重大疑难案件的正确处理起到了重要的指导作用，特别是对于一些重大冤错案件的纠错，如聂树斌案、呼格案等，都起到了关键的把关、定向和促进作用。但由于我国对于专家论证问题在立法上没有定位，司法部门对其也有不同态度，有的很为尊重，甚至主动提出要求，有的态度比较消极，甚至有的还责难其是干预司法，有的在判决书里还曾载明：律师提供的专家论证意见，不是证据，本院不予采信，云云。为此，余以为参照英美法关于"法院之友"（或称"法庭之友"）的立法、司法，将我国法学专家论证纳入立法的规范轨道，将专家论证意见正式纳入司法领域，以趋利避弊，发挥其应有的重要作用，势在必行。

关于我国的专家论证立法问题，已有很多学者和司法人员呼吁多年了，提出了许多宝贵建议。其中，中国政法大学邱星美教授于 2009 年发表在《河北法学》上的论文《制度的借鉴与创制——"法庭之友"与专家法律意见》最具代表性。在这里不妨摘录一下她提供的部分资料和建议，以此说明将此提到立法的议程上的重要性：

　　"法庭之友"制度渊源于罗马法，古罗马并未实现法官的职业化，法官审理案件时必然要依赖于法学家的指导。英国最早将"法庭之友"制度引入审判程序中，法庭会主动邀请法律专家以"法庭之友"身份参加诉讼。至17世纪初，法院开始允许任何与案件无直接利害关系的公民作为"法庭之友"向法院提出事实和法律意见。

　　19世纪，美国法院引入"法庭之友"制度，并使之获得发展至制度化。1821年，联邦最高法院通过判例正式确立了"法庭之友"制度。1939年的《美国最高法院规则》第27条第9项规定：如果利益集团代表希望以"法庭之友"身份参加诉讼，而当事人拒绝的，可以向法院申请参加，由法院决定是否允许介入。有学者考察联邦最高法院的数据得出：1928年至1940年提交"法庭之友"书状的案件占1.6%（3/181），1970年至1980年则上升为53.4%（449/841）。在1946年至1995年的50年间，联邦上诉法院85%以上的案件有"法庭之友"的参与。同时，"法庭之友"书状被法庭引用的比例也逐渐增高，在1986年至1995年期间，大约有15%的案件援引了至少一位"法庭之友"的意见，37%的案件参考了至少一位"法庭之友"的书状。

　　我国与英美诉讼模式的不同，并不构成将专家论证意见纳入法治轨道的障碍。故，应借鉴英美"法庭之友"制度，因地制宜，创制我国的制度，规范我国尚无"名分"的专家法律意见，将专家法律意见书合法化和制度化，成为历史的必然。

　　对于邱星美教授根据这些宝贵的资料所提供的上述意见，我是非常赞成的。但愿这些宝贵的建议意见能早日变成立法的议案，纳入立法的日程。果如此，我坚信，由此立法确定，将我国的法律专家的意见，作为我国的"法庭之友"而正式纳入各级法院裁判参考的视野之中，使法庭判决能有机会不断吸纳法学专家们的科研意见和建议，这将会促进我国司法的民主化、法治化建设上一个新的台阶，这对于我国司法真正实现使每一案件都能让人民群众感受到公平正义，是具有重大意义的。

刘金友

2022年2月22日

目 录

1. 这起贿赂案的判决是否存在严重问题？

——Y 某某被判受贿、行贿罪一案专家论证意见

论证要旨

1. 起诉书与判决书认定 Y 某某没有出资 50 万元，事实不清、证据不足，依法不能成立；

2. 案中有确实、充分证据证明 Y 某某全面参与了涉案分公司的经营管理，不存在受贿"利润"款问题；

3. 判决认定 Y 某某是 L 某某的特定关系人，系特定关系人受贿，依法不能成立；

4. 一审判决认定 Y 某某向刘某某行贿 20 万元，事实严重不清、证据严重不足，依法不能成立。

案情简介

该案起诉与判决认定，被告人 Y 某某与 L 某某系小舅子与姐夫关系。L 某某在某某地区任供电局局长，被告人 Y 某某与另案被告人 H 某到该地区合作开办分公司，拿供电工程项目，被告人 L 某某先是坚决不同意，后明确表示决不会为他们提供任何帮助。起诉书与判决书认定，其后，其他分局长看在 L 某某的面子上或惧怕 L 某某，同意该分公司的中标工程项目。Y 某某未出资亦未参与该分公司的经营、管理，但截至案发，Y 某某共分得分红款 1000 余万元；Y 某某系 L 某某的特定关系人，得到的分红款系 H 某的行贿款；被告人 L 某某虽未得到一分钱，但双方约定，以后 L 某某退休下海经商，Y 某某可在资金和人脉上提供帮助，系 Y 某某受贿罪的共犯。

此外，Y 某某还犯有对某供电分局负责人刘某某的行贿罪。

论证意见

中国政法大学法律应用研究中心接受委托，代为组织专家论证，与会六名刑事法学专家于 2018 年 1 月 25 日，就本案一审被告人 Y 某某被判受贿、行贿罪，所涉及的事实认定、证据运用和法律适用问题，进行了认真讨论、研究，形成了完全一致的法律意见，即：一审判决被告人 Y 某某构成受贿、行贿罪，均依法不能成立。

一、判决书认定 Y 某某没有出资 50 万元，属于事实不清、证据不足，依法不能成立

（一）证据情况

1. 一审判决书（第 86 页）认定 Y 某某没有出资 50 万元的证据仅有：

（1）H 某的口供，说只有他本人出资 50 万元，而 Y 某某没有出资；

（2）会计英某某证明：从未收到过 Y 某某的出资资金；

（3）黄某某证明：Y 某某没有出资；

（4）胡某某证明：Y 某某没有出资；

（5）L 某某称听 Y 某某说过，Y 某某利用 L 某某的关系找施工队合作，Y 某某自己不用出资；

（6）公司账务资料未显示 Y 某某实际出资到该公司。

2. 辩方证明 Y 某某已出资的证据有：

（1）2012 年 5 月 7 日 H 某与 Y 某某所签《合作经营协议书》载：双方各出资 50 万元；双方出资为共有财产；合作终止后，合作双方的出资仍为个人所有，届时予以退还；甲、乙双方任何一方提出增资或减资均需征得对方同意，方可实施。

（2）Y 某某自始至终说，已提供现金 50 万元给 H 某，由 H 某统一交付出资。

（3）《合作经营协议书》早已全面履行，至案发止，H 某从未对 Y 某某曾出资 50 万元提出过任何异议。

（4）经对该分公司账目核实，而且 H 某也承认，开办分公司的资金已超过 100 多万元，这就可正常推定，是 Y 某某与 H 某共同出资了各 50 万元。

（5）分公司分红按出资和管理经营各占 50%，"甲乙双方任何一方提出增资或者减资均需征得对方同意，方可实施"。

如 Y 某某减资 50 万元需经 H 某同意，方可实施，案中没有任何证据证明 H 某曾同意 Y 某某减资 50 万元。

如 H 某增资 50 多万元需经 Y 某某同意，方可实施，案中也没有任何证据证明 Y 某某曾同意 H 某增资 50 多万元，且 H 某不经 Y 某某同意就增资 50 多万元，亦不合情理。

（6）甲、乙双方约定，合作终止后，"合作双方出资仍为个人所有，届时予以退还"。2014 年双方终止协议时，该分公司经过内部审计，双方均按各出资 1/2，其分公司的固定资产和利润，也均按协议各 1/2 平分。这足以证明双方是履约各投资了 50 万元，终止时亦履约各按 1/2 平分。如果当初 Y 某某未出资一半，为什么终止合同审计时 H 某会同意各按 1/2 出资审计，并各按 1/2 平分固定资产和利润？如果是 H 某一人投资 100 多万元买了固定资产，Y 某某未出资，终止合同审计时 H 某会按 1/2 分固定资产和利润，这是完全不符合情理的。

（二）应如何综合评价双方的证据

（1）控诉证据仅为言词证据，且与书证（合作协议）相矛盾，而辩护言词证据与书证《合作经营协议书》相一致。

（2）控诉言词证据与该分公司开办时固定资产购买等费用情况相矛盾；而辩护言词证据与该分公司开办时固定资产购买等费用情况相一致。

（3）控诉言词证据与该分公司终止分配固定资产等的情况相矛盾；而辩护言词证据与该分公司终止分配固定资产等情况相一致。

（4）控方佐证 H 某口供的言词证据不足以否定辩方 Y 某某辩解的真实性，即英某某证明未记得 Y 某某投资入账，黄某某、胡某某证明 Y 某某没有投资，均为言词佐证，而这些言词证据不足以排除 Y 某某称将 50 万元交于 H 某，而 H 某将其入账时，或用其购买固定资产时，却故意不讲明有 Y 某某的投资的很大可能性；即，之所以如此，是为了故意回避 Y 某某投资的敏感情况，而这与 Y 某某和 H 某在该分公司登记时均未登记自己的出资情况，甚至连自己的名字、职务都未予以登记的情况是一脉相承的。

（5）辩护证据 Y 某某的辩解，可由书证《合作经营协议书》、开办时固定资产的费用的物证、书证以及终止合同时双方平分分公司固定资产等实物证据、书证相佐证；而相反 H 某的口供则与上述系列书证、物证相矛盾。

可见，按照综合判断证据的原则，辩护的证据更具有真实、可靠性，而控诉的证据不仅不具有刑事证据必须具有的排他性，不足以排除合理怀疑；而且连民事证据的明显优势的证明标准都达不到。因此，案中证据不足以证明 Y 某某没有投资 50 万元，不足以排除 Y 某某投资了 50 万元的合理怀疑。故，一审判决认定 Y 某某没有提供 50 万元投资款，证据不足，依法不能成立。

（三）一审法院对此判决的错误

第一，片面性：判决书只列举控方提供的六项证据，完全不列举辩方提供的六项证据，根本违反了《中华人民共和国刑事诉讼法》（以下简称《刑事诉讼法》）第 52 条"审判人员、检察人员、侦查人员必须依照法定程序，收集能够证实犯罪嫌疑人、被告人有罪或者无罪、犯罪情节轻重的各种证据"的规定。

第二，主观臆断性：根本违背了《刑事诉讼法》第 52 条关于综合全案证据、客观审查证据的原则。专家们指出只要将控辩双方的证据摆到桌面上，就明显可以看出：控方的证据均为主观证据，且多为传来证据。H 某作为行贿方被告人，其供述 Y 某某未出资，本身与案件有利害关系，其实质是口供，没有客观证据佐证，不能作为定案根据；而其余证人证言，皆属传来证据，单凭 H 某自说 Y 某某未出资，不足为凭。H 某的该供述与客观证据《合作经营协议书》及其履行情况，各按 1/2 比例分红、各按 1/2 比例分配固定资产相矛盾，不足采信。

辩方的证据：Y 某某出资的辩词与客观证据《合作经营协议书》及其履行各按 1/2 比例分红、各按 1/2 比例分配固定资产等相吻合，其辩词说在公司账面不反映其出资情况完全是出于身份敏感而避嫌所致，是完全可信的。

对双方的举证作综合客观评价，假若是民事诉讼，H 某作为原告以上述举证证明 Y 某某没有出资，Y 某某作为被告以上述举证证明其已经出资，H 某的主张是不可能得到民事法官依法支持的，因为其举证证明的效力并不占任何优势，更谈不上达到民事证据的明显优势的证明标准。那么，在民事诉讼中都不能达到胜诉的证明效力，在刑事诉讼中却达到证明标准，岂不成了怪事。这种证明效力怎么能达到《刑事诉讼法》第 55 条规定的证据确实、充分的三个条件，达到综合全案证据，对所认定事实已排除合理性怀疑呢？

对于这样一个重要案件，一审判决竟然对辩方举证不予列举、不予评判、只选择控方的举证定案，这在全国都是极为罕见的，专家们提请上级法院对此予以高度重视。

此外，还须强调指出的辩方举证的经公证证明的《合作经营协议书》。协议中，双方各出资50万元，Y某某与H某分工合作负责公司具体管理。各按1/2分红，解散时各按1/2清算（包括投资的固定财产），不仅权利、义务清晰、明确，无任何证据证明该协议非出于当事人的真实意思表示或违背法律法规的强制性规范而无效，其协议在履行中，双方无任何争议，并得到全面履行（出资、管理、分红、清算），辩护方正式举证、反复强调，一审判决不仅对此不予列举，而且完全置之不理，这也是令人难以置信的。

二、案中有充分证据证明 Y 某某全面参与了涉案分公司的经营管理，不存在受贿款的问题

对于 Y 某某自始至终全面参与了涉案分公司的经营管理问题，案中有充分证据予以证明，不存在任何异议。既如此，Y 某某就不存在受贿利润款的问题。

对此，最高人民法院、最高人民检察院《关于办理受贿刑事案件适用法律若干问题的意见》（以下简称《两高意见》）第3条则有明确规定：国家工作人员利用职务上的便利为请托人谋取利益，由请托人出资，"合作"开办公司或者进行其他"合作"投资的，以受贿论处。受贿数额为请托人给国家工作人员的出资额。国家工作人员利用职务上的便利为请托人谋取利益，以合作开办公司或者其他合作投资的名义获取"利润"，没有实际出资和参与管理、经营的，以受贿论处。

故此，由于 Y 某某参与了涉案分公司的经营管理，指控其受贿利润款没有法律依据。

（一）案中缺乏 Y 某某没有投资 50 万元的事实根据和必要的证据支持

对于这一构成本罪的前提条件，判决书认定，证据严重不足，依法不能成立，这已如上述。

（二）案中有充分证据证明 Y 某某参与了案涉分公司的经营管理

案中辩护证据充分证明 Y 某某自始至终都参与了分公司的经营管理。

（1）《合作经营协议书》第 8 条第 2 项约定，Y 某某在分公司经营过程中的主要权限和职责包括：①参与合作经营的管理；②听取分公司执行负责人开展业务情况报告；③监督分公司执行负责人的资金运用、合同签订、物资

库存状况及材料采购进行监管；④共同决定合作重大事项。

（2）没有证据证明Y某某没有履行上述合同义务（"职责"），自始至终H某没有指证Y某某没有履行上述义务。

（3）Y某某自始至终在案中均辩解自己参与了公司的经营管理，称其负责公司内部管理、采购、人员招聘、网站建设、人员培训、工地安全、工程进度、监督等，每天除应酬外都到公司上班，开例会、总结、安排工作。且其自认经营、管理水平较高，并因此被H某作为合作方。

（4）H某在案中的口供虽极力贬损Y某某的经营管理水平，但却从反面证明Y某某是积极参与了分公司的经营管理：

H某2015年3月27日口供笔录为："在我与Y某某合作期间，Y某某全盘控制了某某分公司，财务英某某是他派来的，全听Y某某的。"该口供证明了Y某某参与了该分公司的人事招聘、财务监督管理工作。

H某2015年3月29日口供笔录为：（我）"并告诉了L某某，Y某某平时在分公司的所作所为，例如不会做工程，不听人劝告，野蛮施工，乱指挥员工，经常无故从分公司账目拿走公司的钱，找民工拦路向业主讨到工程款才开工。"该口供证明Y某某全面参与了该分公司的经营管理，亲自指挥施工，对财务作出处理决定并亲自组织追讨工程款等。

H某2015年7月3日口供笔录为："力信开业两个月左右，Y某某就开始盯紧财务，有时也去工地看看"，"他每周大概有两三天会过来公司"。"Y某某当然管理得很不好，他脾气很暴躁，总是管鸡毛蒜皮的事，管得太细……所以我和员工私下称呼Y某某为'村长'、地球村村长，他认为他最大牌"，他的管理对施工"会有一定的影响"。该口供证明Y某某不仅经营管理了该分公司，而且管理得很细，经常到公司上班、下工地，对员工的管理很严格。

（5）英某某2015年3月23日证言笔录为："这个公司是H某和Y某某合作经营的。"这证言证明会计认为该公司由Y某某、H某二人合作经营。

（6）黄某某2015年8月24日证言笔录为：实际上该公司的负责人是H某和Y某某，他们两人是该公司的老板。Y某某很强势，基本上是他说了算，员工多是听他的，连请假也是找Y某某而不是找H某。

（7）胡某某2015年3月23日证言笔录证明为："H某说招Y某某进来是管理财务的，后来发现其业务和管理能力比较差。"该证言佐证了H某让Y某某参与了公司的经营管理。

以上证据充分证明，Y 某某在该分公司自始至终都积极参与了公司的财务管理和业务经营、开展了员工招聘管理、指挥工地施工、追讨工程款等业务工作，不仅参与了经营管理，而且管得很细，管得很严，甚至像"村长"管理村子一样，因而对"施工"等业务产生了相应的影响。全案控方没有任何证据证明 Y 某某没有参与该分公司的经营管理。由于 Y 某某参与了公司经营管理，他就不能构成收受利润款受贿犯罪。

（三）一审判决的理由不能成立

一审判决（第 163 页）认为，对 Y 某某是否参与了管理、经营，应当从实质上进行分析，Y 某某实际上对公司的经营管理没有帮助，因此 Y 某某没有对公司进行管理、经营。其对此的定案根据是：

其一，"证人 H 某证实之所以选择 Y 某某合作开办公司"，"是看中了 Y 某某与 L 某某的亲戚关系，Y 某某实际上对公司管理得很不好，完全不懂工程施工"。

其二，"证人胡某某证实 H 某和 Y 某某合作，主要是看中他是某某供电局局长的亲戚，能在某某范围拉到大量业务的关系，还有 Y 某某的协调能力"。

其三，"证人黄某某证实，Y 某某实际不懂管理，公司被其管理得很乱"。

其四，"证人吴某某、刘某某等人证实之所以让 Y 某某的公司承揽工程，主要是看在 L 某某的面子上"。

上述证据之一、二、四证明，H 某选择 Y 某某合作开办公司，以及公司之所以能承揽工程，主要是看中和利用了 Y 某某和 L 某某的关系，但这并不能否定，Y 某某参与了公司的经营管理，因为二者之间并不具有"互斥"性质。

上述证据之一、三证明，Y 某某不懂管理，对公司管理得很乱、很不好。在这里，懂不懂公司管理、对公司管理得好与不好与实际上参与没参与公司的经营管理是两回事。说其管理得很乱、很不好，首先是肯定了其参与了公司的管理。而《两高意见》第 3 条所规定的"合作开办公司受贿"的条件必须是"没有实际出资和参与管理、经营的"，二者必须同时具备，只要是参与了公司的管理、经营，就不能以受贿罪论处，而并没有规定，虽参与了公司管理、经营，但其不懂管理，管理得很乱、很不好，就可以视为没有参与管理而应以受贿罪论处。此外，懂不懂公司管理，对公司管理得好不好，不能以几个"证人"证言来判断，而是要看管理的实际效益。某某分公司在其存续的一年半多的时间里，在 Y 某某、H 某二人管理下，工程质量没有出现过问题，没有发生过纠纷，工程利润收益丰厚，不能说他们的管理是失败的。

经查本案证据，特别是辩方举证的七项证据，充分证明 Y 某某全面参与了公司的经营管理。对于这些举证，公诉方没有在庭审中提出任何质疑和否认，一审判决也无法对此否认，而只能采取对这些无罪证据不列举、不评价、不理睬的态度；只好从十多本卷宗中挑选几个"证人"的只言片语，似是而非地"充分证明"Y 某某"实质上"没有对公司进行管理、经营，或其管理、经营对公司没有正面"帮助"，不应依法得到案涉利润款。这种证明逻辑是很奇特也是很荒唐的！

其实，在一审判决书所列举的"有罪证据"中，自身就明显地包含大量证据内容，证明 Y 某某全面参与了公司的管理、经营：

（1）H 某证明（判决书第 22 页）：H 某向 L 某某告状，告 Y 某某不会做工程、不听人劝告、野蛮施工、乱指挥员工、找民工拦路向业主讨到工程款才肯开工，恳求 L 某某帮忙"让我全面接管东莞的业务"，"不让 Y 某某继续参与管理某某分公司"。

这证明，Y 某某一直全面、具体地管理着公司，H 某没有全面接管某某分公司的业务。

H 某的"证言"（判决书第 28 页）还证明，2013 年底"Y 某某已经不让我管某某分公司的事情了，直到 2014 年 3、4 月份"，这期间是由 Y 某某一人独立经营管理该分公司的。

H 某的上述证言，证实二人合作办公司共 19 个月时间，而 Y 某某单独管理有 1/3 的时间，其余时间为二人共同管理。

（2）卢某某证言（判决书第 54 页）："Y 某某经常在某某分公司召开例会。我在公司需要花钱或者用公司资源的时候，要向 Y 某某汇报。施工过程中 Y 某某和 H 某都有参与和业主、分包等方面的协调过程。"这证明 Y 某某全面参与了公司管理，在财务、人力资源管理等方面负主要责任。

（3）凌某某证言（判决书第 61 页）为：某某分公司财务英某某根据老板 Y 某某的意思办理注册维修服务部，该证言证明 Y 某某直接管理公司的财务和注册经营部门。

（4）Y 某某的供述与辩解（判决书第 61、62、66 页）为："我负责内部管理"，"包括招聘人员、人员培训、公司制度章程等制度、材料采购等"，"我的第二学历是大专，学的是经济管理"，"我的经营理念比 H 某高"，"H 某觉得我管理能力比他强，所以找我合作"。

由上证明，一审判决对于辩方所举的七项证明 Y 某某全面参与公司管理的证据"视而不见"，而且对自己列举的上述证据中有利于被告人 Y 某某全面管理公司的证据内容也一概予以"忽视"，对这样明显的一审庭审无人否认，也不可否认的基本事实是：Y 某某参与了公司的全面经营管理，一审判决竟然不顾起码的事实与证据，故意寻找借口一概不予承认，这不能说不是非常出格，无异于"掩耳盗铃"，是令人难以置信的。

对此，专家们也提请二审法院予以高度重视。

三、一审判决认定 Y 某某是 L 某某的特定关系人，系特定关系人受贿依法不能成立

一审判决为了将 Y 某某的分红款认定为受贿款，竟无中生有捏造了一个 Y 某某是 L 某某的特定关系人，二人系特定关系人受贿的事实。专家们一致认为，这是严重违法且完全不能成立的。

（一）一审法院自控自判根本违背了控审分离和不告不理的原则

经查，公安机关起诉意见书、检察机关起诉书，均没有指控 Y 某某是 L 某某的特定关系人，当然也就没有指控二人系特定关系人受贿。而一审判决认定 Y 某某是 L 某某的特定关系人，二人系特定关系人受贿，对此属于自控自判，既越俎代庖充当了公诉人，又同时充当了审判者，系控审不分，还违背了不告不理的原则，属于严重违背刑事诉讼法，违背程序正义。

（二）一审判决未经指控和审理就判决 Y 某某是 L 某某的特定关系人，系特定关系人受贿，违背了审判中心和证据裁判原则

审判中心的核心原则，要求一切证据都必须经法庭出示、宣读并经控辩双方质证，查证属实，才能作为判决的根据；而证据裁判原则则要求，判决被告人有罪不仅要有证据，而且这些证据要合法有效，还要达到确实充分、排除合理怀疑的程度；否则就不能认定被告人有罪并处以刑罚。

在本案中，由于公诉方并没有指控 Y 某某是 L 某某的特定关系人，没有指控二人系特定关系人受贿，自然对此就完全没有提供任何证据证明，而在法庭审理中也就自然没有涉及对此的证据举证、质证问题。一审判决在公诉

方没有举证、庭审中也无从质证的情况下，突然冒出一个 Y 某某是 L 某某特定关系人受贿事实的认定问题，其实质是无证据捏造事实，无证据入人以罪，其违法性质是严重的，也是恶劣的。

（三）一审判决未经指控和审理就判决 Y 某某和 L 某某系特定关系人受贿，严重剥夺了被告人的辩护权，依法不能成立

（1）被告人有权获得辩护是刑事诉讼法一条重要的基本原则，一审判决未经指控和审理就判决 Y 某某和 L 某某系特定关系人受贿，使被告方没有任何机会对此进行辩护，严重剥夺了被告人的辩护权。这种通过严重剥夺被告人辩护权而作出的判决内容是非法无效的。

（2）一审判决认定 Y 某某是 L 某某的特定关系人，二人系特定关系人受贿的理由是不能成立的。

一审判决认定 Y 某某是 L 某某的特定关系人的理由是：Y 某某与 L 某某存在亲属和经济利益方面的特定关系，这一理由完全不能成立。

专家们严肃指出，对于事关确定有罪的特定关系人的问题，必须严格依照事实、法律和相关司法解释来加以认定，而决不允许违背事实和法律作任意扩大认定。

《两高意见》第 11 条规定，特定关系人是指与国家工作人员有近亲属、情妇（夫）以及其他共同利益关系的人。该意见明确规定特定关系人只限于与国家工作人员有三种关系的人：其一是有近亲属关系的人；其二是有情妇（夫）关系的人；其三是有其他共同利益关系的人。在本案中，Y 某某与 L 某某显然不具有近亲属关系和情妇（夫）关系，那么如果认定 Y 某某为特定关系人，就必须依法认定二者具有其他共同利益关系，而正确界定有其他共同利益关系的内涵就成了对此正确认定的关键所在。

专家们指出，虽然现有司法解释尚未对此作进一步具体解释，但这并不意味着在司法实践中可以对此作任意扩大解释。其实，只要遵从对法条和司法解释的文义整体解释的原则，就不难从该司法解释的上下文看出，有其他共同利益关系的内涵包括：其一，要有共同利益关系，而不是一般利益关系；其二，有近亲属关系和情妇（夫）关系都是有共同利益关系，而有其他共同利益关系就应具有与近亲属关系和情妇（夫）关系等同的共同利益关系，即这种利益关系反映的是对占有的受贿财物而可共同享用的利益关系，即一方占有受贿财物实际上可由双方共同享用。只有同时具备这两个方面的内涵，

才可以认定二者具有受贿的其他共同利益关系，比如，女婿"倒插门"、女婿与岳父母和姐夫共同生活，或有证据充分证明二者之间财物不分或共享，等等，均可形成二者之间的其他共同利益关系。但在本案中，经纪检、检察部门反复调查，没有查出二者之间有任何经济上不分或共享的问题；相反，二者之间在经济上泾渭分明，没有任何经济混同或共享的情况存在。

一审判决认为，由于 L 某某是 Y 某某的姐夫，两家关系比较密切，L 某某又与 Y 某某约定，L 某某以后下海将得到 Y 某某在资金、人脉等方面的支持。可见，Y 某某与 L 某某存在亲属和经济利益方面的特定关系，Y 某某属于《两高意见》规定的特定关系人。该判决明显属于偷换概念，其一是将规定中的"近亲属关系"偷换成了"亲属关系"，或"关系比较密切的亲属关系"；其二是将"共同利益关系"偷换成了"经济利益关系"，是明显曲解和错误适用了该司法解释，且明显违背事实、法律。因为，所谓"约定"之说，如上文所论，仅为 L 某某一人的说辞，根本不具有"约定"的性质和效力，且即使有此"约定"，该"约定"也不足以使二者形成受贿主体的对该分红款共同享有的"共同利益关系"。即，L 某某明确其在位时决不占有其分红款一分钱，其退休或下海时也决不占用其任何资金，其所言将得到 Y 某某在资金、人脉等方面的支持，只能限定理解为，可得到其借款投资和人脉关系支持，而绝不是占有 Y 某某分红款。事实也证明，L 某某自始至终都没有占用 Y 某某一分钱，也没有查出任何证据，证明 Y 某某与 L 某某共同享有该分红款，哪怕是一分钱。相反，该分红款被 Y 某某消费殆尽，而 L 某某则不闻不问。故，二者之间根本不存在形成对受贿款项的"共同利益关系"。一审法院这种不顾起码的事实与证据，生拉硬扯地套用"特定关系人"的判决做法，明显属于先确定有罪，然后再凑理由，是有罪推定的体现，是法治所不容的。

专家们指出，既然特定关系人的认定不能成立，本案判决的二人系特定关系人共同受贿罪名就不能成立。

四、一审判决认定 Y 某某向刘某某行贿 20 万元，依法不能成立

关于一审判决认定 Y 某某向刘某某行贿 20 万元的事实，不仅被告人 Y 某某予以坚持否认，而且案中仅有其司机张某某的 4 份自相矛盾的证言且与刘某某的供述相互矛盾，缺少必要的书证和其他证言的证明，且与常理相悖，根本达不到确实充分的证明标准，无法排除合理怀疑。

（一）张某某的证言矛盾重重，漏洞百出，不足为凭

其证言存在如下八大矛盾无法排除：

（1）关于行贿时间的问题：张某某在 2015 年 4 月 16 日的证言中称，是在 2013 年 5、6 月间；而其在 2015 年 4 月 29 日的证言中，则称是在 2013 年 7 月的一天晚上；其在 2015 年 8 月 31 日的证言中，又称是在 2013 年年中的一个傍晚。

（2）关于何时发现有现金 30 万元的问题：张某某在 2015 年 4 月 16 日的证言中称，其将钱送到刘某某车上时，打开袋子，见到 3 捆 100 元面额的钱；而在 2015 年 4 月 17 日、4 月 29 日、8 月 31 日的证言中则改口称，其是将钱从车上拿下放到背包里时看到 3 捆面额 100 元的现金的。

（3）关于是谁叫他将钱放到背包里的问题：其在 2015 年 4 月 16 日的证言中称，是 Y 某某叫他把现金放到他的背包里的，而在 2015 年 4 月 29 日的证言中则改称是他担心放在车里的现金被偷，就主动将现金放到自己的背包里。

（4）关于钱的包装物的问题：其在 2015 年 4 月 17 日的证言中称，是每捆用报纸包着，用塑料胶带装着；而在 2015 年 4 月 29 日的证言中则又称这笔钱是用米黄色牛皮纸袋装的。

（5）关于 Y 某某让他将钱送给谁的问题：其在 2015 年 4 月 16 日的证言中称，Y 某某说等一下吃饭时要将钱送给别人；而在 2015 年 4 月 17 日和 2015 年 4 月 29 日的证言中又改称是 Y 某某让他将钱送给某某市输变电公司总经理，还说当时他没说这个总经理的名字。

（6）关于将钱送到何处的问题：其在 2015 年 4 月 16 日、4 月 17 日、4 月 29 日、8 月 31 日的证言中均称，Y 某某吃饭期间打电话叫他把钱放到刘某某的一辆白色霸道车里。既然 Y 某某事先未告知其将钱送给谁，又未了解其是否认识刘某某，又未事先与其确认是哪辆白色霸道车，Y 某某就能轻率让他这样将 30 万元送到一个他不确定认识的人的一个车里，一个正常的人能够相信吗？

（7）关于送钱数额的问题：张某某说是 30 万元，刘某某说是 20 万元，Y 某某说一分钱也没送，到底以谁的为准？

（8）关于张某某何时给 Y 某某开车的问题：张某某 2015 年 4 月 16 日的口供，说是 H 某让他从 2013 年 4、5 月开始为 Y 某某开车，共给 Y 某某开

了三四个月的车，这样他就有开车送钱的时间。但 Y 某某回忆说，张某某只在 2012 年 12 月至 2013 年 2 月间给自己开了两个月的车，2013 年 6、7 月根本没给自己开车；对此有接任张某某给其开车的司机任某某证明他是从 2013 年 3 月接替张某某为 Y 某某开车的，对此，任某某在该分公司的工资单据也完全能够证实。这就足以证明张某某没有参与作案的时间，其证言完全是胡编乱造的。

（二）刘某某的口供疑云重重、模糊不清，更不足为凭

刘某某仅有一份口供且存在八个记不清、一个重要矛盾问题：

（1）八个记不清问题：全部卷宗中，刘某某的笔录只有一份，即其 2015 年 4 月 16 日的笔录。其中对讯问他的受贿问题，他的回答是八个记不清：即时间、地点、参加吃饭的人、Y 某某为何要请吃饭、为什么要送钱给他、送钱给他的人的名字均"记不清了"。而在同一天，其在手写的"情况反映"中又写下"有一次 Y 某某司机给了我大约 20 万元，我分批次存入工行，地点日期印象不清"。其仅有的这一次供述，对于当晚吃饭的时间、地点、参加人员以及 Y 某某为什么要送钱给他、其存款时间、地点等关键情节问题，均称记不清了。

（2）一个重要矛盾问题：刘某某称收钱 20 万元与张某某称送给他 30 万元、Y 某某称没有送一分钱相互矛盾，这究竟以谁为准？

结论：这样的口供不能当证据使用。须知，言词证据的起码要求是具体、明确而不含糊，该口供除了 20 万元外什么也记不清了，而唯一记得清的钱数又与送钱的人的证言和 Y 某某的口供相矛盾，判决书企图将 Y 某某行贿数额从起诉意见书认定的 30 万元降为起诉书指控的 20 万元，以此来消除矛盾，但这不仅不能消除矛盾，而且进一步暴露了这一指控和判决的主观随意性，因为这里的矛盾并不是行贿数额多少问题，而是行贿事实是否存在的问题。

（三）判决缺少必要证据，且完全不合情理

（1）没有 Y 某某支出 30 万元的资金来源凭证。既然判决 Y 某某是为分公司的公司利益而向刘某某行贿，那么资金应出自"分公司"，在"分公司"账面上应有支出凭证；如果 Y 某某是为分公司利益而向刘某某行贿使用自己的钱支付，这又完全不合情理；如果 Y 某某是为自己而与公司无关的事求刘某某办事，案中又无此指控和证据证明。

（2）H 某从未承认其本人或分公司曾决定支付 30 万元让 Y 某某向刘某某

行贿。

（3）分公司会计英某某也没有证明公司有此 30 万元的开销，也未证明知晓 Y 某某向刘某某行贿 30 万元的事实。

（4）此外，判决一方面认定 Y 某某利用 L 某某的职权受贿，其中包括刘某某所管的工程项目，另一方面又认定 Y 某某向刘某某行贿，不仅自相矛盾，而且不合情理；刘某某既然惧怕 L 某某不得不给 Y 某某面子而将工程承包给该分公司，另一方面他又敢于接受 Y 某某向其行贿 30 万元，难道他就不怕 L 某某知道此事而处理自己吗？这显然是极不合情理的。

（5）张某某在证词中称，Y 某某请刘某某吃饭时有常某、H 某、沙某等三个区的几个供电分局局长及其司机参加，对于张某某证词起码应有这些分局长及其司机确实参加过当时的饭局的证词加以佐证，否则就不应认定。

（6）全案只有刘某某对此的一份笔录，这很不正常，正常情况应当是将其全部笔录附卷，只有这样，才能全面反映其供述与辩解情况。

（7）此外，案中列举控方到当地工商银行查询刘某某银行流水书证一叠，但控方与判决无法确定其中哪一笔或几笔是刘某某的受贿款，该书证不具有明确的真实确定性，亦不足为凭。

（四）判决书、起诉书与起诉意见书在行贿动机的指控上相矛盾，反映了指控和判决的主观随意性

起诉意见书指控 Y 某某为感谢刘某某将工程分包给该分公司而行贿；而起诉书则指控 Y 某某在该工程分包给该分公司前为获刘某某帮助而行贿，而判决书则认定 Y 某某"为感谢刘某某提供的帮助"而向刘某某行贿。

（1）判决书一方面认定 Y 某某在该项目中是受贿方，另一方面又认定其是行贿方，这不仅自相矛盾，逻辑不通，且不合情理。

（2）起诉书指控 Y 某某在工程项目中标前行贿，这有何可能？起诉意见书指控其中标后行贿，这有何必要？且更重要的是，这发生在 2013 年 6、7 月间，当时该项目并没有中标，该项目的中标时间经查为 2013 年 9、10 月间。当辩护方在一审庭审中明确指出其指控错误后，一审判决则采取模糊方式，认为 Y 某某是为感谢刘某某"提供的帮助"而行贿，这表面上看消除了中标前后行贿和行贿目的是求刘某某帮助和感谢刘某某帮助的矛盾，实际上反映的是判决的主观随意性。

一审判决如此主观随意擅断，实属罕见。

专家们强调指出，一审庭审中，证人任某某出庭作证，证明张某某说为Y某某开车送行贿款期间，其早就接替张某某任Y某某的司机，并提出可由其公司工资单和自己留存的手机通讯截图为证。对此，公诉人当庭无法否认，却强硬质问任某某："你能保证张某某不是利用休息时间为Y某某开车送钱吗？"一审判决则将任某某的证言（判决书第75页）故意写上："工作日期间为Y某某开车，休息日不开车"，言下之意，张某某即使当时不是Y某某的司机，也有可能利用休息日为Y某某开车送行贿款，因此得出结论：（判决书第89页）任某某的证言与张某某的证言"并不是互斥关系"。这完全是一种无理强判。

经查：张某某在2015年4月16日证言中说："我在某某分公司的职责是司机，平时主要当总经理H某的司机，曾在2013年4、5月开始，H某叫我当过Y某某司机一段时间（大概三四个月）"，"我在当Y某某司机那段时间"，"大概2013年5、6月的一天傍晚"，Y某某让我送钱给了刘某某。其在2015年4月29日的证言中同样证明："从2013年4、5月开始，H某叫我做过一段时间Y某某的司机，Y某某对我还算比较信任。在任Y某某司机期间，2013年7月的一天晚上，为Y某某开车给刘某某送行贿款。"综合上述证言，张某某说是任Y某某司机期间为Y某某送行贿款的，而任某某证言则证明，他从2013年3月至2013年7月接替张某某任Y某某的司机，证明张某某根本没有为Y某某送行贿款的时间，二者完全是"互斥关系"。即在此期间，要么是任某某为Y某某的司机，要么是张某某为Y某某的司机，二者必居其一，只要认定在此期间任某某为Y某某的司机，就足以证明张某某不是Y某某的司机，而张某某说他是Y某某的司机，并在此期间为Y某某送行贿款，显然就是伪证！张某某证明说是任Y某某司机期间为Y某某送行贿款，并没有说虽不再任Y某某司机后利用休息日为Y某某送行贿款，而一审判决竟然认为二者不具有"互斥关系"，即张某某说的是任Y某某司机期间为Y某某送行贿款和当时他不再任Y某某的司机是不矛盾的，岂非咄咄怪事？这样生拉硬扯的入人于罪，不能说不是"欲加其罪，何患无辞"！

由上可见，在行贿问题上，在Y某某的辩解与刘某某的似是而非的口供一对一的情况下，仅以张某某的矛盾重重、极不可信的证言佐证定案，而又缺少必要的有效书证和其他关键证人的证言证明，控诉的证言与口供又有多处重要矛盾、含糊不清，更为重要的是不合情理，控方指控的行贿犯罪事实完全达不到确实充分、排除合理怀疑的证明程度，甚至相反，却达到了从根本上应当否定的证明程度，这一认定完全违背了证据裁判原则。

综上所述，一审判决认定 Y 某某、L 某某的共同受贿犯罪，Y 某某的行贿犯罪，其无论在事实认定、证据运用和法律适用上都是不能成立的，其认定的犯罪事实不清、证据不足，适用法律不当，故建议二审法院慎重处理此案，依法判决被告人 Y 某某无罪，以防最终铸成错案。

以上意见供参考。

智言刍议

这个案件的一审判决是否存在严重问题，这是很值得研究的。对此，六名权威法学专家论证得清清楚楚、明明白白，律师将其提交到二审据理力争，但二审法院还是维持了原判。至此，被告人也只能咽下这一苦果。这里将论证意见摆出，在理论与实践上，充当一个案例教材，请予讨论研究，也是留此存照，交付历史来裁判！

关于受贿问题，较为复杂，主要涉及《两高意见》第 3 条和第 11 条规定的适用问题。其第 3 条"关于以开办公司等合作投资名义收受贿赂问题"的第 2 款规定：国家工作人员利用职务上的便利为请托人谋取利益，以合作开办公司或者其他合作投资的名义获取"利润"，没有实际出资和参与管理、经营的，以受贿论处。

这里有两个问题：其一，Y 某某是否没有实际出资和参与管理、经营；其二，Y 某某是否是适格的该条规定的受贿罪主体。

关于前者，又存在两个问题：

一是对该规定理解的问题，即是否是既没有实际出资，又没有参与管理、经营，两个条件须同时具备，才可据此认定成立本罪；亦即两个条件须同时具备，是以此定罪的必要条件，二者缺一不可。专家意见是明确肯定的，因为规定的两个条件之间用的是"和"字，而非"或"字，这应当是明确无误、毋庸置疑的。

二是证据证明问题，即本案对实际出资问题的证据证明效力，控辩双方充其量是"一对一"的关系，实际上控诉证据的证明连优势证据都达不到，更别说是确实充分了，这只能评价为事实不清、证据不足，指控事实不能认定；而对于是否参与管理、经营问题，辩护方有确实、充分的证据予以肯定证明，而控诉证据则为"零证据"！仅据此点，以 Y 某某为"获取利润"受贿，就绝不能成立！因为缺少这一必要的基本证据证实这一基本事实，整个证据链条就垮掉了，就像缺少水或氧气中的任何一项，人就不能活了一样。

关于后者，涉及主体适格问题。Y 某某不是国家工作人员，本不适格，为了让他适格，起诉与判决只好将他与他的姐夫 L 某某在法律上进行捆绑，先是将他与 L 某某作为共犯，他们觉得不足，最后又给加上了一个"特定关系人"的头衔。对于 L 某某与 Y 某某是否有共谋和共同受贿的行为，是否构成共犯，这里且不作赘论；仅就以"特定关系人"而言，就大有文章可做：《两高意见》第 11 条规定，特定关系人是指与国家工作人员有近亲属、情妇（夫）以及其他共同利益关系的人。该意见明确规定特定关系人只限于与国家工作人员有三种关系的人：一是有近亲属关系的人；二是有情妇（夫）关系的人；三是有其他共同利益关系的人。

第一，本案起诉书没有提"特定关系人"的问题，开庭中"特定关系人"的问题自然也就无从谈起，开完了庭，他们经长期商量认为不妥，就给二人加上了个"特定关系人"的头衔。

第二，L 某某与 Y 某某是姐夫与小舅子的关系，二者是否属于"特定关系人"？法律与司法解释对此没有明确规定，因为他们之间，虽有亲属关系，但并不是"近亲属"关系。但小舅子与姐姐是近亲属关系，而姐姐与姐夫是近亲属关系，那么这一近亲属的近亲属，是否可以视为是近亲属关系呢？如果可以，那么小舅子的小舅子，是否也可以视为近亲属关系呢？如果可以，那还有小姨子，叔、伯、七大姑、八大姨等，无限地类推为近亲属关系，这岂非荒唐？

第三，那么，是否可以按"有其他共同利益关系的人"论处呢？这就要审查判断二人是否"有共同利益关系"了，这又涉及什么是"有共同利益关系"；而这一问题的理解与判断又涉及形式解释与判断和实质解释与判断的问题。

从形式解释与判断来看，姐夫与小舅子的关系是否是"有共同利益关系"？因为小舅子与姐姐"有共同利益关系"，而姐姐又与姐夫"有共同利益关系"，因而小舅子与姐夫就是"有共同利益关系"；如果这一逻辑成立，那么其他亲属呢？无论是直系是否超出了"五服"，即"九族"关系，也无论何代旁系，都可以以此类推为"有共同利益关系"，这岂不也很荒唐？

从实质解释与判断来看，本案其姐夫与小舅子是否"有共同利益关系"？案中证据证明，Y某某获"利润"一千多万元，姐夫L某某没有得到一分钱；且L某某说，他无论退休与否都不会占用他一分钱；侦查中反复调查，没有查出二者之间有任何共同经济利益关系，在经济利益面前，二者可谓是泾渭分明。控方用于证明的证据仅为L某某向组织交心时交代的一句话，即只希望其退休后下海经商，可得到Y某某在资金与人脉方面的帮助，于是就据此认定其虽现在不共同受贿，但二人约定是将来共同受贿，于是二人就成了"有共同利益关系"，就成了受贿共犯。但是，这是他一个人的说辞，而并不是什么约定；且L某某的说辞有一个前提，就是他说无论退休前或退休后，都不会占用Y某某一分钱。那么在此前提下的提供"资金和人脉关系"帮助，其能成为"有共同利益关系"吗？如果能成为，那么一切"有利益关系"的都会成为"有共同利益关系"，那么规定"有共同利益关系"还有何用？专家们指出，从实质上判断，应将"有共同利益关系"理解或解释为在经济上，对受贿款"有可共同享用的利益关系"，如果像L某某那样，主观上既不想与Y某某"共同享用"该款项，客观上也没有"共同享用"该款项，其一分钱也不想拿，也没有拿，将来也永远不拿，这个"有共同利益关系"怎么定？

其实这个强加上的"特定关系人"，也只能是个狗尾续貂，因为本案的实质要害只有一句话：Y某某参与该分公司的管理、经营了吗？如果参与了，一切证明他们构成共同受贿罪的企图和努力，就都是徒劳的！只有弄明白这句话，才能真正理解专家们对本案论证意见的精髓之所在。

2. 被告人 L 某某被控贪污、受贿犯罪在证据上能依法成立吗?

论证要旨

(1) 对于案中辩护人提出的非法证据排除问题,辩护人对非法证据已经依法提出了排除主张,并履行了提出证据或证据线索的证据责任,且达到了有根据地形成合理怀疑的程度;控方有举证证明责任:有责任对此进行调查核实,只有其举证证明足以排除辩方的合理怀疑,达到了法定的证明要求和标准,否则,不足以排除合理怀疑,就要承担不利的风险后果责任。对此,审判方应当责令控方负举证责任,并保障辩方的举证权利,然后,视双方举证证明的结果,看控方是否达到证明标准,依法作出是否将相关证据作为非法证据予以排除的决断。

(2) 对于案涉指控的主要案件事实,是否能够依法认定,要严格坚持证明标准,要根据案情和辩方提出的相关证据和证据线索加以调查核实,控方有证明责任,有责任举证证明,排除这些辩护证据或证据线索所形成的合理怀疑,否则要承担举证不利的风险后果责任。

案情简介

被告人 L 某某基本情况:

L 某某,捕前任某州市公安局某分局党委书记、局长。2019 年 11 月 9 日因涉嫌严重违纪问题被立案调查,同年 11 月 11 日被采取留置措施;2020 年 1 月 2 日因涉嫌贪污罪、受贿罪经某州市人民检察院决定,被某州市公安局刑事拘留;同年 1 月 10 日因涉嫌贪污、受贿罪,被依法逮捕。某县人民检察院起诉书以某检二部刑诉〔2020〕19 号起诉被告人 L 某某构成贪污罪、受贿罪。

承办律师阅卷询问被告人发现的问题：

一、某州市监察委员会对 L 某某审查、调查期间取得的讯问笔录以及 L 某某本人的《本人向组织主动交代材料》等认罪供述，存在违法、违规和人为编造问题

（一）某州市监察委员会办案程序所涉违法问题

卷宗中显示的第一次讯问是在 2019 年 12 月 6 日 15 时 11 分至 15 时 40 分（见某州市监察委员会审查调查卷宗第 2 卷第 47 页至第 49 页《询问笔录》），该讯问笔录共 3 页，讯问时长 29 分钟。

讯问笔录记载：

问：现在向你送达《被留置人权利义务告知书》《被讯问人权利义务告知书》，请你仔细阅读并签字，如有疑问可以提出，你听清楚了吗？

答：听清楚了（阅读告知书约一分钟并签字）。

但是，卷宗中未见 2019 年 12 月 6 日 L 某某签收的《被留置人权利义务告知书》。

通过阅卷，承办律师发现 L 某某签收《被留置人权利义务告知书》的时间是在 2019 年 11 月 11 日，也就是其被留置的当天（某州市监察委员会审查调查卷宗第 2 卷第 45 页至第 46 页）。

到底何时向 L 某某送达的《被留置人权利义务告知书》，卷宗中存在矛盾，而《被留置人权利义务告知书》签收时间的矛盾，恰恰说明某州市监察委员会的讯问，或者在其留置 25 天后才讯问，或者在 25 天内的讯问笔录没有放到卷宗之中，制作的讯问笔录不真实、不完整，进而说明整个案件的证据收集、事实认定存在不真实的问题。

（二）L 某某认罪的 13 次讯问笔录，从内容、结构到顺序基本雷同，办案人员事先编好笔录，然后进行复制、粘贴的痕迹明显

（1）办案人员涉嫌以留置 L 某某的老婆和孩子等亲属相威胁，逼他承认贪污、受贿的情况。

承办律师在会见 L 某某时，L 某某称：某州市监察委员会对他的 13 次讯问都是办案人员提前将笔录拟定、打印好，让他背诵，关键段落连标点符号

都一字不差地要背出来，然后进行所谓的同步录音录像。如果不进行背诵、不说话，办案人员就威胁他"不这么说，我们就开始大范围地搞调查，把你老婆、孩子等家人及司机留置起来。不配合就是对抗组织，将来吃大亏"。甚至骂 L 某某"不是个男人"。

L 某某在受到威胁后，精神崩溃，血压最高达到 195 毫米汞柱，血糖维持在 7.4 毫摩尔/升至 8.0 毫摩尔/升，L 某某从被留置前的一个健康的人到留置后成为糖尿病和高血压患者，在某州市党纪教育中心留置期间多次看医生。L 某某在被迫无奈的情况下，在讯问笔录上违心地签字。

（2）L 某某认罪的 13 次讯问笔录内容、结构、顺序基本雷同，涉嫌系办案人员事先编造好，让 L 某某背诵、演练并签字。特别是案件关键点"受贿"的现金的面额、包装等的描述高度一致。

首先，印证《讯问笔录》系办案人员编造的，可以从以下几个方面证明某州市监察委员会的办案人员实施了违法违规取证和人为编造证据等问题。

讯问时间短的仅有 9 分钟（第五次讯问），长的也仅有 55 分钟（第四次讯问）。就文字打印速度与讯问的正常规律而言，按正常的速度，一个人打字是每分钟 40 到 60 个字，何况做笔录时还要思考，所以如果做一份 10 页的笔录，最少要用 90 分钟。这能充分证明某州市监察委员会的办案人员存在实施了违法取证、编造有罪口供等违法情况。

包括第一次《讯问笔录》在内，第二次 2019 年 12 月 16 日 21 时 41 分至 22 时 20 分《讯问笔录》（监察委员会审查调查卷宗第 3 卷第 1 页至第 7 页），笔录共 7 页，讯问时长 39 分钟。

问：你之前交代，在你任某某县公安局局长期间，曾在某某县公安局财务虚报过 55 万元左右的开支。这件事是否属实？

答：属实。

问：你讲一下，你虚报这 55 万元，55 万元费用的大致情况。

承办律师通过阅卷，未发现 L 某某在 2019 年 12 月 16 日 21 时 41 分之前曾经交代过"任某某县公安局局长期间，曾在某某县公安局财务虚报过 55 万元左右的开支"。可见，该讯问笔录是办案人员人为编造的。

第三次 2019 年 12 月 25 日 16 时 00 分至 16 时 26 分《讯问笔录》（监察委员会审查调查卷宗第 3 卷第 8 页至第 10 页），笔录共 3 页，讯问时长 26 分钟。该讯问笔录中有两处 L 某某阅读证据的片段，分别为：

你仔细看一下，某某县公安局 2015 年 1 月 29 日第 15 号凭证。是否就是你这笔冲账的记录出示凭证。

答：（查看约 2 分钟）是的。

问：这份凭证里还有一笔 4334 元的差旅费报销单。也是冲抵了张某某的借款。你是否清楚报销单后附的这些住宿费发票是哪里来的？（向 L 某某出示发票原件）。

答：（仔细查看辨认约 5 分钟）这些发票也是我交给张某某的。是我外出接访时在北京、太原等地住宿后开出的发票。

以上笔录仅阅读相关凭证的时间就长达 5 分钟，那么长约 26 分钟的讯问笔录，有效讯问记录时间实际只有 21 分钟。在如此短的时间会形成这一该讯问笔录，完全值得怀疑。

第四次 2019 年 12 月 18 日 15 时 25 分至 16 时 20 分《讯问笔录》（监察委员会审查调查卷宗第 6 卷第 1 页至第 8 页），笔录共 8 页，讯问时长 55 分钟。

问：张某某给你这 17 万元现金都是多大面额、有何特征，给时用什么包装？

答：都是百元面额，每捆一万元，共 17 捆，用一个黑色塑料袋儿装着。

从第四次讯问到第 13 次讯问的讯问笔录可断定，完全是复制、粘贴制造出来的，特别是关键的"受贿"现金的面额、包装。

第五次 2019 年 12 月 23 日 15 时 26 分至 15 时 35 分《讯问笔录》（监察委员会审查调查卷宗第 6 卷第 9 页至第 10 页），笔录共 2 页，讯问时长 9 分钟；

第六次 2019 年 12 月 17 日 11 时 11 分至 11 时 33 分《讯问笔录》（监察委员会审查调查卷宗第 8 卷第 1 页至第 5 页），笔录共 5 页，讯问时长 22 分钟。

问：周某某给你的这 20 万元人民币都是多大面额、有何特征、用什么包装？

答：都是百元面额的人民币现金，10 万元一捆，共两捆，用一个袋子装着，具体什么样记不清了。

第七次 2019 年 12 月 16 日 15 时 00 分至 15 时 16 分《讯问笔录》（监察委员会审查调查卷宗第 9 卷第 1 页至第 4 页），笔录共 4 页，讯问时长 16 分钟。

问：李某某给你的 10 万元现金有何特征？如何包装的？

答：都是百元面额的人民币现金，一万一把，共 10 把合计 10 万元，用一个纸质手提袋装着，是什么颜色我想不起来了。

第八次 2019 年 12 月 6 日 16 时 5 分至 16 时 35 分《讯问笔录》（监察委员会审查调查卷宗第 9 卷第 13 页至第 16 页），笔录共 4 页，讯问时长 29 分钟。

问：赵某某送给你的这 8 万元人民币是什么面值？如何装的、有什么特征？

答：都是百元面额的人民币现金，一万一把，共 8 把，在一个黑色的塑料袋里。

问：那装 8 万元的黑色塑料袋有什么具体特征？

答：塑料袋上没有字，就是一个普通的黑色塑料袋。

第九次 2019 年 12 月 7 日 9 时 20 分至 9 时 55 分《讯问笔录》（监察委员会审查调查卷宗第 9 卷第 26 页至第 29 页），笔录共 4 页，讯问时长 35 分钟。

问：上述 6 次他送给你的钱，分别是如何包装的、什么面值、有何特征？

答：每次都是百元面额的人民币现金 100 张，都是用牛皮纸信封装的。

第十次 2019 年 12 月 10 日 9 时 53 分至 10 时 19 分《讯问笔录》（监察委员会审查调查卷宗第 9 卷第 38 页至第 42 页），笔录共 5 页，讯问时长 26 分钟。

问：刘某某给你的这 5 万元现金，是如何包装的、多大面额、有何特征？

答：都是百元面额的人民币现金，一万一本，共五本，装在牛皮纸档案袋里。

第十一次 2019 年 12 月 7 日 10 时 15 分至 10 时 40 分《讯问笔录》（监察委员会审查调查卷宗第 9 卷第 55 页至第 58 页），笔录共 4 页，讯问时长 26 分钟。

问：王某某交给你的 5 万元现金有何特征？

答：都是百元面额，一万一把，共 5 把合计 5 万元。用一个手提袋装着，是什么颜色我想不起来了。

第十二次 2019 年 12 月 10 日 9 时 19 分至 9 时 44 分《讯问笔录》（监察委员会审查调查卷宗第 9 卷第 67 页至第 70 页），笔录共 4 页，讯问时长 25 分钟。

问：孟某某送给你的上述 2 万元现金多大面额？

答：都是百元面额的人民币，每把 100 张，2 把共计 2 万元，装在一个黄色的档案袋里。

第十三次 2019 年 12 月 12 日 9 时 19 分至 9 时 44 分《讯问笔录》（监察

委员会审查调查卷宗第 9 卷第 87 页至第 91 页），笔录共 5 页，讯问时长 25 分钟。

此外，某州市监察委员会在询问证人时，取得的证人证言也应予以排除。询问证人的笔录存在复制、粘贴的情形，而且对案件关键点"行贿"的现金的面额、包装等的描述高度一致。

比如：

（1）询问张某某：2019 年 12 月 11 日 11 时 15 分至 12 时 30 分《询问笔录》（监察委员会审查调查卷宗第 3 卷第 1 页至第 7 页），笔录共 10 页，讯问时长 75 分钟。

问：讲一下你给 L 某某的这 17 万元现金有何特征？（第 19 页）

答：都是百元面额的人民币，每捆一万元，17 捆共 17 万元。用一个黑色塑料袋装着。

（2）询问周某某：2019 年 12 月 17 日 11 时 11 分至 11 时 33 分《询问笔录》（监察委员会审查调查卷宗第 8 卷），讯问时间 22 分钟。

问：周某某给你的这 20 万元人民币都是多大面额、有何特征、用什么包装？

答：都是百元面额的人民币现金，10 万元一捆，共两捆，用一个袋子装着，具体什么样记不清了。

（3）询问李某某：2019 年 12 月 12 日 9 时 53 分至 10 时 30 分《询问笔录》（监察委员会审查调查卷宗第 9 卷）。

问：你送给他的这 10 万元现金有何特征，如何包装的？

答：都是百元面额的人民币现金，一万一把，共 10 把合计 10 万元，在一个纸质手提袋里装着，具体颜色我记不清了。

（4）询问赵某某：2019 年 12 月 9 日 9 时 45 分至 10 时 35 分《询问笔录》（监察委员会审查调查卷宗第 9 卷），询问时长 50 分钟。

问：你送给他的这 8 万元人民币分别是如何包装的、什么面值、有何特征？

答：都是百元面额的人民币现金，一万一把，共 8 把，装在一个黑色的塑料袋里。

问：上述装这 8 万元的黑色塑料袋有什么具体特征？

答：黑塑料袋上没有字，就是一个普通的用于装生活用品的黑色塑料袋，在家里面拿的。

（5）询问秦某某：2019 年 12 月 9 日 18 时 5 分至 18 时 45 分（监察委员会审查调查卷宗第 9 卷），询问时长 40 分钟

问：上述 6 次，你送给他的钱分别是如何包装的、什么面值、有何特征？

答：每次都是 100 张百元面额的人民币现金，放在平常用于寄信的黄色牛皮纸信封里。

（6）询问王某某：2019 年 12 月 9 日 15 时 41 分至 16 时 26 分《询问笔录》，询问时长 45 分钟。

问：你给 L 某某的这 5 万元现金有何特征？

答：都是百元面额的人民币现金，每捆 100 张，5 捆共计 5 万元。用一个手提袋装着，具体什么颜色我现在想不起来了。

（7）询问孟某某：2019 年 12 月 8 日 20 时至 20 时 45 分《讯问笔录》。

问：你给 L 某某的这 2 万元现金有何特征？

答：都是百元面额的人民币，每把 100 张，2 把共计 2 万元，装在一个黄色的档案袋里。

（8）询问刘某某：2019 年 12 月 16 日 11 时 43 分至 12 时 10 分《询问笔录》，询问时长 27 分钟。

问：你给 L 某某的 5 万元现金，有何特征，用什么装着？

答：都是一百元面额人民币，每捆 1 万元，五捆共计 5 万元，用一个黑色的塑料袋装着。

二、某州市监察委员会的起诉意见书的认定与事实不符

（一）某州市监察委员会的起诉意见书

认定"2012 年至 2014 年，L 某某任某某县公安局党委书记、局长期间，利用职务上的便利，以该局财务人员张某某的名义先后从单位财务借款共计 110 万元。2013 年至 2016 年，L 某某先后四次以虚开燃油费发票、采购网络设备发票和虚列特情费等手段，在单位财务报销共计 55.6509 万元用于冲抵其上述借款。其中虚开燃油费发票共计 22.6789 万元，虚开网络设备采购发票 17.972 万元，虚报特情费 15 万元。L 某某将上述 55.6509 万元非法占为已有，涉嫌贪污犯罪。"

事实是：L 某某先后四次以虚开燃油费发票、采购网络设备发票和虚列

特情费等手段，在单位财务报销共计 55.6509 万元用于冲抵的借款并非占为己有，而是按照某某县当地春节、中秋节"惯例"用于给某某县五大班子以及纪检委、组织部和财政局相关领导送礼共 30 万元，另外 20 万元支付给维修派出所、看守所的施工方。

律师在会见 L 某某时，L 某某称："2011 年 12 月份，我到某某县（公安局）任局长。不到半个月，就赶上了 2012 年春节。我去单位十来天，不了解情况。问以前怎么处理春节的？工作人员回答说，送礼送得很厉害。我就向会计借了钱给五大班子、纪检委、组织部、财政局包了红包，送 30 多个人，大概 10 几万元。2012 年中秋节送礼比春节更兴盛，我仍按 2012 年春节的数额送礼。两次 30 来万元，（目的）为得到县委政府领导（对公安局工作）的支持。另外，还有一个 20 万元用于维修派出所、看守所粉刷墙壁等，我给施工方 10 万元现金，现在还没有开回票据，这个人叫王二小。我走时，（施工方）每年给派出所维修，欠施工方 100 万元，王二小记一下账，挂在账上。什么时间有钱付款。我给他 10 万元缴税开税票。共给王二小 20 万元，加上送礼的 30 万元，共计 50 万元。"

因此，送礼的礼金 30 余万元并非由 L 某某占为己有；另外 20 万元的维修工程款，某县法院应将案卷退回某州市监察委员会进行补充调查，查明案件事实。

（二）某州市监察委员会的起诉意见书

认定"2012 年至 2015 年。L 某某任某某县公安局党委书记、局长期间，利用职务上的便利，在干部任用和职务晋升、工程项目、刑事案件办理等方面为他人谋取利益，索取和非法收受 9 人财物共计人民币 215 万元。具体情况为：

（1）2014 年至 2015 年，L 某某……先后两次向某某县公安局天眼工程传网传输、卡口、监控平台建设工程的承包人张某某索取人民币共计 154 万元，用于偿还其个人借款。

（2）2013 年 3 月，L 某某向某某县公安局业务大楼室外附属工程的承包人周某某索取人民币 20 万元用于偿还其个人借款。

（3）2012 年 11 月，L 某某将该局某某村派出所所长李某某的职务调整为政工监督室主任、党委委员，向李某某索取人民币 10 万元。

（4）2012 年 10 月，L 某某将该局刑警大队教导员赵某某的职务调整为某某派出所所长，向赵某某索取人民币 8 万元。

（5）2012 年至 2015 年，L 某某将该局某某派出所所长秦某某职务调整为某某派出所所长。利用逢年过节之际，先后 6 次非法收受秦某某给予的人民币共计 6 万元。

（6）2012 年 8 月，L 某某将该局某城派出所民警刘某某提拔为某某派出所所长，向刘某某索取人民币 5 万元。

（7）2013 年 4 月，L 某某将该局双路派出所所长王某某的职务调整为某某村派出所所长，向王某某索取人民币 5 万元。

（8）2015 年 10 月，L 某某在该局办理刘某某涉嫌故意伤害一案过程中为刘某某办理取保候审。非法收受刘某某给予的人民币 5 万元。

（9）2012 年 7 月，L 某某将该局某城派出所副所长孟某某提拔为某某村派出所所长、某城派出所副所长（主持工作）。非法收受孟某某给予的人民币 2 万元。"

事实上，上述款项，均为 L 某某的借款，并非索取的贿赂款。

第一笔款项 154 万元系 L 某某借款，目的是偿还某某县某某小额贷款有限公司法定代表人高某某的借款 150 万元。如果是收受张某某的贿赂，L 某某怎么会让张某某通过银行转账的形式转款 133 万元？又怎么会让张某某携带现金 17 万元去 L 某某的办公室在高某某在场的情况下收受 17 万元现金呢？

2016 年 8 月份，L 某某经工作调整，到某州市公安局某某分局任局长，9 月份，张某某到该分局看望 L 某某，L 某某向张某某解释北京的钱还没有回来，一旦回来马上还张某某的借款。

L 某某向高某某、张某某等人的借款及用途是真实存在的，是用于弥补一时的资金短缺，而非放作闲置抑或投资生息，因此应认定为借款[1]。

第二笔关于 L 某某向周某某索取 20 万元不属实。

律师在会见 L 某某时，L 某某讲："完善办公大楼，由于施工方不给干了，我找过七八个朋友，（由于）单位没有钱，不给干，只有一个朋友邓某某，说不挣钱算帮你吧。但邓某某没有自己去干，他让周某某干这活，周某某的日子当时过得挺好，干活时（承揽办公大楼）日子不好了，我想帮他，

---

[1] 参见曹坚、徐灵菱："受贿罪若干常见情形的司法认定"，载中华人民共和国最高人民法院刑事审判第一、二、三、四、五庭主办：《刑事审判参考》（总第 112 集），法律出版社 2018 年版。

这样的人，我能收他的钱吗？他们编造了周某某给我 20 万元的口供，让我承认，怕周某某不如他们所说，让我写了'某某兄，我向组织交代你给我 20 万元，你也这么说吧'。过了两天，进行同步录音录像。他们说只要发包工程肯定收礼。"

第三笔至第七笔李某某、赵某某、秦某某、刘某某、王某某、孟某某等人的款项，通过讯问笔录和询问笔录，可以认定为借款，而非索贿。

如李某某在询问笔录中称：他（L 某某）对我说"李某某，这次多亏你了，这钱我周转一段时间，等钱不紧张了就还你，你好好工作吧，有机会我会好好关照你的"，以及"之后我老婆因得了大病住院的时候，我想过向 L 某某要钱……"

通过这两段笔录，可以看出是借款，而非索取的贿赂款。

如赵某某在询问笔录中称："过了不久，有一天 L 某某打电话给我，说他有些急用，想找我借七八万元，因为他说的比较突然，我告诉他没有这么多钱就没有借给他。"

通过这段笔录，可以看出是借款，而非索取的贿赂款。

第八笔所谓非法收受刘某某给予的人民币 5 万元更与事实不符。

L 某某是 2013 年认识刘某某的，并向他借了 25 万元。2014 年 10 月 20 日，刘某某将李某某撞伤，后经鉴定，李某某的伤情构成轻伤一级。2015 年 10 月份，刘某某投案自首。刘某某的妻子和张某某找到 L 某某住处，想为刘某某办理取保候审。临走时，张某某和刘某某妻子留下一个档案袋，里边有 10 万元现金。L 某某当时想拒绝，但考虑到张某某帮过 L 某某，碍于朋友面子，没有拒绝，后来 L 某某还打电话给刘某某的妻子让其取回 10 万元。对刘某某取保候审，是经会议集体决定的，非 L 某某个人决定。2016 年 5、6 月份，L 某某在即将调离某某县公安局时，向刘某某要了账号，一次性打给刘某某 35 万元。

对 L 某某与刘某某的经济往来，某州市监察委员会没有调取银行流水，不能证明待证事实：L 某某收受刘某某 5 万元。为此，某县法院应将案卷退回某州市监察委员会补充调查：查明 L 某某借刘某某 25 万元的事实，查明 L 某某还款 35 万元的事实。

三、李某某交付某州市监察委员会的 200 万元并非赃款

某州市监察委员会调查案卷中 L 某某妻子李某某向某州市纪委汇款 200 万元并非李某某交付的赃款。汇款所用的工商银行银行卡是 2019 年 12 月 16 日某州市纪委监委办案人员吴某某让李某某到某某县办理的。李某某把银行卡办好后吴某某让李某某以电话短信的形式将该银行卡卡号传给他。

2019 年 12 月 25 日，L 某某之妻李某某交到某州市监察委员会的 200 万元，系某州市监察委员会到北京找赵某某后，赵某某于 2019 年 12 月 24 日深夜将 200 万元款项转到李某某账户，25 日某州市监察委员会通知李某某将 200 万元转到某州市监察委员会账户。该款项是 L 某某与赵某某的正常经济往来（L 某某向张某某借款 200 万元后交给赵某某购房款），该款项非赃款。

案卷中的 200 万元汇款证据，是某州市监察委员会为使 L 某某所谓贪污受贿案形成完整证据链，而作为赃款认定的。

以上情况，请各位专家审查、论证。

论证意见

中国政法大学法律应用研究中心接受委托，于 2020 年 8 月 2 日在京代为组织召开了专家论证会，与会三名刑事诉讼法、证据法学专家出席会议，对本案论证事项所涉及的事实认定、证据运用和法律适用问题，进行了认真的审查鉴别、分析研究，并就案涉相关问题，询问了委托方。在此基础上，专家们仅根据辩护人提供的相关事实材料情况，根据法律规定，形成如下一致法律意见：

一、关于案涉证据取证违法违规和非法证据排除问题

承办律师通过阅卷、会见询问被告人，提出的如下问题，涉及控方取证违法违规、非法证据排除问题，应当引起高度重视：

第一，关于讯问笔录缺失问题。承办律师通过阅卷，发现 L 某某被留置和签收《被留置人权利义务告知书》的时间是 2019 年 11 月 11 日（某州市监察委员会审查调查卷宗第 2 卷第 45 页至第 46 页）。但是，卷宗中出现第一次讯问笔录是 2019 年 12 月 6 日，其中记载："L 某某现在向你送达《被留置人权利义务告知书》《被讯问人权利义务告知书》。"

该问题涉及两个方面：一是涉及记载向 L 某某送达《被留置人权利义务告知书》时间作假。这不仅仅是时间作假问题，更重要的是在时间作假背后所要掩盖的留置后的前 25 天零口供的内容缺失及其原因问题。二是留置的前 25 天零口供的内容缺失所涉嫌的讯问程序违法违规问题。

《中华人民共和国监察法》（以下简称《监察法》）第 33 条第 3 款规定："以非法方法收集的证据应当依法予以排除，不得作为案件处置的依据。"第 40 条第 2 款规定："严禁以威胁、引诱、欺骗及其他非法方式收集证据，严禁侮辱、打骂、虐待、体罚或者变相体罚被调查人和涉案人员。"

中央纪律检查委员会、国家监察委员会对《监察法》第 33 条所作的释义："监察机关调查取得的证据，要经得起检察机关和审判机关的审查，经得起历史和人民的检验。如果证据不扎实、不合法，'煮错了饭、炒错了菜'，轻则被检察机关退回补充调查，影响惩治腐败的效率，重则会被司法机关作为非法证据予以排除，影响案件的定罪量刑。对于侵害当事人权益、造成严重问题的，还要予以国家赔偿。"

最高人民法院、最高人民检察院、公安部、国家安全部、司法部《关于办理刑事案件严格排除非法证据若干问题的规定》第 1 条规定："严禁刑讯逼供和以威胁、引诱、欺骗以及其他非法方法收集证据，不得强迫任何人证实自己有罪。……"第 2 条规定："采取殴打、违法使用戒具等暴力方法或者变相肉刑的恶劣手段，使犯罪嫌疑人、被告人遭受难以忍受的痛苦而违背意愿作出的供述，应当予以排除。"第 3 条规定："采用暴力或者严重损害本人及其近亲属合法权益等进行威胁的方法，使犯罪嫌疑人、被告人遭受难以忍受的痛苦而违背意愿作出的供述，应当予以排除。"第 5 条规定："采用刑讯逼供方法使犯罪嫌疑人、被告人作出供述，之后犯罪嫌疑人、被告人受该刑讯逼供行为影响而作出的与该供述相同的重复性供述，应当一并排除，……"《人民法院办理刑事案件排除非法证据规程（试行）》第 1 条规定："采用下列非法方法收集的被告人供述，应当予以排除：……（二）采用以暴力或者严重损害本人及其近亲属合法权益等进行威胁的方法，使被告人遭受难以忍受的痛苦而违背意愿作出的供述；……"

根据以上规定，专家们认为，上述问题涉嫌留置程序和讯问程序不规范问题，同时还涉嫌在长达 25 天时间内的讯问程序违法问题，且相关讯问笔录缺失所可能掩盖着相关口供系犯罪嫌疑人的拒供或辩解，而与其后的供认直接矛盾问题。对此，需要认真听取被告人的相关辩解，并通过与同期的录音录像相对照，来查明真相。

第二，关于非法讯问和编造口供问题。辩护人提出：被告人提出，办案人员涉嫌以留置 L 某某的老婆和孩子等亲属相威胁，逼他承认贪污、受贿的情况；并称：某州市监察委员会对他的 13 次讯问都是办案人员提前将笔录拟定、打印好，让他背诵，关键段落连标点符号都要一字不差地背出来，然后进行所谓的同步录音录像。L 某某是在受到威胁后，精神崩溃，在突患糖尿病和高血压的情况下，被迫无奈，在讯问笔录上违心地签了字。

专家们指出，这一问题涉及取证的合法性和 13 次讯问笔录的证据能力问题，即是否应作为非法证据加以排除的问题。

专家们认为，从现有的相关材料可以看出，所涉 L 某某认罪的 13 次讯问笔录，在内容、结构、顺序上基本雷同，存在办案人员涉嫌事先编好笔录，然后进行复制、粘贴的问题。但仅凭此点就认定为非法证据尚缺乏充分依据。但鉴于这一问题的重要性，专家们建议应当从如下几方面来进一步加以查证：

（1）委托专业人员对相关笔录进行鉴别，以确认是否确实存在明显复制、粘贴问题；让相关书记员进行现场实验，看在相关时间内，能否制作出相关笔录。

（2）调取被告人同期录音录像与相关讯问笔录相对照，看被告人是否有明显的背诵口供的情况，必要时可对此作出司法鉴定。

（3）调取被告人相关病例，看被告人是否是在讯问中突患比较严重的高血压、糖尿病的情况下违心供认的。

如果对上述情况都能作出肯定性的结论，那么就基本上可以否定相关口供的证据能力，起码可以证明辩护质证理由已达到了明显优势的程度，足以形成否定上述口供证据能力的合理怀疑。

二、关于起诉书的认定与事实不符的问题

（一）关于指控 2013 年至 2016 年，L 某某先后四次以虚开燃油费发票、采购网络设备发票和虚列特情费等手段，在单位财务报销共计 55.6509 万元用于冲抵其上述借款认定为贪污犯罪问题

被告人辩称是节日从单位借款送礼而借用发票冲抵不是贪污犯罪。

专家们指出，对此是很容易从如下几方面查证清楚：

（1）认真听取被告人的辩解。

（2）调取被告人从单位借款的凭证。

（3）从该单位知情人处调查，当时是否存在盛行节日各单位送礼的"惯例"问题。

（4）从知情人处调查，证明该单位之前之后是否存在节日送礼的"惯例"问题。

（5）当时五大班子成员否定曾收其礼，并不能证明其未收其礼，因为承认等于自证其罪。

（6）抵扣借款的票据的虚假性并不能否定其借款送礼的真实性，因为不可能要收礼人提供发票或签署收条。

专家们认为，如果经查证，可从前述四个方面得出肯定性结论，就足以排除其贪污犯罪的可能性，起码可以形成排除其贪污犯罪的合理怀疑。

（二）关于被告人称"还有一个 20 万元用于维修派出所、看守所，粉刷墙壁……共给王某某 20 万元"问题

专家们指出，这个问题是很容易从以下几方面查证清楚的：

（1）认真听取被告人辩解。

（2）查明王某某是否参与过维修派出所、看守所的工程。

（3）查明王某某参与的工程款结算情况。

（4）传唤王某某出庭作证。

专家们认为，只要从以上几方面加以认真查证，这一罪与非罪的事实界限问题是很容易划清的。

（三）关于认定"2012 年至 2015 年，L 某某任某某县公安局党委书记、局长期间，利用职务上的便利，在干部任用和职务晋升、工程项目、刑事案件办理等方面为他人谋取利益，索取和非法收受 9 人财物共计人民币 215 万元"的问题

专家们指出，对此应实事求是，具体问题具体分析。

1. 有的有明显合理怀疑无法排除

如第一笔 154 万元款项问题，被告人辩称系 L 某某借款，目的是偿还某某县某某小额贷款有限公司法定代表人高某某的借款 150 万元。

对此的合理怀疑是：

其一，如果是收受张某某的贿赂，L 某某怎么会让张某某通过银行转账

的形式转款 133 万元？

其二，如果是收受张某某的贿赂，又怎么会让张某某携带现金 17 万元去 L 某某的办公室在高某某在场的情况下收受 17 万元现金呢？

其三，可以查证清楚，之前是否存在被告人欠高某某 150 万元借款问题。

其四，可以查清楚，之后是否存在被告人还高某某 150 万元欠款问题。

其五，可以传唤张某某出庭作证。

如果经查证，从这五个方面均能得出肯定性结论，那么这笔款项就应确认为借款，而非受贿犯罪，起码，其合理怀疑是无法排除的。

2. 有的有合理怀疑待排除

如第二笔关于 L 某某向周某某索取 20 万元问题。

被告人 L 某某讲："完善办公大楼，由于施工方不给干了，我找过七八个朋友，（由于）单位没有钱，不给干，只有一个朋友邓某某，说不挣钱算帮你吧。但邓某某没有自己去干，他让周某某干这活，周某某的日子当时过得挺好，干活时（承揽办公大楼）日子不好了，我想帮他，这样的人，我能收周某某的钱吗？他们编造了周某某给我 20 万元的口供，让我承认，怕周某某不如他们所说，让我写了'某某兄，我向组织交代你给我 20 万元，你也这么说吧'。过了两天，进行同步录音录像。他们说只要发包工程肯定收礼。"

专家们指出，对此应从如下几方面排除合理怀疑：

（1）传唤周某某出庭作证。

（2）当时是否单位没钱，施工方因此而多不愿承揽该工程。

（3）周某某是否因被告人出示了让他承认给他 20 万元字条后才"承认"给了他 20 万元。

如果上述查证结果均为肯定性结论，那么其合理怀疑就不能排除。

3. 有的应进一步排除合理怀疑

如其他索贿问题，律师提出了多方面合理怀疑，有待法庭依法查证，排除合理怀疑，只有这样，才能认定有罪。

综上所述，专家们指出，本案控方据以认定被告人有罪的证据，特别是认罪口供，存在取证违法、违规，证据能力待排除的问题；事实认定存在合理怀疑无法排除，或有待排除的问题，有些应属于明显不能认定问题。故专家们一致建议法庭对此高度重视，予以严格审查，依法查证，慎重处理。

专家们强调，《中华人民共和国刑事诉讼法》（以下简称《刑事诉讼法》）第 1 条、第 2 条规定的刑事诉讼法的目的和任务，都把尊重、保障人权和惩罚犯罪，提到前所未有的同等重要的高度；在证据问题上，将排除非法证据，严格确定证据能力，纳入证据裁判和审判中心的重要内涵；对认定被告人有罪确立了严格的明确的证明要求和标准。《刑事诉讼法》第 50 条第 3 款规定："证据必须经过查证属实，才能作为定案的根据。"第 55 条第 2 款规定："证据确实、充分，应当符合以下条件：（一）定罪量刑的事实都有证据证明；（二）据以定案的证据均经法定程序查证属实；（三）综合全案证据，对所认定事实已排除合理怀疑。"其第 200 条规定：只有达到"案件事实清楚，证据确实、充分"，才可依据法律认定被告人有罪。

专家们指出，《刑事诉讼法》的上述规定虽应是属于司法人员的常识，但严格依照这些规定和原则处理本案，确是一场严峻的考验。

专家们期望本案能将上述规定真正地予以落实，以体现法治的要求，达到不枉不纵，罚当其罪；期望能将习近平总书记的"努力让人民群众在每一个司法案件中都能感受到公平正义"的司法要求落实到本案中。

三、关于李某某交付某州市监察委员会的 200 万元是否是赃款问题

专家们指出，由于该问题实质上不是法律问题，事实上明显并非属于退赃，故无需多论。

以上意见供参考。

替言刍议

这是一起典型的属于刑事证据审查判断的案件。审查判断的重点在于：一是，案涉言词证据的合法性和是否应予排除问题；二是，案件主要事实依法是否应予认定问题。

一、关于非法证据排除问题

在司法实践中，非法证据排除的判断的核心问题是证明责任问题。实践中，非法证据被依法排除的，并不多。

这里的关键问题在于，控辩审三方都要明确，对非法证据排除其核心要义是明确其证明责任的问题。余以为，掌握其证明责任的要点是：

其一，辩方负有主张责任。辩方首先要在法定期间提出排除非法证据的

主张。在本案中，辩护人提出应排除被告人的系列供述，理由是这些口供是非法取得的。

其二，辩方要负提出证据责任，要提出证据或证据线索，证明是非法证据。本案承办律师提出其在会见 L 某某时，L 某某辩称：

（1）L 某某被留置前是一个健康人，其是受到了威胁："不配合就是对抗组织，就把你老婆、孩子等家人及司机留置起来，将来要吃大亏。"由此导致其精神崩溃，血压最高达到 195 毫米汞柱，血糖维持在 7.4 毫摩尔/升至 8.0 毫摩尔/升，其被迫无奈，在讯问笔录上违心地签字。对此，可由其在某州市监察委员会在教育中心留置期间多次看医生的病例为证。

（2）L 某某辩称，某州市监察委员会对他的 13 次讯问都是办案人员提前将笔录拟定、打印好，让他背诵，关键段落连标点符号都要一字不差地背出来，然后进行所谓的同步录音录像。对此，可由讯问笔录的笔录内容与笔录记载的讯问时间不符，笔录的反复不正常的雷同和与同期录音录像对照可资证明。

（3）其留置后有 25 天的讯问笔录为被告人辩解，但卷中却完全缺失，对此，有 L 某某被留置和签收《被留置人权利义务告知书》的时间是在 2019 年 11 月 11 日（某州市监察委员会审查调查卷宗第 2 卷第 45 页至第 46 页），而卷宗中出现第一次讯问笔录是在 2019 年 12 月 6 日，其中记载 "L 某某现在向你送达《被留置人权利义务告知书》《被讯问人权利义务告知书》"，可资证明。

其三，辩方提出证据或证据线索，足以达到形成合理怀疑的程度。本案辩方提出的证据或证据线索，足以形成合理怀疑，即有理由怀疑，被告人 L 某某是在受了威胁后，违心地配合控方，在控方事先拟定的口供上签字。

其四，控方要负举证责任。对于辩方提出的证据及线索，控方有责任进行调查核实，有责任有针对性地提出相反的证据进行反驳。

其五，控方举证证明要达到排除合理怀疑的程度。

其六，审判方的证据责任。主要是对控辩双方分配证据责任：首先，要引导辩方负主张责任并提出证据或证据线索，看是否形成合理怀疑；然后责令控方负证明责任；其次，负责对辩方提出的证据或证据线索予以调查核实，由控方提出相反证据予以反驳；最后，负客观审查判断责任，看控辩双方的证据的证明效力，控方证据是否足以排除辩方证据或证据线索形成的合理怀疑，合理怀疑不能排除，由控方负不利后果责任。

其七，对非法证据排除，控方负举证证明责任，即实质性风险后果责任，这是刑事证明的控方负举证责任的应有之义；辩方仅负主张和提出证据或证据线索责任，这种证据责任不是举证责任和实质性风险后果责任，而是形式性、程序性证据责任，即所谓"立证责任"，是推进非法证据排除程序的证据责任，其实质是举证证明的权利，这是在刑事诉讼中辩方不负举证责任，而有举证权利的应有之义。这里需要强调指出的是，对于辩方的举证权利，审判方有责任加以保障和支持，必要时可以依法为其提供调查令等，而不是相反，加以种种限制。

其八，只要控方无证据或无确实、充分证据足以排除辩方有根据的合理怀疑，就不能以辩方证据不足为由，从而否定辩方排除非法证据的合理主张。因为这实质是非法将举证责任进行了倒置。

二、关于非法证据排除后的事实的认定问题

非法证据排除后，相关事实是否仍可以认定，应以案中其余有效证据的证明情况为准，不能一概否定。其要义仍应是坚持证明标准，以有证据能力的证据证明能否达到案件事实清楚、证据确实充分，排除合理怀疑为准，此不待论。

3. W 某某构成贪污罪吗?

一、从改制中是否隐瞒了三家煤矿企业资产 1.5 亿余元资产情况来看

（1）从言词证据证明情况来看，辩护证据证明案涉三家企业已经打包算账 2000 万元，将其纳入了改制之中，而控诉证据证明未纳入改制之中，或不清楚，双方证明效果充其量属于一对一。

（2）从实物证据证明情况来看，案中有两份书证文件都明确记载有"2000 万元净资产"和"剩余净资产 2000 万元由政府收回"内容，并且，案中有确凿的证据证明涉案"2000 万元净资产"来源于涉案某某三家煤矿企业。

结论：某某省高级人民法院二审判决认定被告人 W 某某在国有企业改制中隐瞒了 1.5 亿余元的国有资产，事实不清，证据不足。

二、从三家公司的入股情况来看

（1）从公司投资入股情况来看，经查，案中证据证明，某某集团公司并未对涉案三家公司投资入股。

（2）案中证据证明，涉案三家企业分别有自然人 545 名职工入股共 19 032.6 万元。

结论：二审判决认定涉案某某三个煤矿企业财产均为某某集团公司的国有资产，认定事实错误、适用法律不当。

三、从是否将 1.5 亿余元财产非法占为己有来看

法院判决认定被告人 W 某某将案涉三家煤矿企业的国有资产 1.5 亿余元非法占有，构成贪污罪。但案涉三家企业系民营企业，且被告人虽然在该企

业中占有部分股权，但不等于将涉案三个公司的所有财产占为己有，一、二审法院的上述判决明显违背事实，违背法律，依法不能成立。

四、从三家企业的产权归属性质纠纷来看

1. 本案二审判决后，某某县城关镇政府对涉及案涉企业的归属性质已向当地法院提起了民事诉讼，要求解除承包合同，收回被某某公司承包的火石咀煤矿；持有企业颁发股权证且长期参与企业分红的自然人也向当地法院提起民事诉讼，主张自己的权利。目前两案均在审理之中。

2. 某某市中级人民法院［2013］年某刑终字第110号判决，确定涉案某某三个煤矿企业的性质为民营企业，该判决已发生了法律效力；而其后某某省高级人民法院于2014年10月30日作出的［2013］某刑二终字第74号刑事判决书，认定涉案某某三个煤矿企业为国有某某集团公司所有的企业，其财产属于某某集团的国有财产。二者产生了根本性的司法冲突。

小结：在此情况下，某某省高级人民法院的二审判决，将案涉三家企业财产认定为某某公司所有的国有资产，并判定被告人W某某贪污，违法事实与法律，依法不能成立。

最后结论：对该判决错误应当通过再审，予以纠正。

案情简介

某某省高级人民法院［2013］某刑二终字第74号刑事判决书认定，被告人W某某，在对其任职的国有企业某某集团公司改制过程中，隐瞒了该集团公司所有的三家煤矿企业的1.5亿余元资产，其在该三家企业中有一定的股权，因而是将其1.5亿余元资产贪污，非法占为己有。

论证意见

中国政法大学法律应用研究中心接受委托单位委托，经审查认为符合中心接受委托进行专家论证的条件，于2016年5月29日在京组织三名著名刑事法学专家，进行了专家论证。与会专家认真审阅了本案相关事实材料，就本案一、二审判决判处W某某犯贪污罪事实认定、证据运用和法律适用问题，进行了认真研究讨论，形成如下一致法律意见，即原一、二审法院判处W某某犯贪污罪依法不能成立。具体意见如下：

一、某某省高级人民法院二审判决被告人 W 某某在国有企业改制中隐瞒了 1.5 亿余元的国有资产，事实不清，证据不足

某某省高级人民法院［2013］某刑二终字第 74 号刑事判决书（以下简称"二审判决"），判决被告人 W 某某在某某集团公司改制过程中隐匿国有资产 1.5 亿余元。对于涉案的某某三家煤矿企业是否已"打包改制"的核心问题上，二审判决事实不清，证据不足。

二审判决认定，在原国有某某集团公司改制时，不存在某某三家煤矿企业"打包改制"问题，明显属于事实不清、证据不足。

1. 从言词证据证明情况来看

案卷中 W 某某的口供及时任某某市主管企业改制工作的常务副市长戴某某、某某市市委常委董某某的证言证明，因为某某三个煤矿企业情况复杂，既有磨窝煤设置归属问题，又有当地政府资源成分和职工及社会人员入股集资成分的定性问题，所以将某某三家煤矿资产一并列入了改制，而打包算账2000 万元，政府不再另行补贴。

二审判决以某某市国资委时任副主任韩某某等 8 名证人的证言及某某市国资委企业改制科时任副科长路某某的证言，否定上述辩护证据的证明效力，不足为凭。因为后者的证言或说不存在"打包改制"事实，或说对此"不清楚"，在证明效果上充其量属于"一对一"状态，根本达不到排除合理怀疑的确实充分的证明标准。

2. 从实物证据证明情况来看

二审判决以推委会《会议纪要》及路某某从自己电脑中打印的《关于某某集团责任有限公司改制情况的汇报》中无"打包改制"的记载，否定存在"打包改制"的事实，显然不足以证明。理由是：

（1）这两份文件中都明确记载有"2000 万元净资产"和"剩余净资产2000 万元由政府收回"内容。

（2）改制时经评估，原国有某某集团公司资产为 -6840.25 万元，依据《中共某某市委、某某市人民政府关于推进国有企业产权制度的实施意见》（某发［2003］第 17 号），土地评估价值的 60% 计 2155.146 万元计入企业资产后，原国有某某集团公司的净资产为 -4685.104 万元。那么上述文件中所列改制中所存在和收回的 2000 万元，是因何存在，从何收回？这只能有一个

解释：即从改制评估和作价的企业之外而收取，也就是说，这些"净资产"只能是从"打包改制"的涉案某某三个煤矿企业"打包"作价而收取的。

（3）从 2000 万元的净资产来源来看。案中有确凿的证据证明案涉"2000万元净资产"来源于案涉某某三家煤矿企业。经查，改制时某某集团公司总体评估其净资产为 -4685.104 万元，其改制还需政府支付数千万元给企业职工，在该企业改制中某某市政府不仅未付上述费用，而且还收益了"净资产2000 万元"和改制费上千万元，如果未将案涉某某三家煤矿企业"打包改制"，某某市政府的上述 3445 万元的收益费用岂不就成了不当得利，应返还给这些企业了吗？

3. 从企业产权状况来看

经查，涉案某某三家煤矿企业的状况是：某某煤矿企业 1，2001 年 3 月24 日由某某集团公司承包；某某煤矿企业 2 于 2002 年 4 月 19 日转让给某某集团公司；某某煤业有限责任公司于 2003 年 4 月 24 日与某某集团公司合作，后成立某某煤矿企业 3。此三家公司至某某集团公司改制的 2005 年 6 月至2006 年 1 月，已分别存续达 2 年、3 年和 4 年之久。期间，某某市委、市政府主要领导人员包括副市长戴某某、市委常委董某某都曾前去考察，而戴、董二人均为当时主管企业改制并领导参加某某集团公司改制过程的负责人员，判决认定某某集团公司改制过程中，是因为被告人 W 某某隐匿涉案某某三家煤矿企业，致使改制未将其中的国有资产纳入改制范围，由此被其贪污，这是违背常识、完全说不通的。

可见，二审判决认定本案改制中不存在"打包改制"的事实，被告人 W某某隐匿了涉案某某三家煤矿 1.5 亿余元国有资产而贪污，在证据认定上属事实不清、证据不足，认定事实根本错误。

二、二审判决认定案涉三个煤矿企业财产均为某某集团公司的国有资产，认定事实错误、适用法律不当

（一）从投资入股情况来看

（1）经查，案中证据证明，某某集团公司并未对涉案三个企业投资入股。其中涉及汇入的资金双方账面均记载为借贷款项，且已陆续还清。其向三个企业拉入的部分机械设备，在改制时被列入某某集团公司的资产进行了评估，证明该部分机械设备并未列入某某集团公司对三个企业投资的固定资产，因为其产权仍被改制归属于某某集团公司的财产。并且，从 2001 年起至 2005 年改制止，某某集团公司也并未参与三个公司的分红，对此某某集团公司也从未提出过异议。

（2）案中证据证明，涉案三家企业，分别有若干自然人集资入股，自 2001 年 4 月至 2004 年 12 月共向 545 名职工七次集资入股共 19 032.6 万元，这些集资入股款项，在法律上的性质存在争议，有待在民事法律上加以界定。

（二）案涉三个企业的性质及产权归属已经形成了民事诉讼

据悉，本案二审判决后，某某县城关镇政府对涉及企业的归属性质已向当地法院提起了民事诉讼，要求解除承包合同，收回被承包的煤矿企业 1；持有企业颁发股权证且长期参与企业分红的自然人也向当地法院提起了民事诉讼，主张自己的权利。目前两案均在审理之中。

此外，某某市中级人民法院［2013］年某刑终字第 110 号刑事判决书确定涉案某某三个煤矿企业的性质为民营企业，该判决已发生了法律效力，而其后某某省高级人民法院于 2014 年 10 月 30 日作出的［2013］某刑二终字第 74 号刑事判决书认定涉案某某三个煤矿企业为国有某某集团公司所有的企业，其财产属于某某集团的国有财产，二者产生了根本性的司法冲突。根据法院生效判决具有排他性的法律效力的原理，某某省高级人民法院的二审判决的上述认定不具有法律效力。

对于相关企业的定性问题，最高人民法院、最高人民检察院《关于办理国家出资企业中职务犯罪案件具体应用法律若干问题的意见》第 7 条第 2 款规定："是否属于国家出资企业不清楚的，应遵循'谁投资、谁拥有产权'的原则进行界定。企业注册登记中的资金来源与实际出资不符的，应根据实际出资情况确定企业的性质。企业实际出资情况不清楚的，可以综合工商注册、分配形式、经营管理等因素确定企业性质。"本案中没有确凿的证据证明某某集团公司曾向案涉某某三个煤矿企业投资，且从未从中分红，二审法院却断然认定其为某某集团公司所有的国有企业，直接违反了上述有关司法解释的明确规定。

三、被告人 W 某某并没有将案涉三个煤矿企业的财产占为己有

本案一、二审法院判决被告人 W 某某将某某集团公司改制隐匿的案涉三个煤矿企业的国有资产 1.5 亿余元非法占有，构成贪污罪。但案中的所控贪

污的财产均为案涉三个煤矿企业的财产，被告人 W 某某虽然在案涉三个煤矿企业占有部分股份，但占有该部分股份，不等于将涉案三个煤矿企业的所有财产占为己有，一、二审法院的上述判决明显违背事实，违背法律，依法不能成立。

综上所述，与会专家一致认为，涉案一、二审法院判决将案涉三个煤矿企业财产认定为属某某集团公司国有企业的财产，W 某某在改制中将该三个企业的财产隐匿，致使其未纳入企业改制当中，因而将三个企业的财产占为己有，存在主事实认定不清、证据不足和认定事实错误，适用法律不当等根本性错误；且其判决与某某有关中级人民法院的生效判决发生根本性的司法冲突，有关三个企业的性质及产权属性，在当地法院又发生了诉争，故，一、二审法院判决被告人 W 某某构成贪污罪，依法不能成立。建议对上述判决的根本性错误通过最高人民法院提起再审程序依法予以纠正。

以上意见供参考。

赘言刍议

本论证意见从四个层面展开：其一，改制中是否隐瞒了三家煤矿企业资产 1.5 亿余元资产；其二，三家公司的入股情况；其三，是否将 1.5 亿元财产非法占为己有；其四，三家企业的产权归属性质纠纷，以层层证明某某省高级人民法院二审判决认定，案涉三家企业未被纳入改制范围，该企业 1.5 亿余元资产是某某国有企业资产，该财产被被告人 W 某某隐瞒并非法占为己有，是违背事实与法律的，依法不能成立。最后提出结论：对该判决错误应当通过再审，予以纠正。

该论证意见，有理有据，具有充分的说服力。

4. 被告人 S 某某的行为构成贪污罪、挪用公款罪吗？

论证要旨

案涉 1600 万元，是 ZH 公司依约打入 DBY 公司，被告人 S 某某是从 DBY 公司而非 ZH 公司划走的，根据货币占有即所有的原则，划走的资金的所有权，属于 DBY 公司而非 ZH 公司，DBY 公司是民营企业，其所有的资产不具有公共财物的性质，即使占有也非占有公共财物而构成贪污罪，此其一；其二，案中证据证明，决定将 1600 万元投资款从 ZH 公司打入 DBY 公司账户，是由 ZH 公司及其投资母公司林投公司依法依约决定的，是在被告人 S 某某进入 ZH 公司和林投公司作为国有公司国家工作人员任职之前决定的，因而与 S 某某利用国家工作人员的职务之便无涉；被告人 S 某某在事实上是否将 DBY 公司 1600 万元资金挪用或占有，与贪污犯罪无涉，无需赘论。

被告人 S 某某是否构成挪用公款罪，其涉及的问题主要是是否违反了法律和公司的明确规定，是否是个人擅自挪用。关键证据证明，案中有案涉公司的"内部资金使用规定"和相关每笔资金使用的公司董事会决议在案证明，不是 S 某某个人违规擅自决定，而是经董事会按公司内部规定集体决定。董事会决议，是未开董事会，而以会签形式形成，是案涉公司的惯例，虽不规范，却不能因此而一概否定其有效性。

综上，一审判决认定被告人构成贪污罪、挪用公款罪，依法不能成立。

案情简介

本案一审法院判决认定：2015 年 12 月初，林投公司下属 ZH 开发公司始聘请被告人 S 某某担任该公司经理（一审笔误应为执行董事、法定代表人），同年 12 月 29 日又聘任被告人 S 某某为林投公司总经理。2016 年 1 月至 2017 年 8 月间，被告人 S 某某利用其在林投公司和 ZH 公司的职务便利，将 ZH 公司的公共财物 1600 万元打入 DBY 公司之后，直接从中划走并非法占为己有，构成贪污罪。

在此期间，被告人 S 某某为利用 ZH 公司给自己控制及参股的私营公司提供资金保证，违反《林投公司章程》"不得挪用资金，不得未经董事会同意将公司资金借贷给他人"以及林投公司与被告人 S 某某签订的《总经理聘用合同》"未经股东会或董事会同意，不得向自己或者自己的亲属、朋友或者与其有关联的公司发放贷款"的规定，个人决定以林投公司及下属子公司 ZH 等公司名义将上述单位的公款挪用给其个人及亲属实际控制的几个公司经营使用，先后挪用公款共计 6.6452 亿余元，致使 1.4407 亿元未收回，构成挪用公款罪。

论证意见

中国政法大学法律应用研究中心接受委托，经审查该案认为符合接受委托代为组织专家论证提供法律帮助的条件，决定立项，并于 2020 年 8 月 15 日在京召开了专家论证会，与会四名刑事法学专家会前审阅了上列论证所依据的事实材料，会上就相关事实、证据问题向承办律师进行了质询，经认真研究、讨论，专家们一致认为，被告人 S 某某被判贪污罪、挪用公款罪事实不清、证据不足，根据现有证据，依法不能成立。

事实理由具体论证如下：

一、关于贪污罪

专家们指出，根据《中华人民共和国刑法》（以下简称《刑法》）第 382 条的规定，贪污罪，是指国家工作人员利用职务上的便利，侵吞、窃取、骗取或者以其他手段非法占有公共财物的行为。构成本罪的核心要件在于：其一，必须是国家工作人员利用了其国家工作人员的职务之便；其二，必须是其以侵吞、窃取、骗取等手段将公共财物非法占有；而本案控诉和一审判决，认定被告人是利用国家工作人员的职务之便，以侵吞的手段非法占有了公共财物，但其指控和认定的事实和据以定罪的证据，却不足以依法确定被告人 S 某某构成本罪。

（一）关于被告人 S 某某是否是利用国家工作人员的职务之便，侵吞占有公共财物问题

从现有证据看，被告人 S 某某是利用了其在 DBY 公司的实际控制人的职

务之便，将 DBY 公司的资金划走，而不是利用其在国有公司 ZH 公司的执行董事、法定代表人的国家工作人员的职务之便，将 ZH 公司的公共财物侵吞、占有。

（1）从侵吞公共财物的内涵来看。所谓侵吞，是指将自己因为职务而占有、管理的公共财物据为己有。侵吞，具有直接性，即将其因为职务而占有、管理的公共财物，直接据为己有。而被告人 S 某某并没有利用其在 ZH 公司的职务之便，将 ZH 公司的公共财物 1600 万元直接据为己有；当 ZH 公司将 1600 万元的资金依约打入 DBY 公司之后，S 某某将其从 DBY 公司账户上划走，如果这一行为是属于占为己有，那也不具有直接侵吞 ZH 公司公共财物的性质。

（2）从划走的 1600 万元资金的所有权归属来看。在我国，学术界、实务界共同概括的一个原理，那就是货币的占有与所有相一致，"货币占有即所有"。其核心内涵为：其一，货币占有与所有相融合。在金钱这个领域，不存在超越占有之外的所有权。其二，金钱所有权人的直接认定。将占有人认定为所有权人，不是一种法律上的推定，不是基于占有权的推定效力推定其为所有权人，而是直接认定其就是所有权人。其三，金钱所有权不考虑占有的权能。将占有金钱的人直接认定为所有权人，不需要考虑他占有的权能，无论是有权占有还是无权占有，其都是所有权人。

"货币占有即所有"这一原理，在我国不存在是否是通说的问题，而是在实务中不容置疑地适用问题。经查，在我国"货币占有即所有"的判例中，迄今还查不到拒不适用的特例。

据此，可以认定，ZH 公司将 1600 万元的注资款打入 DBY 公司账户之后，ZH 公司就丧失了对其的所有权，而 DBY 公司则取得了所有权。即使 S 某某将 DBY 公司所有的 1600 万元划走，由于 DBY 公司并不是国有独资企业，甚至还不是国有控股企业，S 某某在该企业即使被认为是实际控制人，那也不具有国家工作人员的身份，谈不上是利用国家工作人员职务之便问题，也就谈不上是将 ZH 公司的公共财物占为己有问题。

（二）从案涉《投资入股合作协议》的合法有效性来看，没有证据证明案涉协议依法应当且并被依法确定为无效合同

如上所述，案涉 1600 万元从被打入 DBY 公司账户起，其所有权依约已转移到 DBY 公司，那么是否依法应再返还 ZH 公司，由 ZH 公司重新获得其所有权？专家们认为，这需要有一个前提条件，即案涉《投资入股合作协议》依

法应当且被依法确定为无效合同，而予以返还。但这一前提条件，在本案中并没有成立。

其一，迄今为止，当事人双方没有任何一方主张该合同无效。

其二，该合同业经履行完毕，公司登记已经完成。ZH 公司的 1600 万元资金已经注入 DBY 公司账户，ZH 公司获得了 DBY 公司的 40% 的股权。

其三，ZH 公司派员已接管并控制了 DBY 公司，并一直进行实际经营。其中，ZH 公司还有决定将 DBY 公司的剩余 60% 的股权进行收购的意向。

其四，只有通过人民法院民事判决或仲裁机构裁决，才能确定案涉合同无效，但案中没有生效判决或裁决确定案涉合同无效。

根据现有情况，当事人双方对案涉合同均按有效合同对待，且没有任何判决、裁决确定案涉合同无效，故，在此情况下，任何人未经法定程序依法确定，无权认定案涉合同无效，并据此认定案涉资金应依法回归属于 ZH 公司所有。

（三）没有确凿证据足以证明 ZH 公司在注资入股 DBY 公司的过程中，其是因 S 某某的职务行为而遭受了 1600 万元的经济损失

1. 从是否受到损失而言

（1）被告人 S 某某的口供不足为凭。案中 S 某某的口供有两种：其一是说：DBY 公司当时的资产为零（见第 5 卷第 23 页、第 9 卷第 21 页）；其二是说：DBY 公司当时的资产为 4000 万元（见第 9 卷第 89 页），其口供属自相矛盾，不足为凭。

（2）案涉《审计报告》证明该公司的资产为零。由于该报告是事后为应付上级检查而提供的，本身就缺乏合法性，因而也不能作为定案根据。

（3）正确做法应当是由公诉机关或一审法院委托合法的机构对当时的 DBY 公司的资信情况作出全面的资产评估报告，以此为据并结合该公司的无形资产和可预期的发展前景，作出综合评价。但案中缺乏这一必要的证据和客观评价分析。

专家们指出，仅凭被告人 S 某某的某一口供和案涉《审计报告》就得出结论，认为当时 DBY 公司的资产是零，而 ZH 公司注资其 1600 万元，全部受到了损失，没有确凿的证据支持，更谈不上证据确实充分了。

2. 从是否因 S 某某的职务之便而使 ZH 公司遭受严重财产损失问题而言

（1）案中证据证明，早在 S 某某在 ZH 公司任职之前，ZH 公司就产生了注资入股 DBY 公司的意向。侦查记录第 11 卷第 5 页高某某证言记载：2015

年 10 月份，DBY 公司开业，其应该公司邀请参加该公司的开业典礼……其知道 S 某某是 DBY 公司的实际控制人。一审审判卷第 47 页至第 48 页记载：S 某某在回答公诉人的讯问时，当庭供认："DBY 公司开业时，我邀请高某某参加开业典礼。DBY 公司的实际控制人是我，这个情况高某某知道，高某某去了之后想入股。我和高某某沟通时他说林投公司打算把业务放在 ZH 公司，问我能不能把 DBY 公司入股的事情放在 ZH 公司来操作，这种情况下，我就到了 ZH 公司，我把林投公司的钱投到 ZH 公司，再投 DBY 公司。"并供称其入职 ZH 公司时间是 2015 年 11 月份。

（2）案中证据证明，案涉 ZH 公司注资入股 DBY 公司的总经理办公会会议纪要、股东会决议，是在 S 某某正式任命前形成的，而不是 S 某某利用职务之便而擅自决定的。第 31 卷第 38 页至第 39 页记载：2015 年 11 月 20 日，林投公司召开总经理办公会，同意 ZH 公司向 DBY 公司投资 1600 万元入股该公司，持有 40% 股权，并上报公司董事会决策。董事长潘某某、总经理高某某、刘某某、李某某签字。第 32 卷第 24 页至第 25 页记载：2015 年 11 月 25 日，林投公司董事会纪要显示：全体董事同意 ZH 公司以现金投资 1600 万元入股 DBY 公司持有 40% 股份，董事会成员潘某某、高某某、刘某某均有签字。

（3）相关证人说该注资入股的重大行为完全违背相关股东、董事的意志，是 S 某某将个人的意志强加于他们个人，与实难符，与理不通。一个子公司执行董事、法定代表人，在其正式任命前，就能对该公司的董事、总经理包括董事长产生这么大的控制力，并且还对该公司的上级母公司林投公司董事、包括董事长产生这么大的职权影响力，竟然使他们违背自己的真实意志，而违心地在董事会、总经理办公会决议上签字，这无论如何也是说不通的。

由上可见，案涉注资入股事宜，ZH 公司早有意向，在 S 某某被任命为 ZH 公司总经理之前，已形成了预案和相关决议，并经上级公司董事会具体研究决定，即使 S 某某被任命为 ZH 公司执行董事法定代表人后，积极促成了此事，那也不能将该事项认定为是 S 某某个人利用其刚被任命的职务之便所为。案涉董事潘某某、高某某、刘某某的相关证言，明显具有为配合控诉，而推脱自己责任的不实特征。

（四）被告人 S 某某是否将 DBY 公司 1600 万元资金挪用或占有，与贪污犯罪无涉，此不赘言

由上可见，本案认定 S 某某犯贪污罪的事实不清，证据不足、与实不符，

根据现有证据，依法不能成立。

二、关于挪用公款罪

根据《刑法》第 384 条的规定，国家工作人员利用职务上的便利，挪用公款归个人使用，进行非法活动的，或者挪用公款数额较大、进行营利活动的，或者挪用公款数额较大、超过 3 个月未还的，是挪用公款罪。

本案一审法院判决认定：2015 年 12 月初，林投公司下属 ZH 公司始聘请被告人 S 某某担任该公司经理（一审笔误应为执行董事、法定代表人），被告人 S 某某为利用 ZH 公司给自己控制及参股的私营公司提供资金保证，接受聘任为 ZH 公司总经理（一审笔误，同上），同年 12 月 29 日又被聘任为林投公司总经理。2016 年 1 月至 2017 年 8 月间，被告人 S 某某利用担任林投公司总经理的职务便利，违反《林投公司章程》"不得挪用资金"，"不得未经董事会同意将公司资金借贷给他人"以及林投公司与被告人 S 某某签订的《总经理聘用合同》"未经股东会或董事会同意，不得向自己或者自己的亲属、朋友或者与其有关联的公司发放贷款"的规定，个人决定以林投公司及下属子公司 ZH 公司等名义将上述单位的公款挪用给其个人及亲属实际控制的几个公司经营使用，先后挪用公款共计 6.6452 亿余元，致使 1.4407 亿元未收回。

专家们指出，本罪中的挪用，是指行为人未经批准或许可，违反规章制度擅自使公款脱离单位的行为。该行为的核心在于，行为人具有违反规章制度未经批准或许可而使公款脱离单位的擅自决定性。本案的要害在于，被告人 S 某某的行为是否具有这一挪用的违反规章制度的擅自决定性。

（一）从控辩双方的证据情况来看

一审判决认定，被告人 S 某某违反了《林投公司章程》"不得挪用资金，不得未经董事会同意将公司资金借贷给他人"以及林投公司与被告人 S 某某签订的《总经理聘用合同》"未经股东会或董事会同意，不得向自己或者自己的亲属、朋友或者与其有关联的公司发放贷款"的规定，个人决定借款事宜。

但案中的辩护证据有：

（1）提取在案的《林投公司关于公司内部资金使用的管理规定》（第 41 卷第 15 页至第 19 页），在资金使用范围中包括有"关联公司"一项，"本管理规定，自 2016 年 6 月 13 日董事会批准之日起执行"。

（2）林投公司董事会（林投董字［2016］9-2）有关同意《林投公司内部资金使用管理规定》相关事宜（2016 年 6 月 13 日）（第 14 卷第 19 页）董事会成员潘某某、高某某、刘某某均签字同意。

（3）提取在案的（林投董字［2016］9-2 号）林投董事会通过《关于林投公司内部资金使用管理规定相关事宜》自 2016 年 6 月 13 日起正式执行的董事会文件，经林投公司董事长潘某某（10 卷第 93 页至第 94 页）、董事高某某（第 11 卷第 52 页至第 54 页）、刘某某（第 23 卷第 89 页至第 90 页）辨认，对上述材料上的签字确认均无异议。

（4）提取在案的林投公司风控委员会纪要、ZH 公司总经理办公会纪要、林投公司董事会会议纪要关于 ZH 公司、林投公司、港林公司向被告人 S 某某关联公司加之林公司、DBY 公司等相关公司投资合作及借款的文件一宗，经证人潘某某、高某某、于某某、李某某、刘某某、于某某、孙某某的辨认，对上述材料上的签字确认均无异议。

（5）提取在案的借款协议、担保函、采购合同、保证合同、投资合作协议等关于林投公司、ZH 公司、港林公司借款、投资给 S 某某关联公司的合同、材料一宗，经李某某、仲某某、刘某某、王某某等相关证人的辨认，对上述材料上的签字确认均无异议。

问题的要害在于，如果这些文件是真实有效的，那么，S 某某的行为，其一是有公司文件作为规章制度依据的，其二是集体研究决定的，即既不属于违规操作，又不属于擅自决定，因而就不构成本罪；相反，如果这些文件如相关证人所言未召开正式的会议是伪造的、无效的，那么其行为即既无规制可依，又属于个人决定，那么，S 某某就构成本罪了。所以，对上述文件的真实有效性进行客观公正的审查，并据此得出正确的结论，就成了本案正确处理的关键所在。

从证据的真实合法性来看：这些文件作为刑事证据的种类，属于书证，其只有具有真实性、关联性、合法性才具有证据能力，可以作为定案根据。其关联性明显，无需讨论，而其真实性、合法性则成了需要查证的关键。

1. 关于真实性问题

证据的真实性，是指证据是客观形成的，而不是伪造、编造的。具体而言，上述书证应是在相关借款民事法律行为的过程中客观形成的，不是该民事法律行为终了之后，而冒充是在民事法律关系行为中形成所伪造、编造的。

案中相关证人说，这些文件并不是在开会中决定形成的，而是未经开会决议形成的，所以是伪造的。这种说法即使是真实的，也不能说这些文件作为证据是伪造的。因为这些文件是在相关借款事宜的过程中客观形成的，而不是借款事宜完成之后伪造、编造的。至于是在会议中形成的，还是并未开会形成的，这并不属于伪造文件的真实性问题，而是属于未经开会形成文件的合法有效性问题。只要文件上的白纸黑字是当时客观形成的，只要文件上的签字是真实的，不是他人伪造、编造的，这些文件的真实性，就应当加以确认。

2. 关于合法性问题

证据的合法性，是指证据的形式和来源合法，没有非法排除的理由。公文书证不仅要来源合法，而且要形式合法，如房产证；而非公文书证，一般只涉及来源合法问题。上述书证，属于非公文书证，其来源是某监察委依法调取并附卷备查的，并不具有非法排除的理由，故应依法认定其具有合法性。

结论：上述文件作为书证，具有真实性、关联性、合法性，依法应当作为定案根据。

（二）从相关股东、董事在上述文件上签字的有效性来看

相关人员对上述文件上的签字的真实性，没有任何异议，唯对其签字的效力提出异议。

专家们指出，对于其签字的效力，不能以其诉讼中所作证言的声明为准，而应以法律规定为准。

其一，其签字行为从民事法律行为来看，可以依据法律进行探讨关于民事法律行为的有效性，法律有明确的规定。

《中华人民共和国民法总则》（以下简称《民法总则》）[1]明确规定了无效的或者可撤销的民事法律行为包括如下几种：

（1）无效民事法律行为。《民法总则》第144条规定："无民事行为能力人实施的民事法律行为无效。"第145条规定："限制民事行为能力人实施的纯获利益的民事法律行为或者与其年龄、智力、精神健康状况相适应的民事法律行为有效；实施的其他民事法律行为经法定代理人同意或者追认后有效。

---

[1] 专家论证之时，《中华人民共和国民法典》尚未出台，且《民法典》规定的这些内容与《民法总则》一致。

相对人可以催告法定代理人自收到通知之日起一个月内予以追认。法定代理人未作表示的，视为拒绝追认。民事法律行为被追认前，善意相对人有撤销的权利。撤销应当以通知的方式作出。"第 146 条规定："行为人与相对人以虚假的意思表示实施的民事法律行为无效。以虚假的意思表示隐藏的民事法律行为的效力，依照有关法律规定处理。"

（2）可撤销的民事法律行为。《民法总则》第 147 条规定："基于重大误解实施的民事法律行为，行为人有权请求人民法院或者仲裁机构予以撤销。"第 148 条规定："一方以欺诈手段，使对方在违背真实意思的情况下实施的民事法律行为，受欺诈方有权请求人民法院或者仲裁机构予以撤销。"第 149 条规定："第三人实施欺诈行为，使一方在违背真实意思的情况下实施的民事法律行为，对方知道或者应当知道该欺诈行为的，受欺诈方有权请求人民法院或者仲裁机构予以撤销。"第 150 条规定："一方或者第三人以胁迫手段，使对方在违背真实意思的情况下实施的民事法律行为，受胁迫方有权请求人民法院或者仲裁机构予以撤销。"第 151 条规定："一方利用对方处于危困状态、缺乏判断能力等情形，致使民事法律行为成立时显失公平的，受损害方有权请求人民法院或者仲裁机构予以撤销。"

可撤销的民事法律行为具有以下特征：①实质在于意思表示的不真实。②国家不主动干预。由于意思表示是否真实往往只有表意人与意思表示受领人知道，外人无从得知，法律也就不宜干预，因此该行为的效力留待当事人决定。所以，法律将撤销权留给了法定的某一方，由其决定是否撤销该行为，法院、仲裁机构采"不告不理"立场，不主动依职权撤销该行为，在这一点上严格区别于无效的民事法律行为。③私权的自由行使。撤销权是专属权，为形成权，必适用除斥期间，逾期不行使的，视为弃权，撤销权消灭。④在被撤销之前是有效的。

由上可见，在上述文件上的相关股东、董事的签字，既非无民事行为能力人的签字，也非限制行为能力人的签字，也非双方以虚假意思表示隐藏真实意思表示的签字，故不属于法定的无效民事法律行为的签字。

如果其是基于重大误解、受欺诈、胁迫和因危困而造成显失公平等情况，而违心签字，那就属于可撤销的民事法律行为。但其撤销权，是专属权、形成权，有除斥期间；且行为人并没有在法定期间行使撤销权，也没有生效的判决、裁决确定其撤销有效，在此情况下，只能认定该行为具有法律效力。

其二，其签字行为从公司法的职务行为来看，没有证据和事实证明违反了公司法或公司章程的禁止性明确规定。相反，其签字行为的合法性，有如上所述的在案提取的该公司董事会通过的《林投公司关于公司内部资金使用的管理规定》，其中在资金使用范围中包括有"关联公司"一项，可资证明。

综上，上述文件上的股东、董事的签字无论从民事法律行为，还是从公司法的职务行为来说，都是具有法律效力的，因而，据此有效签字而形成的文件，即使是并未实际召开董事会、股东会，而是以所谓的"会签"形式形成的，虽存在一定瑕疵，但并不存在违反禁止性法律规范和公司章程规定的情况，而足以否定其有效性，因而也就不能据此而确定其为伪造的文件而不具有法律效力。

（三）从案涉公司股东会董事会决议形成的情况来看

（1）案涉38笔挪用公款指控事实，均有相关董事会会议纪要、总经理办公会会议纪要、风控委员会决议及借款协议或投资合作协议等相关手续，且公司股东、董事相关人员的签字均是本人的真实签名，证明是公司高管具体决定的，而非S某某个人擅自决定。起诉书、判决书认为，这些文件是伪造的，但签字是真实的，无论是当时签字还是事后补签，都应视为林投公司、ZH公司相关负责人集体批准同意，认定伪造董事会同意《林投公司关于公司内部资金使用的管理规定》，并认定对每笔挪用的资金是伪造了总经理办公会会议纪要、董事会会议纪要及借款协议或投资协议之说与事实不符，且38笔都有本人亲笔签名，却认定都是伪造的是实难说得通的。

（2）另外，根据一审法院查明的情况，林投公司、ZH公司的资金主要是从银行以5%至6%的利息融资的，既然从银行贷款、申请承兑汇票、进行租赁性融资均需要林投公司、ZH公司的股东和董事会成员签字盖章，但这些签字盖章也都是在没有开会的情况下"轮签"的，这些"轮签"的文件既然不能认定为伪造的，而是合法有效的，那么上述"轮签"的文件，也自然不能认定为伪造的，而是合法有效的。

（3）辩护人通过阅卷注意到第30卷第18页林投公司董事会文件关于任命S某某为林投公司总经理的决议（林资董字［2015］9号）显示，该董事会文件也没有召开董事会，而是通过书面交流轮签形成的，但董事潘某某、高某某、刘某某均予以签字，按照一审的逻辑，由于没有召开正式的会议，董事会决议是伪造的，那么该任命也应当被认定为无效。

(4) 案涉 38 笔支出的资金均是林投公司、ZH 公司财务人员根据公司财务制度进行公对公支付的。第 27 卷第 58 页李某某证实,每年年底都有一次审计,一般都是由市财政局进行审计。由此说明,该市财政局是知道 S 某某关联公司使用资金情况的。

由上可见,案涉公司之前的董事会、股东会决议也多是以"轮签"的形式形成的,并不存在无效问题,如果认为无效,那将导致公司的融资无效,对 S 某某的任命也无效,那就没必要再讨论 S 某某有没有职务之便的问题了;故同理,本案的借款事宜,业经"轮签"形成的多项文件和法律手续,证明也是经过公司股东、董事签名同意集体决定的,是有法律效力的,S 某某并不是个人擅自挪用公款,因此 S 某某并不构成挪用公款罪。

以上意见供参考。

謷言刍议

关于案涉贪污罪的认定的关键在于审查被告人:①是否利用了国家工作人员的职务之便;②是否非法占有了公共财物。结合本案事实,其一,主要是审查案涉 1600 万元从 ZH 公司依约打入 DBY 公司账户,是否发生了所有权转移,被告人 S 某某将 1600 万元从 DBY 公司转走,是否涉及非法占有公共财产问题;其二,主要是审查将 1600 万元从 ZH 公司打入 DBY 公司是否是被告人 S 某某利用了国家工作人员的职务之便问题。抓住这些划清罪与非罪界限的基本问题,从事实、证据和法律层面上加以澄清,问题就迎刃而解了。

案涉挪用公款罪主要需查清是否是 S 某某擅自挪用问题,而对此主要是查清其动用公款有无违反法律和公司规定,是否经公司董事会合法决议。解决了这个问题,就澄清了案涉罪与非罪的问题。

可见,重大案件抓根本,复杂案件抓关键,抓住根本与关键,就能把住事实、证据、法律关。

5. 被告人 L 某某不构成挪用公款罪等犯罪

论证要旨

（一）关于指控挪用公款罪问题

1. 案涉款项出借是经单位领导集体研究决定的。

2. 案涉款项是单位负责人为了集体利益而决定将公款出借的。

由此结论为，不构成挪用公款罪。

（二）关于指控 L 某某贪污犯罪问题

L 某某的行为与贪污犯罪行为的毫无正当缘由地侵吞国有资产相比，在"非难的可能性"上有着明显的不同，即其虽不能说是完全正当合法，但也不能说是毫无正当缘由；故其即使构成犯罪，亦应与贪污犯罪区别开来，从而充分体现罪刑相适应的原则。

（三）关于指控虚开增值税发票问题

在本案中，没有证据证明 L 某某具有骗取国家税款的目的，并造成了国家税款损失，因而属于没有证据证明 L 某某构成了虚开增值税发票罪。

（四）关于指控滥用职权罪

滥用职权罪的构成，在事实上必须给国家财产、国家和人民利益造成重大损失，但 L 某某的行为并没有给国有公司财产造成任何损失，因而也不构成滥用职权罪。

案情简介

某某市某某区人民检察院起诉书（某某检刑诉［2017］858 号），指控被告人 L 某某作为国有公司负责人，将公款出借给他人使用，构成挪用公款罪；被告人 L 某某等作为该公司高管以发放年绩效奖金为名私分"小金库"公款，构成贪污公款罪；虚开增值税发票构成虚开增值税发票罪。

论证意见

2019 年 8 月 1 日，北京元合律师事务所向中国政法大学法律应用研究中心提交了《专家论证申请书》，并提供了相关的事实材料。经审查，认为符合本中心接受委托代为组织专家论证、提供法律帮助并出具法律意见书的条件，特决定立项，并于 2018 年 8 月 7 日在京进行了专家论证。会前专家们查阅了论证所依据的事实材料；会上先由辩护律师介绍了案件有关情况，专家们对案涉有关事实、证据进行了质询。在弄清事实、证据的基础上，对需要论证的问题，根据事实、法律进行了认真讨论、研究，形成了如下一致法律意见：

一、L 某某并不构成挪用公款罪

2003 年 11 月 13 日，最高人民法院印发《全国法院审理经济犯罪案件工作座谈会纪要》，就挪用公款的法律适用问题，在该纪要"（一）单位决定将公款给个人使用行为的认定"中规定："经单位领导集体研究决定将公款给个人使用，或者单位负责人为了单位的利益，决定将公款给个人使用的，不以挪用公款罪定罪处罚。……"

（一）关于案涉款项出借决定是否系经单位领导集体研究决定的问题

对此，辩护人在辩护意见中提出，该决定系经单位领导集体研究决定，这涉及基本事实和基本证据问题，必须予以查清。案中证据证明，L 某某是某某公司"决策委员会"五位成员之一，而参与讨论此项决定的成员有三位，即陶某某、L 某某和郭某某，无论根据公司法还是公司章程惯例，该三位决策成员的决定，都已构成该"决策委员会"的集体讨论决定，即该决策应视为"经单位领导集体研究决定"，除非案中有充分证据证明该决策不符合该公司章程的规定，不具备公司有效决定的根本条件，但案中控方没有提供这方面的证据足以排除该决策决定不符合公司法或公司章程所规定的有效性。

（二）关于案涉款项决定是否系单位负责人为了集体利益而决定将公款给个人使用的问题

（1）从主观上说，案涉各被告人均陈述，提供必要的案涉款项，是为了使案涉项目能成功摘牌，并最终实现公司 8000 万元的收益，并没有其他个人目的。

（2）从客观上说，因为提供了必要的案涉款项，使案涉项目成功摘牌，并最终实现公司 8000 万元的收益，而且也没有证据证明 L 某某从中获取了何种私利。

（3）从全面、本质上说，提供了案涉款项使案涉项目得以顺利进行，这不仅是案涉公司合同利益实现的重要保证，而且也是配合当地政府实现招商引资项目和拉动经济发展的重要保证。

有观点认为，案涉公司利益直接涉及公司个人包括 L 某某、陶某某个人利益，起诉书提出，由此是为"陶某某谋取利益"，这是混淆了公司利益和个人利益的界限；特别是在本案中，只有提供相应款项，才能保证项目利益，只有保证项目利益，才能保证项目合同项下的公司利益，虽然也保证了合作方公司的合同利益，但并不等于是为了合作方公司某个人谋取利益。所谓"合作共赢"互为对方提供履约条件是案涉合作开发合同的应有之义，而绝不是违法犯罪行为。

可见，无论从提供该款项决策决定的合法合规性，还是从提供该款项决策决定的目的性及效果来说，L 某某的行为都不能被认定为挪用公款犯罪。

二、关于指控 L 某某贪污犯罪的问题

这一指控事实，涉及的是该公司高管以发放年绩效奖金为名私分"小金库"自有资金问题。对此，可以从三个层面加以分析：

其一，如果该公司根据公司章程，可以对公司高管发放年绩效奖金，该公司经单位领导集体研究决定，并依规定根据决定对高管通过正常财务手续发放了年绩效奖金，这样就既不涉及违规，更不涉及违法问题。

其二，如果该公司有权对该公司发放年绩效奖金，只是不应动用"小金库"资金，那么这只涉及违规问题，而只要在案发前上交了年绩效奖金，就不应以刑事犯罪论处。

其三，如果某高官既不应在公司拿年绩效奖金，更不应从"小金库"拿年绩效奖金，那么这就既涉及违规问题，又涉及违法问题，甚至可能涉及违法犯罪问题。L 某某的情况就涉及这方面问题。但是，即使其构成犯罪，那也还需分清是涉及贪污犯罪还是私分国有资产犯罪问题。

专家们指出，二者的共同点都是违反国家规定，以单位名义，故意将国有资产或应当上缴国家的罚没财产集体私分给个人；但刑法将私分国有资产罪从贪污罪中分离出来，规定为独立的犯罪，主要是考虑到二者的"非难的

可能性"有着明显的不同，导致二者的法定刑差别很大。权威刑法专家比较公认的观点是："只有当行为人出于相对公平的利他动机，并且对国有资产进行相对公平的私分时，才能认定为私分国有资产罪。"

在本案中，考虑到 L 某某在该公司作为总经理，几年来公司高管从"小金库"分年终绩效奖金，他都未曾接受，后来两次分别共接受了 50 万元，还是由陶某某直接给他的。据此可以认为，L 某某的行为与贪污犯罪行为的毫无正当缘由地侵吞国有资产相比，在"非难的可能性"上有着明显的不同，即其虽不能说是完全正当合法，但也不能说是毫无正当缘由；故其即使构成犯罪，亦应与贪污犯罪区别开来，从而充分体现罪刑相适应的原则。

三、关于指控其虚开增值税发票罪的问题

最高人民法院研究室负责人员在特别授权独家首发《关于虚开增值税专用发票定罪量刑标准有关问题的通知》中明确提出，根据最高人民法院有关"复函"的实际主张，认定构成虚开增值税发票罪，要求行为人具有骗取抵扣税款的目的。

2018 年 12 月 4 日，最高人民法院在其发布的虚开增值税发票的典型案例中明确指出："不具有骗取国家税款的目的，未造成国家税款损失，其行为不构成虚开增值税发票罪。"

在本案中，没有证据证明 L 某某具有骗取国家税款的目的，并造成了国家税款损失，因而属于没有证据证明 L 某某构成了虚开增值税发票罪。

四、关于指控其滥用职权罪问题

专家们指出，滥用职权罪的构成，在事实上必须给国家财产、国家和人民利益造成重大损失，但 L 某某的行为并没有给国有公司财产造成任何损失。

其一，起诉书指控 L 某某给公司造成了 1 亿多元的损失，但经查，该款项并不是该公司的损失，而实际上是该公司若独立完成该案涉项目，而可能多获的可得利益。

但专家们指出，问题在于 L 某某所在的国有公司并没有开发该项目的资质，因而不具有独立开发该项目的行为能力，而只能与具有该资质能力的公司合作，才能实现合作合同项下的 8000 万元的收益，否则不仅项目拿不下来，而且即使拿下来也会成为一纸空文，因为其不具有独立开发的资质能力，

由其独立开发而多获取 1 亿多元，不仅违约违规而且违法，到头来只能是竹篮打水一场空，哪里还谈得上什么 1 亿多元的损失？

其二，依照案涉合同，无论由谁去办理项目土地手续，都不是无偿获得案涉土地溢价款的，根据相关合同需要付出相应对价款 1.79 亿元或 2.1 亿元。L 某某公司依约将办理项目土地手续并由其承担相应费用和享有由此发生的土地溢价款，由有资质的对方公司承担和享有，是行使正当的履约行为，而其中也并不存在显失公平，造成公司损失的问题。

专家们一致认为，由于不存在公司的相应损失问题，就根本谈不上其行为构成滥用职权犯罪问题。

以上意见供参考。

謇言刍议

这一案件的指控，表面上看都是有道理的，但实际上却是没有一个能立得住的。究其原因，就是因为没有严格遵循罪刑法定原则和罪刑相适应原则，因而没有划清罪与非罪和此罪与彼罪的界限。这种有错即处罚，有罚即上刑的倾向，与惩罚主义、重刑主义的惯性思维影响，不无关系。

在我国，究竟是将刑法作为最后手段，还是作为最先手段，这个问题还远远没有解决，更不必说比例原则、谦抑原则，以及恢复性司法等，也有一些司法人员对之不甚了了，甚至连听说过都没有。可见普及刑法的基本理念仍任重道远。

要将法治落实体现在每一个刑事案件之中，不仅要实现公平正义，还要让人民群众感受到公平正义，这应当是法律人永恒的主题。那就让我们从每一个案件来尽力落实吧。

6. 被告人 C 某某是否构成挪用公款罪和受贿罪？

论证要旨

其一，案涉款项出借系经单位领导集体研究决定，并非 C 某某个人决定，因而不构成挪用公款罪。

其二，C 某某向刘某某借款和拒绝接受刘某某还款要求，是正常民事借贷和追求借款利益最大化的民事法律行为，与利用职务之便受贿无关。

其三，C 某某受贿吴某某等共计 6 万元的事实，已过追诉时效。

案情简介

某某市人民检察院以起诉书（某某检二部刑诉［2019］18 号），起诉被告人 C 某某犯有挪用公款罪和受贿罪，特委托请求代为邀请权威专家，对其是否构成指控罪名，进行专家论证。

论证意见

中国政法大学法律应用研究中心接受委托，于 2019 年 8 月 17 日在京召开了专家论证会，与会专家有五名刑事法学教授，对本案论证事项所涉及的事实认定、证据运用和法律适用问题，进行了认真的审查鉴别、分析研究，并就案涉相关问题，询问了委托方。在弄清事实的基础上，根据法律规定，形成了一致法律意见，即：C 某某不构成所控挪用公款罪和受贿罪。具体论证理由如下：

一、C 某某不构成挪用公款罪

2003 年 11 月 13 日，最高人民法院印发《全国法院审理经济犯罪案件工作座谈会纪要》，就挪用公款罪的法律适用问题指出："经单位领导集体研究决定将公款给个人使用，或者单位负责人为了单位的利益，决定将公款给个人使用的，不以挪用公款罪定罪处罚。"也就是说，只要符合上述规定中的任何一种情形，即不以挪用公款罪定罪处罚：①经单位领导集体研究决定将公款给个人使用的；②单位负责人为了单位的利益，决定将公款给个人使用的。从现有事实和证据看，C某某的行为同时符合上述两种情形，当然就不构成挪用公款罪。

（一）案涉款项出借系经单位领导集体研究决定，并非C某某个人决定

事实和证据梳理如下：

1. 与其他自然人合作共同出资设立某一机械股份有限公司，是某某公司股东会议的决议，而非C某某个人的决定

《某某有限公司第三次股东会决议》显示，2006年7月7日，某某公司股东——某某市国有资产投资管理有限公司与某某市自来水公司召开股东会议，会议决定本公司与其他自然人合作共同出资设立某——公司。其中本公司出资150万元，李某某（C某某妻子）出资120万元、李某保出资90万元、白某某出资90万元、常某出资30万元。

2. 某某公司领导研究决定借款给自然人股东，而非C某某个人的决定

《2006年6月14日会议纪要》显示，因政府领导要求快速成立某某公司，而上述自然人股东短期内不能筹备那么多资金，于是建投公司于2006年6月14日召开领导班子会议，研究决定可以让拟入股的自然人与某某公司签订借款合同，以解决上述自然人短期因资金问题不能入股的问题。

3. 某某公司与拟入股的自然人签订了《入股协议》

为确保某某公司借给自然人股东钱款的安全，2006年6月23日，某某公司分别与上述自然人股东签订了《入股协议》，约定："一、按照甲方《2006年6月14日会议纪要》规定，甲方以乙方名义入股某某市某一机械股份有限公司股本金；二、甲方以乙方名义所入股本金在乙方未向甲方缴足上述资金及利息之前，该股本金仍归甲方所有；三、乙方应在一年内向甲方缴足本金和利息，该股本金方可归乙方所有，具体股本金变更以甲方财务手续为准。"

4. 某某公司与拟入股的自然人签订了《借款协议》，相关自然人随后也还清了借款本息

2006年6月23日，某某公司分别与拟入股的上述自然人签订了《借款协议》，约定了借款金额、借款利息、借款期限等。规定借款用途为：投资入股某某市某一机械股份有限公司。

上述协议签订后，常某、李某保、C 某某、白某某分别给某某公司打了借条，各自的借款转入了某一机械股份有限公司账户用于基础设施建设。这些借款本息随后根据协议也已经全部还清。

（二）案涉款项出借是为了及时完成政府规划的项目公司组建，主观上是为了单位的利益

事实和证据梳理如下：

1. 某某市某一机械股份有限公司是经当地政府部门决定设立的

某某市《发改委某发改〔2007〕136 号文件》显示，某某市政府决定建设某某市汽配工业园，由建投公司发起成立某一机械股份有限公司负责园区内基础设施工程：主要包括道路工程、给排水工程、排洪暗涵工程、供电工程、燃气工程、消防工程等。某一机械股份有限公司成立后为市政府建设了上述项目。

2. 案涉款项出借的目的是及时完成政府规划的项目公司组建，不是谋取个人利益

资料显示，某某市汽配工业园区建设是某某市政府项目工程，某一机械股份有限公司承建的是汽配工业园区的基础设施建设，某某公司借款给其他自然人是为了保障某一机械股份有限公司的及时顺利成立，为了及时完成政府规划的项目公司组建，是为了本单位的利益，不是为了谋取包括 C 某某在内的其他个人利益。

从实际效果看，该借款虽然借给了其他自然人，但却始终控制在某某公司及其某一机械股份有限公司的名下。资料显示，相关借款均投入了某一机械股份有限公司的名下，其所有权依约在借款人还款前仍属于某某公司所有，后来在四人全部还清本金和约定利息的情况下，才将其股权转让到其他自然人股东名下，单位没有受到任何损失。

3. 某某公司自身的性质、任务，决定该借款行为主观上也是为了单位的利益

《某某市人民政府市长办公会议纪要》对某某公司自身的性质和业务范围作了规定：①该公司是由某某市政府拨款成立的承担公益性项目建设借款的企业；②该公司是某某市政府民间融资的平台；③该公司自主经营、自负盈亏。

由此可见，某某公司是一家政府批准认可的融资公司，公司将从民间吸收的资金发放给民营公司或个人，以赚取利润，是其正常的经营业务，并不

违法。即使其借款不符合其承担公益性项目建设借款的要求，这充其量也只是超范围经营问题，而超范围经营，在民事上也只是是否有效的问题。因为最终是为了单位的利益，因此与挪用公款罪没有关系。

二、C 某某不构成索贿型受贿罪

（一）C 某某没有利用职务上的便利，向刘某某索取贿赂

根据起诉书的指控，2012 年 7 月，开发某某小区的某某市某某置业有限公司实际控制人刘某某，因资金紧张，从 C 某某处借款 200 万元，月息 2%。截至 2013 年 8 月 1 日，刘某某归还本金 187 万元，没有支付利息。2013 年 4 月 10 日，刘某某再次向 C 某某借款 510 万元，月息 2.5%。

2014 年 8 月 1 日，刘某某以某某市某某置业有限公司名义，从某某公司借款 3000 万元，某某公司对某某小区进行共管。2014 年 8 月 1 日前后，刘某某向 C 某某提出归还 C 某某本金和利息。C 某某认为某某公司已经对某某项目进行了共管，可以保证收回借款。为获取更多利息，C 某某拒绝了刘某某还款的要求。

1. C 某某没有利用职务上的便利

受贿罪中的"利用职务上的便利"，其核心是利用职务上的便利对他人造成的影响实施权钱交易或者强行索取他人财物，但 C 某某拒绝刘某某还款要求的行为不属于这种情形。

根据起诉书认定的事实，2014 年 8 月 1 日，刘某某以某某市某某置业有限公司名义，从某某公司借款 3000 万元，某某公司对某某小区进行共管，其目的是确保借出款项的正当使用和安全，除此之外，C 某某对刘某某没有其他职务上的影响。C 某某拒绝刘某某还款的要求，不仅没有对某某公司借出的 3000 万元款项的正当使用和安全造成损害，反而阻止了刘某某将所借款用于偿还个人所欠债务。因此，C 某某没有利用职务上的便利实施权钱交易。C 某某为获取更多利息，拒绝刘某某还款的要求，是基于对借出资金安全性的评估，与其所任职务没有关系，C 某某没有利用职务上的便利强行索取刘某某的财物。

2. C 某某没有实施向刘某某索取贿赂的行为

根据起诉书认定的事实，刘某某只是提出了"还款的要求"，并没有实际采取行动还款，比如把所欠款项实际打到李某某、刘某某的银行卡上，就是

说刘某某没有实际的还款行为。C 某某也只是"为获取更多利息，拒绝了刘某某还款的要求"，与一般意义上主动向他人索取贿赂、他人因此被迫交付财物的行为有根本的区别。C 某某没有实施向刘某某索取贿赂的行为。

（二）刘某某当时没有还款的能力

根据起诉书认定的事实，刘某某当时提出了还款的要求。但相关资料显示，刘某某实际上没有还款能力，因此认定刘某某当时提出还款要求没有客观事实根据。

（1）根据刘某某出是的《短期借款明细表》《负债情况汇总》，截至 2014 年 7 月份（刘某某称要还 C 某某借款时），刘某某借款或欠款总金额为 226 629 998.08 元（尚不包含 2014 年 8 月份从某某公司的借款 3000 万元）。具体清单包括：①银行借款 144 858 022.21 元；②欠付个人借款、其他欠款 77 374 611 元；③应付购货款 2 488 536.66 元；④预收销售货物款 830 541.76 元；⑤应交税金 1 078 286.45 元；合计 226 629 998.08 元。

（2）根据刘某某给某某市政府提交的《某某市某某置业有限公司借款利息情况表》，截至 2016 年 11 月 30 日，刘某某共欠银行本息合计 1.9 176 741 132 亿元。具体清单包括：①2014 年 12 月 19 日欠浦发银行本金 2829.2221 万元；②2014 年 11 月 29 日欠信用联社本金两笔：一笔 2000 万元，一笔 3000 万元；③2014 年 9 月 30 日欠光大银行本金 2448 万元。该笔欠款，光大银行于 2014 年 1 月 3 日向某某市中级人民法院起诉，2014 年 4 月 13 日判决，2014 年 6 月 26 日申请执行。借款人为刘某某个人、某某市某某置业有限公司、刘某某的某某市某某实业有限公司；④2014 年 9 月 4 日欠洛阳商行本金 1700 万元；⑤2014 年 8 月 1 日借建设银行本金 3000 万元，2016 年 3 月 3 日借建设银行 1500 万元。截至 2016 年 11 月 30 日，刘某某欠银行本金共计 1.647 722 214 亿元，本息合计 1.917 674 113 2 亿元。

上述巨额债务清单显示，刘某某当时没有还款的能力。故此，起诉书认定刘某某当时主动提出归还借款没有客观事实依据，不足为凭。

（三）C 某某获取利息 407.0218 万元的行为是正常的民间借贷行为

根据起诉书认定的事实，2016 年 3 月 10 日，C 某某向刘某某提出以某某小区房产和车位抵顶利息，共抵顶 9 套房产和 9 个地下车位价值 698.6812 万元。从 2014 年 8 月 1 日某某公司共管某某小区项目至 2016 年 3 月 10 日，C 某某利用职权从刘某某处获取利息 407.0218 万元。起诉书认定，从 2014 年 8

月1日某某公司共管某某小区项目至2016年3月10日，C某某利用职权从刘某某处获取利息407.0218万元，构成了受贿罪。然而，起诉书指控C某某构成受贿罪，缺乏充分的事实根据。

1.C某某与刘某某签订并履行《借款合同》，是正常的民间借贷行为

相关资料显示，2014年8月1日之前，即在2012年7月，2013年4月10日，无论李某某还是刘某伟，在与刘某某签订的《借款合同》中，均约定了借款本金、利息及违约金。C某某与刘某某签订并履行《借款合同》，是正常的民间借贷行为。依据违约条款约定的违约金及利息，至2016年3月10日，刘某某以房屋及车位抵款，除已支付的本息外，欠李某某、刘某伟2 844 420元。

2.C某某没有利用职务之便违约向刘某某索要额外的钱款，不存在索贿行为

相关资料显示，在李某某实际与刘某某会计计算利息与违约金时，考虑到违约金约定较高，参照银行计算复息方式进行了计算，即比原先的《借款合同》约定少收了刘某某2 844 420元。在利息计算方面，C某某不仅没有利用职务之便违约向刘某某索要额外的钱款，反而是少收取了原先约定的利息（或违约金），明显不存在索贿行为。因此，起诉书指控C某某构成受贿罪，缺乏充分的事实根据。

三、C某某受贿6万元的事实已过法定追诉时效，不应对其追究刑事责任

起诉书指控C某某于2011年5月收取吴某某5万元，2012年10月收取郭某某1万元。对这两笔受贿款的量刑幅度，《中华人民共和国刑法》和相关司法解释规定在3年有期徒刑以下。根据刑法追诉时效的规定，法定最高刑为不满5年有期徒刑的，经过5年的不再追诉。

C某某于2019年4月3日被立案调查，从受贿行为成立至案发已超过5年。由于前述的C某某拒绝还款行为不构成索贿犯罪，在5年追诉时效期限内C某某也就没有实施新的犯罪，并因此导致受贿6万元的追诉时效中断。因此，C某某受贿6万元的事实已过法定追诉时效，不应对其追究刑事责任。

以上意见供参考。

譬言刍议

本案的论证，告诉我们，对一个较为复杂案件的案情，要想有全面、客

观、准确地把握，就必须做到，从案件所涉的事实、证据、法律（包括相关法条、司法解释和法理及判例）层面上做好功课，只有如此，才能对案件作出正确的结论来。

对于事实、证据的审查判断是他人无可替代的；而对于法律的适用，则需要从核对相关的法条、查寻相关的司法解释和学理解释及相关判例几个方面去解决其中的疑难问题，从而结合事实、证据，得出有把握的结论。为此，就需要下一番功夫了。

鄙人曾经有一个梦想，即希望在我国能有一套系统，将法条、司法解释、学理解释及判例均纳入数据库，并能实现对数据库的智能检索和综合分析，只要将法律适用上的疑难问题的关键词输入进去，一点击，就能将相关法条、司法解释、学理解释及相关判例全都检索出来，并能提供一个综合分析的意见。余以为，从技术角度完全是可以解决这一问题的。我曾为此而努力，希望能配合我的顾问单位——某大数据科技公司，研究出这样一套系统，以供法律人和当事人查询，这将是功德无量的事。但可惜，由于某种外在的原因却没能实现。不过，余以为，这应当是历史的必然要求，只是期望它能早日应运而生，早日实现。故，对此而借机留此存照吧！

7. 关于 J 某行贿案专家论证的法律意见

论证要旨

专家们认为：①本案表面上符合行贿犯罪的外在表现形式，但实质上应为单位行贿。在无法有效排除单位实施行贿的合理怀疑的情况下，结合国家有关刑事政策，以及存疑时有利于被告的原则，总体上考虑应以认定单位行贿罪为宜。②指控 1200 万元（未遂）部分不应计入犯罪金额，仅将其作为量刑过程中的酌情考量因素予以体现。③指控 213.5 万元部分定性为单位行贿罪更为准确。④被告人 J 某主动交代行贿犯罪事实，同时符合自首和立功条件，形成竞合关系，应择一对被告人 J 某更有利的情节适用。⑤对本案所涉共同行贿犯罪行为，J 某作为某某公司直接负责的主管人员，应承担刑事责任，但量刑时可考虑其在单位约定的股权所占比例予以酌情考虑。

案情简介

某某市某某区人民检察院起诉书（某某检刑诉［2018］1011 号）指控 J 某与 R 某某签订合伙经营协议参与涉案项目，两人共同商议送给国家工作人员简某某好处费，简某某没有拒绝；随后，J 某与某某省六建集团有限公司（以下简称"省六建"）、J 某安排刘某某与某某市第四建筑工程有限公司（以下简称"市四建"）签订挂靠性质的施工合同；在简某某利用职务便利提供帮助的情况下，省六建和市四建竞标成功；且以 J 某个人名义设立账户接收项目建设拨付的款项。该起诉指控 J 某构成行贿罪。

论证意见

中国政法大学法律应用研究中心接受委托，就被告人 J 某被控对国家工作人员行贿罪一案有关事项，于 2018 年 12 月 2 日在京召开专家论证会。与会九名刑事法学权威教授，经认真审阅案件事实材料，并就有关案件事实认定、证据运用和法律适用问题进行了认真研究、讨论，形成如下一致法律意见。

一、关于本案指控 600 万元部分是行贿罪，还是单位行贿罪的问题

《中华人民共和国刑法》（以下简称《刑法》）第 389 条第 1 款规定："为谋取不正当利益，给予国家工作人员以财物的，是行贿罪。"第 393 条规定："单位为谋取不正当利益而行贿，或者违反国家规定，给予国家工作人员以回扣、手续费，情节严重的，对单位判处罚金，并对其直接负责的主管人员和其他直接责任人员，处五年以下有期徒刑或者拘役，并处罚金。因行贿取得的违法所得归个人所有的，依照本法第三百八十九条、第三百九十条的规定定罪处罚。"

专家们认为：个人行贿和单位行贿两种犯罪形式都有相应的外在表现，但从本质上而言，本案指控 600 万元部分应属单位行贿。在无法有效排除单位实施行贿的合理怀疑的情况下，结合国家有关刑事政策和本案事实，以及存疑时应采用有利于被告人的刑罚原则，本案认定单位行贿较为合理。

（一）表面上，存在个人行贿犯罪的外在表现形式

J 某与 R 某某签订合伙经营协议参与涉案项目，两人共同商议送给简某某好处费，简某某没有拒绝；随后，J 某与省六建、J 某安排刘某某与市四建签订挂靠性质的施工合同；在简某某利用职务便利提供帮助的情况下，省六建和市四建竞标成功；且以 J 某个人名义设立账户接收项目建设拨付的款项。

上述系列行为从表面上看，符合"为谋取不正当利益，给予国家工作人员以财物"的条件，符合行贿犯罪的外在表现形式。

（二）但本质上，应属单位行贿

专家们根据承办律师提供的材料，审核了案件相关证据，认为：J 某实施上述系列行为，客观上具有履行某某市某某建筑工程有限公司（以下简称"某某公司"）法定代表人职务的特征，又以法人名义实施，且相对人亦相信该行为是公司行为，其本质应属于单位行贿。

1. 《合伙经营协议书》明确记载"合伙人确定由某某公司法人代表或其委托代理人与挂靠公司签订合同"。J 某对外签订合同等，实际上代表的是某某公司

2013 年 11 月 7 日，J 某和 R 某某签订《合伙经营协议书》，双方合伙承接某某区某某片区改造建设安置房项目。该协议第 31 条第 1 款约定："某某

片区改造建设安置房项目工程（以实际中标计），因某某建筑工程有限公司无资格直接承接本项目工程，需要挂靠有资格承接本项目工程的公司，合伙人确定由某某公司法人代表或其委托代理人与挂靠公司签订合同，并同意合同条款和内容。"第2款约定："本项目工程一切收入、支出由合伙双方负责人签字方能生效，证明人由R某某签字，同意人由J某签字。"第3款约定："财务部设在某某建筑公司，并由该公司财务担任会计、出纳，对外支出在工地办公室。"

从上述约定可知，某某片区改造安置房项目从一开始与R某某合作时，实际上就是某某公司作为主体进行合作。J某作为法定代表人对外签订挂靠合同等行为，属于单位行为。

2. J某在某某片区改造项目中的行为后果由某某公司承担

《中华人民共和国民法通则》（当时有效，下同）第63条第1、2款规定："公民、法人可以通过代理人实施民事法律行为。代理人在代理权限内，以被代理人的名义实施民事法律行为。被代理人对代理人的代理行为，承担民事责任。"J某不仅是某某公司持股占40%的股东，同时也是某某公司的法定代表人，其在项目中的行为当然具有代理某某公司的效力。

根据《合伙经营协议书》第31条约定，J某与省六建、市四建签订挂靠合同，表面上虽是J某个人签名，但其是代表某某公司履行职务的行为，相关法律后果由某某公司承担。

3. 某某公司签订多份重大合同

本案《桩基础工程施工承包合同书》、两份《商品混凝土购销合同》、《建筑机械租赁合同》显示，某某公司是签约主体。可见，合同的相对方均认可某某公司是涉案项目的实际施工单位，且某某公司加盖公章的行为，亦是其对承接涉案项目事实的明确认可。

另外，涉案项目因某某公司建筑资质等级不够，于是选择挂靠省六建和市四建。挂靠的初衷和动机也体现了某某公司参与项目的意志。

4. 某某公司实际参与项目施工建设

J某与省六建签订的两份《工程项目内部承包协议》显示："工程承包范围：总承包括基坑支护工程、土方工程、建筑工程（含地下人防结构建筑工程）、安装工程（不含电梯工程）、装饰装修、劳务等工程施工。"

刘某某与市四建签订的《工程项目承包施工合同》显示："承包范围包

括：①主体结构工程；②除了专业分包工程以外的总包合同里约定的施工范围；③乙方对整个项目工程，承担统筹、协调和管理的责任……"

客观上，在合同签订后，涉案项目是以某某公司人员组建项目管理团队，以某某公司为施工和管理主体，完成上述承包范围全部工作，并负责协助整理项目技术资料、竣工验收资料等。结合《合伙经营协议书》第 31 条的约定，J 某、刘某某在上述两合同/协议上的签名，代表的是某某公司。

5. 项目专款专用，且行贿款来源于项目账户

涉案项目以 J 某个人名义、R 某某控制的某某市某某镇石头修建队、某某市某某区某某建筑工程服务部名义开设三个专用账户，而没有以某某公司名义开设专用账户。这种不规范的行为在企业经营中属于比较普遍的现象，在建筑行业中更为常见。其产生的原因可能与挂靠、税收征收等因素有关。这种现象即所谓"私户公用"。本案中，项目款项的收支，包括材料款、机械租赁费、施工进度款的支出均是通过该项目专用账户，甚至本案指控行贿款项也是来源于项目专用账户。"私户公用"的情形很明显。不能从项目账户使用 J 某的个人账户的表面现象，简单地认定此属于 J 某的个人行为；而应根据该行为的本质进行认定。

6. 关于项目收益的归属

据了解，涉案的某某片区项目目前尚未进行工程结算，工程尚未实际产生利润。合作双方也没有分配过利润。据 J 某个人陈述，其项目完成结算后，相关利润最终应归属某某公司和 R 某某。

为此，J 某在该项目中的签名及相关行为，应认定为某某公司的单位行为。结合以上分析，本案定性为单位行贿罪更为符合客观事实，符合表面现象背后的事实真相。

（三）本案定性为单位行贿，更为符合国家新的刑事政策

2016 年 11 月 4 日中共中央、国务院发布的《关于完善产权保护制度依法保护产权的意见》第 4 部分规定："……严格遵循法不溯及既往、罪刑法定、在新旧法之间从旧兼从轻等原则，以发展的眼光客观看待和依法妥善处理改革开放以来各类企业特别是民营企业经营过程中存在的不规范问题。"

2016 年 11 月 28 日最高人民法院发布的《关于充分发挥审判职能作用切实加强产权司法保护的意见》第 5 点规定："客观看待企业经营的不规范问题，对定罪依据不足的依法宣告无罪。对改革开放以来各类企业特别是民营

企业因经营不规范所引发的问题，要以历史和发展的眼光客观看待，严格遵循罪刑法定、疑罪从无、从旧兼从轻等原则，依法公正处理。对虽属违法违规、但不构成犯罪，或者罪与非罪不清的，应当宣告无罪。对在生产、经营、融资等活动中的经济行为，除法律、行政法规明确禁止的，不得以犯罪论处。"

2017年1月6日最高人民检察院发布的《关于充分履行检察职能加强产权司法保护的意见》第4点规定："……以发展眼光客观看待和依法妥善处理改革开放以来各类企业，特别是民营企业经营发展过程中存在的不规范问题。办案中坚持罪刑法定、法不溯及既往、从旧兼从轻、疑罪从无原则，对于确属事实不清、证据不足、适用法律错误的错案冤案，坚决予以纠正。对于没有犯罪事实或者具有《刑事诉讼法》第十五条规定的情形之一的，或者犯罪情节轻微不需要判处刑罚的，或者经过补充侦查仍达不到起诉证据标准的，依法不起诉。对于构成犯罪但认罪认罚的，依法从宽处理。……"

2018年11月1日，习近平总书记在民营企业座谈会上的讲话中明确指出："纪检监察机关在履行职责过程中，有时需要企业经营者协助调查，这种情况下，要查清问题，也要保障其合法的人身和财产权益，保障企业合法经营。对一些民营企业历史上曾经有过的一些不规范行为，要以发展的眼光看问题，按照罪刑法定、疑罪从无的原则处理，让企业家卸下思想包袱，轻装前进。"

2018年11月6日，最高人民检察院党组会议要求，把近年来最高人民检察院服务和促进民营经济健康发展的"三个文件"，根据当前经济发展特别是民营经济发展新形势，结合学习贯彻修改后的《刑事诉讼法》，在认真总结落实平等保护、加强产权保护、纠正涉产权冤错案件等工作经验的基础上，进行重新梳理，明确进一步统一规范办理涉民营企业案件的执法司法标准。随后，最高人民检察院梳理了11个问题并提供给各级检察院用于办案指导。最高人民检察院强调，企业为开展正常经营活动而给付"回扣""好处费"的行为涉嫌行贿犯罪的，要区分个人犯罪和单位犯罪，要从起因目的、行贿数额、次数、时间、对象、谋利性质及用途等方面综合考虑其社会危害性。具有情节较轻、积极主动配合有关机关调查的，对办理受贿案件起关键作用的，因国家工作人员不作为而不得已行贿的和认罪认罚等情形之一的，要依法从宽处理。特别需要注意的是，因被勒索给予国家工作人员以财物，没有获得不正当利益的，不能认定为行贿犯罪。

2018 年 11 月 10 日，为认真贯彻落实习近平总书记在民营企业座谈会上的重要讲话和关于民营企业发展的重要指示批示精神，充分发挥司法行政职能作用，积极为民营企业发展提供坚实法治保障、营造良好法治环境、提供优质法律服务，结合司法行政工作实际，司法部发布了《关于充分发挥职能作用为民营企业发展营造良好法治环境的意见》。

从国家领导人讲话及上述多份文件规定可见，中央及最高人民法院、最高人民检察院、司法部在涉及民营企业的经济案件中，要求"以发展的眼光客观看待和依法妥善处理民营企业经营发展过程中存在的不规范问题""严格区分个人犯罪和单位犯罪"。其基本精神是对民营企业及民营企业家涉及的不规范问题，以发展的眼光，依法妥善处理，对认罪认罚的，依法从宽处理。其根本目的是维护民营企业正常生产经营，发展社会生产力，创造社会财富、提高社会效益。

本案发生在某某公司挂靠省六建和市四建承接项目，以及施工管理过程中，由于实施挂靠操作的不规范，导致 J 某的个人行为与某某公司的单位行为产生混淆，但这种风险不应由企业家个人承担。本案定性为单位行贿更为符合国家刑事政策。

专家们认为：本案指控 600 万元部分，虽然表面上符合个人行贿的外在表现形式，但实质上应属于单位犯罪。在无法有效排除单位实施行贿的合理怀疑的情况下，结合国家有关刑事政策，以及存疑时有利于被告人的原则，总体上考虑以单位行贿定性为宜。

二、关于指控 1200 万元的问题

我国《刑法》第 23 条规定："已经着手实行犯罪，由于犯罪分子意志以外的原因而未得逞的，是犯罪未遂。对于未遂犯，可以比照既遂犯从轻或者减轻处罚。"

专家们认为：本案同时存在既遂与未遂，指控 1200 万元（未遂）部分不应计入犯罪金额。

（一）1200 万元（未遂）部分不应计入犯罪金额

2016 年 6 月 30 日，最高人民法院发布指导案例——指导案例 62 号：王某某合同诈骗案。其裁判要点如下："在数额犯罪中，犯罪既遂部分与未遂部

分分别对应不同法定刑幅度的，应当先决定对未遂部分是否减轻处罚，确定未遂部分对应的法定刑幅度，再与既遂部分对应的法定刑幅度进行比较，选择适用处罚较重的法定刑幅度，并酌情从重处罚；二者在同一量刑幅度的，以犯罪既遂酌情从重处罚。"

本案既遂与未遂金额在同一法定刑幅度范围内，应以既遂的犯罪事实和金额确定全案适用的法定刑幅度，并确定量刑起点，即 1200 万元部分不应计入犯罪金额，而是仅将其作为量刑过程中的酌情因素予以体现。

（二）1200 万元不计入犯罪金额，符合"统一裁判尺度"的司法精神

本案承办法院审理的"徐某某行贿案"（案号：[2014] 某某法刑字第 69 号）、成都市中级人民法院审理的"平兴受贿案"（案号：[2014] 成刑初字第 209 号），以及江苏省泗洪县人民法院审理的"苗某受贿案"（案号：[2017] 苏 1324 刑初 689 号）中，法院审理认为，尚未支付的金额仅仅是口头表示，具体数额尚未确定，且尚未着手予以交付的，不应认定为犯罪金额。

（三）家属上缴的 1200 万元不属于行贿赃款

2017 年 12 月 29 日，最高人民法院发布的《关于充分发挥审判职能作用为企业家创新创业营造良好法治环境的通知》规定："改革开放以来，一大批优秀企业家在市场竞争中迅速成长，为积累社会财富、创造就业岗位、促进经济社会发展、增强综合国力做出了重要贡献。人民法院充分发挥审判职能作用，依法平等保护企业家合法权益，为企业家创新创业营造良好法治环境，对于增强企业家人身及财产财富安全感，稳定社会预期，使企业家安心经营、放心投资、专心创业，充分发挥企业家在建设现代化经济体系、促进经济持续平稳健康发展中的作用具有重大意义。……坚持罪刑法定原则，对企业家在生产、经营、融资活动中的创新创业行为，只要不违反刑事法律的规定，不得以犯罪论处。……严格区分企业家违法所得和合法财产，没有充分证据证明为违法所得的，不得判决追缴或者责令退赔。严格区分企业家个人财产和企业法人财产，在处理企业犯罪时不得牵连企业家个人合法财产和家庭成员财产。"

本案指控的行贿 1200 万元事实尚未实际发生，行贿款之说并不存在。家属代为上缴的 1200 万元不应定性为行贿赃款。结合本案实际情况及上述最高人民法院通知的精神，应将其视为被告人 J 某提前预缴的罚金，并在认罪态度好、具有悔罪表现等酌情从轻量刑情节中予以考虑。

专家们认为：指控 1200 万元（未遂）部分不应计入犯罪金额，仅将其作

为量刑过程中的酌情因素予以体现，如此更符合案件的客观实际、立法本意及"统一裁判尺度"的司法精神。

三、关于 213.5 万元部分的问题

关于该部分指控，J 某与简某某的讯问笔录比较稳定且一致：1997 年到 2017 年期间，简某某多次介绍业务给某某公司，对某某公司的相关工作给予支持，比如金华园工程、金桂园工程、某某不锈钢金属交易中心项目、某某村村民公寓项目、某某大桥底水浸区工程改造项目、某某市场项目等。为了表达对简某某帮助某某公司的感谢，J 某以过年过节送红包的形式，从某某公司的账上支出现金给简某某。

专家们认为：该 213.5 万元行贿款均出自某某公司，用于感谢简某某对某某公司的帮助；客观上，某某公司也因为简某某利用职务便利介绍工程、支持某某公司相关工作而从中获利。本案指控 213.5 万元部分定性为单位行贿罪更为准确。

四、关于本案是否构成自首的问题

我国《刑法》第 67 条第 2 款规定："被采取强制措施的犯罪嫌疑人、被告人和正在服刑的罪犯，如实供述司法机关还未掌握的本人其他罪行的，以自首论。"第 68 条规定："犯罪分子有揭发他人犯罪行为，查证属实的，或者提供重要线索，从而得以侦破其他案件等立功表现的，可以从轻或者减轻处罚；有重大立功表现的，可以减轻或者免除处罚。"

专家们认为：被告人 J 某主动交代办案机关尚未掌握的行贿犯罪事实，同时符合自首和立功的构成要件，形成竞合关系，应择一对被告人 J 某更有利的情节适用。

（一）J 某具有自首情节

1. 主动交代办案机关尚未掌握的犯罪事实及线索

J 某 2018 年 5 月 7 日《调查笔录》、5 月 8 日《询问笔录》显示，监察委对 J 某进行调查时，只是针对某某公司转制中可能存在的违法违纪问题，并未提及和针对行贿进行调查询问。可见，办案机关当时并未掌握行贿的事实及线索。

J 某 2018 年 5 月 9 日《供述笔录》显示："问，你今天有什么向我们交代

的？答，我想向你们纪委监察委交代 2013 年我为了获得某某安置房工程建筑项目向简某某行贿现金人民币 600 万元的问题。"

本案材料显示，简某某首次交代受贿问题是在 2018 年 5 月 15 日《交待材料》。R 某某首次交代行贿问题是在 2018 年 6 月 16 日《讯问笔录》。

监察委于 2018 年 7 月 19 日出具的《关于被调查人 J 某到案的情况说明》第 2 段显示："J 某在接受审查调查期间，能够积极主动配合审查调查工作，主动向专案组如实交代专案组尚未掌握的违纪违法问题，认罪态度较好。"本案中，被告人 J 某在调查期间，系主动且早于其他人交代了办案机关尚未掌握的行贿犯罪事实，是自首。

2. 主动交代的犯罪事实与办案机关已掌握的事实及线索属于不同种罪行

2018 年 5 月 7 日《立案决定书》显示，监察委是以涉嫌"违纪违法"对 J 某进行立案。如上所述，监察委对 J 某进行调查时，只是针对某某公司转制中可能存在的违法违纪问题，并未提及和针对行贿进行调查询问。被告人 J 某主动交代，以及本案指控的事实涉嫌罪名为行贿罪。

监察委立案时掌握的犯罪线索，与本案行贿属于不同种罪行。

专家们认为：被告人 J 某主动交代行贿犯罪事实，符合自首的法律规定，应当认定具有自首情节。

（二）本案构成自首的同时，也符合立功条件，存在法律竞合

监察委出具的《关于被调查人 J 某到案的情况说明》第 1 段显示："2018 年 5 月，市纪委将某某镇街道政协联络处原常务副主任简某某涉嫌严重违纪违法线索交我委办理。在核查期间，我委发现 J 某涉嫌违纪违法问题……"结合对简某某、J 某的立案及案由情况，监察委对简某某、J 某开展调查时均未掌握其行贿受贿的事实及线索。

被告人 J 某向办案机关主动交待了向简某某行贿的事实，但换一个角度来看，则是 J 某检举揭发了简某某收受贿赂的事实，且使 J 某的受贿行为受到法律追究。从此意义上说，J 某构成立功。

故此，专家们认为：被告人 J 某的行为，既符合《刑法》第 67 条第 2 款规定的"被采取强制措施的犯罪嫌疑人、被告人和正在服刑的罪犯，如实供述司法机关还未掌握的本人其他罪行的，以自首论"的情形；又符合《刑法》第 68 条规定的"犯罪分子有揭发他人犯罪行为，查证属实的，或者提供重要线索，从而得以侦破其他案件"的情形，在自首与立功之间存在竞合。此时，

应当认定和适用其中一个最有利于被告人 J 某的情节，以更为有利地对其处理。

五、关于如何对 J 某和 R 某某在共同犯罪中的责任进行合理考量问题

我国《刑法》第 25 条第 1 款规定："共同犯罪是指二人以上共同故意犯罪。"第 30 条规定："公司、企业、事业单位、机关、团体实施的危害社会的行为，法律规定为单位犯罪的，应当负刑事责任。"第 31 条规定："单位犯罪的，对单位判处罚金，并对其直接负责的主管人员和其他直接责任人员判处刑罚。本法分则和其他法律另有规定的，依照规定。"

本案中，因挂靠省六建和市四建承接涉案项目并向国家工作人员简某某行贿一事，是基于某某公司和 R 某某共同的犯罪故意和行为，构成共同犯罪。J 某作为某某公司的法定代表人，属于我国《刑法》第 31 条规定的"直接负责的主管人员"。J 某应对某某公司的单位行贿犯罪承担刑事责任。

在合作中，双方对项目投资风险和利益进行了比例分配，J 某代表某某公司占 60%，R 某某占 40%。此处内部约定，虽在认定共同犯罪金额时没有实质意义，但在一定程度上反映了他们对犯罪结果的作用及责任大小，因而就单一犯罪个体而言，在量刑时可根据其各自所占比例，酌情考量对二者恰当的轻重关系。

专家们认为：对本案所涉共同行贿犯罪行为，J 某作为某某公司直接负责的主管人员，应承担相应刑事责任，但在量刑时可根据上述情况，予以酌情考虑。

综上，专家们认为：①本案表面上符合行贿犯罪的外在表现形式，但实质上应为单位行贿。在无法有效排除单位实施行贿的合理怀疑的情况下，结合国家有关刑事政策，以及存疑时有利于被告人的原则，总体上考虑应以认定单位行贿罪为宜。②指控 1200 万元（未遂）部分不应计入犯罪金额，仅将其作为量刑过程中的酌情因素予以体现。③指控 213.5 万元部分定性为单位行贿罪更为准确。④被告人 J 某主动交代行贿犯罪事实，同时符合自首和立功条件，形成竞合关系，应择一对被告人 J 某更有利的情节适用。⑤对本案所涉共同行贿犯罪行为，J 某作为某某公司直接负责的主管人员，应承担刑事责任，但量刑时可考虑其在单位约定的股权所占比例予以酌情处理。

以上意见供参考。

簪言刍议

这是一个含金量较大的专家论证意见。其中包括：如何对"混合型"行贿罪与单位行贿罪进行鉴别与界分；行贿罪未遂部分应否计入犯罪数额；如何对待自首情节与立功表现的竞合关系；如何对单位犯罪共犯的刑事责任承担与其在单位的股权所占比例关系进行综合考量；家属上缴的行贿未遂款项，是否应以行贿赃款予以收缴，等等。对这些前沿疑难问题，权威专家们均提供了明确的论证答复意见。这些宝贵的意见，是可供司法实践人员借鉴和参考的。

8. 被告人 J 某并不构成行贿罪

论证要旨

（一）关于证据审查判断问题

1. 被告人 J 某为零供述，其辩解为其应另案被告人杨某某要求所付工程款而非向其所付行贿款；杨某某供述所付为 J 某的行贿款。二者在证据上属于"一对一"。

2. J 某的辩解合情合理，并有案中 5 份书证可以佐证，尤其是《承诺书》和《还款担保书》及 J 某的说明，可以计算出所付的 25 294 500 元是工程款。

3. 证明杨某某所言系行贿款不合情理，一是结合案情不可能付这么多行贿款，二是付行贿款不可能正式走账，而且有整有零。

4. 其余证据均不能证明所付款项为行贿款。

结论为：指控所付款系行贿款，不仅证据不足，而且可以说是没有证据证明。

（二）关于受贿罪与行贿罪的对应性问题

专家们指出，在刑法中受贿罪并不总是与行贿罪形成一一对应关系。受贿罪分为收受型犯罪和索取型犯罪，收受型受贿罪与行贿罪当然具有一一对应关系，而索取型受贿罪与行贿罪一般并不形成对应关系，只有在特殊法定情况下才形成对应关系。

杨某某以虚构事实、隐瞒真相的方法骗取被告人 J 某将案涉 2029.45 万元打入其亲属账户，而占为己有。杨某某出于一个主观故意，实施了一个犯罪行为，触犯了两个犯罪即受贿罪和诈骗罪的罪名，其同时具备索取型受贿罪的构成要件和诈骗罪的构成要件，同时触犯了《中华人民共和国刑法》（以下简称《刑法》）第 385 条和第 266 条规定的罪名。

根据以上事实理由，专家一致认为，即使杨某某的案涉行为被另案二审法院裁判为构成受贿犯罪，由于其属于欺诈性、索取型受贿犯罪，并不与行贿罪形成对应关系，因而并不影响本案一审判决依法判决被告人 J 某不构成所控行贿犯罪。

案情简介

某某省某某县人民检察院起诉书（某检公诉刑诉［2015］89 号），指控被告人 J 某根据另案被告人杨某某的要求和提供的三个自然人的账号，打入了 2029.45 万元行贿款，构成行贿罪。但被告人 J 某及其辩护人认为，其打入的款项系工程款而非行贿款，被告人不构成行贿罪。

论证意见

中国政法大学法律应用研究中心接受委托，就被告人 J 某是否构成被控行贿犯罪一案，于 2017 年 4 月 27 日在京召开了专家论证会，与会五名刑事法学教授，认真审阅了本案论证所依据的事实材料，会上，对相关事实、证据材料向委托方律师进行了详细质询，经认真研究、讨论，形成如下一致意见：本案被告人 J 某无论在证据层面，法律层面还是法理层面均明显不构成所控行贿罪。具体论证意见与理由如下：

一、被告人 J 某始终为"零口供"，其辩解合情合理并有客观证据予以佐证

（一）其辩解合情合理

经查案涉全部侦查卷宗材料，对被告人 J 某的讯问笔录共 13 次，其中第 2 卷 12 次，计 44 页；补充侦查卷 1 次，计 3 页；对案涉向三个自然人银行卡打款共计 2529.45 万元事宜，J 某始终陈述是根据杨某某要求按照补充协议支付给北京公司股东的土地整理项目的利润款，而绝不是支付给杨某某的受贿款。如：

（1）第二次询问笔录第三项载：

问：你是给北京公司的银行账户打的钱吗？

答：不是，是向一个个人银行账户打的钱，杨某某说是北京公司股东的账户。

问：你和北京的公司没有合同，没有见面，给的账户也不是公司账户，你为什么还要给他打款？

答：我是和杨某某说的，杨某某说是北京的公司，让我给他提供的账户打款，我就按杨某某的意见打款。打了这钱后，杨某某才给我这个验收报告和备案号，我才能获得土地指标。

（2）第三次询问笔录，第 6 页载：

问：你不认识为何还给打款？

答：杨某某让我打款的，说是北京的股东，如果不按他要求做，我就拿不到备案号及验收报告，就拿不到土地指标。

（3）第十一次询问笔录，第 3 页载：

问：杨某某给你提供的 3 个人账号是什么时间具体如何讲的？

答：2011 年 7 月，杨某某以北京公司搞开发为由共提供 3 个个人账户让我打款，并且告诉我每个卡号上打多少钱。由于当时知道石家庄耕地占补平衡指标的价格，即便给杨某某打款后我也有钱赚，为了拿到耕地占补平衡指标我就按照杨某某的意思转款到他提供的账户 2 千多万元。这么做也是有原因的，不给不行，不按照杨某某说的办我拿不到指标。

（4）补充侦查卷第十三次询问笔录，第 3 页载：

问：你给杨某某提供的银行账号打钱之前，杨某某向你催要过没有？

答：催要过，为此我还找人担保和出了一个第三人见证的承诺书。并证实，《承诺书》内容为："河北某某土地登记代理咨询有限公司欠张家口市某某县土地开发整理项目工程款人民币 4 536 508 元（肆仟伍佰叁拾陆万肆仟伍佰元整），其中 25 294 500 元（贰仟伍佰贰拾玖万肆仟伍佰元整）于 7 月 31 日前把款付清，如到期未按约定付清款项，收回已付款项后由双方支配占补平衡指标。河北某某土地登记代理咨询有限公司。第三方见证人：河北某某通信工程有限公司。"并证明：证人于某和闫某知道上述事宜。

被告人 J 某在案涉所有讯问笔录中均陈述，对于杨某某提供的三个自然人的账户，她都认为是杨某某提供的北京公司股东的账户，并不知晓是杨某某亲属的账户。

从以上卷宗记载的被告人 J 某在讯问笔录涉及被控"行贿罪"事宜的全部陈述内容，可以概括为以下几点：

其一，被告人 J 某并不知晓有关账户上的三个自然人是杨某某的亲属；

其二，杨某某告知她三人是北京公司的股东；

其三，被告人 J 某将案涉款项打入三人账户是为了偿付所欠案涉土地开发整理项目工程款；

其四，其陈述案涉款项为所付"工程款"可由案涉协议和《还款担保书》《承诺书》及证人于某、闫某的证言所证实。

（二）被告人 J 某的上述陈述可由以下证据所证实

（1）《合作造地协议书》（见检察院卷宗第 3 卷第 127 页至第 129 页），其中约定：被告人 J 某要偿付案涉全部项目工程款。

（2）《投资造地协议书》（见检察院卷宗第 3 卷第 130 页至第 132 页），其中约定了被告人 J 某需每亩偿付工程款及总价款的具体价额。

（3）《还款担保书》（见检察院卷宗补充侦查卷第 37 页），证明所付案涉款项为被告人 J 某所付"造地工程款"。

（4）《承诺书》（见检察院卷宗补充侦查卷第 38 页），证明所付 25 294 500 元为被告人 J 某所付"开发整理项目工程款"。

（5）根据辩护律师会见被告人 J 某笔录及《法律意见书》，说明案涉 2529.45 万元是这样计算出来的：根据杨某某与 J 某达成的协议，每亩成本费为 5000 元，支付"北京公司"土地整理补偿费（或利润）为每亩 7000 元，共 4015 亩；为让 J 某自己找发票，用于代缴税费的费用，每亩 7000 元的补偿费降低 10%，于是按杨某某要求，向"北京股东"三人卡上应打入的利润额便是：

（7000 元／亩−7000 元／亩×10%）×4015 亩

=6300 元／亩×4015 亩

=25 294 500 元。

以上客观证据足以证明，被告人 J 某陈述的所支付案涉款项为其照杨某某要求将双方协议支付的"北京公司股东"的土地整理补偿费（利润），而绝不是支付给杨某某本人或其亲属的贿赂款。

二、杨某某供述案涉款项为被告人 J 某主动支付其的贿赂款，不仅极不合情理，而且与客观证据相矛盾

经查，杨某某的供述在检察院侦查卷第 2 卷共有两次询问笔录、两次认罪书、交往材料；补充侦查卷共有三次询问笔录，其中他均供称，是被告人 J 某主动提出，为感谢他，要打给他点钱，他开始拒绝，后才同意提供卡号给她，至于打了多少钱，他并不知悉云云。

这一供述极不合常理：

其一，说 J 某主动为感谢他向其卡上打款，主动贿赂是极为私密的事，J 某怎么会向其要卡号打款？他怎么会同意提供卡号让她打款？

其二，他说不知打款多少，为什么要提供三个卡号？这明确证明他明知打入的款项绝不是一个小的数额。

其三，根据案件情况，被告人 J 某竟会为此而支付他 2000 多万元的感谢款，极不合情理。

其四，既是感谢款，为什么要打入 2529.45 万元，有整有零，不符合感谢款的有整数而无零头的常理。

其五，他始终不敢承认让被告人 J 某出具的第三者见证的《承诺书》和曾交给他又从其手中要回的还款《担保书》，而这两份文件均载明，案涉 2529.45 万元为工程款，而其有整有零是按约定计算出的支付"北京公司股东"的利润款；而 J 某辩护人走访知情人于某某和闫某，二人均证实曾将还款《担保书》和"承诺款"提供给了杨某某。

这一供述与如下客观证据相矛盾：①《合作造地协议书》；②《投资造地协议书》；③《还款担保书》；④《承诺书》。根据③④书证载明的事实，2529.45 万元为支付所欠造地单位的工程款；根据①②书证可计算出的应支付造地单位的利润款是 2529.45 万元。根据协议约定和白纸黑字的"承诺"，所欠造地单位的工程款怎么会支付给杨某某作为对他的感谢款呢，如果这样做，不等于是拿着所欠工程款，向他行贿，造地单位的工程款（利润）岂不是落空，她尚需要再支付一笔同额款项，才能偿付所欠的工程款，可见，这是完全说不通的。

三、案涉其他证据均不能证明案涉款项为被告人 J 某支付给杨某某的贿赂款，相反却证实杨某某的所谓证言不实，而 J 某辩解属实

（1）证人某福音、杨某、赵某某、杨某某、赵某某、薛某某、杨某某 7 人证言，只证明了按照杨某某的安排，他们给杨某某提供了卡号，替杨某某接受的资金以及后续资金的去向，且均证明杨某某说是"做生意挣的钱"，并无一人证明是 J 某向杨某某支付的贿赂款。

（2）证人唐某某、赵某某、刘某某、沈某某等 4 人的证言只证明他们对有关案情均不知情。

（3）李某某只证明其收到了"杨某某还 J 某 400 万元"的款项，并不能证明 J 某有行贿的事实。

（4）补充侦查卷第 23 页至第 25 页中的于某某证言，证明《还款担保书》和《承诺书》确有其事，其文字内容无误。其中所涉 25 294 500 元为所欠土地开发整理项目工程款。

（5）补充侦查卷第 26 页至第 27 页中的闫某证言，证明 J 某对她说张家口一个土地整理项目，有个局长给她打电话催她要钱。

（6）补充侦查卷中第 37、38 页分别存入《还款担保书》《承诺书》，两书证分别由证人于某某注明"此为复印件，原件在我手"，足以证明其真实可靠性。

（7）《补充起诉决定书》也将《还款担保书》《承诺书》，作为案件的书证，足以证明该两份书证具有真实性、关联性和合法性，证明所载案涉款项为被告人 J 某支付所欠的工程款而非支付给杨某某的贿赂款。

综上事实、理由，专家们一致认为，本案不仅是指控被告人 J 某犯行贿罪证据明显不足的问题，而且是属于没有证据证明被告人 J 某构成行贿罪的问题，根据《中华人民共和国刑事诉讼法》（以下简称《刑事诉讼法》）有关规定，没有证据证明被告人 J 某构成行贿罪，对其指控罪名明显不能成立。

四、杨某某是否构成受贿罪并不影响对被告人 J 某依法判决无罪

据悉，杨某某在另案一审中所涉收受 2529.45 万元被判为受贿犯罪，但杨某某在庭审中已经翻供，并不服判决上诉到二审法院。专家们认为二审法院对上诉人杨某某是否构成本案所涉 2529.45 万元的受贿犯罪问题不属于本论证要解决的问题，相信二审法院会对此依法作出公正裁决。但需要指出的是，无论二审法院是否对此裁判定罪，并不影响对本案被告人 J 某依法判决无罪。这是因为：

假定二审对此改判杨某某不构成受贿罪，那么被告人 J 某与此相对应，即应判决其不构成所控行贿罪。

假定二审维持对杨某某判决构成受贿罪，那也不应影响本案依法判决被告人 J 某不构成行贿罪。这是因为：在刑法中受贿罪并不总是与行贿罪形成一一对应关系。受贿罪分为收受型犯罪和索取型犯罪，收受型受贿罪与行贿罪当然具有一一对应关系，而索取型受贿罪与行贿罪一般并不形成对应关系，

只有在特殊法定情况下才形成对应关系。

就本案而言，专家们一致认为，如果二审法院确定上诉人杨某某构成受贿罪，那么这一受贿犯罪也应是属于索取型受贿犯罪；而且这一受贿犯罪还应属于欺诈性的索取受贿犯罪，这一犯罪其实质是属于受贿罪与诈骗罪的想象竞合。杨某某的受贿犯罪具有欺诈性或诈骗性特征反映在如下几个方面：

其一，杨某某虚构了一个"北京公司"。

其二，杨某某虚构了三个"北京公司股东"的账户，隐瞒了案涉三个账号是其亲属的事实。

其三，杨某某虚构了被告人 J 某欠"北京公司"工程款需将其"利润款"2529.45 万元打入"北京公司股东"三人的卡号账号的事实，隐瞒了实质是索取 2529.45 万元要 J 某打入其亲属账户的真相。

杨某某用此虚构事实、隐瞒真相的方法骗取被告人 J 某将案涉 2529.45 万元打入其亲属账户，而占为己有。杨某某出于一个主观故意，实施了一个犯罪行为，触犯了两个犯罪即受贿罪和诈骗罪的罪名，其同时具有索取型受贿罪的构成要件和诈骗罪的构成要件，同时触犯了《刑法》第 385 条和 266 条规定的罪名，从而符合想象竞合的特征，而应以受贿罪主观故意犯罪从重处罚。杨某某的这一欺诈性、索取型的受贿犯罪相对应的不是被告人 J 某的行贿犯罪，而对应的是被告人 J 某作为受欺诈和索取的受害方。

根据以上事实理由，专家一致认为，即使杨某某的案涉行为被二审法院裁判构成受贿犯罪，由于其属于欺诈性、索取型受贿犯罪，并不与行贿罪形成对应关系，因而并不影响本案一审法院依法判决被告人 J 某不构成所控行贿犯罪。

五、从法理层面，专家们建议应依法判决被告人 J 某无罪

在依法治国、建设社会主义法治国家的大环境下，专家们建议对本案裁判应坚持如下原则：

（一）坚持证据裁判原则

证据是公平、正义的裁判基石，是裁判事实认定的基础，无证据不能认定被告人有罪，只有证据确实充分才能认定被告人有罪并处以刑罚。

本案所提供被告人 J 某的行为不仅没有确实、充分的证据证明其构成行贿罪，而且可以说无任何查证属实的证据证明其有罪，因而应依法判决其无罪。

（二）坚持保障无罪人不受刑事追究的人权保障原则

保障无罪人不受刑事追究是刑事诉讼的基本原则，是人权保障的宪法原则的刑事诉讼中的重要体现，既然应依法判决被告人 J 某无罪，就应坚决依法及时解除对其的刑事追究，以免对她继续刑事追究侵害其人权。

（三）坚持证据确实、充分的定罪标准

《刑事诉讼法》第 55 条明确规定，只有证据确实、充分才能认定被告人有罪并处以刑罚，对于证据确实、充分的三个条件，应在本案裁判中予以严格考虑。从证据法层面看，专家们一致认为，本案完全达不到对被告人 J 某的定罪标准，明显达不到证据确实、充分的条件，应当依法宣告被告人 J 某无罪。

（四）坚持人民法院依法独立审判的原则

中共中央司法改革意见三令五申强调要坚持人民法院依法独立行使审判权的原则，并坚持以审判为中心，只有经法庭质证查证属实的证据，才能作为定案的根据。要排除一切对独立审判干扰的因素，严格坚持以事实为根据，以法律为准绳，将习近平总书记以公平正义之司法根本要求，落实、体现在本案之中。

相信本案一定会得到依法正确的处理。

以上意见供参考。

替言刍议

这一案件论证的亮点有二：

其一，对于"一对一"证据审查判断问题。先确认被告人 J 某的辩解与另案被告人杨某某的供述在证据上是"一对一"关系；然后将 J 某某的辩解以 5 份书证佐证，证明其辩解合情合理；再证明杨某某所言系行贿款不合情理：一是结合案情不可能付这么多行贿款，二是付行贿款不可能正式走账，而且有整有零；最后对其余证据审查，得出其均不能证明所付款项为行贿款。

结论为：指控所付款系行贿款，不仅证据不足，而且可以说是没有证据证明。

这种审查判断的"套路"，可供参考。

其二，受贿罪与行贿罪的对应性及想象竞合问题。专家们对这一问题的论证意见也是有参考价值的。

9. 犯罪嫌疑人 H 某某涉嫌单位行贿犯罪吗？

论证要旨

其一，关于是行贿还是索贿问题：

1. 双方的供述与辩解是"一对一"关系。

2. 其他证据佐证供述与辩解，辩解的合理性比较大。

3. 辩解为索贿的合理怀疑不能排除，应认定为索贿。

其二，关于是否为单位谋取不正当利益问题：

1. 从该单位投资建设电子产业园项目签订协议来看，并没有为单位谋取不正当利益。

2. 从履行该协议来看，也没有为单位谋取不正当利益。

3. 从解除该协议来看，同样没有为单位谋取单位利益。

结论为：是索贿，没有为单位谋取不正当利益，故，不构成行贿罪。

案情简介

《某某市人民检察院起诉意见书》（某检侦一移诉［2015］5 号）指控 H 某某为了获取产业园土地转让中的非法利益，请袁某某帮助提高土地平整补偿标准，从而使该公司获取 1900 万元的非法利益，为感谢袁某某为其单位谋取不当利益，贿送其人民币 500 万元。犯罪嫌疑人 H 某某及其单位辩护人辩解为袁某某索贿，且没有为单位谋取不正当利益。

论证意见

中国政法大学法律应用研究中心接受委托单位的委托，就犯罪嫌疑人 H 某某是否构成单位行贿罪问题，于 2015 年 9 月 20 日在京召开了专家论证会。会前专家们认真审阅了相关的案件事实材料，会上就其中的关键性事实、证据问题，向委托方代表进行了认真询问，经认真研究讨论，形成如下一致法律意见：综合全案事实、证据材料，依据我国《刑法》的规定，犯罪嫌疑人H某某不构成单位行贿罪。具体意见如下：

《中华人民共和国刑法》（以下简称《刑法》）第393条规定，单位行贿罪是指：单位为谋取不正当利益而行贿，或者违反国家规定，给予国家工作人员以回扣、手续费，情节严重的行为。在本案中，犯罪嫌疑人H某某的单位并不构成本罪。理由是：

一、犯罪嫌疑人H某某并没有实施单位行贿行为，相反，案中500万元款项是袁某某向H某某单位的索贿

涉案500万元究竟是犯罪嫌疑人H某某主动向袁某某进行的单位行贿，还是犯罪嫌疑人袁某某向H某某单位的索贿，这是本案必须查清的犯罪构成要件事实问题。专家们认为，只有综合、全面、客观地审查全案相关的事实材料，才能对此得出符合事实的结论。

专家们查阅了全案事实材料，与此关联的证据材料有如下三组：

第一组，犯罪嫌疑人H某某的供述、辩解材料，共2份：

第一份，2015年6月3日H某某的亲笔《情况交待》称："2011年8月底，袁某某打电话给我，说有个朋友因生意周转需要，要向我借500万元……当时我想袁某某在我公司转让土地这件事上帮了忙，这笔款是要不回来了，他是以借为名强行索取的。"

第二份，2015年6月4日某某市人民检察院询问笔录，H某某称："当时袁某某是以朋友做生意需要钱为借口向我索取这500万元的，我考虑到袁某某在上述所说电子产业园项目上有提供过帮助，袁某某又是某某市某某区的书记，我无可奈何只能将500万元汇给他。"

第二组，犯罪嫌疑人袁某某供述、辩解材料，共2份：

第一份，2014年12月22日某某市人民检察院讯问笔录，袁某某称：其在2014年3、4月份作为见证人在相关协议上签名，"当时H某某表态事后给我一笔介绍费（即涉案50万元）"。

第二份，2014年12月24日某某市人民检察院讯问笔录，袁某某称："H某某因为当时不知道在土地转让中可以赚多少钱"，"所以没说多少钱送我。后来于2011年9月H某某主动打电话汇钱500万元"。"H某某汇款500万元给我，没有跟我说是什么原因，但大家心知肚明，因为我促成H某某在某某

电子产业园土地转让，使其赚了不少钱，所以 H 某某感谢我。"

第三组，袁某某其他受贿证据，共 2 份：

第一份，2015 年 1 月 7 日袁某某亲笔《情况说明》，自供其任某某区主任期间，除收受深圳某某集团总裁 H 某某人民币 500 万元，还收受某某公司老板李某某人民币 50 万元，收受某某公司老板江某某三次贿款，共计人民币 70 万元。

第二份，2014 年 12 月 23 日某某市人民检察院询问笔录，李某某称："在 2011 年 4 月份的一天，袁某某打电话给我，以他儿子要做生意需要资金为由，向我要 50 万元。我筹集 50 万元后，在来某某市某某酒楼同袁某某吃饭时，把这 50 万元人民币现金交给袁某某。当时我担心如果没有给袁某某 50 万元，合同签不成。"

以上三组证据材料，第一组材料中 H 某某证明是袁某某索贿而非 H 某某单位行贿，第二组证据材料中袁某某证明是 H 某某单位行贿，而非其索贿，双方各执一词。但，第三组证据材料中袁某某自供前后共收受贿赂 5 次共计 620 万元人民币，其中收受李某某 50 万元，李某某证明是以其儿子做生意需要名义索贿的。专家们认为，第一组证据材料与第三组证据材料互相印证，足以证明 H 某某所称袁某某是以朋友做生意需要钱而索贿 500 万元言之可信，而袁某某自称是 H 某某主动行贿，缺乏证据材料印证，故其不能成立。综观全案证据，不能排除袁某某索贿而 H 某某不是单位行贿的极大可能性，因而不能认定 H 某某是单位行贿 500 万元。《某某市人民检察院起诉意见书》指控 H 某某单位行贿 500 万元，与事实不符，没有足够的证据支持。

二、H 某某及其单位并没有为单位谋取不正当利益

本案所涉单位是某某市某某投资有限公司，所涉该单位的利益是其投资建设电子产业园项目利益及其"土地转让"中获取的利益。但从该单位投资建设电子产业园项目来看，并不涉及不正当利益问题。

其一，案中证据证明，涉案电子产业园项目系某某市某某区华侨管理委员会通过主动招商引资引进某某科技（深圳）有限公司进行投资建设项目，该公司为此在某某市专门注册成立了某某市某某投资公司，并于 2010 年 5 月 17 日与某某市某某区华侨管理委员会所属某某市某某投资开发有限公司签订了《合作协议》，合同是当事人双方的真实意思表示，为合法有效的民事合同。即使该单位获取了该合同项下的利益，也属正当合法的利益，案中没有

任何证据证明涉案单位为谋求在合同签订中的不正当利益，而向袁某某行贿，或者袁某某应该单位所求在该合同签订的条款中使其获取了不正当利益。

其二，在该合同的履行中，该单位并没有谋取不正当利益。

涉案单位是专门为应某某区招商引资而注册成立的，其成立后的履约行为主要是投入资金而平整涉案土地，对此，并不涉及不正当利益问题。

作为《合作协议》对方当事人的某某区管委会的所属单位，其合同主要义务主要有三项：一是"甲方"负责在某某工业区向乙方提供 2000 亩国有土地作为引进工业项目使用，"甲方应在本协议生效 30 日内，向乙方提供某某工业区内首期工业用地面积 500 亩"，"供给乙方使用"；二是"甲方应为乙方引进的工业企业及项目提供涉及政府职能的全方位服务，并协助办理各证照"；三是"甲方应依法按程序为乙方引进的企业办妥土地使用证等"。

以上合同内容证明合同对方公司及其所隶属的政府部门及某某区管委会及其负责人袁某某，都有履行或提供政府职能为履行上述义务而全方位服务的职责。如果说袁某某为此而提供了协助，那也是其职责之所在，是招商引资履约的应有之义，而非帮助涉案单位获取不正当利益。《某某市人民检察院起诉意见书》指控涉案单位在没有取得土地开发使用权、办理"批农转建"及土地平整等手续的前提下，擅自违法对 200 多亩土地进行了平整。但上述权证及手续的及时有效取得和提供，如上所述是合同对方公司及其所属某某区管委会及当地招商引资政府的责任，案中没有证据证明，上述指控事实是涉案单位通过贿赂袁某某个人而导致的结果。

其三，在涉案解除《合作协议》"土地转让"中，该单位并没有谋取不正当利益。

首先，解除合同"土地转让"并不符合该单位初衷。因为根据《合作合同》，该单位可以获得合同项下的 2000 多亩土地使用权，且根据合同，该单位从该项目中可获得巨大的经济利益。如果对方依约能及时办下包括土地手续在内的相关证件，其合同巨大利益是完全可以预期实现的。即使对方违约，不能及时办理相关手续，那么对方的违约赔偿责任也是该单位的巨额可得利益。正因为如此，案中证据证明，包括该单位的董事长 H 某某、法定代表人黄某某均对转让项目表示很不同意。

2014 年 12 月 22 日，某某市人民检察院讯问袁某某，其称："我就找 H 某某协商转让的事宜，黄某某不同意转让。"并说，2011 年 2 月底，他和杨某某、蔡某某一起去深圳找 H 某某商量电子产业园土地转让的事，"H 某某听后非常生气，指责管委会不能这样办事，有好项目就把他们一脚踢出"。对此，H 某某的相关口供及黄某某的相关证言也都印证了这一情况。

由此可见，解除合同、"转让土地"并非出于涉案单位谋求不正当利益需要，而是袁某某等管委会负责人员，为了引进"好项目"，而反复说服动员该涉案单位负责人同意"土地转让"，并解除《合作协议》，放弃该单位的这一投资建设项目。

其次，解除合同和"转让土地"的真正获利方实际上是土地受让方和管委会。因为袁某某等管委会负责人通过招商引资，引进了他们认为"好项目"——带有军工性质的广州某某航空科技有限公司，该公司经考查，看中了涉案电子产业园地块，通过袁某某反复做工作，才将土地转让给了他们。通过解除《合作协议》和"土地转让"，该"受让公司"获得了"受让"土地，使其落户某某区的无人飞机项目得到了落实，某某区管委会招商引进了"好项目"，并将涉案 2000 多亩土地得到盘活，使某某区管委会公司解除了巨额的违约赔偿责任。所以，如果说解除合同和"土地转让"获得了利益的话，主要是某某区管委会及其所属公司和"受让"土地方获得了巨大利益。

再次，从该单位解除合同、"土地转让"的获得利益来看，也不足以证明是其获得的"非法不正当利益"。

一是该单位虽得到了相应的利益，但也首先丧失了该《合作协议》项下的巨大利益和合作对方违约赔偿的可得利益。

二是该单位虽然从中获得了 1000 多万元的利益，其中名为土地转让费用，实际上综观全案情况应当包括：①土地平整的费用；②该公司因某某区招商引资，包括考察、成立该专门公司，为该项目承揽、建设投入的其他费用；③解除《合作协议》，放弃合同项下的 2000 多亩土地使用和该项目的实施可获得的长期巨大收益的利益。所以，单从"土地平整费用"名目上补偿 1900 万元看，是获得了不当利益，但从上述综合情况来看，则完全可以看出，其中获利 1000 万元部分，应视为当地政府对该单位解除合同和土地转让的补偿。

2014 年某某市人民检察院询问李某某时，其证明，支付给该公司的 1900 万元是经某某区管委会同意，并作为补偿由该管委会支付给某某航空科技有限公司每亩 3.3 万元的土地平整费，而某某公司实际上只支付了每亩 0.2 万元的土地平整费。为什么某某区管委会要承担 1900 万元的"土地平整费"的大部分，而不是由受让方承担其全部费用，这其中只能解释是当地政府部门对该公司解除合同、放弃这项目的可得利益的补偿。

最后，从袁某某参与补偿价款的协商情况来看，证据清楚显示，涉案单位负责人要求补偿费每亩 4.5 万元、5.6 万元，袁某某"非常生气、发火"，后根据其询问有关部门，才将价格降为每亩 3.5 万元，总价为 1900 万元，并经管委会同意由管委会支付每亩 3.3 万元，"受让"单位实际只支付了每亩 0.2 万元。从这样的大力杀价情况来看，袁某某的出发点并不是给涉案单位提供不正当利益，而是尽可能让政府部门少支付相应的补偿费，并尽快促成解除《合作协议》和土地转让的实现。

综合上述情况，没有证据足以证明涉案单位是通过向袁某某行贿而谋取不正当利益，或袁某某是因接受涉案单位主动行贿，而为其谋取了不正当利益。

《某某市人民检察院起诉意见书》（某检侦一移诉〔2015〕5 号）指控 H 某某为了获取产业园土地转让中的非法利益，请袁某某帮助提高土地平整补偿标准，从而使该公司获取 1900 万元的非法利益，为感谢袁某某为其单位谋取不当利益，贿送其人民币 500 万元。这一指控事实与上述论证的证明事实（袁某某故意压低补偿标准，获取利益 1900 万元正当合法，500 万元是袁某某事后索贿）根本不符，以此定罪明显证据不足，不具有排他性，因而不能成立。

此外，本案也不属于违反国家规定，给予国家工作人员以回扣、手续费，情节严重的单位犯罪。该种情况规定的是单位在经济业务或相关手续中，向办理经济业务或相关手续的国家工作人员给予回扣、手续费。本案中，涉案单位并未通过袁某某办理经济业务或相关手续，因此，不存在构成此种单位犯罪的前提。

三、论证结论

综上所述，综合全案事实、证据情况，依据我国《刑法》第 393 条的规定，涉案 500 万元应属袁某某索贿，而非 H 某某单位行贿；本案事实不属于涉案单位为谋取不正当利益而行贿，更不属于其违反国家规定，给予国家工作人员以回扣、手续费，情节严重的单位犯罪。全案证据不足以证明 H 某某及其单位构成单位行贿罪，故应确定犯罪嫌疑人 H 某某无罪。

以上意见供参考。

謦言刍议

本案论证主要涉及的是证据问题，而证据问题则是围绕着划清罪与非罪界限的证明对象展开的。论证的基本思路是：

首先确定主要证明对象：是索贿还是行贿；是否为单位谋取不正当利益。再以证据划清二者的界限。对于是索贿还是行贿问题，先将供述与辩解进行评价，结论为"一对一"关系；然后以其他证据鉴别与佐证供述与辩解，评价为辩解的合理性比较大；结论为：辩解的合理怀疑没有排除，故应当认定为辩解成立，而供述不足为凭，应认定为索贿，而不是行贿。对于是否为单位谋取不正当利益问题，是从案涉协议的签订、履行、解除三个方面来证明没有为单位谋取不正当利益。最后得出结论：是索贿，没有为单位谋取不正当利益，故，不构成行贿罪。

这样分析论证案件，思路清晰，抓住了案件的基本事实、基本证据、基本法律界限，层层展开，使论证意见具有充足的理由与逻辑的力量。

这种思路可供法律同仁参考。

10. 犯罪嫌疑人 X 某某是否构成挪用资金罪、职务侵占罪？

论证要旨

挪用资金罪与职务侵占罪的基础事实是擅自挪用和侵占企业单位的资金，损害本单位的利益。如果是经单位集体决定，或动用的依法不属于本单位的资金，或是为了单位利益、没有侵害本单位的利益，所控罪名在基础事实上就不能成立。

（1）有确凿的证据证明 X 某某与案涉公司存在 1.84 亿元人民币债权债务关系，案涉"挪用"资金的行为，均是为了偿还此前欠付 X 某某一方的巨额本金及利息，该行为没有侵害本单位利益。

（2）起诉意见书指控 X 某某的挪用资金行为，均有证据证明是经相关股东会决议决定，而非 X 某某个人擅自决定。这些股东会决议在事实和法律上应认定为合法有效。

（3）对起诉意见书所指控的犯罪事实，案中具有合法事由，足以证明 X 某某并不存在非法占有、使用相关款项问题。

（4）案涉股东之间的民事纠纷业已得到妥善解决，追究违法犯罪的基础自然不复存在。

（5）对本案应从尽力保护民营企业发展和落实当前"六稳""六保"的服务大局出发，来慎重妥善地加以处理。

案情简介

某市公安机关起诉意见书指控犯罪嫌疑人 X 某某利用其任职的相关联的民营企业的职务之便，擅自挪用和非法侵占公司巨额资金，分别构成了挪用资金罪和职务侵占罪。

论证意见

　　广东某某律师事务所向中国政法大学法律应用研究中心提交了《专家论证申请书》，并提供了相关的事实材料，经审查，中心认为符合代为组织专家论证、提供法律帮助并出具法律意见书的条件，特决定立项，并于 2020 年 6 月 16 日在京召开了由九名刑民法学专家参加的论证会。会前专家们审阅了论证所依据的事实材料，会上先由辩护律师介绍了案件有关情况，专家们对案涉有关事实、证据进行了质询。在弄清事实、证据的基础上，对需要论证的问题，根据事实、法律进行了认真讨论、研究，专家们一致认为，对本案应根据事实、法律，放在改革开放和国家保护民营企业、企业家和当前"六稳""六保"的大的背景下，根据国家根本刑事政策来正确认定案涉行为的违法性、可罚性和正当性、合法性问题，只有这样，才能避免陷入形式主义、机械性执法的误区。据此，专家们一致认为，对犯罪嫌疑人 X 某某应作不起诉处理为宜。现将具体事由论证如下：

一、正确确定 X 某某与案涉公司存在的 1.84 亿元人民币债权债务关系，是正确认定 X 某某案涉行为性质的基础前提

　　（一）经查，X 某某与"广州四家公司"存在 1.84 亿元债权债务关系，案中有如下证据予以证明

　　（1）广东某某司法会计鉴定所作出的"穗司鉴 1801019180××××号"《鉴定意见书》。

　　（2）2012 年 11 月 15 日，广州 T 某公司作出的《股东会决议》。

　　（3）2012 年 11 月 19 日，X 某某与广州 T 某公司签订的《协议书》。

　　（4）2012 年，中山 J 某某公司、中山 X 某某有限公司、卢某某、麦某某分别与 X 某某签署的《受托贷款函》。

　　以上证据充分证明，"广州四家公司"系四块牌子，一套人马，管理及财务上均存在混同的情况。X 某某与"广州四家公司"确实存在巨额债权债务关系：1999 年至 2007 年，X 某某累计向"广州四家公司"出借资金 1.84 亿元，截至 2012 年 11 月 19 日，"广州四家公司"本金已偿还完毕，但未支付任何利息，利息已累计达到约 1.32 亿元。由此可见，"广州四家公司"负有不可推脱的偿还 X 某某巨额借款本金与利息的义务。

（二）"广州四家公司"相关筹措资金行为系偿还 X 某某债务的行为

（1）中山 T 某公司注资 1.05 亿元购买锦桂房地产 84% 的股权，是"债转股"行为，目的是偿还 X 某某的债务。锦桂房地产工商档案、广东某某司法会计鉴定所作出的"穗司鉴 1801019180××××号"《鉴定意见书》证实，2008 年 5 月 7 日，中山 T 某公司向锦桂房地产增资 1.05 亿元，锦桂房地产分别向 X 某某、卢某某、曾某某、张某某账号合计转出 10 012 万元。

（2）因中山 T 某公司的外资投资企业身份，第一次增资被撤销，锦桂房地产又产生了新的增资款本金及利息返还的问题。［2012］粤高法行终字第 181 号《行政判决书》、2012 年 12 月 10 日锦桂房地产《股东会决议》、［2013］穗中法民二初字第 32 号《民事调解书》共同证实，因为中山 T 某公司第一次增资被撤销，锦桂房地产经股东会决议，同意向中山 T 某公司返还增资款本金 1.05 亿元，以及约 1.29 亿元的资金占用费。

（3）汤某公司定向注资 14 660 万元，是第二次"债转股"行为，目的仍然是偿还 X 某某一方的相关债务。广东某某司法会计鉴定所作出的"穗司鉴 1801019180××××号"《鉴定意见书》证实，2012 年 12 月 23 日，锦桂房地产收到汤某公司注资 14 660 万元后，分别用于偿还中山 T 某公司的增资款本金 1.05 亿元及部分资金占用费 4160 万元。

由此可见，"广州四家公司"之一的锦桂房地产先后引进中山 T 某公司、汤某公司，均是为了偿还此前欠付 X 某某一方的巨额本金及利息，这是认定本案的大前提。

二、正确确定案涉股东会决议的真实、合法性问题，是正确认定案涉行为性质是否属于违法犯罪的关键所在

经查，起诉意见书指控 X 某某的犯罪行为，除缴纳税款以及锦桂物业出借 X 某某的款项之外，其余均经相关股东会决议决定，其中包括：

（1）2013 年 1 月 10 日，锦桂房地产召开股东会并作出决议，确认自 2006 年 1 月 16 日至 2010 年 12 月 29 日，卢某某向锦桂房地产出借本金合计人民币 900 万元，资金占用费按照同期贷款利率四倍标准计算合计人民币 11 838 832 元。

（2）2012 年 12 月 10 日，锦桂房地产召开股东会并作出《股东会决议》，同意向中山 T 某公司返还投资款 1.05 亿元，并按照同期贷款利率的四倍支付资金占用费。

(3) 2010 年 1 月 29 日、2011 年 1 月 25 日、2012 年 1 月 18 日、2013 年 1 月 28 日、2014 年 1 月 20 日，锦桂物业相继召开股东会并形成五份《股东会决议》，经统计，2009 年到 2013 年五年间，锦桂物业的利润共计 108 775 844.3 元，扣除相关企业所得税等费用后，其中分配给中山 T 某公司的利润为 83 408 397.76 元。

专家们指出，要正确认定案涉行为性质是否属于违法犯罪，就必须正确确定案涉股东会决议的真实、合法性问题。

(一) 案中没有任何证据证明相关股东会决议是不真实的，并且案涉公司的股东已对相关股东会决议进行了追认

案中证据证明，上述股东会决议都由超过 2/3 以上有表决权的股东表决通过，同时相关公司的经营管理者、法定代表人均予以确认。如果控诉方不能提供确凿证据证明这些相关股东会决议是为规避法律人为伪造的，那么其真实性在法律上就没有理由不加以确认。

2020 年 6 月 3 日，锦桂物业、锦桂房地产分别召开股东会并形成《股东会决议》。其中，锦桂物业对 2010 年至 2014 年期间决议向中山 T 某公司进行分红的五份《股东会决议》予以确认；锦桂房地产则对 2012 年 12 月 10 日及 2013 年 1 月 10 日的两份《股东会决议》进行确认，内容涉及锦桂房地产返还中山 T 某公司的增资款、资金占用费以及返还卢某某资金占用费的事项。上述股东会决议，均由锦桂物业、锦桂房地产目前的股东派员参与并盖章确认，程序、内容均合法有效。

(二) 案中没有事实根据和法律依据，可排除案涉股东会决议的合法性

专家们指出，对于案涉股东会决议的合法性，应当从以下三个方面来予以审查：

其一，程序是否合法，看相关股东会是否违反《中华人民共和国公司法》(以下简称《公司法》) 第 39 条的规定，其提议召开是否有效；看是否违反《公司法》第 40 条的规定，其召集与主持是否合法；看是否违反《公司法》第 41 条的规定，其通知与记录是否合法。现有证据证明，相关股东会是由代表 2/3 以上表决权的股东提议召集、主持，通知与记录无证据证明违法。

其二，是否有权决定，看相关股东会是否违反《公司法》第 42 条的规定，其表决是否由股东按照出资比例行使表决权；其表决通过是否符合公司章程。现有证据证明，案涉股东会决议，均由代表 2/3 以上表决权的股东通

过，符合公司章程及《公司法》的规定要求。

其三，是否存在股东滥用股东权利侵害公司或其他股东利益问题。这主要看股东会决议的内容是否违反了《公司法》第 20 条、第 21 条的规定，是否是股东滥用权利、进行关联交易，侵害了公司或其他股东的利益。现有证据证明，所涉股东会决议所涉资金流向，均与相关公司偿还 X 某某债务及利息有直接关联，如果该决定的资金没有证据证明不是偿还并抵销了 X 某某债务，就没有理由认为其决议违法；如果有证据证明，其偿还、抵销债务明显超出了应负债务的数额，侵害了公司或其他股东利益，那就构成了侵权，股东可以按照《公司法》第 22 条的规定，提起民事诉讼，请求人民法院宣告该决议无效或者撤销该决议。专家们指出，即便如此，这也是民事纠纷问题，没有事实根据与法律依据可以将这种民事纠纷上升为刑事犯罪，并据此而提起刑事诉讼。

可见，只要没有证据证明足以否定案涉公司股东会决议与案涉公司偿还 X 某某债务的直接关联性，就只能将案涉争议纳入《公司法》第 20 条规定的处理范围。

三、对起诉意见书所指控的犯罪事实，案中具有合法事由，足以证明 X 某某并不存在非法占有、使用相关款项问题

（一）锦桂房地产支付卢某某资金占用费 11 838 832 元

一方面，如前述所言，如果能够证实锦桂房地产针对此事项召开的股东会合法有效，无论锦桂房地产支付的利息是多少，只要是锦桂房地产自愿支付的，就不存在挪用资金的可能。

另一方面，在有股东会决议证明的情况下，则应考察支付卢某某的该笔资金占用费是否是为了单位的利益。锦桂房地产与卢某某的借款关系，不仅有《借款协议》予以证实，还有银行流水予以佐证，说明借款关系真实存在。从民事法律角度来说，锦桂房地产借到款项，还本付息便成了理所应当的义务。根据 2003 年 11 月 13 日最高人民法院印发的《全国法院审理经济犯罪案件工作座谈会纪要》的相关规定，为了单位的利益，单位负责人决定将公款给个人使用的，不以挪用公款罪定罪处罚。又根据 2004 年 9 月 8 日全国人大常委会法制工作委员会刑法室所作的《关于挪用资金罪有关问题的答复》的规定，挪用资金罪中的"归个人使用"与挪用公款罪中的"归个人使用"含

义基本相同，锦桂房地产归还卢某某资金占用费 11 838 832 元系为了单位的利益，不应认定为挪用资金罪。

（二）锦桂房地产向中山 T 某公司物业支付 4160 万元

该部分与第一部分的论证路径一致。在股东会决议合法有效的情况下，锦桂房地产自愿支付中山 T 某公司增资款的部分资金占用费不存在任何问题。在有股东会决议证明的情况下，锦桂房地产为了单位的利益，支付中山 T 某公司部分增资款资金占用费，同样不能认定为挪用资金罪。

（三）广州 T 某公司代缴 X 某某转让股权的个人所得税和转让双方的印花税共计 4 400 184.75 元

X 某某将股权转让给曾某某后，其便既没有股权也没有公司任职，不具有挪用资金罪所要求的职务便利。《股东转让出资合同书》及相关缴税凭证证实，2011 年 4 月 28 日，X 某某将原本持有的广州 T 某公司 70% 的股权转让给曾某某；2012 年 2 月 24 日，广州 T 某公司代 X 某某和曾某某缴纳了个人所得税及印花税。由此可见，当广州 T 某公司代缴相关税款时，X 某某在广州 T 某公司已经没有任何任职，也没有股权，不应认定其构成挪用资金罪。另外也需要考虑《股权转让所得个人所得税管理办法（试行）》中关于个人所得税扣缴义务人应为股权受让方的明确规定。

（四）锦桂物业累计出借 X 某某 8032 万元

从案件背景、款项性质等方面着手，该部分款项因缺乏非法占有目的不能认定为 X 某某职务侵占。

其一，案件背景方面。如前所述，2012 年 11 月 19 日，"广州四家公司"仍欠 X 某某高达 1.32 亿多元的借款利息未归还，加上后来的增资款资金占用费，数额非常巨大，双方尚未进行最终的清算。锦桂物业出借 X 某某 8032 万元，具有归还欠款的意图，可证实 X 某某主观上不具有非法占有目的。

其二，款项性质方面。自然人与法人之间的民间借贷关系，只要不违反法律、行政法规的强制性规定，依法受法律保护。X 某某向"广州四家公司"出借了大量资金的同时，"广州四家公司"也存在出借 X 某某款项的情况。X 某某与锦桂物业签订有《借款协议》，并在锦桂物业内部留存备查。X 某某未否认款项的性质，如锦桂物业认为 X 某某需要还款，可凭《借款协议》要求 X 某某还款甚至对 X 某某提起民事诉讼。换言之，锦桂物业的财产权并没有受到侵犯，所享有的是对 X 某某的债权，就该部分事实不应以刑事手段介入。

故此，锦桂物业出借 X 某某 8032 万元的资金不应认定为职务侵占。

（五）中山 T 某公司财务麦某某收取现金 5940 万元问题

该部分资金，因无法证实 X 某某与麦某某有共同非法占有的故意，不应认定为职务侵占罪。辩护律师提供的 67 张《收据》可证实，麦某某收到了同案人张某交来的 5940 万元现金款项。但辩护律师介绍，本案的侦查机关并未找到麦某某作证，麦某某收到款项后的去向以及款项的性质存疑。故此，针对该部分资金，不应认定 X 某某构成职务侵占罪。

由上可见，本案侦查机关认定的 X 某某涉嫌挪用资金、职务侵占的五宗犯罪事实均无法成立。

四、案涉股东之间的民事纠纷业已得到妥善解决，追究违法犯罪的基础自然不复存在

控告人林某某已撤回控告，对 X 某某表示谅解，本案的纠纷已从源头上解决。2020 年 5 月 27 日，本案的控告人林某某已出具《谅解书》《承诺函》，载明：林某某与 X 某某之间系股权纠纷，现已得到妥善解决，申请撤回对 X 某某的控告，对 X 某某的行为表示谅解，同时承诺不再以任何方式追究 X 某某的任何责任。本案实质上系股东内部纠纷，在纠纷已经得到解决的情况下，再追究 X 某某的刑事责任缺乏依据。

五、对本案应从尽力保护民营企业发展和落实当前"六稳""六保"的服务大局出发，来慎重妥善地加以处理

自 2016 年 11 月中共中央、国务院发布《关于完善产权保护制度依法保护产权的意见》以来，最高人民检察院、最高人民法院先后出台一系列文件保护民营企业的合法利益不受侵害，尤其是通过对具有广泛影响的几起刑事案件的纠正，更是向全社会表明了司法机关维护民营经济健康稳定发展的信心。

特别是 2018 年 11 月 1 日，习近平总书记在民营企业座谈会上作了重要讲话，充分肯定我国民营经济的重要地位和作用；强调要正确认识当前民营经济发展遇到的困难和问题；大力支持民营企业发展壮大，保护企业家人身和财产安全，保障企业合法经营。对一些民营企业历史上曾经有过的一些不规范行为，要以发展的眼光看问题，按照罪刑法定、疑罪从无的原则处理，让企业家卸下思想包袱，轻装前进。

此后，最高人民法院院长周强多次强调，各级法院要认真学习贯彻习近平总书记在民营企业座谈会上的重要讲话精神，坚持平等、全面、依法保护原则，依法保护产权和民营企业家合法权益，营造良好法治环境，服务经济高质量发展。要坚决依法保护企业家人身财产安全，坚决防止利用刑事手段干预经济纠纷。要深化对经济新业态研究，加强知识产权司法保护，服务创新驱动发展。要加强执行工作，保障胜诉当事人及时实现权益，同时依法审慎适用强制措施，最大限度减少对企业生产经营活动的不利影响。要继续推进纠正涉产权冤错案件工作，坚决做到发现一起、纠正一起。

最高人民检察院检察长张军在谈到服务大局、保护民企时郑重强调："可捕可不捕的，不捕；可诉可不诉的，不诉；可判实刑可判缓刑的，判个缓刑好不好？我们认为是非常需要的，因为民营企业把它捕了诉了马上会垮台，几十个几百个人的就业就没了。"等等。

专家们指出，在这样的大背景下，如何处理民营企业家所涉"股东权益纠纷"抑或职务侵占、挪用资金问题，就直接涉及相关司法机关如何对待认真学习贯彻习近平总书记重要讲话精神及最高人民法院、最高人民检察院服务大局、保护民企发展的司法指示精神的大问题。尤其是在当下疫情和世界严峻形势的大环境下，中央提出要切实做好"六稳""六保"工作。既然如上所述，案涉行为实质上属于股东之间的民事纠纷，而不属于刑事犯罪问题，现该民事纠纷已经解决，双方达成了相关协议，并达成了谅解，从保护民企发展的大局出发，从罪刑法定原则出发，从保障人权的宪法原则出发，从保障无罪人不受刑事追究的刑事诉讼重要原则出发，从贯彻落实习总书记重要讲话和最高人民法院、最高人民检察院重要指示出发，对本案所涉行为，没有任何理由要定罪判刑。据此专家们建议，对犯罪嫌疑人 X 某某以作出不起诉为宜，这样做可使案涉当事人从刑事追诉的高压下得到解放，"让企业家卸下思想包袱"，而集中精力搞好企业，为国家社会继续作出应有的贡献。否则，对案涉的民事争议行为定罪判刑，将该公司高管予以刑事处罚，不仅违背罪责刑相适应的原则，而且是给该民企的发展制造了司法障碍，是与保护民企的服务大局的司法要求背道而驰的。

以上意见供参考。

箴言刍议

这是一起由股东纠纷引发的刑事案件，在公司法上有个"揭开公司面纱"的问题，而在刑事案件上，其实也常常有个"揭开刑事案件面纱"的问题。这一刑事案件其实就是一个公司股东通过刑事控告而达到维护自己权益目的而引发的案件。动用公权力解决私权益，于公于私都会使司法陷于混乱和无效，对此公安司法机关不能不严加防范。

本案由于案涉公司存在"三混同"问题，造成了案涉公司债权债务混同、债权债务相互抵消混乱、资金流向复杂等多重问题，这就对正确认定案涉罪与非罪界限造成了相当的困难；要想正确处理本案，就要从源头上一个一个地在事实、证据、法律上厘清案涉民事法律关系，解决案涉动用资金的合法性这一核心问题，解决了这一核心问题，其余问题就迎刃而解了。

本案再次提醒我们，对于实为民事的案件，绝不能用刑事手段去解决。为此，对于这样的刑事案件，首先要揭开其表面上是刑事案件的面纱，揭露其实际上是民事案件的本来面目，然后再厘清其民事法律关系的实质，这样问题就能从本源上得到有效解决。

11. L某某、王某构成挪用资金罪吗?

论证要旨

本案所涉挪用资金罪成立与否,关键在于被告人是否挪用了"本单位资金"。这里存在两个基本问题:①"挪用"的资金是否是"本单位资金";②该资金是否是被告人L某某利用职务之便所"挪用"的。

(一) 关于案涉资金是否是"本单位资金"问题

其一,本案所控挪用的资金是信托资金。起诉书指控明确载明:"被告人L某某直接将本单位(公司)的信托资金共计人民币 344 886 571.31 元挪用。"

其二,案涉信托资金并非被告人L某某"本单位资金"。

1. 从案涉信托投资法律关系来看:委托方将自有资金打入信托公司专用账户成为信托资金,委托方就对该资金失去所有权、管理使用权,因而信托资金不是委托方L某某的某某公司的"本单位资金"。

2. 从案涉信托投资建议法律关系来看:某某公司向信托公司支付的保证金自打入信托公司专有账户后,就成为信托公司的信托资金,不再是某某公司所有或实际控制的资金。

3. 从案涉保证投资建议权的法律关系来看:客户向某某公司支付保证金,该保证金支付给信托公司,在信托公司取得一定份额的投资建议权,但对于该一定份额的信托资金的投资,只有建议权,没有所有权和控制使用权。

结论:根据以上三项法律关系进行综合分析,根据L某某的依约建议,动用的案涉股票交易资金,均为信托资金,而信托资金并不归委托方某某公司所有,某某公司对其也没有管理、使用权。故某某公司及L某某等被告人均不存在挪用本单位资金交易股票问题,挪用资金罪的行为对象要件并没有成就。

(二) 该资金是否是由被告人L某某利用职务之便所"挪用"问题

《中华人民共和国刑法》(以下简称《刑法》) 第 272 条规定,挪用资金行为必须是利用职务上的便利。本案中，L某某在信托公司没有任何职务，故不存在其利用信托公司职务之便挪用信托资金的问题；对于所涉信托资金，其只具有依据约定的"建议权"，而并无依据信托公司职务的处分权。

此外，L某某虽然是某某公司的总经理，但其并没有利用职务之便挪用本单位资金，故L某某不存在利用职务便利的挪用资金行为。

（三）HOMS系统就是某某公司收集、汇集下游客户投资建议的电子数据系统，并不是某某公司的财务记账凭证，不能以此数据作为挪用本单位资金的证据

案情简介

2013年9月，L某某以母亲夏某的名义与丁某成立了某某公司，双方各出资50%。丁某任某某公司法定代表人，主管行政部（包括管理公司公章、合同章）、人事部、财务部等部门；L某某任某某公司总经理，主管公司发展客户的市场销售部及公司的"自营业务"；王某任某某公司副总经理，主管公司的风控部及与信托公司联系发行信托产品、签订信托合同等对外业务。

某某公司的业务流程如下：

第一步：某某公司向中信信托、四川信托等信托公司（以下简称"信托公司"）提出申请，由信托公司发行信托计划。

第二步：某某公司和其他委托人按照信托计划文件的约定认购信托产品，并向信托公司交付购买信托受益权的资金，即信托资金。

第三步：信托公司将所有的信托资金存入信托公司在保管银行开立的信托资金收付专用账户，信托资金收付专用账户在信托计划存续期内不可撤销。

第四步：某某公司接受全体委托人的委托，作为信托计划的委托人指令权人、劣后受益人（即信托计划获得收益时，某某公司最后分得利益，而信托计划亏损时，则由某某公司所交付的信托资金最先弥补亏损），行使委托人的投资建议权。

第五步：信托公司以信托公司名义在证券公司开立信托专用资金账户和信托专用证券账户，接受某某公司的投资建议，以信托公司的名义进行证券投资的操作。但信托公司对某某公司的投资建议具有审核权，如某某公司的投资建议指令与信托计划信托文件的规定或信托投资操作协议的约定不符的，

信托公司有权拒绝执行。某某公司必须对投资建议指令进行修改。

第六步：信托公司按照信托合同的约定，从信托财产中扣除相应的受托管理费、税、银行保管费、信托计划运营费等相应税费后，所得信托利益归属于全体委托人。

第七步：信托公司按照信托计划说明书及信托合同的约定向委托人（也是受益人）进行分配，而某某公司属于劣后受益人，即对其他优先受益人优先进行信托利益分配后，再对某某公司进行利益分配。

上述流程本是一个完整的信托计划操作流程，某某公司应该利用专业知识，恪尽职守、审慎地行使委托人所授权的投资建议权，提供专业的、优质的投资建议服务，实现委托人的利益最大化，同时也享有除分配给优先受益人之后的劣后信托收益。

然而，某某公司为了分散、降低投资建议风险，通过与公司下游客户签订《投资顾问协议》或《开户确认书》的形式，将本应该由自己享有的投资建议权转授予公司下游客户，之后某某公司利用 HOMS 系统将公司下游客户的投资建议权进行收集、汇总，再以某某公司名义向信托公司发出投资建议指令。

某某公司按照《投资顾问协议》或《开户确认书》的约定，根据 HOMS 系统所统计的公司下游客户的投资建议权数据，与公司下游客户分别结算相对应的税、费和投资顾问收益。只要愿意遵守某某公司《投资顾问协议》或《开户确认书》条款内容的自然人或机构都可以成为某某公司的下游客户。因此，L某某虽是某某公司的总经理，但也是某某公司的普通客户，而客户没有分担的投资建议权份额，仍由某某公司继续行使投资建议权，这部分投资建议权属于某某公司自己行使，又称为某某公司的自营盘。自营盘份额行使投资建议权所获得的劣后信托利益归某某公司所有。按照公司股东及高管的职责分配，L某某作为某某公司的总经理，负责公司自营盘份额的经营和管理。

信托公司募集、管理信托资金的业务流程：

第一步：信托公司发行信托计划。

第二步：委托人（资金所有权人）认购信托计划份额，与信托公司签订《信托合同》《认购风险申明书》，并以银行账户转账的方式将认购资金划转至以信托公司名义开设的信托资金收付专用账户。

第三步：某某公司作为委托人之一，也认购信托计划相应份额，与信托公司签订《信托合同》《认购风险申明书》，并以银行账户转账的方式将认购资金划转至信托公司名义开设的信托资金收付专用账户。

第四步：信托公司聘请具备保管业务资格的银行担任保管人，签订《保管协议》。

第五步：保管银行承担信托计划资金的财产保管、投资监督、资金清算、财产估值、保管报告等事务。

第六步：信托公司在证券公司开设信托专用证券账户和信托专用资金账户进行证券投资操作。

第七步：信托公司与证券经纪商签订《证券经纪服务协议》。

第八步：某某公司与信托计划的全体委托人签订《授权指令权人告知书》，全体委托人指定某某公司对信托计划的投资运作提出建议，保证信托受益人利益最大化。

第九步：信托公司、全体委托人及某某公司按照《信托合同》《信托计划说明书》及《投资操作协议》等信托文件的约定，分配信托收益。

第十步：信托公司在信托计划终止时对信托收益进行核算，对全体委托人按照约定分配信托利益。

通过上述业务流程，可以看出委托人认购信托计划的信托资金汇集在保管银行开设的信托资金收付专用账户中，而进行证券投资操作时，信托资金从信托资金收付专用账户划转至在证券公司开设的信托专用资金账户，信托资金账户与信托专用证券账户封闭运行。某某公司对信托资金的运用和管理只享有投资建议权，信托资金根本不属于某某公司的单位资金。

2014年3月，L某某以普通客户的身份在某某公司开立了HOMS系统账户，为某某公司的投资建议权提供投资顾问服务。双方虽然在《开户确认书》中写明了借款数额、借款期限、借款利息等条款，但双方之间并没有发生真实的资金往来，《开户确认书》中所写的借款数额仅仅代表投资建议权的份额。

2014年4月28日，某某公司与L某某签订了《投资顾问协议》，约定L某某作为投资顾问，对某某公司合法拥有的1.5亿元资产及权益提供投资顾问服务，但事实上，《投资顾问协议》所涉及的1.5亿元资产及权益并不属于某某公司所有，这仅仅是某某公司代表全体委托人行使投资建议权的份额。

按照《开户确认书》和《投资顾问协议》的约定，L某某向某某公司缴纳了 2740 万元的投资顾问保证金（其中包括：以 L某某母亲夏某的名义交至某某公司的 700 万元、以 L某某父亲罗某某名义汇入丁某账户的 960 万元，以及以 L某某名义交至某某公司的 1080 万元），同时 L某某也向某某公司按月支付了利益分配。

2016 年 1 月，丁某以 L某某在不缴纳保证金的情况下参与配资业务为由，向某某省公安厅举报 L某某挪用某某公司资金。某某省公安厅于 2016 年 1 月 28 日将案件移交某某市公安局。某某市公安局于 2016 年 2 月 2 日立案侦查，并于 2017 年 5 月 15 日将本案移送某某市某某新技术开发区人民检察院审查起诉。某某市某某新技术开发区人民检察院于 2017 年 12 月 7 日将本案起诉至某某市某某新技术开发区人民法院。

某某市某某新技术开发区人民检察院起诉书指控：

（1）被告人 L某某系某某资产管理有限公司总经理，被告人王某系上述公司副总经理。2014 年 3 月至 2015 年 5 月，被告人 L某某通过被告人王某在上述公司的信托产品中开设多个子账户，后被告人 L某某指使被告人王某进行违规操作，利用被告人王某的操作权限，在被告人 L某某未缴纳相应保证金的情况下直接将上述公司的信托资金共计人民币 344 886 571.31 元划入被告人 L某某个人账户供其进行股票买卖操作，直至账户终止交易日归还上述公司。

（2）2014 年 3 月至 9 月，被告人 L某某通过被告人王某进行违规操作，利用被告人王某的操作权限，将某某公司自营盘账户内价值人民币 790 567 60.44 元的股票无偿划入被告人 L某某的账户内供其个人进行股票交易，直至账户终止交易日归还上述公司。

（3）2014 年 3 月至 2015 年 5 月，被告人 L某某通过被告人王某进行违规操作，利用被告人王某的操作权限，采取资金解冻的方式为被告人 L某某多个 HOMS 子账户增加资金使用额度，使得被告人 L某某通过其 HOMS 子账户透支使用某某公司资金共计人民币 91 367 207.3 元用于个人股票交易，上述透支资金在股票卖出取得资金后归还上述公司。

（4）2014 年 3 月至 2015 年 11 月，被告人 L某某在对其多个子账户进行收益提取过程中，通过被告人王某进行违规操作，利用被告人王某的操作权限，采取减少账户初始资金的方式从某某公司超额提取资金共计人民币 481 060 35.09 元，并将上述资金用于个人消费及债务清偿等个人事务。

（5）2014 年 9 月至 2015 年 5 月，被告人 L 某某、王某及陈某（另案处理）通过被告人王某的操作权限在某某公司信托产品中开设"童斌-100""童斌-70"的 HOMS 子账户，后通过资金解冻的方式为上述账户增加资金使用额度，透支使用上述公司资金共计人民币 32 692 888.47 元用于个人股票交易，上述透支资金在股票卖出取得资金后归还上述公司。

依据上述事实，某某市某某新技术开发区人民检察院认定 L 某某、王某构成挪用资金罪，将本案诉至某某市某某新技术开发区人民法院。

本案的争议焦点如下：

（1）本案的信托资金是否属于"某某公司本单位资金"，L 某某的行为对象是否符合挪用资金罪构成的要件。

（2）起诉书指控的事实是否存在真实的资金挪出行为和真实的股票划入行为。

（3）L 某某是否存在"利用职务便利"的行为。

（4）L 某某提取的资金是否属于投资顾问收益，是否存在超额提取的问题。

（5）HOMS 系统的性质与作用，如是否是某某公司财务凭证。

（6）司法鉴定意见书所反映的数据是否为本单位的财务凭证、财务数据。

论证意见

中国政法大学法律应用研究中心接受北京市康达律师事务所的委托，就某某市某某新技术开发区人民法院正在审理的 L 某某、王某挪用资金案中 L 某某是否构成挪用资金罪的问题，于 2018 年 2 月 4 日在京举行了专家论证会，与会专家有五名刑事、民事法学专家。与会专家会前详细审阅了本案的主要事实材料，本案辩护人北京市康达律师事务所律师详细介绍了本案的案情及事实证据材料，提供了本案侦查卷宗 13 卷，供专家查证。专家们详细询问了有关问题，并查证了关键性卷宗材料，就本案有关事实、证据、法律问题充分发表了观点，形成了如下法律意见：

一、信托资金并非"某某公司本单位资金"，因此 L 某某的行为对象并不符合挪用资金罪的构成要件

我国《刑法》第 272 条规定，挪用资金罪，是指公司、企业或者其他单位的工作人员，利用职务上的便利，挪用本单位资金归个人使用或者借贷给他人、数额较大、超过3个月未还，或者虽未超过3个月，但数额较大、进行营利活动的，或者进行非法活动的行为。因此，构成挪用资金罪的对象必须是"本单位资金"。所谓本单位资金，是指由单位所有或实际控制使用的一切以货币形式表现出来的资金，而本案所涉资金并不属于本单位所有或设计控制的资金。

本案中所涉购买股票的资金都是信托资金，而信托资金并不属于L某某本单位资金。

《中华人民共和国信托法》（以下简称《信托法》）第2条规定："本法所称信托，是指委托人基于对受托人的信任，将其财产委托给受托人，由受托人按委托人的意愿以自己的名义，为受益人的利益或者特定目的，进行管理或者处分的行为。"第7条规定："设立信托，必须有确定的信托财产，并且该信托财产必须是委托人合法所有的财产。本法所称财产包括合法的财产权利。"第14条第1、2款规定："受托人因承诺信托而取得的财产是信托财产。受托人因信托财产的管理运用、处分或者其他情形而取得的财产，也归于信托财产。"第15条规定："信托财产与委托人未设立信托的其他财产相区别。……"第16条规定，信托财产与属于受托人所有的财产相区别。第22条规定，受托人有依据信托目的和管理职责处分、管理、处理信托事务的职责。

根据以上规定，可以明确，信托财产必须是委托人合法所有的财产。一旦信托法律关系依法成立，信托财产就与委托人相脱离，与委托人享有所有权但未设立信托的其他财产相区别，委托人对信托财产不再享有所有权，也不再享有管理和处分权，甚至还可能不享有全部的受益权，因为指定的信托受益人不一定就是委托人本身。信托财产也与受托人所固有的财产相区别，信托公司对信托财产也并不享有实质的所有权，但因为受托而取得该财产，并对该财产享有管理和处分权，只不过这种管理和处分权要受委托目的和职责的限制。而信托受益人对该信托财产享有的是受益权，并不是所有权。信托财产的这种所有权关系在理论上被称作信托财产的独立性，即信托一旦设立，信托财产就成为独立于委托人和受托人所有或固有的财产：对委托人而言，就丧失了对信托财产的所有权，信托财产不再属于其自有财产；对受托人而言，只是取得了该财产的名义上的所有权，即虽然其具有管理处分权，但其管理处分要受信托目的限制；而对受益人而言，其仅取得信托收益的请求权，即信托受益权。

本案信托公司进行股票交易所使用的财产，均是以信托公司名义所有并由信托公司享有管理处分权的信托财产；而对某某公司而言，信托财产并不是其所有或管理使用的财产，某某公司不能直接支配、操作信托财产进行股票交易，某某公司对信托财产的使用只有投资建议权，故信托财产并不是其本单位的财产。而某某公司向信托公司认购信托计划所支付的资金，均作为信托财产存入信托专用账户，由信托公司进行管理、处分。可见，本案所指控的某某公司案涉股票交易财产，均为信托财产，而非某某公司本单位财产。进而言之，欲正确认定案涉资金的权属性质，必须正确厘清以下三项法律关系：

其一，案涉信托投资法律关系：委托方委托受托方信托公司进行股票交易，委托方将自有资金打入信托公司专用账户成为信托资金，委托方就对该资金失去所有权、管理使用权；信托公司虽取得对该信托资金的名义上的所有权、实质上的管理、使用权，并没有取得实质上的所有权，但有权利、职责以自己的名义在证券公司开列股票账户，使用信托资金进行股票交易，所得利益归属信托收益人。

其二，案涉投资保证法律关系：客户向某某公司支付保证金，取得一定份额的投资建议权，该保证金支付到信托公司的信托资金账户，成为信托资金的一部分，该资金亦不属某某公司所有。

其三，案涉信托投资建议法律关系：某某公司向信托公司支付保证金，取得信托公司一定份额的股票交易的建议权，但并未取得该份额信托资金的所有权、管理使用权，更没有取代信托公司成为股票交易的主体；股票交易的主体仍为信托公司，交易使用的资金仍为信托资金，该资金并非某某公司所有或实际控制的资金。

根据以上三项法律关系进行综合分析，案涉股票资金，是由某某公司依约提出建议，由信托公司审核同意后，由信托公司以受托人自己的名义，在自己开列的股票账户上，使用信托资金进行交易；所涉交易资金均为信托资金，而信托资金并不归某某公司所有，某某公司对其也没有管理、使用权。故某某公司及 L 某某等被告人均不存在挪用本单位资金交易股票问题，挪用资金罪的行为对象要件并没有成就。

2010 年 11 月 26 日，最高人民法院、最高人民检察院发布的《关于办理国家出资企业中职务犯罪案件具体应用法律若干问题的意见》第 3 条再次明确将挪用资金或者挪用公款的行为对象限定为资金或者金融凭证、有价证券。由此可见，构成挪用资金罪的对象必须是"本单位资金、金融凭证、有价证券"。

我国《信托法》第 25 条第 2 款规定受托人（注：本案中的受托人为信托公司）管理信托财产；《信托公司管理办法》第 24 条规定信托公司管理运用或者处分信托财产；《信托公司集合资金信托计划管理办法》第 4 条规定信托公司管理、运用信托计划财产。2009 年 1 月 23 日，原中国银监会颁布实施的《信托公司证券投资信托业务操作指引》第 21 条明确规定："证券投资信托设立后，信托公司应当亲自处理信托事务，自主决策，并亲自履行向证券交易经纪机构下达交易指令的义务，不得将投资管理职责委托他人行使。信托文件事先另有约定的，信托公司可以聘请第三方为证券投资信托业务提供投资顾问服务，但投资顾问不得代为实施投资决策。聘请第三方顾问的费用由信托公司从收取的管理费和业绩报酬中支付。"

上述法律规定亦进一步说明信托财产由信托公司管理和处分。信托资金不可能脱离开信托公司的管理，划转至某某公司账户，更不可能计入某某公司财务账簿，成为某某公司的单位资金。因此，起诉书指控 L 某某的行为对象，实际上只是某某公司用于汇集、统计公司下游客户行使投资建议权的 HOMS 系统内的数据，并不是某某公司真实的财务货币资金。因此，L 某某的行为对象并不符合挪用资金罪的构成要件。

二、L 某某不存在利用职务便利的行为

《刑法》第 272 条规定，挪用资金行为必须是利用职务上的便利。本案中，L 某某在信托公司没有任何职务，故，不存在利用信托公司职务之便，挪用信托资金的问题；对于所涉信托资金，其只具有依据约定的"建议权"，而无依据信托公司职务的处分权。

此外，L 某某虽然是某某公司的总经理，但并没有利用其职务之便挪用本单位资金，故 L 某某不存在其利用职务便利的行为。

三、起诉书指控的事实并不存在真实的资金挪出行为和真实的股票划入行为

起诉书指控，L 某某指使王某进行违规操作，将公司的信托资金划入 L 某某个人账户，以及透支使用某某公司的信托资金，进行股票买卖操作。起诉书还指控 L 某某通过王某进行违规操作，将某某公司自营盘账户内的股票无偿划入 L 某某的账户内供其个人进行股票交易。然而，如前所述，信托资金根本就不属于某某公司所有，也不受某某公司直接管理和支配。信托资金在信托公司名下单独记账、单独管理。某某公司 HOMS 系统中的数额只是公司下游客户行使投资顾问建议权的份额，并不是真实账户上的资金数额，也不是真实的股票账户中的股票数额，其实质只不过是公司使用的一种统计数据的记录。其作用和效力相当于个人在真实股票交易账户之外做的账单数据记录，而真实的资金交易发生在股票交易账户中，并不是发生在个人的账单数据记录上。所不同的是，个人操作股票动用的是个人资金，而本案股票操作则是信托公司动用信托资金，并不是 L 某某动用某某公司本单位资金，因此，L 某某也就根本不存在划转或透支使用本单位资金的可能性。本案 HOMS 系统记载的数据既不是 L 某某划转本单位资金的银行转账凭证，也不是 L 某某自己操作股票的过户凭证，而起诉书却以 HOMS 系统记载的数据作为当事人挪用本单位资金的财务证据，无异于张冠李戴。因此，并不存在起诉书指控的事实——真实的本单位资金挪出行为和真实的股票划入行为。

四、按照 L 某某与某某公司签订的《投资顾问协议》和《开户确认书》的约定，L 某某有权在符合提取投资顾问收益条件时提取收益，根本不存在超额提取投资顾问收益的问题

如前所述，L 某某作为某某公司的普通客户，履行了在某某公司 HOMS 系统开户的审批手续，双方签订了《开户确认书》和《投资顾问协议》。当 L 某某的个人账户符合《开户确认书》和《投资顾问协议》所约定的提取投资顾问收益比例时，L 某某即有权向某某公司提出提取投资顾问收益的申请。

根据卷宗材料反映，某某公司对于客户提取投资顾问收益有严格的程序规定。第一，客户在自己的账户向客服部提出申请；第二，客服部提请风控部计算收益；第三，风控部将计算的收益额交丁某主管的财务部审核；第四，由财务部门确定可提取的投资顾问收益数额，并将财务数据报送丁某审核；第五，审核数据无误后，客户才能从财务部门提取投资顾问收益。现有证据显示，L 某某提取投资顾问收益的手续符合某某公司的程序规定，而提取收益的数额仅仅是由 L 某某提出申请，至于最终的投资顾问收益数额则是由某某公司的风控部和财务部共同审核确定。如果 L 某某的账户没有达到提取投资顾问收益的条件和数额，即使 L 某某提出了申请，某某公司的风控部和财务部也会对 L 某某的申请进行调整，因此根本不可能出现 L 某某超额提取投资顾问收益的情形。即使有某种出入，也只属于 L 某某与公司结算的纠纷问题，与挪用资金犯罪无关。

五、HOMS 系统就是某某公司收集、汇集下游客户投资建议的电子数据系统，并不是某某公司的财务记账凭证

某某公司与某某信托公司签订的《远程投资建议传递服务协议》第 2 条明确规定："本协议所表述的恒生'远程投资建议传递系统'是指乙方（注：某某信托公司）通过电信 VPN 专网或者 DDN 专线向甲方（注：某某公司）提供用于下达投资建议，并可以查询成交结果的一种服务方式，并非提供证券交易的撮合。"

某某公司与某某信托公司签订的《投资操作协议》第 7.3 条规定："按照本协议约定，乙方（注：某某公司）利用甲方（注：某某信托公司）提供的 VIP 网上交易服务客户端软件，通过互联网或者双方建立的专线下达投资建议，甲方审核后通过与证券经纪商建立的专线交易联网向证券经纪商下达交易指令，并从甲方证券投资系统获取交易成果和进行查询。"

由此可见，信托公司提供给某某公司的专网或专线仅仅是为了某某公司向信托公司下达投资建议服务，向信托公司输送投资建议的网络工具，并不能由某某公司直接操作证券交易。所有的信托资金账户及信托证券账户都是以信托公司名义开设，由信托公司直接操作，而某某公司的身份就是信托公司的投资顾问。

为了分散投资顾问风险，某某公司将投资建议权分散授予公司的下游客户，再通过使用 HOMS 系统，将所有客户的投资建议收集、汇总，以某某公司名义向信托公司提供投资建议服务，HOMS 系统中的数据代表的是客户行使投资建议权的份额，并不是真实的货币资金，更不是某某公司的财务记账凭证。

六、本案中司法鉴定意见书所反映的数据和结论是针对某某公司 HOMS 系统的数据进行的鉴定，并不是针对某某公司的财务凭证、财务数据进行的审计，因此不能以此意见书的结论作为挪用资金罪的定罪依据。

如前所述，HOMS 系统中的数据代表的是客户行使投资建议权的份额，并不是真实的货币资金，更不是某某公司的财务记账凭证。而鉴定机构对HOMS系统中的数据进行审计鉴定，根本不符合挪用资金罪关于挪用真实的货币资金的要求，因此，本案错误的鉴定意见书不能作为挪用资金罪的定罪依据。

论证结论：L某某的行为不构成挪用资金罪。

以上意见供参考。

替言刍议

这是一起民刑交叉的较为复杂的刑事案件。对于本案挪用资金罪成立与否，关键在于是否挪用了"本单位资金"。这里就存在两个基本问题：① "挪用"的资金是否是"本单位资金"；② 该资金是否是被告人L某某利用职务之便所"挪用"。

（一）关于案涉资金是否是"本单位资金"问题

其一，首先要明确案涉资金是信托资金。对此，起诉书指控明确载明："被告人L某某直接将本单位公司的信托资金共计人民币344 886 571.31元挪用。"

其二，然后就要明确信托资金是否是被告人L某某"本单位资金"。对此的正确认定较为复杂，需要从三重民事法律关系上去把握；

（1）案涉信托投资法律关系：委托方将自有资金打入信托公司专用账户成为信托资金，委托方就对该资金失去所有权、管理使用权，因而信托资金不是委托方L某某的某某公司"本单位资金"。

（2）案涉信托投资保证法律关系：某某公司向信托公司支付的保证金自打入信托公司专有账户后，就成为信托公司的信托资金，不再是某某公司所有或实际控制的资金。

（3）案涉投资建议权的法律关系：客户向某某公司支付保证金，取得一定份额的信托公司以信托资金的投资建议权，对于该一定份额的信托资金的投资，客户只有建议权，没有所有权和实际控制权和处分权。

结论：根据以上三项法律关系进行综合分析，根据L某某的依约建议，动用的案涉股票交易资金，均为信托资金，而信托资金并不归委托方某某公司所有，某某公司也对其没有管理、使用权。故某某公司及L某某等被告人均不存在挪用本单位资金交易股票问题，挪用资金罪的行为对象要件并没有成就。

（二） 该资金是否是由被告人 L 某某利用职务之便所 "挪用" 问题

《刑法》第 272 条规定，挪用资金行为必须是利用职务上的便利。本案中，L 某某在信托公司没有任何职务，故，不存在其利用信托公司职务之便，挪用信托资金的问题；对于所涉信托资金，其只具有依据约定的 "建议权"，而并无依据信托公司职务的处分权。

此外，L 某某虽然是某某公司的总经理，但其并没有利用职务之便挪用本单位资金，故 L 某某不存在利用职务便利的问题。

（三） 从主要证据来看，HOMS 系统就是某某公司收集、汇集下游客户投资建议的电子数据系统，并不是某某公司的财务记账凭证，能不以此数据作为挪用本单位资金的证据

本案论证抓住了以上三个基本问题，尤其是案涉资金是否为 "本单位资金" 这个核心关键问题，从三项民事法律关系上进行分析，依据相关法律规定，确认案涉资金并非被告人 L 某某的某某公司的 "本单位资金"。这样问题就解决了。

这一论证再次证明对刑事案件所涉重大民事问题，要抓住关键问题，"上纲上线"，加以解决，即要抓主要矛盾和矛盾的主要方面。本案的关键问题是案涉资金是否为其 "本单位资金"，由于该资金是信托资金，对于这一问题的判断就是本案的关键、要害所在，是主要矛盾；而解决这一关键问题，就要从信托投资关系、信托建议关系、信托保证关系这三个法律关系来分析解决；而分析解决的出发点和落脚点，就是要解决该资金所有权、直接控制权；而对于这一问题，就是要用明确的法律规定来解决，而不是用一般道理来解决，即提出的分析意见，依据的是明确的法律规定。不然的话，各说各的，缺乏明确的法律确定，在论证意见的权威性上就会大打折扣。这在分析案情上，是可供借鉴的。

12. 意见证据能够证明被告人 Y 某某构成 非国家工作人员受贿罪吗?

论证要旨

没有有效证据证明起诉书指控被告人 Y 某某利用职务之便,为 DL 公司中标提供便利而受贿。控方为此提供的证据基本属于言词证据,其中多为证人证言,且为意见证据,不能作为定案根据;被告人的陈述属于被告人辩解而非被告人供述,全案属于"零口供";案中没有有效的直接证据证明,Y 某某在 YL 项目立项流程上的签字与 DL 公司中标无关;亦没有任何证据证明被告人 Y 某某利用了自己在 YL 公司工作掌握的何种技术,为 DL 公司经营的何种同类业务,给予了何种技术支持和帮助。

本案基本上是属于靠证人意见和司法人员的推断,来认定被告人有罪的,严格来说是属于无证据推定被告人有罪,严重违背了证据裁判原则。

案情简介

被告人 Y 某某于 2009 年 1 月 1 日至 2014 年 1 月 1 日期间在 YL 公司的任职是某事业部设备管理部设备总监;于 2014 年 1 月 1 日后的任职是总工程师。按照《岗位说明书》,其职责与 YL 公司项目的招投标及其评审或决定无关。但起诉书指控其利用职务之便,在 YL 项目立项流程上签字,为其兼职的武汉 DL 公司在 YL 公司的招投标项目中提供帮助,并收受 DL 公司的干股分红款,构成了非国家工作人员受贿罪。

论证意见

中国政法大学法律应用研究中心接受委托,经审查认为符合中心受理条件,决定立项,并于 2020 年 4 月 17 日代为组织召开了专家论证会。与会五名权威刑事法律专家,会前审阅了论证所依据的事实材料,会上仔细地审核了案件所涉证据材料，并就起诉书指控的事实证明和法律适用进行了认真研究讨论，形成一致法律意见，即：起诉书指控被告人 Y 某某非国家工作人员受贿的犯罪事实依法不能成立，法院应当依据事实、法律宣告被告人 Y 某某无罪。

具体论证如下：

一、起诉书指控被告人 Y 某某利用职务之便，为 DL 公司中标提供便利而受贿，依法不能成立

起诉书指控"DL 公司成立后投标承揽 YL 公司安装服务业务，被告人 Y 某某利用分管此项工作职务便利，为 DL 公司中标提供便利"而受贿。

专家们指出，对起诉书指控的这一犯罪事实，控诉方没有提供任何有效证据予以证明。

根据无罪推定原则和证据裁判原则，起诉书指控的犯罪事实，必须要有有效的证据，且达到确实充分、排除合理怀疑的证明程度，才能在法律上加以确认。但从案卷中所收集的证据材料来看，控方指控的犯罪事实所依据的证据不仅达不到确实充分，更排除不了合理怀疑，因此，不能得出所控犯罪事实成立的结论。

（一）关于被告人 Y 某某在 YL 公司的职责、职务问题

控方提供的被告人 Y 某某在 YL 公司的劳动合同、《岗位说明书》、劳动合同补充协议等任职资料，均不存在 Y 某某曾任职或分管 YL 公司项目招投标工作的证据内容，也不存在 Y 某某参与招投标评审或决定的证据内容。

（1）Y 某某在 2009 年 1 月 1 日至 2014 年 1 月 1 日期间的任职是某事业部设备管理部设备总监，职责是设备管理，可见其任职或分管职务与 YL 公司项目招投标工作及招投标的评审或决定无关。

（2）Y 某某在 2014 年 1 月 1 日后的任职是总工程师，职责是负责事业部设备管理工作，完成各项设备管理任务，保证各项设备管理工作符合公司要求，并配合单位完成其他相应的工作任务，具体见《岗位说明书》《绩效合约》，从中也可以看出，在此期间，Y 某某任职分管的职务与 YL 公司项目招投标及评审或决定无关。

（二）2014 年 1 月 1 日前，Y 某某在 YL 项目立项流程上的签字，与 DL 公司中标无关

Y 某某的"签字"证据与待证事实（利用职务便利使 DL 公司中标）没有关联性，因而不能产生法律上的证据效力。另，没有证据证明 Y 某某为 DL 公司中标提供了职务便利，即 Y 某某的"签字"与 DL 公司中标之间没有刑法上的因果关系。

控方提供的书证可以证实，Y 某某在 2014 年 1 月 1 日之前确有在 YL 公司项目立项流程上的电子签字，但此时 Y 某某的电子签字只是在立项审核环节，并不是在选择供应商的招投标环节，Y 某某的立项审核流程签字不针对具体的供应商，并不能确定该立项项目将来被哪个供应商中标承接。供应商的选择、评标和中标是由 YL 集团总部的供应保障部下设的招标办经过严格的招投标程序予以确定的，因此，Y 某某的立项审核签字与 DL 公司中标无关，该签字也不能为 DL 公司中标提供便利，Y 某某立项审核签字与 DL 公司中标不具有关联性，不能作为证明 Y 某某为 DL 公司中标提供便利的定案根据。

根据控辩双方提供的相关资料，YL 公司项目立项、招投标及履行流程主要分为十一个步骤。第一步至第七步为立项审核环节；第八步为招投标环节；第九步至第十一步为中标后的项目审核和履行环节。

流程的第一步是市场部根据市场的前期调查，制定来年的产品生产销售计划，对产品种类、增加的产量、数量进行调整，形成新的年度工作计划，并上报至某事业部总经理、副总经理。

流程的第二步是总经理、副总经理主持召开厂务会，在总经理（张某某）、生产管理部总监（魏某某）、生产副总（李某某）、销售副总（卢某某）参会的情况下，对市场部的新工作计划作出厂务会决定，并交由生产管理部具体落实。Y 某某没有资格参加厂务会，因此对厂务会的决定没有话语权和决定权。设备管理部及 Y 某某均没有对厂务会决定进行调整的权力。

流程的第三步是生产管理部通知全国各工厂，按照厂务会决定制定具体的立项方案。立项方案中要包括：技术方案、工期、投资回报（即设备选型、土建、厂房、能源、人工费用）等各项具体事务。

流程的第四步是各工厂制定具体立项方案，之后报送设备管理部进行审核。设备选型由各工厂自己决定。

流程的第五步是设备管理部对各工厂报送的立项方案进行审核，包括技

术方案、工期、投资回报等具体事务是否存在问题，是否符合厂务会决定。此时 Y 某某的审核签字行为并不针对具体的供应商，也不知道哪家供应商将来会中标，因为确定中标方的招投标程序还没有开始进行，因此 Y 某某的签字根本无法帮助 DL 公司中标。立项方案如符合厂务会决定，则继续报送生产副总经理（李某某）进行审核。

流程的第六步是生产副总经理（李某某）将工厂立项方案继续报送生产总经理（张某某）进行审核。

流程的第七步是生产总经理（张某某）按照集团总部规定的审批权限，对采购数额进行分级管理，超出限定数额的采购需报经集团总部审批，而在限定数额之内的采购直接交由 YL 集团总部的供应保障部招标办进行招投标流程。

流程的第八步是招标办根据业务类别进行具体分类，并分别进行招投标流程。比如分成设备、工程、安装劳务服务等，每个类别都需要履行严格的邀标、投标、评标及对中标企业发中标通知和制作中标文件的四个程序。中标文件已确定了中标企业和合同内容，设备管理部及 Y 某某都没有权利对合同内容进行修改。另查，Y 某某不是评标委员会委员，也从没有参加过评标程序，因此，Y 某某没有任何职权为武汉 DL 公司的中标提供帮助，只有招标办有职权决定中标方。

流程的第九步是立项工厂根据招标办发的中标通知书、中标文件与中标供应商签订合同，之后将合同报送设备管理部进行审核。

流程的第十步是设备管理部对立项工厂报送的合同再次进行技术审核，主要审核合同内容与厂务会决定、生产管理部的通知及中标通知书、中标文件是否相符，并没有权利废除中标结果，重新确定中标方，因此 Y 某某虽作为设备管理部负责人在审核流程上签字，但仅仅是项目中标之后的审核环节，与决定 DL 公司项目中标无关。因为早在流程第八步的招投标环节已经确定了明确的中标方，并发出了中标通知书。《招标投标法》第 45 条规定："中标通知书对招标人和中标人具有法律效力。中标通知书发出后，投标人改变中标结果的，或者中标人放弃中标项目的，应当依法承担法律责任。"由此可见，设备管理部审核双方根据中标文件和中标通知书所订立的书面合同，是无权对招标、投标和评标、中标的效力进行审核的，Y 某某的签字不是对中标结果的审查确认，只是对合同的技术问题及形式要件进行审核，是合法合规的正常职务行为，并不涉及对 DL 公司中标提供便利的问题。

第十步之后的审核流程与 Y 某某没有任何关系，没有证据证明 Y 某某为 DL 公司的中标提供了便利。

（三）2014 年 1 月 1 日之后，Y 某某职务变更为总工程师，已退居二线，案卷中没有 Y 某某在此时间之后的"签字"证据，故没有证据证明 Y 某某为 DL 公司中标提供了职权便利

（四）控方提供的证人证言，不能作为定案根据

专家们审阅了起诉书列举的 26 名证人的证言，没有找到一份有效证据能证明 Y 某某有利用职务为 DL 公司中标提供便利的事实，控方提供的证人证言大多数是由证人提出的主观判断性的、抽象的、笼统的"意见证据"，例如：

（1）韩某某 2019 年 9 月 1 日的询问笔录：

问：所有的备件采购或者项目安装的招投标的流程当中有 Y 某某签字的是不是就可以起到中标的主要作用？

答：是的。

问：Y 某某在招投标过程中电子流程没有他的签字，那这个流程能走下去吗？

答：不能。

（2）李某某 2019 年 3 月 27 日的询问笔录：

问：如果 YL 公司的员工既在 YL 工作又在其他为 YL 提供备件或者服务的公司是股东，在参加 YL 公司的招投标项目中是否应当回避？

答：应该回避，公司是不允许参加招标的。

以上证人证言存在如下问题，使其不具有证言的有效性：

其一，不具有对证明对象的事实的具体陈述性。证人证言是证人对自己感知的案件事实情节的具体陈述，它要具有对案件事实情节在何时、何地、何方式感知情况的具体陈述性，而本案中的证人证言没有对上述所询问的相关问题，作出在何时、何地，通过何种方式感知情况的具体陈述，也没有对案件事实情节是怎样的作出具体陈述，而是根据自己的理解对待证事实所作的主观判断。这种抽象的、笼统的回答不具有证人证言所必备的事实的具体陈述性。

其二，这些证言的性质属于"意见证据"，是对所提问题的主观判断，而非对证明对象事实情节的具体陈述。能提供"意见证据"的，只有受聘的鉴

定人员和专家辅助人针对相关专门问题才可提供，其余均在排除之列，这是国内外证据法上的通例。

其三，对这些证言的询问明显具有诱导性的特征，即询问者想得到的答案明显预设在自己的问话之中，这种通过诱导手段获得的证言依法应予排除。

综上所述，上述证人证言不具有客观真实性和合法性，不能作为定案根据。

（五）关于被告人供述与辩解的证据效力问题

Y 某某 2019 年 3 月 23 日的讯问笔录：

问：设备供应商或者安装供应商的招投标的流程上都有你的签字是为什么？

答：工厂立项，我们审技术方案，至于流程谁中标、价格、交期都不是我的工作范围。那应该是我担任设备总监时在电子流程上的签字。

问：如果没有你在设备部的电子签字，那这个招标流程能走下去吗？

答：走不下去的。我的电子签字是招标流程的必要环节。

问：在武汉 DL 公司招标审核的时候，你在审核武汉 DL 公司招标流程时，是不是应该和 YL 公司提出回避？

答：应该提出的。

这样的笔录存在如下问题：

其一，讯问者的问话预设了诱导性的陷阱，即问话中预设了讯问者想得到的答案陷阱，只要回答者承认了有签字，就等于承认了在"招投标流程上都有你的签字"；只要承认了应当回避，就等于承认了"故意不回避，为 DL 公司中标提供了便利"。但事实上，Y 某某从来没有在"招投标环节"签字，更没有证据证明 Y 某某为 DL 公司中标提供了便利。

其二，Y 某某在笔录中已明确，他的签字是在工厂立项、技术审查中的"电子流程上的签字"，而不是在谁中标、价格、交期等招投标环节中的签字。其"签字"的性质前文已经论述，是正常的依法依规履行职责的行为，其"签字"的意义在于规范招投标程序之外的技术细节，而不是招投标环节的具体操作内容，Y 某某的签字根本不能影响或者决定招投标结果，故其签字与DL 公司中标没有关联性，不能作为定案的根据。

由此可见，根据这样的讯问笔录不能得出 Y 某某承认为 DL 公司中标提供了便利的事实结论，因此 Y 某某的讯问笔录属于零口供。既然 Y 某某没有帮助 DL 公司中标，那么在招标办已经确定 DL 公司为中标方的前提和基础上，Y 某某的审核签字根本无需回避。

（六）关于其他证人证言的效力问题

1. DL 公司法定代表人张某的证人证言

（1）张某 2019 年 3 月 5 日的询问笔录：

问：YL 公司的 60 多个项目，DL 公司股东 Y 某某帮了什么忙，起到了什么作用？

答：Y 某某在我这 60 多个项目里面，他起不了任何作用，也没起作用，Y 某某只对 YL 公司起作用。

问：Y 某某在 DL 公司与 YL 公司这 60 多个项目中，为 DL 公司起到了什么技术支持？

答：没有起到技术支持。

问：没有 Y 某某的帮助，你们 DL 公司能拿到 YL 公司 60 多个项目吗？

答：没有 Y 某某也能拿到项目。

（2）张某 2019 年 3 月 18 日的询问笔录：

问：武汉 DL 公司与 YL 公司 60 份合同的项目，Y 某某是怎么出力帮忙的？

答：Y 某某在我们与 YL 公司的所签项目里面，从来没有也不可能为我们获取项目发挥作用。

问：没有 Y 某某的帮助，你们武汉 DL 公司能拿到 YL 公司 60 多个合同项目吗？

答：我拿到的项目合同都是在 YL 公司正常的招投标程序里，还有我们公司自身具有的施工经验和施工管理水平。

（3）张某 2019 年 6 月 5 日的询问笔录：

问：决定按照你们的方案制作标书的最终权力是谁？

答：YL 公司投标没有也不需要方案，就是劳务施工的报价，不是标书。

问：Y 某某为武汉 DL 公司只是提供技术方面的支持，没有其他的了？

答：是的。Y 某某只为 DL 公司提供 YL 公司以外项目招投标及施工过程中的技术支持。

问：Y 某某是武汉 DL 公司的技术股东，又是 YL 公司的设备总监，Y 某某的双重身份，Y 某某和你都非常清楚吧，那你让武汉 DL 公司去参加 YL 公司的招标这样可以吗？

答：可以的。因为武汉 DL 公司在 YL 公司承接和投标的项目都是安装劳务合同，招标过程及报价和 Y 某某没有关系，Y 某某不需要回避。

问：Y 某某也不需要回避吗？

答：我不知道。武汉 DL 公司从来没有利用 Y 某某的职务来承接项目。

从上述证言可以看出，DL 公司法定代表人张某的证词从没有承认 Y 某某有为 DL 公司中标提供方便的任何事实，本质上也属于零口供。

2. 武汉 DL 公司股东陈某某的证人证言

陈某某 2019 年 3 月 8 日的询问笔录：

问：武汉 DL 公司和 YL 公司的项目合同都是 Y 某某协助签订的吗？

答：Y 某某根本帮不了忙，招标办是 YL 公司集团管理的。

上述证言可以看出，DL 公司股东陈某某的证词也没有承认 Y 某某有为 DL 公司中标提供便利的任何事实，也属于零口供。

3. 其余证据，均与证明 Y 某某为 DL 公司中标提供便利无关

综合控方提供的全部证据可知，言词证据根本没有证明 Y 某某为 DL 公司中标提供便利的具体事实陈述，全部都是抽象的、笼统的"意见证据"，故不能作为定案根据。其他书证也因缺乏证据的关联性，不能作为定案的根据。

二、起诉书指控被告人 Y 某某利用自己在 YL 公司工作掌握的技术，为武汉 DL 公司经营同类业务给予技术支持和帮助而受贿，依法不能成立

（一）没有任何证据证明被告人 Y 某某利用了自己在 YL 公司工作掌握的何种技术，为武汉 DL 公司经营的何种同类业务，给予了何种技术支持和帮助

首先，被告人 Y 某某与 DL 公司张某、陈某某，对于 Y 某某被指控的犯罪事实均为零口供。

其次，所有的证人证言均无有效证据予以佐证。

控方提供的证言主要有：

（1）魏某某在 2019 年 3 月 1 日的证言，证明工厂的所有设备或者备件的图纸不可以提供给备件供应商。

此证言属于"意见证据"，并没有证明其亲知 Y 某某于何时何地曾以何种方式将工厂设备或者备件的图纸提供给了哪一备件供应商。

（2）韩某某在 2019 年 3 月 26 日的证言，证明 YL 公司不允许员工在技术

改造时将技术或者图纸提供给供应商，由供应商技术改造后再卖给 YL 公司。YL 公司绝对不允许 YL 公司员工利用技术为其他同类企业服务。但他也没有证明其知道 Y 某某曾于何时、何地，将 YL 公司的何种技术、何图纸提供给何供应商，也没有具体证明 Y 某某有利用 YL 公司的何种技术为其他哪一同类企业服务的事实。

（3）证人王某在 2019 年 3 月 26 日和李某某在 2019 年 3 月 27 日的证言均证明，对于工厂安装设备的参数属于商业秘密，绝对不允许向其他同行业的企业提供，但也均没有证明 Y 某某有向其他哪家同行业的企业提供何种"参数"的事实。

最后，没有其他任何证据证明，Y 某某于何时何地将 YL 公司的何设备"参数"提供给何同类企业。

综上，控方指控 Y 某某利用自己在 YL 公司工作掌握的技术，为武汉 DL 公司经营同类业务给予技术支持和帮助，没有任何具体事实证据予以证实，故其指控不能成立。

（二）没有任何证据证明武汉 DL 公司经营了 YL 公司的同类业务，并使用了 YL 公司的技术

首先，众所周知，YL 公司是乳制品上市企业，属于食品行业，根本不可能在机械设备制造、维修方面有"YL 技术"。而武汉 DL 公司的经营范围是机械设备、自控仪表、制冷空调设计安装工程；机电设备、管道、自控仪表的安装；非标准钢构件的制作、安装；建筑劳务分包；机电设备、机械电器设备的生产销售，完全是一个提供劳务安装服务及机械安装工程的小微企业。DL 公司与 YL 公司根本就不是同一类型的企业。

其次，控方没有证据证明 DL 公司经营了与 YL 公司一样的同类业务，更没有提供 DL 公司使用了 YL 公司哪项技术的证据。Y 某某作为机械设备维修领域的专家，工作中只负责解决 YL 公司各工厂在机械设备维修方面的疑难杂症，控方没有证据证明 Y 某某掌握了哪些"YL 技术"为 DL 公司给予了技术支持和帮助。

最后，Y 某某所掌握的技术是自己在日常学习和工作实践中所获得的能力和经验，只属于 Y 某某本人，并不是 YL 公司所有，因此主张 Y 某某的技术属于 YL 公司于法无据。Y 某某对 DL 公司所提供的机械设备类技术支持和服务，既不是 YL 公司的专属技术，也不属于 YL 公司的同类业务。

如果把 Y 某某对外提供技术服务的行为，甚至退居二线的单纯技术工作都认定为职务行为，是典型的违法类推扩大解释，违背了刑法中最重要的原则，即罪刑法定原则。

三、关于 Y 某某入股 DL 公司是技术入股还是受贿干股的问题

案件有充分的证据证明，Y 某某入股 DL 公司是属于技术入股而非受贿干股。

（一）案中证据证明 Y 某某是技术入股

1. 被告人 Y 某某的供述与辩解证明其是技术入股

（1）Y 某某 2019 年 1 月 8 日讯问笔录。

问：为什么你在武汉 DL 公司会持股？你与武汉 DL 公司有什么关系？

答：我是技术入股，开发其他乳业公司的项目整包业务。

（2）Y 某某 2019 年 3 月 23 日讯问笔录：

问：为什么陈某某的爱人王某给你爱人打过很多笔钱？

答：因为我在武汉 DL 公司有技术股份。

问：那你为什么在武汉 DL 公司有技术股份？

答：武汉 DL 公司的张某来找我，张某说武汉 DL 公司这几年在 YL 公司的业务主要是纯粹的安装，赚的人工费，利润比较少，而且 YL 公司在安装进度、质量管控、过程审计上也越来越规范了，所以他的利润空间就越来越少了。因为我在设备和加工工艺上是强项，陈某某在自动控制方面是强项，他希望我和陈某某加入武汉 DL 公司，这样我们加入后公司就会很硬气，在其他同行业的公司找总包项目就会很方便，于是我和陈某某就以技术入股的形式加入武汉 DL 公司。

2. DL 公司法定代表人张某证明 Y 某某是技术入股

（1）张某 2019 年 3 月 5 日讯问笔录证实：DL 公司是一个劳务公司，他很想把 DL 公司做成一个大包公司，但是没有技术实力，就想找到一个有技术的人来把 DL 公司做成有一个综合技术实力的公司。所以当时就看好 Y 某某与陈某某的技术，商量一起成立了后来的 DL 公司，Y 某某是技术股股东持股，由陈某某代持 Y 某某的技术股份和代领分红。公司其他股东也认可 Y 某某的股东身份和分红。Y 某某和陈某某技术入股 DL 公司确实为 DL 公司转型、技术升级、拓展市场起到了极大的作用，在 YL 公司以外的项目上给予了技术

帮助。

（2）张某 2019 年 3 月 3 日询问笔录证实：Y 某某在 DL 公司的作用就是出技术。Y 某某是 DL 公司的技术负责人、隐名股东。他主要到外围项目现场把关技术，给予技术上的支持，解决现场技术难题。

（3）张某 2019 年 3 月 18 日询问笔录证实：Y 某某在 DL 公司 YL 公司之外的项目实施阶段和调试阶段做了很多技术工作，对投标方案、设备选型及解决不了的技术难题，Y 某某都会解决。施工现场遇到技术难题，Y 某某也会在时间允许的情况下亲自到现场解决，在 YL 公司之外的项目上发挥了很大的技术作用。

（4）张某 2019 年 6 月 5 日询问笔录证实：2016 年之后，在 YL 公司之外的项目上，Y 某某负责设备合理性技术，陈某某负责相关电器自控、调试方面的技术。

3. 武汉 DL 公司其他股东的证言证明 Y 某某是技术入股

（1）陈某某 2019 年 3 月 8 日询问笔录：

问：什么是技术入股？

答：就是凭借 Y 某某的技术，到外面做工程，技术都是 Y 某某负责，电气都是我负责的。

问：你认为 Y 某某既在 YL 公司工作，又拿武汉 DL 公司的股份分红合法吗？

答：我觉得 Y 某某凭借自己的技术赚钱是合法的。

（2）股东敖某 2019 年 5 月 31 日询问笔录证实：Y 某某和陈某某在同行业中的技术比较过硬，为了使武汉 DL 公司能做成一个技术型劳务工程公司，所以请 Y 某某和陈某某入股。公司所有股东都知道 Y 某某是武汉 DL 公司的股东，是技术入股。亲眼看见 Y 某某到多个 YL 公司之外的施工现场进行技术支持。

（3）股东赵某 2019 年 5 月 30 日询问笔录证实：Y 某某是公司股东，股份挂在陈某某名下。并亲眼见过 Y 某某到 YL 公司之外的项目施工现场提供技术支持。

（4）股东江某 2019 年 5 月 30 日询问笔录证实：Y 某某既是公司的技术人员也是公司的股东，Y 某某的股份由陈某某代持。Y 某某对设备特别了解，负责解决单机设备调试，自己曾见到 Y 某某到施工现场进行技术支持。

上述证据已充分证明，Y 某某是技术入股，他对于 DL 公司承揽大包项目的技术能力和 DL 公司整体营业额的大幅提升起到了关键性的重要作用。

由上证明：

其一，从 DL 公司承揽的 YL 公司项目和 YL 公司之外项目的类型比较来看：在 YL 公司承揽的项目，全部都是劳务安装服务类项目，是按工人劳务工作量收取费用，合同的金额很小，利润很少。而在 YL 公司之外承揽的项目，大部分都是大包交钥匙工程，从项目设计方案到设备选型，再到设备的采购、安装、调试及操作人员的培训、后续维修服务等一系列工作，都由 DL 公司实施，对技术含量的要求更高，因此 YL 公司之外的大包项目，合同金额大都在几千万元，利润空间相对很高。

其二，从 DL 公司承揽 YL 公司项目和 YL 之外项目的合同经营额来看，YL 公司劳务安装服务类项目的合同金额仅为 DL 公司整体经营额的很小一部分，且从 2015 年，DL 公司已退出了 YL 公司的供应商名录，不再与 YL 公司签订任何项目合同，因此，DL 公司整体的经营额是以 YL 公司之外的大包项目为主要来源。

其三，从 Y 某某的工作经历来看，Y 某某一直从事乳品行业的机械设备维修工作，是这个领域的专家。2001 年，Y 某某以技术人才引进的方式进入 YL 公司，在设备维修部门工作了 18 年直到退休后又被返聘。Y 某某处理了大量的技术疑难问题，在 YL 公司内部无人能超越他的技术能力，因此可以看出，Y 某某确实是有技术含量的技术人才，这与他在 YL 公司的职务没有关系。

因此，如果 Y 某某不是技术入股 DL 公司，不是以其技术服务于 DL 公司的 YL 公司之外大包项目，DL 公司就不可能中标并完成这些大包项目，DL 公司就不可能有如此丰厚的经营额。可见，DL 公司让 Y 某某入股，看中的是 Y 某某个人的技术能力和水平，发挥其作用也是 Y 某某个人的技术能力和水平，给予其入股比例和分红也是对应 Y 某某个人的技术能力和水平及付出的劳动的，而决不在于他有没有资金入股，有多少资金入股，更不在于他在 YL 公司任什么职务。

（二）Y 某某入股 DL 公司及享有分红并非属于受贿干股或以开办公司等合作投资名义收受贿赂

最高人民法院、最高人民检察院《关于办理受贿刑事案件适用法律若干问题的意见》第 2 条 "关于收受干股问题" 规定："干股是指未出资而获得的股份。国家工作人员利用职务上的便利为请托人谋取利益，收受请托人提供的干股的，以受贿论处。……"

如前所述，Y 某某作为非国家工作人员，没有证据证明其利用 YL 公司职务上的便利为 DL 公司在 YL 公司项目上谋取利益，因此，即使其未出资而获得股份，也不符合本条之规定，不能以收受干股论处。

《关于办理受贿刑事案件适用法律若干问题的意见》第 3 条第 1 款规定："国家工作人员利用职务上的便利为请托人谋取利益，由请托人出资，'合作'开办公司或者进行其他'合作'投资的，以受贿论处。……"同样，因没有证据证明 Y 某某利用其在 YL 公司的职务之便为 DL 公司在 YL 项目上谋取利益，故本案亦不能参照此规定，对 Y 某某以合作开办公司或者其他"合作"投资受贿论处。

（三）关于 Y 某某在 DL 公司技术入股违反 YL 公司内部劳动管理规定的问题

经查，YL 公司确有内部劳动管理规定，禁止 YL 公司员工未经本单位允许在劳动合同履行期间，在其他单位兼职或直接、间接为其他企业提供服务，对此也有相关证人证明，而 Y 某某也予以确认。但 Y 某某在 DL 公司入股的行为，只是违反了 YL 公司的内部劳动管理规定，应根据公司管理规定或劳动合同来处理此类问题，这是由民法和劳动法调整的范围，而绝对不是触犯刑法，构成犯罪的问题，不能以此按非国家工作人员受贿罪或其他罪名追究其刑事责任。

（四）被告人 Y 某某在 DL 公司入股和分红的实质问题

专家们指出，Y 某某在 DL 公司入股分红的实质是其在 DL 公司的技术兼职问题。即其因为技术的特殊专长，一方面在 YL 公司受聘任职，另一方面又在未与 YL 公司解聘的情况下，接受了 DL 公司的兼职。虽然 Y 某某违反了 YL 公司的禁止性规定，应依公司劳动管理规定给予相应处罚，但其兼职性质并不属于犯罪行为，其在 DL 公司技术入股并分红，是属于技术兼职和兼职的报酬，与在 YL 公司的职务无关，不应以此认定 Y 某某构成刑事犯罪并将分红定性为受贿而追究其刑事责任。

四、关于 10 万元受贿问题

起诉书指控被告人 Y 某某于 2018 年 11 月 8 日去上海某公司指导生产后，

收受其法定代表人郭某某送的 10 万元现金。

对此，案内证据揭示了如下事实：

其一，郭某某将 10 万元现金放入海鲜箱并随 Y 某某的航班一起托运回某市，Y 某某事先并不知情。

其二，Y 某某发现海鲜箱内有 10 万元现金后，就立即打电话告知郭某某拒不接受，并明确表示等下次去当地出差时退还给郭某某。

其三，从 Y 某某发现 10 万元现金到 2018 年 12 月 26 日被抓，在一个半月的时间里，Y 某某不仅在国内多地出差，在公司处理大量事务，还出差到新西兰开会，直至 2018 年 12 月 24 日刚回国，因此，Y 某某还没有时间和机会到上海某公司的当地工厂出差，并将 10 万元现金退回。

其四，2017 年，郭某某也曾在 Y 某某不知情的情况下送给 Y 某某 10 万元，Y 某某发现后也是再次去当地工厂出差时将钱退回的，此事已得到郭某某确认，因此基于 Y 某某退钱的先例，Y 某某已明确表达拒不接受，其可信性有其先例佐证，可以证实 Y 某某主观上并没有接受其现金并非法占为己有的故意。

其五，郭某某夹带的 10 万元现金，在 Y 某某案发被抓前，Y 某某既未存入银行账户，也未保存在保险箱里，更没有占有使用，而是将其连同外包装塑料袋，原封不动地放在家里的垃圾箱旁，将 10 万元钱置于可随时准备有机会出差去当地工厂当面退回的状态，因此 Y 某某并未有实施将其非法占为己有的行为。

其六，关于为什么不将 10 万元交公司审计部门及为何不邮寄给郭某某，其辩解为："不想害人，也不想给别人找麻烦。"此辩解符合其心理状态和避险习惯，应属合乎情理，具有可信性。

其七，Y 某某去上海某公司当地工厂并不是去指导生产，而是作为设备备件的定作方，需要设备备件的加工方（上海某公司）能按照自己的想法尽快做出一个合格"样品"，解决工厂设备上的疑难，履行自己总工程师的正常职责，并不是去上海某公司指导生产。YL 公司与上海某公司之间没有隶属关系，只是平等的供销合作关系，Y 某某没有职权去上海某公司指导生产。待"样品"制作成功、工厂的疑难解决后，Y 某某的工作就结束了。因此，并不是 Y 某某为上海某公司提供帮助，而是上海某公司在帮助 Y 某某，上海某公司不可能基于加工定作的法律关系给 Y 某某行贿。

根据以上情况，专家们认为，给 Y 某某夹带 10 万元现金是郭某某的单方行为，Y 某某事先不知情，也没有收受 10 万元的行为和意思表示。当发现 10 万元现金后又立即打电话表示了拒绝接受，并明确表示要退还，因此，Y 某某主观上有明确拒绝接受和坚持退还的意思表示，客观上将 10 万元现金原封未动，并没有对其进行处分或控制在自己名下而非法占为己有，那么在 Y 某某不知情的情况下夹带的 10 万元现金，则不能推定其为非法占为己有。否则，以此手段进行栽赃陷害便会成为顺理成章的事情。

综上，Y 某某对此 10 万元现金既没有非法占为己有的主观故意，又没有非法占为己有的客观行为，故不能以受贿 10 万元人民币论处。

以上意见供参考。

督言刍议

本案的论证主要是围绕证据的审查判断这一证据法学的核心问题展开的。本论证意见可以作为证据法学案例教学中证据审查判断的参考材料。

从证据材料的个别审查判断来说，审查其是否具有证据能力，通说是审查证据材料认为要否具有真实性、相关性和合法性。本案控方提供的证人证言多属意见证据而不具有证据能力，这是一个很值得注意的问题。证人证言应当是出自证人对自己亲自感知、记忆的与案件有关事实的亲自陈述，其陈述，应当具有亲知性、具体性和明确性，而不应来源不明，抽象、笼统、模糊不清，更不应仅提供自己的判断意见。

关于"意见性证据"的证据能力问题，余以为应注意三点：

其一，"意见性证据"属于合法鉴定的"鉴定意见"的，具有证据能力。

其二，"意见性证据"属于合法的专家的证人证言的，具有证据能力，我国修订后的《刑事诉讼法》第 197 条规定了专家辅助人可对案件专门性问题依法作证。

其三，此外，证人的"意见性证据"一般不具有证据能力，除非是属于证人为具体陈述其感知、记忆的事实所作的必要的描述性判断，如"我看那人有 1 米 75 左右"，"那个人长得很凶"，"我当时感到非常疼痛"，"这事我记得很清楚"之类。其余皆不得作为有效证据。

对于综合判断证据问题，关键要抓住基本事实、基本证据，即足以影响定罪量刑的事实、证据，看基本证据是否足以证明基本事实，即是否达到案件事实清楚、证据确实充分，排除了合理怀疑。这是刑事法律应用的硬功夫，可体现法律应用的真正水平。

综合审查判断证据，要从根本上审查判断案件事实、证据，是否划清了四个基本界限，即罪与非罪、此罪与彼罪、罚与不罚、此罚与彼罚的界限，如属故意杀人、伤害等案件，还往往要划清作案人是此人与彼人的界限。

抓住基本，抓住关键，认真担当负责，才能将不枉不纵，落实到位。

据悉，本案已经发回重审。

13. 一份重磅的法治考卷及其答卷与答案

——论证权威媒体曝光的 S 某某公司特大海外医疗诈骗案

论证要旨

某权威媒体"曝光 S 某某公司海外医疗诈骗案，被骗人数众多，诈骗金额近 10 亿元"。但专家们经论证认为，该案并不构成诈骗犯罪：

1. 一审中的起诉和判决所认定的事实，是建立在以个别例证证明、进行有罪推定的基础之上，在公司制度层面和公司高管管理层面上没有证据证明是根据公司规定或高管要求而进行诈骗犯罪的：

（1）以个别例证证明个别人有虚假宣传、推销、推荐产品、项目行为，推定全部都有虚假行为，属于有罪推定。

（2）以 57 名的被害人陈述，替代 1300 人次的被害人陈述，推定他们都是受了犯罪侵害，不能成立。

（3）不顾案中医疗机构及所涉产品、项目真实、合法、有效的五个实质性的真实合法的事实，以个别人的虚假行为，推定整体上全都是诈骗犯罪，依法不能成立。

2. 以司法认知替代所涉产品项目是否真实合法有效和所定价格是否高于同类价格等必要的四项司法鉴定或"专门性报告"，在涉及这四项专门性问题的认定上，非法无效，不能成立。

3. 在法院确定有罪前，侦查机关"曝光"S 某某公司海外医疗诈骗案，被骗人数众多，诈骗金额近 10 亿元，以此媒体审判和有罪推定，确定 S 某某公司和犯罪嫌疑人构成集团诈骗犯罪，这是严重违反《中华人民共和国刑事诉讼法》（以下简称《刑事诉讼法》）第 12 条的行为，是公开地在搞有罪推定，由此产生了恶劣影响，并使一审判决产生了明显的有罪推定的严重后果。

4. S 某某公司打造两个"基地"不是为了组织诈骗集团犯罪，而是为了更好地做好大健康服务工作，并为公司上市做准备。

一是，从综合视角来看，该公司成立 20 年来，花费了大量人力物力，不仅要力图把"赴美、赴泰、赴深三位一体"项目运营、推广好，而且更重要的是要为公司上市做好充分准备，而不是要组织犯罪集团进行诈骗。

二是，从 S 某某公司打造"两个基地"的目的来看，其是为了让公司合法健康经营发展，将公司做大做强，属于事出有因，有相当的根源，而并非捏造事实，要实施集团诈骗犯罪。

三是，从 S 某某公司与代理商、美容院的关系来看，他们并不是任何形式的经济联合体，且在其中，S 某某公司并不起主导作用，其收费也只占25%，故将 S 某某公司与代理商、美容院相捆绑，实际上是将它们视为诈骗集团的联合载体，这依法不能成立。

5. S 某某公司及代理商、美容院，在本案所涉"海外医疗"活动中，仅属于中介服务性质。

在本案中，S 某某公司仅仅是属于大健康服务性质的中介组织，而其本身不属于医疗机构，也没有从事任何性质的医疗活动；其涉及的产品、项目（除赠品癌盾外）也都不是它们的，而是医疗机构的，医疗项目也是由医疗机构开展和实施的，S 某某公司并没有任何形式的介入；S 某某公司、代理商及美容院的作用，仅仅是向大健康医疗机构组织、介绍客户，辅助做好宣传、推荐产品、项目工作，从而收取一定的中介费；其本身并不是进行非法医疗，收取医疗费用，因而其所收费用，只有25%再去掉大健康医疗机构的收费等，才是 S 某某公司所收取的中介费。

故，将 S 某某公司这一中介组织视为医疗机构，将 S 某某公司的中介服务视为进行医疗活动，将医疗机构的产品、项目视为 S 某某公司的产品、项目，将 S 某某公司代收的包括医疗费，代理商、美容院的中介费和自己的中介费，一并算作 S 某某公司的收费，并作为被告人集团诈骗犯罪的犯罪数额，皆是因将 S 某某公司的中介服务活动性质错误混同为其是医疗机构进行的医疗活动性质所致。这种错误是根本性的错误，由此错误，引起了一系列错误，所谓一错再错，最后酿成了大错。

6. 犯罪数额认定根本错误。一审判决书确认：被告人通过赴泰、赴深医疗方式骗取 1393 人次被害人共计 42 439.42 万元，实际获利 14 785.48 万元。但这依法是不能成立的：

一是，应当从总收费数额中，将没有被起诉和判决定罪的案涉代理商和美容院的收费部分，先从犯罪数额中去掉，因为他们的行为并没有被认定为犯罪。

二是，还应当再将57名有被害人之外的1300余人次的客户涉及的付费数额去掉，因为他们没名没姓、没有陈述，没有证据证明他们是被害人。

三是，还应当再将国内外案涉医疗机构应收的费用从S某某公司应收费部分中去掉，因为这些医疗机构及人员并没有被起诉和判决为是共同犯罪。

这样一来，粗略计算，所谓犯罪数额最多也不过几百万元，且这些款项也不能认定为诈骗赃款。

一审判决以几亿元或上亿元诈骗数额定罪判刑，违背了基本事实和基本证据。

7. 对收费过高问题缺乏司法鉴定意见或专门性报告的法定证据证明，将癌盾口服产品"压片糖"，视为虚假产品并卖高价，没有事实根据；且公司规定是赠品，没有确凿证据证明是以此卖了高价而进行诈骗。即使个别人有将其卖高价的行为，也只是对这一个辅助性产品卖了高价，也不能据此推定案涉其他主要产品、项目全部都卖了高价。

8. 一审判决没有划清民、行、刑三者的责任界限。

专家们认为，本案所涉民事合同及其履行真实、合法、有效；在宣传、推销、推荐产品、项目中，即使个别人有夸大体检非正常指标的危险性或夸大产品项目的有效性的违规违法行为，也仅属行政责任问题；决不能以此推定被告人构成诈骗犯罪。

本案没有确凿证据证明被告人有民事欺诈行为，即使个别人在宣传、推广产品、项目中有夸大其词的行为，这种行为连民事欺诈都构不成。即使按民事欺诈来对待，其一，也只是在个别的枝节问题上的欺诈行为，而不是在整体上、根本上的欺诈行为；其二，这是为了促成真实交易而进行的欺诈行为，而不是为了促成虚假交易而进行的欺诈，因为交易的承诺及其履行，都是让相对方在真实合法的医疗机构，通过体检指标的异常，获得相关合法有效的保健产品和大健康保健项目；其三，案涉公司虽然收费不菲，但这是通过真实交易获得的，且没有证据证明其收费超出了同行业同类产品、项目的正常收费，更没有证据证明相关定价违背了价格法律规定；其获利是通过真实交易赚取的，而不是通过虚假交易骗取的，即案涉公司是通过真实交易赚钱，而非通过虚假交易骗钱。可见，本案的罪与非罪的界限问题可以归结为：

案中的交易是真实、合法、有效的，还是虚假、非法、无效的？一句话，案中有确实、充分的证据证明案涉产品、项目，是假冒伪劣产品和虚假的、非法无效的项目吗？本案中明显没有，因而就不能认定被告人构成诈骗犯罪并处以刑罚。问题就是这么简单，此即本案的实质和要害之所在。

9. 原审法院对于本案在分案审理及其裁判方面存在严重程序错误：

（1）以分案审理的手段剥夺了本案当事人及其辩护人对分案证据的质证权。

（2）原审法院利用分案生效裁判的既判力和同案同判的原则，以分案生效的有罪裁定，为本案二审依法裁判制造了根本性的法律障碍。

因此，其严重程序违法应当得到依法纠正。

10. 鉴于本案起诉与一审判决认定的犯罪事实不清、据以定罪的证据严重不足，程序严重违法，建议二审法院开庭审理，如不开庭审理，即应依法裁定撤销原判，发回重审，以纠正这一重大错案。

案情简介

某某市公安局在 2018 年 12 月 7 日通过权威媒体"曝光"了 S 某某特大海外医疗诈骗案，称被骗人数众多，诈骗金额近 10 亿元。

2019 年某某市人民检察院以某某公诉刑诉［2019］36 号起诉书指控 S 某某公司高管 Z 某某等人，于 2015 年 9 月至 2018 年期间，以 S 某某公司为载体，以非法占有为目的，通过全国各地代理商联合美容院，以"老客户赠送免费旅游""低价旅游"等名义诱骗客户参加赴泰医疗、赴深医疗，后分别通过 S 某某公司员工王某某、马某等人冒充医生对体检报告的异常指标进行夸大、曲解，由姚某某、吕某等卖手通过虚构风水迷信等方式推荐治疗项目，由代理商、美容院等陪同人员通过"压单"等方式配合，使被害人对自己的身体健康或项目疗效产生错误认识，从而支付费用并接受了医疗项目，截至案发，Z 某某等人通过赴泰、赴深医疗方式，骗取 1466 名被害人共计 43 717.37 万元，实际获利 15 318.15 万元。

其后，2020 年 12 月 29 日，某某市中级人民法院以［2019］某 04 刑初 37 号刑事判决书，认定起诉书指控 Z 某某等人的诈骗犯罪，事实清楚，证据确实、充分，并认定其骗取 1393 人次被害人共计 42 438.42 万元，实际获利 14 785.48 万元。判决被告人 Z 某某犯诈骗罪，处无期徒刑，剥夺政治权利终身，并处没收个人全部财产。

目前，本案还在二审审理过程中。

论证意见

在本案起诉前后，中国政法大学法律应用研究中心，曾接受全国工商联美容协会的委托，代为组织邀请了刑法学、刑事诉讼法学、民法学、行政法学的四名法学泰斗级教授和司法实务部门离退休的三名顶级专家及其他顶级刑事法学教授，对本案先后进行了两次专家论证，并出具了专家论证法律意见书和论证意见确认书。所有专家一致认为，起诉书指控本案 Z 某某等被告人构成诈骗犯罪，依法不能成立。

本案进入二审后，根据北京易准律师事务所委托，针对一审判决，由五名权威专家再次进行专家论证，并一致认为，原十名专家认为指控 Z 某某等被告人构成诈骗罪依法不能成立的论证意见没有错，是本案一审控诉和判决 Z 某某等被告人构成诈骗罪错了。故此形成新的专家论证意见，明确指出一审起诉和判决认定 Z 某某等被告人构成诈骗罪的错误，以期二审判决、裁定撤销该错误判决。

现将专家论证意见的事实理由综合阐述如下：

一、一审的起诉和判决认定被告人有罪是实行了有罪推定，严重违背了无罪推定和证据裁判原则

（一）以个别推定一般

一审起诉与判决，是以个别人证，证明个别人对个别客户有以"五个虚假行为"进行宣传和推销产品、项目，推定全体客户都是被以"五个虚假行为"方式诱骗上当而受害的。

起诉书指控，被告人通过赴泰、赴深医疗方式骗取 1466 名被害人共计 43 717.37 万元，实际获利 15 318.15 万元；一审判决认定被告人通过赴泰、赴深医疗方式骗取 1393 人次被害人共计 42 359.42 万元，实际获利 14 785.48 万元。

起诉书据以认定诈骗犯罪的基本事实和基本证据是案中以下"五个虚假行为"，判决书对起诉书的这一认定，认为是事实清楚、证据确凿，予以确认：①以免费旅游、低价旅游诱骗；②以公司员工冒充医生对体检报告的异常指标进行夸大、曲解宣传；③由卖手通过虚构风水等方式推荐治疗项目；④由代理商或美容院等陪同人员通过"压单"等方式配合；⑤使被害人对体检医院、见诊医生、自己的身体健康和项目疗效产生错误认识，从而支付费用接受了"医疗项目"。

经查，据以认定以上事实的证据，是个别的被害人陈述和个别的证人证言，证明个别员工在宣传、推销、推荐产品、项目上有虚假行为，而这些行为没有任何证据证明是依据 S 某某公司制度规定或公司高管的要求做的。以个别的被害人陈述和个别的证人证言证明对个别客户有"五个虚假行为"，而没有公司制度和公司高管层面的相关书证证明，该行为是出于公司的规定或公司高管的要求，因而不足以证明所有的被害人的每一次，即 1393 人次的被害人每次都是因以上"五个虚假行为"而受骗。相反，案中有辩护证据证明：

其一，关于免费旅游、低价旅游只是个别美容院自己搞的。无论是对赴泰国和赴深圳，S 某某公司都明确要求，分别要收取 12 800 元和 2960 元的费用，且公司只和代理商结算名额款，一笔款打到公司账户上对应一个名额，一分折扣都不允许打。赴泰国的邀请函上主题是国际时尚女性的抗衰融美大会，副标题是全国 VIP 会员感恩答谢之旅，只限量针对 VIP 客户。对 VIP 客户的答谢和优惠是真实的，但绝不是在搞免费或低价旅游，更非出于对客户的诱骗，且绝大多数代理商、美容院都是按这一规定做的。只有个别美容院将此宣传为免费、低价旅游，但这是违背公司规定的，也是不符合事实的；而且赴深圳也并不存在旅游问题，更不存在聘用"卖手"问题。故，以个别证据证明是个别人搞的所谓的免费、低价旅游，来推定全都是通过搞免费、低价旅游等来进行虚假性诱骗，这就是以个别推定一般，依法不能成立。

其二，关于这些所谓的"卖手"问题。这些宣讲人员有很多名，且有很多都没有被起诉，如刘某某、赵某某、祖某都没有被起诉；所有的外籍专家多名都没有被起诉；在外聘讲课和咨询的人员中，高某某等医生有行医资格证也没有被起诉；深圳医院的院长马某某、艾某博士、崔某某医生、柳某医生、汤某某等，都没有被起诉；而且，因为他们都有相应的资质，是真医生、真专家，他们根本就不存在"由卖手通过虚构风水等方式推荐治疗项目"的欺诈问题。并且，在被起诉的相关几位被告人中，除马某有军医执业证外，他们虽无现职医生资格，但有相应医学知识，能够被国外医生认可，协助其健康咨询，解释体检指标的意义和案涉产品、项目的有效性问题。并且请所谓"卖手"参与而成交的项目，据了解大概不足10%。

其三，关于误导客户问题。经查，客户多是接受S某某公司产品消费的长期客户，他们是基于对S某某公司产品、项目的了解、信任，并体验到效果良好，才一再接受项目消费的，而不是出于他人一时的宣传诱骗。就以57名被害人中的举报人赵某某为例，其服用公司口服产品多年，感到效果良好，又在2015年12月赴泰国接受项目，接着又接受后来的赴泰、赴美的多次项目，其体检指标异常得到了明显好转，这有其于2016年4月复查指标对比的书证为凭；还有高某，分别赴美、泰、美、泰4次，其检测指标，有明显改善，对此有前后检测结果指标对照的书证为证。此外还有多名被害人的复查证明，效果明显，此不一一列举。

经查，解读报告和项目建议，是先由泰国医院做出"医疗建议"，然后在该医院医生指导和监控下进行解释咨询。在与医院合作的最初不到一年，先是由该医院医生和具有相应医学资历的人共同见顾客，医生直接以英文解释，然后由有医学资历的人口头翻译成中文，但医生觉得人多耗时效果不好；后来才改为在该医院医生指导和监控下，由具有相应医学资历的人员对此来以中文进行辅助性解释。可见，并不是"见诊医生"都是"假医生"，他们都是夸大和曲解了体检指标；也并不是所有的"卖手"都是通过虚构风水（请易经讲师一名）等方式来推荐治疗项目；也并不是所有的产品、项目都是通过卖手推荐成交的。

这种以个别推定一般，并进而推定有罪的确定被告人有罪的逻辑，在证据法的犯罪事实的确定上是属于典型的有罪推定，即以个别人存在的虚假行为，推定所有人的行为都存在虚假，进而又将所有人的虚假行为都推定为诈骗犯罪行为；这在一般论理证明上是属于举例论证方法。对此列宁曾经说过："因为社会生活现象极端复杂，随时都可以找到任何数量的例子或个别的材料来证明任何一种意见，是没有什么比这种举例子与打比方的论证方法更具有欺骗性的了！"[1]

在刑事诉讼中，控诉方负举证责任，法院判决有罪，要依据确实充分的证据，因此起诉与判决有罪，决不允许以"任何数量的例子或个别的材料"来证明控诉和有罪判决的意见，因为这是有罪推定。相反，辩护方则不负举

〔1〕《列宁全集》（第22卷），人民出版社1986年版，第182页。

证责任，但有举证的权利，不仅允许以个别的例证或个别的材料来反驳控方的有罪证明，而且辩方证明只要达到了使控诉与判决据以定罪的事实存在合理怀疑，即属证明了辩护意见足以成立，这正是无罪推定的应有之义。而本案起诉与判决，没有证据证明，案涉 1393 人次的被害人全部都是因被告人通过上述"五个虚假行为"实施了诈骗犯罪，相反有确凿证据足以证明，其中有相当人次的被害人并没有受到上述"五个虚假行为"的欺骗而接受了案涉项目。譬如，辩方举证证明，赴泰客户朱某某、周某某、张某某、袁某某、张某 1、张某 2 等六人的"回访记录单"证明，他们都是由美国 NHC 肯特医生进行见诊，对此有支付给肯特医生的见诊费 1.8 万美元发票账单为证；他们都是明确表示知晓并同意接受相关项目，对相关项目的效果也是满意的。可见，在他们身上，根本就不存在上述"五个虚假行为"问题。仅据此，一审判决认定案涉 1393 人次的被害人均被以"五个虚假行为"的方式进行了引诱、诈骗，共被骗计 42 359.42 万元，就依法不能成立。

（二）以局部推定全体

一审起诉与判决以 57 名被害人陈述的"受害"事实证据，推定全体客户都是受了诈骗侵害。

起诉书指控，被告人通过赴泰、赴深医疗方式骗取了 1466 名被害人；一审判决认定被告人通过赴泰、赴深医疗方式骗取了 1393 人次的被害人。

但全案中找出的被害人，有名有姓、有其被害人陈述的，仅有 57 名。那么将其余的 1400 余名或 1300 余名的"被害人"作为本案的当事人和诈骗犯罪的侵害对象，依法能够成立吗？

其一，这 1300 余名"被害人"在诉讼中依法应当具有当事人的法律地位。但案中，他们无名无姓、无年龄身份、无民族、无住址、无被害人陈述，这种"五无"之人，在法律上是不可能具有被害人这一当事人的诉讼地位的。这些人属于诉讼当事人，这是法律常识，侦查、起诉、审判机关是不可能不知道的，那么为什么会让他们这些当事人在案中成为"五无"之人呢？据悉，侦查机关从 S 某某公司客户售后管理 CRM 系统中，一一掌握这些人的姓名、电话、联系方式，因而他们就不可能不与他们一一进行联系沟通，希望他们配合调查，并出具"被害人陈述"，而且这样做对真正受骗者来说应当是求之不得的，起码他们还可以借此得到追回被骗款项的机会；如果侦查部门应当联系而没有与他们联系，那就是严重失职；如果联系了，而且是尽职尽责地联系了，那么为什么还会让他们成为"五无"之人呢？答案只能是一个，即他们"不配合"，均不承认被骗，因而无法取得他们提供的"被害人陈述"（据悉，警方在接受媒体采访时，曾提到本案的难点之一，就是客人不认为被骗，不予配合）。若真如此，在这1300余名被害人不承认上当受骗的情况下，就将承认被骗的仅不足60名被害人提供的"被害人陈述"，强加在其余不承认被骗的1300余名的"被害人"头上，作为替代他（她）们作的"被害人陈述"，这岂不是违背他们的意志吗？将"替代陈述"作为证据，在法律上是决不被容许的，因为被害人陈述起码要他们亲自接受询问，要他们亲自陈述，还要他们亲自签名认可才行！这种替代证明，以不足60名的被害人陈述，证明其余1300余名客户也都被诈骗犯罪侵害，这是明显违背这些客户的意志，将被害人的帽子强加在了他们头上，是典型地在搞有罪推定。案中有大量的书证为该公司对客户的回访记录证明，这些客户是自愿接受相关项目，而且经检测效果良好，并一再接受多次"治疗"。这些大量例证足以证明起诉和判决认定的这些客户全都被诈骗犯罪侵害，是经不起任何实践检验的。

其二，诈骗犯罪的犯罪对象是被害人的财物。本案中对这些"五无"被害人的财物被犯罪侵害事实的具体证明，一是"零口供"，二是"零被害人陈述"，三是"零证人证言"，四是，其他证据也为"零"，即证据上是四个"零"，即没有任何证据证明他们是如何具体受害的。对侵害这些"被害人"的犯罪的具体事实的证明对象问题，即分别是：何人，何时，何地，被何人，以何种动机目的，用何种手段方法，实施了何种诈骗行为，造成了何种具体损失后果（即证明对象的所谓"七何"或"五何"），对这些证明的证据均为四个"零"，即没有任何具体证据予以具体明确的证明。在对这些证明对象的证明是"零证据"，即没有任何证据的情况下，是决不能依法认定被告人对他们实施了诈骗犯罪行为，构成了诈骗犯罪并应处以刑罚的。

我国《刑事诉讼法》规定，在"零口供"的情况下，证据确实、充分是可以定罪的，但本案中1300余名"被害人"是"五无"之人，对其具体证明既是"零被害人陈述"，又是"零证人证言""零其他证据"，在这种情况下，是决不能依法评判其每人被诈骗的具体犯罪事实"都有证据证明"，其证明都是达到了"证据确实、充分"并达到了"已排除合理怀疑"的程度的。

我国《刑事诉讼法》第55条规定："对一切案件的判处都要重证据，重调查研究，不轻信口供。只有被告人供述，没有其他证据的，不能认定被告人有罪和处以刑罚；没有被告人供述，证据确实、充分的，可以认定被告人有罪和处以刑罚。证据确实、充分，应当符合以下条件：（一）定罪量刑的事实都有证据证明；（二）据以定案的证据均经法定程序查证属实；（三）综合全案证据，对所认定事实已排除合理怀疑。"

将这些"五无"之人的财物作为诈骗犯罪的对象，并以此认定他们是受到了诈骗犯罪侵害，在证据是"四零"的情况下，对上述的"证据确实、充分"的必备条件，没有任何一条是达到了的，因而也就决不能以此评判为是有罪证据达到了确实、充分，综合全案证据，对所认定的事实已排除了合理怀疑的。

其三，不能以其他有名有姓的被害人陈述的证据，作为对这些没名没姓、没陈述的"被害人"受诈骗犯罪侵害的替代性证据进行证明。

因为，稍有证据法常识的人都知道，每个被害人被诈骗犯罪侵害的具体事实，都必须有具体的、相关联的证据足以证明，这是证据关联性和证明要求的应有之义。

案中起诉与判决的这种替代性证明的实质，是属于无证据推定被告人有罪，是典型的有罪推定，是从根本上违背了无罪推定和证据裁判原则。

为此，针对案涉这1400余名或1300余名被害人的诈骗犯罪事实的认定问题，专家们从实体法学的角度指出：没有被害人，哪来的诈骗犯罪？从诉讼法学、证据法学的角度指出：没有被害人陈述，又是零口供，诈骗犯罪怎么能认定？

一审判决书针对辩护律师对此的质疑，认为：本案属于涉众型诈骗犯罪，被害人遍布全国各地，部分诈骗环节涉及被害人隐私，根据50余名被害人和其他证据，证明已达确实、充分的证明标准，被害人未全部到案不影响本案诈骗数额的认定。

对此专家们只能认为，这是在强词夺理，依法是决不能成立的。被害人众多，有的涉及个人隐私，这绝不能成为不向他们调查取证的合法理由。关于被害人众多，案中既然侦查机关将被害人落实到了具体的个位数字，又掌握了他们的姓名与联系方式，因此与他们一一联系就很方便，在客观上并不存在向他们调查取证的无法克服的障碍；关于涉及个人隐私，这也并不是不可向他们调查取证的合法理由，否则所有涉及个人隐私的案件，都无法调查取证了。可见，在此种情况下，没能取得他们的"被害人陈述"，就有充分的理由可以提出合理怀疑：那只能是因为与他们联系了，但这些客户"不配合"，即他们并不认可自己被骗，才没能取得他们的"被害人陈述"。既然他们都不认可自己被骗，被告人又不承认对他们诈骗，那么有什么确实、充分的证据证明他们被骗？对他们的受骗，连一个直接证据都没有，间接证据也缺乏相关性，证明怎么就能达到确实、充分呢？因而，对他们而言，他们不认可受骗，而是自愿接受产品、项目，且效果良好，对这一合理怀疑，案中没有任何证据能足以排除。譬如对其中的客户张三、李四，案中有什么证据能排除他们不是受骗？对此的质疑，一审起诉与判决是无法作出合理解释的。

当然，在诸如电信诈骗等涉众型案件中是否一定要一一落实到每一被害人，这倒没有必要，因为由于客观原因而无法全都落实，但由于其诈骗犯罪系制度性的诈骗犯罪，某些没有一一落实的被害人，并不影响靠其他证据定罪量刑；而本案，没有证据证明，该公司在制度层面规定有诈骗犯罪的要求，即使有欺诈行为，也是个别人对个别人搞的，如不一一落实，怎能将证明要求落到实处，确实充分岂不是一句搪塞的空话？

（三）以表面形式推定诈骗犯罪实质

一审起诉与判决，以"五个虚假行为"，推定推销案涉产品、项目就是诈骗犯罪。

1. 关于"五个虚假行为"与"五项真实合法事实"问题

起诉与判决据以认定的诈骗事实的"五个虚假行为"，实质是个别人宣传、推销产品、项目的行为，其行为的目的是推销、推荐产品、项目，而不属于实质性的用产品和项目进行"治疗"的行为。看案涉行为是否构成诈骗犯罪，不能仅看个别人宣传、推荐、推销产品、项目的行为是否违规违法，更主要的是要看用产品、项目"治疗"的行为是否违规违法。如果后者并不违规违法，前者即使有违规违法行为，那也是属于宣传、推销合法合格产品、项目中的违规违法问题，充其量是民事或行政责任问题，根本不存在入刑的问题。

本案的实质问题在于，以案涉的产品、项目进行"治疗"是否有违规违法问题。本案论证专家们认为，案中没有证据证明以案涉的产品、项目进行"治疗"存在违规违法问题。相反案中有确凿证据证明，该行为是基于"五项真实合法事实"进行的：

其一，案涉医疗机构是真实合法的，而不是虚构的或非法的。

其二，医疗机构提供的体检指标是真实的、合法有效的，相关客户其体检指标异常是真实的，而不是虚构或伪造的。

其三，首先，赴泰提供给客户的产品和项目，总体上是属于公司提供给客人的大健康服务的预防医学范畴，此部分是和医院合作完成（因为抗衰项目的操作有静脉介入方式，需要由医院医生进行）的，处方也是由医生开具的。相关人员没有冒充医生给客人做"诊疗"；其次，抗衰项目是在泰国医院掌控和其医生指导下，基于对客户进行健康和身体机能的专业分析，而进行的大健康调理；且客户也明知，提供给其的项目，是为了满足其早发现早干预、预防疾病和抗衰老的需求，而不是为了"治病"或盲目骗钱（对此有泰国抗衰医疗发布会现场讲课课件、提供未来健康分析、健康管理方案的赴泰邀请函为证）。

其四，这些产品和项目是真实合法的，而不是假冒伪劣产品和非法项目。

其五，这些产品、项目的效果有相关产品、项目的正式检测和抗衰医疗或大健康的检验实验报告证明，是正面的、有效的。这些抗衰项目是全世界抗衰医院成熟通用的项目，是使人在遗传因素的寿限内，从细胞层面抑制衰老、促进整体健康，早期地保健机能调理，让人拥有高质量生命并延缓疾病的发生。据集团客户关系部总监肖某某供述，对所有抗衰项目的支持和售后，顾客的满意度达90%。当然从本案所有项目的实际效果来说，有些有明显的良好效果，有些效果不很明显，有待进一步调整、进一步验证，但是还没有确凿证据证明其中有的造成了严重不良后果，甚至是造成了"医疗事故"的。一个不争的事实是，任何正规医院，也不能保证对每一人次的医疗，都能有立竿见影的疗效，都不会产生不良后果，甚至是"医疗事故"。

由此可以得出如下结论：

（1）既然这些产品、项目是真实合法的医疗机构提供的真实合法的产品、项目，而绝不是非法医疗机构提供的假冒伪劣产品和非法项目，因此，由这些正规医疗机构提供这些产品、项目，是具有真实性、合法性和有效性的，故而就决不属于诈骗犯罪。

（2）即使所涉这"五个虚假行为"问题是存在的，那也不能仅看到这些对被告人不利的情况，还要看到对被告人有利的这"五个真实合法事实"，而后者才是问题的实质，即只要这些医疗机构是真实合法的，只要这些体检指标不是伪造的，只要对这些体检指标的异常的风险的解释不是无根据的，只要这些医疗机构不是非法医疗机构，只要提供的产品、项目不是假冒伪劣的，这些项目不是非法经营的，不是不正规的，只要没有证据证明这些产品项目都是无效的或造成了客户生命健康的损失，那么案涉问题，就不存在入刑问题。这是案件证据要全面收集，案件事实要全面的实质性审查，刑事诉讼证明要严格证明，证明标准要达到确实、充分，排除合理怀疑的唯一性要求的必然结论，而对这些基本要求，本案的控诉与判决却均没有做到，岂可遑论定罪判刑？

综上，对于宣传、推销、推荐产品中有违规违法行为，而产品实质上是正规合法的产品，能否确定诈骗犯罪的问题，专家们曾举出对轰动一时的某某药酒事件处理的案例，足资证明其不足以入刑。资料显示，某某药酒厂存在的夸大性、歪曲性宣传推销和推广行为的违规违法性问题，虽然比案涉情况要严重得多，且很多人强烈要求对其按诈骗犯罪严惩，但由于其产品是真实合法的产品，因此，只能按行政违规进行处理。相关公开资料载：某某药酒厂"利用医药科研单位、学术机构、专家、学者、医生、患者等名义和形象作证明"，"夸大产品适应证、功能主治或含有不科学地表示功效的断言、保证；含有其他严重欺骗和误导消费者的内容"，被某某省食品药品管理局连续多年列为违法药品广告予以通告，并被全国 25 个省市级食药部门通报违法，共检索到其药酒不良反应报告 137 例。这些被很多人举报为诈骗犯罪的行为，最终也只是由该酒厂公开道歉，并进行合规审查而自查自纠结束。这些事实要比本案上述"五个虚假行为"的事实严重得多，为什么某某省食药部门和当地司法部门不追究其诈骗犯罪的刑事责任呢？因为它们正确认定其只是违规或一般违法问题，由于其产品是真实合法的，就并不构成诈骗罪。相比较而言，本案事实，其严重性、危害性要轻微得多，为什么同样是在某某省，这却被认定是构成了诈骗犯罪，而一定要追究刑事责任呢？

专家们认为，本案所涉民事合同及其履行真实、合法、有效；在宣传、推销、推荐产品、项目中，即使个别人有夸大体检非正常指标的危险性或夸大产品、项目的有效性的违规违法行为，也仅属行政责任问题；决不能以此推定被告人构成诈骗犯罪。

本案没有确凿证据证明被告人有民事欺诈行为，即使个别人在宣传、推广产品、项目中有夸大其词的行为，这种行为连民事欺诈都构不成，即使按民事欺诈来对待，其一，也只是在个别的枝节问题上的欺诈，而不是在整体问题上、根本问题上的欺诈；其二，这是为了促成真实交易而进行的欺诈，而不是为了促成虚假交易而进行的欺诈，因为交易的承诺及其履行，都是让相对方在真实合法的医疗机构，通过体检指标的异常，获得相关合法有效的保健产品和大健康保健项目；其三，案涉公司虽然通过交易，其收费不菲，但这是通过真实交易获得的，且没有证据证明其收费超出了同行业同类产品、项目的收费，更没有证据证明这一收费定价违背了价格法律规定，因而其获利是通过真实交易赚取的，而不是通过虚假交易骗取的，即案涉公司是通过真实交易赚钱，而非通过虚假交易骗钱。可见，本案的罪与非罪的界限问题可以归结为：案中的交易是真实、合法、有效的，还是虚假、非法、无效的？一句话，案中有确实、充分的证据证明案涉产品、项目，是假冒伪劣产品和虚假的、非法、无效的项目吗？本案中明显没有，因而就不能认定被告人构成诈骗犯罪并处以刑罚。问题就是这么简单，此即本案的实质和要害之所在。

2. 以司法认知替代"四项"应有的专门问题的司法鉴定和专门性报告问题

专家们认为，本案中缺乏对四项专门性问题必要的合法有效的司法鉴定意见或专门性报告证据。

《刑事诉讼法》第 146 条规定："为了查明案情，需要解决案件中某些专门性问题的时候，应当指派、聘请有专门知识的人进行鉴定。"2021 年最高人民法院《关于适用〈中华人民共和国刑事诉讼法〉的解释》增加了"专门性报告"证据。

本案存在如下四项需要解决的"专门性问题"：

其一，案涉产品和项目是属于保健产品、大健康项目，还是属于临床治疗药品和项目？

其二，这些产品和项目是真实合法有效的产品和项目，还是假冒伪劣的产品和非法无效的项目？

其三，案涉收费较高，但在事实和法律层面，是否违反了我国价格法律法规，如果有所违反，是属于保健美容行业普遍存在的不规范收费的一般性违规、违法问题，还是属于严重违法的诈骗犯罪问题？

其四，犯罪数额的合法审计问题。对此，判决书认定，案中据以定案的审计报告对犯罪数额的计算有重复，应不足为凭；而电子数据鉴定又只能解决其数据取得的合法性问题，而无权解决和不能解决犯罪数额计算的客观真实性问题，因此，该判决只好以"办案机关对全案证据的综合审查判断"来解决。但这实质上是以司法人员的司法认知替代了应有的重新司法鉴定，在法律上是违法无效的。

以上所涉问题在事实层面上都属于"专门性问题"，故对此，"应当"以司法"鉴定意见"或"专门性报告"来解决，而决不允许由司法人员的司法认知来解决，否则是无效的；而本案的起诉与判决，却均是以公诉人员和审判人员的司法认知意见替代了必要的"鉴定意见"。这显然属于违法、无效，在法律上是不能成立的。

（四）法院确定有罪前，侦查机关在侦查阶段就通过媒体宣告确定 S 某某公司和犯罪嫌疑人构成诈骗犯罪，是典型的进行有罪推定

在本案侦查过程中，早在 2018 年 12 月 7 日，某某媒体就报道了《某某某侦破特大海外医疗诈骗案》，某某市公安局负责人公开宣告："今天上午，某某某在北京召开新闻发布会，对外通报了这起特大海外医疗诈骗案，依法查获涉案人员 132 名，涉案金额近 10 亿元。"2019 年 1 月 7 日，本案侦查机关又通过某权威媒体，"曝光 S 某某公司海外医疗诈骗案，被骗人数众多，诈骗金额近 10 亿元"。称："近日，在某某某统一指挥部署下警方打掉了一个以 S 某某公司为首的借用海外医疗名义实施诈骗的犯罪集团。"其后，媒体便铺天盖地、连篇累牍地报道了 S 某某公司海外医疗诈骗犯罪案，在全国形成了正式宣告，以 S 某某公司为首构成了海外医疗诈骗犯罪集团，诈骗近 10 亿元的确定有罪的舆论判决。

《刑事诉讼法》第 12 条规定，未经人民法院依法判决，对任何人都不得确定有罪。可见，上述确定有罪行为直接违反了该条规定，是严重违背了无罪推定原则，是实行有罪推定的重要反映。其危害后果是相当严重的，甚至可以说是恶劣的：

其一，本案侦查机关在法院依法判决确定有罪前，通过媒体公开宣告，确定 S 某某公司及其犯罪嫌疑人组成诈骗犯罪集团，诈骗金额近 10 亿元，构成了诈骗犯罪，这是侦查机关在侦查阶段公开确定 S 某某公司和犯罪嫌疑人有罪。

其二，侦查机关以权威媒体和某某某的权威性，让他们公开背书和佐证其确定有罪的真实性、合法性、权威性和排他性，这种以权威媒体审判，并宣告确定有罪的舆论判决，实际上是对权威媒体和某某某的权威性的舆论

绑架。

其三，该行为是对 S 某某公司和本案犯罪嫌疑人、被告人无罪推定权利的严重侵害，也是对 S 某某公司和案涉当事人的名誉权、人格权的严重侵害；是对犯罪嫌疑人、被告人依法行使辩护权所设置的严重的非法障碍。

其四，在取证上，这则是为强迫被追诉人自证其罪和套取被害人陈述和相关证人证言所非法制造的高压大棒，这就必然严重影响收集证据的全面性、客观真实性和合法性。

其五，该行为也是对本案检察机关和审判机关履行客观义务，客观公正独立地行使起诉权和审判权的严重干涉。

由于以上各点，必然产生如下严重的不良法律后果：

一是，由于侦查机关先入为主，先定罪，后收集证据证明，即根据有罪推定来收集证据，就必然影响收集证据的全面性和客观公正性，因而必然导致其主观片面地收集有罪证据，而拒绝收集无罪证据；在收集有罪证据时也就必然影响其收集证据行为与结果的合法性和客观公正性。

二是，必然影响起诉行为的客观公正性。这种打着权威媒体和某某某确定有罪的旗号，将案件移送起诉的行为，就严重干涉和影响了公诉机关办案的独立性和客观公正性，起诉书几乎照搬了起诉意见书的证据，并完全确认了起诉意见书所认定的不当事实，就是明证。

三是，一审判决也必然受此不当影响，判决书也几乎是照搬了起诉书的证据，并确认了起诉书认定的错误事实。判决书第 16 页至第 22 页载明 "对各被告人及辩护人的共 12 条关于管辖和分案程序违法、非法证据排除、辩解和辩护意见以及申请被害人、证人出庭质证等请求，均不予接受"，并一一判决："不予采信""不予采纳""不能成立""不予准许"等。一审判决明知控诉证据链条严重缺损，在明显缺乏 1300 余人的被害人陈述、又是零口供的情况下，竟然不顾案涉 "医疗" 产品、项目真实合法的明显事实，以个别人在宣传和推销推荐产品、项目中的一般违规行为，推定被告人诈骗了 1300 余人次的被害人的犯罪，这种置司法证明暴露出明显的纰漏甚至死穴于不顾的判决行为，不能不说是与侦查机关以权威媒体和某某某权威确定有罪，使判决因而受到严重干扰和影响有直接关联。

可见，以上各点均与本案侦查机关打着权威媒体和某某某确定有罪的旗号进行有罪推定有直接关联。这种在法院确定有罪前，以媒体判决权威和某某某督办权威，先确定有罪，再收集证据证明，公开地搞有罪推定的行为，在现在司法领域大力彰显无罪推定的形势下，公开地以舆论判决来搞有罪推定的做法，在全国来说也是十分罕见的。故，这种在诉讼中从根本上违法的行为，对本案所造成的严重的负面影响，是值得二审法院予以高度重视并严格审查，且予以肃清影响，纠正由此造成的判决错误的。

二、一审判决认定被告人组织诈骗集团进行诈骗犯罪，依法不能成立

一审判决认定被告人分别虚构了"美国 NHC 医疗集团亚洲医疗健康基地""美国 NHC 国际生命医疗基地"，虚构美国 NHC 医生、专家恶意解读体检异常指标，虚构美国原装保健品，使被害人对体检医院、见诊医生、自己的身体健康和项目疗效产生错误认识，从而支付高价款项，属于以虚构事实、隐瞒真相的方法骗取被害人的集团诈骗犯罪行为。专家们认为，这一认定是不能成立的。

（一）从综合视角来看

根据刑事综合审查判断证据的原则和辩证唯物主义、实事求是原则要求，对于案涉行为是否属于诈骗犯罪集团和诈骗犯罪行为，需要对 S 某某公司及其相关被告人，作历史性、整体性、全面性、联系性、客观性的综合性分析判断，而不应孤立地、静止地、片面地抓住一点不及其余，按有罪推定，确定为有罪。

纵观 S 某某公司 20 多年的发展历程及公司的整体规划，其大体可分为三个阶段：

其一，为口服健康产业基础发展阶段。该阶段为 2014 年前，主要从事口服健康产品销售，是逐步发展壮大阶段。

其二，为转型升级健康管理服务的健康发展阶段。在该阶段，公司为转型升级做了如下主要工作：

（1）2014 年上半年，公司董事长 Z 某某赴美国亲自调研和体验了美国 NHC 医疗集团（以下简称"NHC"）的抗衰老项目、接受了其健康管理服务的理念和整合抗衰老资源的模式，决定将公司全面转型升级为健康管理服务公司，主营业务为：提供健康教育和咨询、口服膳食补充、生活方式调理（营养运动饮食心理）、早期健康筛查和抗衰项目（由合作医院进行）、售后CRM 系统长期跟踪健康指导。

（2）2014 年 7 月与 NHC 签订合约，经依法授权成立了美国 NHC 健康管理公司，并公开挂出 NHC 标牌，作为 S 某某公司的全资子公司。

（3）2015 年 1 月和 2016 年 9 月 NHC 分别授权 S 某某洋行公司和云天成公司，提供中国客人非医疗健康管理及赴美输送抗衰服务、并均作为 NHC 的业务和运营管理的实际代理公司和设备用品的供应商。

（4）S 某某公司聘请了 NHC 的高级顾问周某（资本上市专家），为 S 某某公司的指导顾问。

（5）捐赠 NHC 合作的细胞实验室，并与该实验室签订了合约；向美籍华人细胞学博士后专家下达了聘书，聘请美籍华人梁某等教授、医学博士团队等，把关相关项目的运营和口服等健康管理服务技术服务。

公司派遣了王某某、魏某、李某等 10 名员工赴 NHC 进行业务培训，请了 NHC 专家对本公司员工进行远程视频培训。

（6）聘请美国 4 家律师事务所、中国 2 家律师事务所进行合规审查把关；聘请美国 4 家、中国 1 家律师事务所连同普华永道会计师团队，共同为公司发展框架布局设计把关。完成了 2014 年与美国医疗机构的合作；2015 年与泰国医疗机构合作；2017 年收购深圳医疗机构；2018 年在深圳医疗机构引进与 NHC 合作的尖端细胞实验室细胞疗法，打造自有核心技术，拟定 8 月份细胞实验室营业；2019 年创立健康管理服务公司；2020 年对深圳、上海、大连抗衰医院的华南、华中、华北进行全国性布局，分四步走以分层覆盖客户；还聘请了北京协和医院、301 医院多名主任、副主任医师作为项目顾问。S 某某公司拟通过五年规划稳定代理商、战略店，完成以健康管理服务公司上市的战略目的（参见 S 某某公司五年战略规划书）。

（7）将 NHC 细胞疗法引进所收购的深圳医疗机构，并聘请美国细胞学医生来此举行项目培训。安排美国的医生对医院顾客视频会诊；对相关设备进行了购买安装调试，并进行了初步运营。

（8）规划了赴深圳、赴泰国、赴美国开展大健康服务三位一体的方案，使赴深、赴泰项目得到 NHC 的认可和支持，并将赴深、赴泰项目的客户纳入 NHC 的项目会员，享有 NHC 项目福利政策，使三家医院内的积分抵值服务实现通用转换。

聘请资深客户总监，斥巨资打造客户 CRM 售后系统，建立为顾客长线服务的机制。实现五年战略规划中，为会员提供私人健康管理系统的 IT 建设，按照美国的健康管理模式，要求对他们开展综合健康评估、建立健康档案、由医师、营养师、运动师、美容师定制个性化健康方案，并由私人医生服务监控身体情况，等等。

（9）组织开展了赴泰、赴美、赴深项目。在这三大项目中，以赴美为主，但后来由于赴美签证较难和旅费较高等因素，改为与赴泰、赴深结合。

（10）在这一阶段，S某某公司多次请律师团队、审计部门对公司集团内部进行组织调整、审计、合规审查，并出具了公司合规审查的相关文件，尽力从制度层面保障公司合规合法、健康、可持续发展。

其三，为上市准备阶段。在上述公司运营的过程中，公司为上市作了大量的前期准备工作。

综上，从该公司的发展和规划情况来看，可以得出如下结论：

（1）该公司是一个健康有序发展的公司，20年来得到了客户的信任和认可。

（2）该公司为转型升级，在合约、授权、合法合规引进和推出美国NHC项目方面做了大量工作并付出了巨额资金。

（3）该公司不仅力图把"赴美、赴泰、赴深三位一体"项目运营、推广做好，而且更重要的是要为公司上市做好充分准备。

（4）该公司还是很注重从制度层面保障公司合规合法经营的，也设有专门的法务部门和人员来对接律所把关。但由此还不能保障合作方代理商和美容院和个别员工的行为均合规合法，也不能由此保障每位客户都会100%满意，尽管公司规定了内部处罚机制和合规退费机制。起诉书指控的"五个虚假行为"虽然是个别合作单位或个别员工的行为，但也反映了该公司在制度层面还存在着一定的漏洞，但这些行为并非出于公司和被告人的初衷，更非为了诈骗，这已如前述。

（二）从虚构两个"基地"实施集团诈骗犯罪的指控情况来看

关于一审判决认定被告人分别虚构了两个"基地"等，以虚构事实、隐瞒真相的方法骗取被害人的集团诈骗犯罪问题。专家们指出，该判决的认定依法不能成立。

对该判决所认定的涉及虚构两个"基地"之外的行为，即上述"五个虚假行为"不属于诈骗犯罪行为，在本论证意见书第一部分中已经充分论述，这里不再重复；而这里仅对该判决涉及的虚构两个"基地"的行为，不属于诈骗犯罪行为问题，提出如下论证理由：

其一，提出两个"基地"的行为，有相当的根源，而非无中生有、捏造事实，因而不是诈骗犯罪行为。

从"赴深医疗"来看，虽然在深圳静港门诊部门口悬挂的"美国 NHC 国际生命医疗基地"牌子与《医疗机构执业许可证》核准登记的名称不一致，确有不当，被限期整改，但该行为并非属于无中生有、捏造事实的诈骗行为，而是有着相当的根源。因为：①S 某某公司以云天成公司的名义与深圳"第一健康门诊"签订了健康体检服务合作协议；②S 某某公司以深圳智仁公司名义与深圳静港公司签署了股权转让协议；③S 某某的子公司美国 NHC 健康管理公司和云天成公司都是美国 NHC 医疗集团正式授权其提供中国客人健康管理及赴美输送抗衰服务、并对 NHC 医疗集团进行业务和运营管理的实际代理公司、设备用品的独家供应商。因而，S 某某公司和云天成公司就把中国的抗衰老医疗项目包给了 S 某某子公司智仁公司，由其收购的静港门诊。对上述①点，一审法院判决已予以确认。④如上所述，深圳静港门诊已经引进了美国 NHC 细胞疗法的项目方案和设备，并由美国 NHC 医疗集团的医生培训指导开始运营。可见该挂牌事出有因，有相当的根源，并非无中生有、捏造事实，而进行诈骗。

从"赴泰医疗"来看，①泰国芭提雅医院是获得美国联合医疗委员会评审认可认证的上市集团医院；②如前面③所述，该医院也是美国 NHC 明确认可 S 某某公司在泰国地区外包抗衰老项目的合作医院；③在 S 某某公司与该医院依法合作开展项目的过程中，也得到了美国 NHC 医疗集团派员的指导和监督，美国 NHC 医疗集团与泰国芭堤雅医院的合作已属于既成事实；④S 某某公司与美国 NHC 医疗集团已经约定并已履行，将赴泰项目的客户纳入赴美 NHC 的正式会员，并因此而享受美国 NHC 医疗集团的积分转换服务。由此可见，S 某某公司打出该公司在泰国打造"美国 NHC 医疗集团亚洲医疗健康基地"的名目，亦属事出有因，有相当的根源，而非无中生有、捏造事实，进行诈骗。

其二，从行为目的来看，S 某某公司提出两个"基地"的结构并非出于诈骗目的，而是为了将公司业务转型升级，以打造"深泰美三位一体"的公司经营模式，以便将公司业务做大做强，并达到上市经营的目的；而非进行短视性的诈骗犯罪。

其三，从行为后果来看，没有任何证据证明，因为提出的两个"基地"的行为，使客户对赴深、赴泰与赴美的医院和产品项目产生了误认。经查，案中所有的被害人的陈述，包括举报人赵某某在内，没有一人陈述，曾因此而产生误认；实际上很多客户都是交叉赴三地接受项目，其中赵某某就是先赴泰3次，然后赴美1次，57个被害人中的高某，分别赴美、泰、美、泰4次，他们都完全知晓三地的医院不同，医生不同，价格不同，实际上赴深的价格最低，赴泰的价格较高，赴美的价格最高，赴深的项目只是赴美项目价格的30%，因而不可能产生上述误认问题。

由上可见，以提出两个"基地"等虚构事实，隐瞒真相等手段，进行诈骗犯罪，并以此证明S某某公司属于诈骗集团诈骗犯罪，与该公司的长期经营情况、总体规划和制度合规合法的规制，与公司负责人的被告人的行为目的完全不符，以个别人对个别客人的虚假行为，认定被告人是以该公司为载体实施集团诈骗犯罪，与事实和法律完全不符。

（三）从S某某公司与代理商、美容院的关系来看

本案起诉与一审判决认定，被告人以S某某公司为载体，以非法占有为目的，通过全国各地代理商联合美容院，组成诈骗集团实施诈骗犯罪，这与事实不符，依法不能成立。

其一，S某某公司与代理商、美容院的关系，并不是任何形式的经济联合体关系，而仅是民事代理合同法律关系，三者之间是平等的民事主体的法律关系，而非控制与被控制的法律关系。

其二，在三者的关系中，不是S某某公司起主导作用，而是代理商和美容院起主导作用，是所谓的买方市场起主导作用。

其三，从收费情况来看，代理商和美容院收费占75%，而S某某公司收费仅为25%，这还包括医疗机构的收费在内，也足以说明问题。

三、S某某公司及代理商、美容院，在本案所涉"海外医疗"活动中，仅是属于中介服务性质

在本案中，S某某公司仅仅是属于大健康服务性质的中介组织，而其本身不属于医疗机构，也没有从事任何性质的医疗活动；其涉及的产品、项目（除赠品癌盾外）也都不是它们的，而是医疗机构的，医疗项目也是由医疗机构开展和实施的，S某某公司并没有任何形式的介入；S某某公司、代理商及

美容院的作用，仅仅是向大健康医疗机构组织、介绍客户，辅助做好宣传、推荐产品、项目工作，从而收取一定的中介费；其本身并不是进行非法医疗，收取医疗费用，因而其所收费用，只有 25% 再去掉大健康医疗机构的收费，才是 S 某某公司所收取的中介费。

故，将 S 某某公司这一中介组织视为医疗机构，将 S 某某公司的中介服务视为进行医疗活动，将医疗机构的产品、项目视为 S 某某公司的产品、项目，将 S 某某公司代收的包括医疗费、代理商、美容院的中介费和自己的中介费，一并算作 S 某某公司的收入，并作为被告人集团诈骗犯罪的犯罪数额，皆是因将 S 某某公司的中介服务活动性质错误混同为其是医疗机构进行的医疗活动性质所致。这种错误是根本性错误，由此错误，引起了一系列错，所谓一错再错，最后酿成了大错。

四、对犯罪数额的认定确有重大错误

退一步讲，假定是按判决本案被告人构成诈骗犯罪来对待，那么对其犯罪数额，也存在正确认定的问题。

一审判决确认起诉书认定：被告人通过赴泰、赴深医疗方式骗取 1393 人次被害人共计 42 439.42 万元，实际获利 14 785.48 万元。但这是不能成立的。因为：

其一，所收"被害人共计 42 439.42 万元"，其实应是共收客户 42 439.42 万元。而如上所述，没有证据证明，所有客户都是被骗的被害人，所收客户的付款都是骗取的赃款。

其二，所谓"实际获利 14 785.48 万元"，应当是从总收费额共计 42 439.42 万元中去掉代理商和美容院收费部分（约占 75%），剩下的是属于 S 某某公司 25% 的应收费的部分。而 S 某某公司该部分的收款，也不是 S 某某公司去掉了成本的"实际获利"部分，而是毛收入部分。

其三，对没有被起诉和判决定罪的案涉代理商和美容院的收费部分，应当从犯罪数额中去掉，因为它们的行为并没有被认定是犯罪。经查 S 某某公司在全国的合作单位有 100 多家代理商和 3000 多家美容院，案中除了其中几家被起诉和判决涉嫌参与诈骗犯罪的外，其余均没有证据证明它们参与了犯罪，并被追究刑事责任。据此，在犯罪数额上就应当去掉其收费的占总额的近 75%。可见，不能将总收费共计 42 439.42 万元，认定为其诈骗总数额。

其四，对犯罪数额起码还应当再将案涉"五无"被害人涉及的付费数额去

掉，理由不再赘述。即按起诉书认定的案中有被害人陈述的被害人不足 60 名算，即应当从 S 某某公司应收费部分再去掉剩下的 1300 余人次客户的收费部分。

其五，还应当将国内外案涉医疗机构实收的费用从 S 某某公司收费部分中去掉，因为这些医疗机构及人员并没有被起诉判决为共同犯罪。这样一来，粗略计算，犯罪数额最多也不过几百万元。

以上只是一种粗略的计算，而绝不是科学的计算结论（科学的结论应由重新作出的合法有效的审计报告来得出），但仅据此计算，S 某某公司在被指控的犯罪的时间段内，即自 2015 年 9 月至 2018 年 4 月约两年半的时间内，诈骗数额仅几百万元，而该公司为此投入的人力、物力成本，仅涉及美国医疗机构的投资已达上亿元，早已大大超过了这几百万元，这怎么可能会是在用超高价收费手段进行诈骗犯罪呢？为此，希望二审法院高度重视，进行认真全面审查，对案中审计报告进行重新评价，并依法重新委托进行审计鉴定，以对此得出相应合法有效的准确的鉴定意见结论。

可见，在这种情况下，法院以此数额来对被告人定罪判刑，在法律上也是完全不可接受的。

五、一审判决对本案没有划清罪与非罪的几个法律界限

专家们认为，要划清本案罪与非罪的界限，就要划清行政、民事、刑事法律责任的界限。

本案被告人，其行为即使确有违规甚至是违法问题，但也应在事实和法律层面划清上述三者的界限。

其一，关于行政责任问题。如上所述，控诉和判决认定的上述"五个虚假行为"，均属于宣传、推销或推荐产品项目上的不规范或违规行为，只要医疗机构是合法的，体检指标是真实的，产品、项目是真实合法的，这些行为充其量属于一般行政违规违法问题，而绝不是构成犯罪需要追究刑事责任的问题。

其二，关于民事责任问题。案涉的民事合同形成了多重民事法律关系，包括 S 某某公司与代理商和美容院之间的合作合同法律关系，S 某某公司与国内外医疗机构形成的合作合同法律关系，S 某某公司、美容院、医疗机构与客户形成的提供产品、项目和接受产品、项目的服务合同法律关系，以及 S 某某公司与各子公司、分公司之间的分工合作法律关系。在所有这些民事合同法律关系中，没有证据证明，起码是没有确凿证据证明，这些合同是非法无效的。

就与客户关系而言，控诉与判决据以定罪的基础事实是这些客户是被诱骗或被欺诈或交费过高显失公平。若真如此，那么在民事合同上该行为就应当是属于重大误解或欺诈以及显失公平的民事行为，而该行为均属于"可撤销的民事法律行为"，而不是非法无效的民事法律行为。《中华人民共和国民法典》规定，当事人自知道或者应当知道撤销事由之日起 1 年内、重大误解的当事人自知道或者应当知道撤销事由之日起 90 日内没有行使撤销权，否则撤销权消灭。但案涉当事人在法定除斥期间并没有行使撤销权，故依法应认定该行为合法有效。在此之后，本案仅因赵某某这名"被害人"的举报，即使侦查机关做了大量工作，也仅有 57 名"被害人"提供了"被害人陈述"，其余近 1300 余人次的客户并没有承认自己被诈骗，在这种情况下，就断然认定他（她）们全都受到了诈骗犯罪侵害，这既缺乏民事合同违法无效或应当依法撤销的事实证据基础，又是对案中绝大多数客户意志自由或意思自治的直接侵害。因而，由此而入刑缺乏民事法律关系和当事人真实意思表示的基础，故依法不能成立。

此外，根据法秩序统一的原理，可以推导出统一的违法性概念。与此相应，民法中的合法行为，不能被评价为刑法上的犯罪。法秩序统一不仅是一项立法原则，也应当是一项司法原则。故，对于民法中的合法行为，在刑事诉讼中，就不应当认定为犯罪行为。本案所涉民事合同真实合法有效，所涉销售的产品、项目正规、合法、有效，没有确凿证据足以证明客户接受产品、项目服务的合同非法无效，即证明被告人的行为在民法上是属于真实合法行为，在刑法上就不能被评价为诈骗犯罪行为，否则便是违反了法秩序统一原则，依法不能成立。

就项目收费较高而言，案中没有证据证明这属于违规违法，超出了行业正常收费的范围。

一是，没有证据证明这些产品、项目的收费比在美国消费的产品、项目价格高，而在美国的项目并没有被起诉。

二是，有证据证明，美容、大健康行业的产品、项目收费都普遍较高，全国大都是如此。以著名的某某生命养护中心《生命健康养护套餐》资料为例，其 80 余种套餐，最低价为：27.5 万元，最高价为：688 万元。其中的"综合抗衰生命养护套餐"共 8 种，都是赴乌克兰进行"治疗"，其"礼包价"分别是：688 万元、388 万元、149 万元、195.98 万元、148.8 万元、

87.8万元、67.8万元、36.8万元。

另据中某某（深圳）健康管理有限公司于2019年2月发布的《某某国际医疗先行区项目疗程细目表》，其19个项目，最低价的两个项目，分别是一次1万元和3.8万元；两个最高价："免疫细泡强化疗程"是141.5万元，"脐带间充质靶向细泡疾病预防强化疗程"是122.4万元；其各种"疗程"项目平均价也在几十万元以上。

以上资料显示，案涉项目收费并没有超出该行业正常收费的价格范围。

三是，关于起诉书和判决书认定其中癌盾口服产品系"压片糖"，经包装，收费超高的问题。

（1）首先应当指出，经查，此处的"压片糖"，实际上是保健品的一种剂型，并非是一般的"食用糖片"或"糖果"，该产品是一种含高科技的抗氧化剂、有提高免疫力，防癌作用的保健品。据上海宣泰公司微信官网宣传：该产品由美国芝加哥大学与中国科学院上海高等研究院联合研制，并按照美国工艺和法律标准生产的营养保健品，是一种很强的抗氧化剂，能重启人体免疫NK细胞，增强机体免疫力。经动物实验数据，能"抑制肿瘤细胞增殖与激活""预防肿瘤"，其申请的专利号为：CN10718××××A，显示其具有抗衰、防癌抗癌、改善慢性病作用。故，宣传其有防癌作用，并非虚假宣传。且S某某公司提供的数据证明，该产品明显优于市面同类产品，经与新加坡某某生技公司的红金白丹产品比较，其配方相近、实验数据相似，但其领先的特殊制剂技术，呈分子态分布的番茄红素使体内吸收率高于市面产品的30倍，其GMP的严苛生产技术及特殊的双铝包装，能最大限度地保存加工和贮藏中的稳定性和活性。其性价比明显优于其他公司同类产品。

（2）专家们指出，对于该产品的售价，没有市场和价格监管部门的鉴定意见或质检报告依法证明其定价超高，仅凭控诉与审判人员的司法认知认定该产品定价超高，并以此认定非法，并进而确定属于诈骗犯罪，均无合法的事实根据与法律依据。

（3）更重要的是，专家们指出，经S某某公司查证，案涉癌盾产品，公司从制度层面规定是用于赠送给赴泰只做免疫防癌项目的客户，用于搭配使用，使其效果更好，并不是用于销售（对此有书证为凭），因而从根本上说，并不存在指控与判决认定的在赴泰、赴深项目中，以此高价销售骗人的问题。案中没有具体有效证据证明被告人在赴泰、赴深中，是将癌盾产品销售给了哪个被害人，销售了多少客户，客户为此而消费了多少钱，因而以此为据，证明是诈骗犯罪，明显不足。

（4）退一步讲，即使该癌盾产品有部分销售并收费超高问题，那也只是个别人违背公司规定，对个别的客户提供的辅助产品收费高的问题，但也不能以此为例证明是将癌盾产品都卖了高价，更不能证明所有的产品、项目收费都超高，因为这样的例证证明也如以上所论，是犯了以个别推定一般的逻辑证明错误，是进行的有罪推定，故不能成立。

其三，关于刑事责任问题。在上述情况下，既然控诉与判决认定的被告人行为均属于个别人员宣传、推销或推荐产品项目的不规范行为，充其量是属于一般行政违规、违法行为；在民事合同法律关系上，没有证据足以证明是违法无效，也难言是构成可撤销的民事法律行为，实际也没有被撤销。客户钱也交了，也依约在约定的正规医院做了体检，体检指标又是真实的，根据客户体检指标的异常，经其同意也给予了相应产品和项目"治疗"，这些产品、项目又是真实合法的，其"治疗"效果也没有证据证明是不正常的，更没有证据证明其中有危害客户的生命安全和身体健康的情况。故在实质上，其行为就不属于无中生有、捏造事实的诈骗犯罪行为。

可见，在有上述"五项真实事实"和控诉、判决有"四项缺乏"以及多项"不当"的情况下，即使案中个别人存在以上"五个虚假行为"问题和宣扬有两个"基地"的不当行为，充其量也只能是宣传营销和推广产品、项目中的违规、不当问题，连违法都谈不上，更谈不上是诈骗犯罪；而"五个真实事实""四项缺乏"和多项"不当"的问题，都是属于根本性的实质性的问题。故从总体上进行评价，即使被告人公司在宣传、推广营销案涉产品、项目问题上，有不规范或不当行为，但其提供的服务是真实合法的，在实质上，就不属于诈骗犯罪行为。

因此，专家们认为：这些不规范的宣传营销和推广产品项目的行为，充其量属于一般性行政违规问题，只要在民事上没有有效证据否定被告人提供的服务项目是真实合法的，就根本谈不上入刑问题。

六、一审法院对于本案在分案审理及其裁判方面存在严重程序错误

（一）以分案审理的手段剥夺了本案当事人及其辩护人对分案证据的质证权

本来就是同一个涉嫌共同犯罪的案件，本应由一审法院一并同案审理，

但该法院却置一审被告人及其辩护人并案审理的强烈要求于不顾，硬是将本案其余同案被告人分案到下级法院审理。一方面，在本案一审中，因对各被告人及辩护人的 12 条关于管辖和分案程序违法、非法证据排除、请求被害人、证人出庭作证、调取同步录音录像等请求，均不予接受，而一一判决："不予采信""不予采纳""不能成立""不予准许"，使得被告人及其辩护人的在本案中的证据质证权利，被予以剥夺；另一方面，使得本案被告人及其辩护人对于分案审理的证据质证权也被完全剥夺。可见，本案被告人及其辩护人的证据质证权在根本上没有得到保障。

（二）在本案二审未裁判前分案二审裁定维持有罪原判是严重程序错误

如上所述，毋庸置疑，本案与分案审理的是同一个涉嫌共同犯罪的案件，依法应当是由原审中级人民法院作为一审法院一并审理，而其二审自然是应由某某省高级人民法院进行。由于原审中级人民法院将同一案件人为地进行了分案审理，而且在本案二审尚未开庭前就抢先将分案审理的案件二审裁定维持原有罪判决，其实质就是以自己的裁定替代某某省高级人民法院作出了维持原判的裁定。其错误性质是非常严重的，甚至可以说是很恶劣的。

这是原审中级人民法院利用生效裁判的既判力和同案同判的原则，以分案生效的有罪裁定，为本案二审依法裁判制造了根本性的法律障碍。

众所周知，生效裁判具有稳定性、排他性和强制性，未经依法撤销，任何行政机关、社会团体、个人，也包括其他法院和检察院等在内，均应维护和尊重其既判力，而不得违反；即使是上级法院，亦不得对同一案件作出与其冲突或矛盾的裁判，否则即为非法无效，这应当是毫无疑义的，是生效裁判的排他性的应有之义。而且，同案同判是法院裁判的法治原则，下级法院对同一案件另案审理的裁判一经发生法律效力，在其未经依法撤销之前，上级法院对该同一案件的审理，当然也只能是作出同一性质的裁判，这也是同案同判原则的应有之义。

为此，原审中级人民法院抢先在本案二审开庭之前，对分案审理案件作出该裁定，驳回上诉，维持一审有罪判决，确定被告人构成集团性诈骗犯罪，就为二审依法审理裁判本案制造了根本性的法律障碍。

从程序法治角度来说，如果该裁定不被依法撤销，本案的审理就失去了任何意义。既然有生效裁定已经确定同案非主要共同被告人构成了集团性的诈骗犯罪，那么本案的同案主要共同被告人，也就必然要以裁判确定其构成了集团性诈骗犯罪，亦即只能作出与该裁定相同性质的裁判，那么这就等于是在未审先判，开庭或不开庭审理，都不过是一个形式而已；在此情况下，参与二审的检察官也就无从行使有效的法律监督权，因为其在二审程序中行使的法律监督权，都等于是在对该裁定的既判力行使非法挑战。同理，本案二审上诉被告人及其辩护人也就无以行使辩护权，因为这也会形成对该裁定既判力的非法挑战，因而属于非法而无效。

可见，原审中级人民法院对分案二审抢先作出的该有罪裁定，其实质就在于剥夺了本案二审法院依法行使审判权，剥夺了省检察院对本案依法行使法律监督权，同时也是剥夺了本案被告人及其辩护人依法行使辩护权，这不仅是为本案二审依法审判制造了根本性的法律障碍，而且也是超越其审判权而滥用生效裁判的既判力的严重违法行为。该裁定仅据此，在本质上就属于《刑事诉讼法》第253条第4项规定的"违反法律规定的诉讼程序，可能影响公正审判的""人民法院应当重新审判"的情形，故应当依法对此提起再审，撤销该裁定。

另外，该裁定的合议庭组成人员袁某某也是本案一审判决的合议庭组成人员，袁某某一人担任同一案件的本案和分案的一二审主审法官，一手托两家，这岂非咄咄怪事？

为此，专家们呈请某某省高级人民法院和某某省人民检察院依法提起再审或提出抗诉，以尽快撤销该裁定，为本案二审依法审理提供必要的前提。

七、本案应当如何处理

（一）本案应当开庭审理并按照《刑事诉讼法》第234条第1项、第236条第3项的规定来进行处理

（1）本案所涉绝大多数被害人的诈骗犯罪事实都没有证据证明，事实严重不清，证据严重不足。

（2）对少部分有被害人陈述的诈骗犯罪事实，在划清罪与非罪界限问题上也是事实不清，证据不足。

（3）犯罪所涉诈骗数额，事实严重不清，证据严重不足。

（4）对案涉产品、项目缺乏司法鉴定意见或专门性报告证明；等等。

《刑事诉讼法》第234条第1项规定，"被告人、自诉人及其法定代理人对第一审认定的事实、证据提出异议，可能影响定罪量刑的上诉案件"，"应

当组成合议庭，开庭审理"。

第236条第3项规定："原判决事实不清楚或者证据不足的，可以在查清事实后改判；也可以裁定撤销原判，发回原审人民法院重新审判。"

据此，被告人已依法提请二审法院开庭审理本案。因本案严重事实不清、证据不足，二审法院应依法开庭审理，或以裁定撤销原判，发回原审法院重新审判为宜。

（二）应当从保护民营企业、民营企业家，保护大健康产业健康有序发展，坚持"六稳、六保"的大局出发，将本案依法纳入企业刑事合规审查和协调司法的改革创新的范围处理

专家们相信，二审法院经依法开庭审理或裁定而发回重审，并以此精神处理，将会创造一个有全国典型意义的司法改革范例。

专家们期待着二审法院判决、裁定能作出一份敢于为法治担当的不愧于新时代要求"法治示范"的合格答卷。

以上意见供参考。

謇言刍议

（一）本案的历史性考验

本专家论证意见，论证的是一起真正的重大复杂案件。

说本案"重大"是因为：

其一，本案是权威媒体在侦查阶段"曝光"的"特大海外医疗诈骗案"。

其二，本案涉及全国众多地区，且诈骗"人数众多"，一审判决认定案涉诈骗被害人1393人次。

其三，涉嫌诈骗数额特别巨大："曝光"认定为近10亿元，一审判决认定诈骗共计42 359.42万元。

其四，定罪处罚严重，一审判决认定被告人Z某某犯诈骗罪，处无期徒刑，剥夺政治权利终身，没收个人一切财产。

其五，本案引起国家权威专家高度重视：先后有四名刑民行法学泰斗级教授和顶级刑事、民事法学专家及原司法实务部门顶级专家共十余人，分三次进行了专家论证，共提供了数万字的专家论证意见，一致认为，这是一起重大错案，一审中指控并判决被告人Z某某等犯诈骗罪，依法不能成立。

其六，影响重大。本案二审的审理，实质上是一场围绕着法治问题展开

的重大博弈，以原侦查、起诉部门和一审法院为一方，本能地当然认为应当对被告人 Z 某某等以诈骗罪定罪判刑，应当维持原判；而本案所有被告人（都是"零口供"）及其辩护人都认为被告人无罪，原审的起诉与判决是错案，二审应改判无罪或发回重审；对本案原审的起诉与判决，我国十余名权威法学与司法实务专家的论证意见认为，二审只有纠正原审起诉与判决的根本错误，才符合法治的要求。

其七，某某省高级人民法院是本案的二审法院，某某省高级人民法院和某某省人民检察院，肩负着努力将该省打造成"法治示范区"的重任。那么本案是维持原判，驳回上诉，符合打造"法治示范区"的要求，还是接受被告人及其辩护人的上诉意见和本案专家论证意见，纠正这一错案，符合打造"法治示范区"的要求呢？

余以为，本案摆在二审面前的问题，从最低的视角看，是涉及如何打造"法治示范区"的问题，仅此，就事关重大，需慎之又慎，容不得出现任何差错，对此无需多言。

说本案"复杂"是因为：

其一，本案涉及刑、民、行多重法律关系，需要划清罪与非罪的界限，即涉及划清刑事、民事、行政责任的界限；尤其是涉及民事行为合法与非法、有效与无效等的界限。其中主要是涉及划清民事欺诈和刑事诈骗的界限；这些问题必须从事实、证据、程序与实体法律适用的理论与实际的结合上予以厘清和正确界分，非如此，不足以解决本案难题。

其二，本案从 2020 年 12 月 29 日一审判决，已经一年有余，但二审法院，既未开庭审理，又未作出裁定，可见，本案还是难以决断。

其三，本案二审的决断，已不仅是理论认识和法律判断那么简单的问题了，恐怕主要的还是如何担当的问题了。

总之，余以为，本案对于一切参与人员，包括侦查人员、检察人员、一二审法官、律师及论证专家在内，都是一场大考，不仅是一场涉及刑民行多学科的综合性的大考，要求每个人作出自己的答卷，而且也是对每个参与人对"法治"的忠诚和担当的大考，更重要的是对每个参与人的理性与良心的大考。每个人的答卷都要交给人民群众去评判，看怎样的决断，才符合法治的最终要求标准，即真正让人民群众在这个司法案件中感受到公平正义，这是本案裁判正确与否的唯一判断标准。在法治的天平上，没有什么天高地厚，唯需有一颗对法治忠诚、担当之良心。

（二）本案的历史性教训

具体可归纳为：

其一，媒体审判的典型性拷问；

其二，有罪推定的典型性教训；

其三，举例证明有罪的根本性错误证明方法；

其四，证据裁判的典型性残缺；

其五，诈骗犯罪与民事欺诈的典型性混同；

其六，本案与分案证据质证权的典型性剥夺；

其七，本案与分案裁判对本案二审裁判权的典型性剥夺；

其八，二审不开庭审理的典型性错误选择；

其九，"认罪认罚"成了威胁、利诱无罪犯罪嫌疑人、被告人自证其罪的锐利武器；

其十，最终裁判可能形成的典型性裁判错误。

以上是对本案历史性答卷的拷问，法治要求提供历史性的正确答案，而不是历史性、典型性的教训。

本案论证意见，对于上述的每一问题，都具有典型性、原则性、历史性的价值与意义。

14. Y 某构成诈骗犯罪吗?

论证要旨

本案论证,从如下三个方面划清罪与非罪的界限:

(一) 关于 Y 某是否明知王某某造假并要求或帮助其造假问题

(1) 对照两个当事人的口供,证明 Y 某打电话要王某某帮忙买个便宜房,没有明示、暗示要他造假诈骗的内容。

(2) 对照三个当事人的口供,只有王某某曾说,给他办个假证可不可以,Y 某说可以,但后来又推翻;而其余二人口供均无承认 Y 某有要求余某帮助作假内容。

(3) 对照两个当事人的口供,王某某曾说,他告诉过 Y 某造假问题,还说 Y 某应当知道造假问题,因为当地人都知道,后又推翻说 Y 某不知道造假问题;而 Y 某始终说不知道有个造假问题。王先前说当地人都知道,这是推测,是意见证据,不足以为证。

综合以上三个方面,可以得出结论:没有证据证明 Y 某是明知王某某造假并要求或帮助其造假。

(二) 关于 Y 某是否非法占有了案涉财物问题

案中证据证明,案涉 5 套房产各有其主,没有证据证明,Y 某将案涉房产非法占为己有。

(三) 关于 Y 某是否为共同犯罪问题

案中没有证据证明被告人 Y 某有共同诈骗的故意和共同诈骗的行为,也没有证据证明其将案涉房产非法占为己有,以 Y 某为共同诈骗犯罪论处,没有事实、法律依据。

结论为:指控被告人 Y 某构成诈骗犯罪依法不能成立。

案情简介

某某市某某区人民检察院起诉书（某某检公诉［2017］203号），指控被告人Y某（住建局征用办的档案负责人），在某某市某某区东部新城某某街南地块7号地动迁过程中，伙同被告人王某某采取使用假房照的手段，骗取政府回迁楼房，继而骗取国家拆迁补偿款。其中：

（1）2016年1月末，Y某指使王某某以其父亲杨某某、其母陈某某、同学段某某名义，收买平房3处，后被告人王某某伪造假铁路白皮照把收买的平房中的无照房屋变成有照房屋。通过给余某打电话，由余某"帮忙照顾"，并采取伪造买卖房屋协议、刊登虚假声明、开具虚假的社区证明等手段，分别以段某某、杨某某、陈某某、玄某、滕某等人名义与某某市房屋征收与补偿办公室签订房屋征收与补偿协议，共获得回迁安置楼房5套，骗取国家补偿款共计人民币1 610 822.78元。

（2）原征收办主任李某某，指使被告人Y某，Y某指使被告人王某某以同样手段，李某某伙同被告人王某某骗取价值396 223.77元国家补偿款，其中李某某非法获利21.6万元。

论证意见

中国政法大学法律应用研究中心接受委托，于2019年8月14日在京召开专家论证会，与会三名刑事法学教授出席会议，对本案论证事项所涉及的事实认定、证据运用和法律适用问题，进行了认真的审查鉴别、分析研究。该案开庭后，专家们通过审阅案涉卷宗材料并结合庭审情况，一致认为，本案事实不清，证据不足，没有确实充分的证据证明被告人Y某构成诈骗罪，具体论证如下：

一、从案涉证据对起诉被告Y某犯罪的基本事实的证明情况来看

综观起诉书指控被告人Y某的犯罪基本事实为：①Y某指使王某某以假房产证实施诈骗行为；②Y某打电话让余某帮助王某某实施诈骗行为；③Y某明知王某某实施的诈骗行为；④Y某从诈骗行为中骗得了案涉国家补偿款。此案涉及的基本证据，即围绕这四个核心事实举证证明。现根据卷宗所载证据情况及庭审情况，将以上四个核心事实的证据证明情况，列举如下：

（一）Y 某是否实施了指使王某某以假房产证实施诈骗的行为问题

1. 被告人王某某口供有关内容

（1）王某某 2016 年 7 月 18 日口供（第 4 卷第 31 页至第 32 页）："我们和 Y 某、Y 某的妹妹杨某在一起吃饭，听说我买的房子挺便宜的。杨某让我帮她买一个，然后 Y 某也给我说她要给她爸爸也买一个并让我给她办。""后来滕某的同学段某某也听说了，也让我帮他买一个，我的一个亲属玄某不知怎么听说我能买便宜的回迁房，也找我帮忙。"

（2）王某某 2016 年 7 月 9 日口供（第 4 卷第 41 页）："当时先是 Y 某的妹妹杨某找我，说王哥我听说你在某某厂整房子呢，给我也整个便宜点的楼呗，我就答应了，过几天……滕某的同学段某某就跟滕某说让我帮忙也整一个便宜点的楼，滕某说这事便得找老杨（指 Y 某），后来 Y 某给我打电话，说他同学段某某想买个便宜楼，他也想给她爸爸买一个……我的一个亲属玄某也想买一个。"

（3）王某某 2016 年 12 月 18 日口供（第 4 卷第 61 页至第 62 页）："Y 某叫我帮忙给她也整一个便宜回迁楼……为了以后更好地和 Y 某合作，我就答应她妹妹杨某给跑这件事……过了几天，Y 某给我打电话说她同学段某某想买一个便宜楼房，Y 某还说她家想换一个楼房，再算上杨某的房……后来玄某找我帮忙买一个便宜楼房，我也同意了。"

2. Y 某的口供

（1）Y 某 2016 年 7 月 10 日口供（第 4 卷第 4 页至第 6 页）："我妹妹杨某找我说，也想买一个房，我让她联系王某某，她怎么联系王某某，怎么买的房我就不知道了。后来，我给王某某打的电话，一共是要回迁四户，有李某某两户，我妹妹杨某一户，我同学段某某一户。"

（2）Y 某 2016 年 7 月 27 日口供（第 4 卷第 12 页至第 13 页）："杨某听说卖回迁房的挺便宜就找我，我让她去找王某某，然后杨某找的王某某，王某某帮着杨某买的。过后段某某让我给王某某打过一个电话，我跟王某某说段某某也想买个房子，你帮他买一下，之后他们怎么办的我不知道。"

综合以上两方面的口供，可以证明如下几点：其一，被告人 Y 某直接或间接与王某某联系，要他"帮忙"为其妹杨某、同学段某某、其上司王某某"买个便宜楼房"；其二，Y 某与王某某是互相"帮忙"关系，并非是一方与另一方有隶属的指使与被指使的关系；其三，帮忙的内容并无明示或暗示以诈骗手段"买个便宜楼房"的意思表示。

(二)Y 某是否打电话让余某帮忙照顾王某某实施诈骗行为

1. 王某某口供

(1)王某某 2016 年 7 月 8 日口供(第 4 卷第 30 页至第 31 页):"我跟 Y 某说,听大伙说都花钱买铁路的白皮照回迁,我也这样,整个房子行不行,Y 某说可以,让我去动迁办那找二红,Y 某给二红打电话了,一提 Y 某二红就说知道了。""Y 某不跟开发商那头说好,我去二红也不会给我签。""Y 某给二红打电话,让二红给留出房源,我去签的时候给我签了。"

(2)王某某 2016 年 7 月 9 日口供(第 4 卷第 46 页):"我给 Y 某打电话,问用无照房整个白皮照签协议行不行,Y 某说你去问问二红,后二红说好使。""Y 某不给二红打电话,我去了也白扯。"

(3)庭审调查情况:"给 Y 某打电话时,并没有开始制作假白皮照。""Y 某给余某打电话我不在场,电话内容我不知道。"

2. 余某口供

(1)余某 2016 年 7 月 25 日口供(第 4 卷第 75 页):"因为 Y 某之前给我打电话,我给留的房源。"

(2)余某 2016 年 8 月 13 日口供(第 4 卷第 78 页):"Y 某给我打电话意思就是让我照顾,那意思明显别挑他的毛病,且当时铁路白皮照工作组都认定了,所以就给了个顺水人情。"

(3)庭审调查情况:"Y 某给我打电话让我照顾,就是让我快点办理,别拖。""Y 某不打电话也能给签,就是快慢的问题。王某某之前自己来都给签了。"

3. Y 某口供

(1)Y 某 2016 年 7 月 10 日口供(第 4 卷第 2 页):"我给二红打电话,你帮忙看有没有好房源,我让王某某去找二红。后杨某找我,我去找二红要的房源。"

(2)Y 某 2016 年 7 月 27 日口供(第 4 卷第 14 页、第 20 页):"王某某第一次问我铁路照行不行,我说你到动迁办问问看行不行,要房源的时候,王某某又找我,我给二红打的电话。"

(3)Y 某 2016 年 8 月 4 日口供(第 4 卷第 18 页):"王某某问我,用白皮照行不行,我说你到现场问一下。""王某某也就是让我给余某打电话问问房源的事。"

（4）庭审调查情况："王某某问我，用白皮照行不行，我说白皮照有好几种，你到现场问一下。""王某某想回签到某某乐府，让我给余某打电话找个好房源。"

综合以上三被告人的相关口供，可以得出如下结论：

其一，被告人 Y 某确实应王某某要求，给余某打过电话。

其二，打电话当然是含有让余某予以照顾的意思。

其三，照顾的内容，Y 某称是照顾帮王某某本人和其他关系人找好房源；而余某称，"意思"是（暗示）让她在审查签约时，不要在房照上挑他的毛病，但没说根据 Y 某的什么话，得出这个"意思"的含义的，属毫无根据的推测，因而不足为凭；在当庭庭审中，余某明确称照顾的意思就是快点签，别拖，Y 某不打电话也会给签，只是快慢的问题；只有王某某的口供，说其问 Y 某，Y 某说搞假白皮照可以，并给二红打电话，二红给了照顾，但是当庭供述时，又称打电话给 Y 某时其并未开始制作假证，Y 某给余某打电话时他不知道电话内容。

由上可见，说王某某明确问 Y 某用假白皮照可不可以，Y 某说可以，因而 Y 某给余某打电话，让余某照顾王某某用假白皮照签约，明显不合情理，Y 某与余某是通话的直接相对方，对于 Y 某给余某打电话的内容，均没有"让余某照顾王某使用假白皮照签约"的意思，且只有王某某的口供证明，属于孤证，因而不足以证明。

（三）Y 某是否明知案涉铁路白皮照是假证问题

1. 王某某 2016 年 7 月 8 日、7 月 9 日、12 月 18 日口供（第 4 卷）

（1）王向 Y 某问买假铁路白皮照回迁行不行，Y 某说可以。

（2）Y 某知道（用的是假证），因为只有用这种办法才能买到便宜房，社会的人都知道，何况还是住建局征用办的档案负责人呢，她给我拿的收平房的钱里包括买假房照的钱。

（3）庭审调查情况：

王某某说："假房照是我做的，Y 某不知道。""我含糊其辞地跟 Y 某说白皮照是我在网上花 1000 元买的（什么时候跟 Y 某说的，王某某说不清）。""王某某说是用电话跟 Y 某说的，Y 某没见过王某某的白皮照。"

2. Y 某 2016 年 9 月 20 日口供（第 4 卷第 25 页、第 26 页）

（1）王某某他没有跟我说整的假铁路白皮照，他只是问我白皮照好不好使。

（2）王某某档案里的铁路白皮照我不知是假的。到现在我也不知道是假的。到我们这只审核要件，真假不由我们来鉴定。

综合以上两被告人的口供，可以得出如下结论：

其一，关于 Y 某是否知道王某某是弄假房照倒房问题，王某某说其应当知道，Y 某说其不知道，口供上属"一对一"。

其二，王某某说社会人都知道，只有以此才能买到便宜房，且 Y 某是征用办的人更应知道，这属于"意见证据"，是"推测"，在刑事诉讼法上是应予排除的证据，而其"意见""推测"案中没有任何佐证，且是一个与案件有直接利害关系的被告人的一面之词。在两方面口供存在"一对一"，并无其他佐证的情况下，不可将王某某的口供作为证人证言，认为其证明力大于 Y 某的口供，因其口供多具有推测性不具有证据的合法性，更谈不上其证明力能达到排他性的证明效力。

（四）Y 某是否将案涉房屋补偿款占为己有问题

起诉书指控 Y 某参与诈骗 5 套房屋获诈骗款 1 610 822.78 元。

但案中证据证明，玄某、滕某买房与 Y 某无关，段某某买房 Y 某只是联系王让其帮忙，只有杨某某、陈某某名下的房与 Y 某有关，但有充分证据且无异议，杨某某名下的房屋是其妹杨某借名其父杨某某买的房，只有陈某某名下的房王说是 Y 某借名买房，而 Y 某说是其妹借名买房，同时杨某及段某某的证言均能证实登记在陈某某名下的房是杨某的。全案没有任何事实证据，证明 Y 某出资买了任何一套房，或从中获取了任何补偿款。

二、案件涉及的几个刑法界限问题

（一）Y 某是否构成诈骗罪

《中华人民共和国刑法》（以下简称《刑法》）第 266 条规定的诈骗罪是指以非法占有为目的，用虚构事实或者隐瞒真相的方法，骗取数额较大的公私财物的行为。

在本案中，指控的 Y 某构成诈骗罪如果成立，必须有确实、充分的证据足以证明，Y 某用伪造的假铁路白皮照，骗取了案涉补偿款，Y 某非法占有了案涉补偿款 396 223.77 元。但案中证据却证明，其一，直接实施用伪造的假铁路白皮照骗取回迁房的行为人是被告人王某某，除了被告人王某某供述称 Y 某打电话让余某照顾王某某审查通过其假白皮照外，案中其余证据均不能证明 Y 某明知王某某伪造假白皮照并让余某照顾是让她帮忙使假的白皮照顺利通过审查。故，认定 Y 某直接或间接实施了用伪造假白皮照诈骗的事实，没有确实、充分的证据予以证明。

（二）关于所涉共同犯罪问题

实际上，起诉书指控的是余某、Y 某、王某某三人共同犯罪。

《刑法》第 25 条第 1 款规定："共同犯罪是指二人以上共同故意犯罪。"对于涉案被控诈骗犯罪而言，应是三人有共同诈骗故意，共同实施了诈骗行为，共同占有所涉诈骗所得。

但案中没有三人形成共同诈骗故意的证据，也没有三人共同实施诈骗的事实，尤其是在没有确实、充分证据证明 Y 某明知王某某诈骗，就不能确定其要余某照顾王某某的要求，包含明确的要求帮忙王某某诈骗的内容，因此，其共同实施诈骗行为证据不足；且没有确实、充分的证据证明 Y 某非法占有了案中所涉诈骗款项。案中买房人是各买各自的房，如果均构成犯罪，也只能是"同时犯"，而非"共犯"。故根据"共同犯罪理论"，因 Y 某缺乏共同诈骗的故意的证据而不能成立。

三、论证结论

综上所述，无论是从事实认定上，还是证据运用和《刑法》的适用上，全案没有确实、充分的证据认定 Y 某有明知王某某是以假证套房，而故意帮助他以此诈骗的诈骗犯罪的故意，其打电话联络余某等人的行为，也无确实、充分的证据证明其明示或暗示与帮助诈骗犯罪有关。从证明标准来说，不仅未达到排除合理怀疑的标准，甚至连民事诉讼的最低"优势证据"标准也未达到。故无论是认定 Y 某为共同诈骗犯罪中的正犯，还是认定 Y 某为共同诈骗犯罪中的"帮助犯""从犯"，都是不足为凭的。

专家们特别强调，在本案中不能离开有证据能力的证据证明的要求，而以"常理"推定 Y 某有罪，而相反应坚持无罪推定的原则，在没有确实、充分的证据，或不足以证明，属疑罪而不足以排除合理怀疑的情况下，要作出有利于被告人 Y 某无罪的结论。

以上意见供参考。

瞀言刍议

这是一起对审查判断证据挺有意思的案件。案中要害在于要用证据厘清三个基本问题：一是，Y某是否明知王某某造假并要求或帮助其造假；二是，Y某是否非法占有了案涉财物；三是，Y某是否为共同犯罪。此三者均涉及划清罪与非罪的界限。

为了厘清这三个基本问题，就需要梳理案中证据，进行一一对照鉴别分析：

首先，对于第一个问题，从三个基本方面展开，即Y某是否实施了指使王某某以假房产证实施诈骗的行为问题；Y某是否打电话让余某帮忙照顾王某某实施诈骗行为；Y某是否明知案涉铁路白皮照是假证问题。

（1）对照两个当事人的口供，证明Y某打电话要王某某帮忙买个便宜房，没有明示、暗示要他造假诈骗的内容。

（2）对照三个当事人的口供，只有王某某曾说，给他办个假证可不可以，Y某说可以，但后来又推翻；而其余二人口供均无承认Y某有要求余某帮助作假内容。

（3）对照两个当事人的口供，王某某曾说，他告诉过Y某造假问题，还说Y某应当知道造假问题，因为当地人都知道，后又推翻说Y某不知造假问题；而Y某始终说不知道有造假问题。王某某之前说当地人都知道，属于推测，是意见证据，不足以为证。

综合以上三个方面，可以得出结论：没有证据证明Y某是明知王某某造假并要求或帮助其造假。

其次，对于第二个问题，案中证据证明，案涉5套房产各有其主，没有证据证明Y某将案涉房产非法占为己有。

最后，对于第三个问题，案中没有证据证明被告人Y某有共同诈骗的故意和共同诈骗的行为，也没有证据证明其将案涉房产非法占为己有，以Y某某为共同诈骗犯罪论处，没有事实、法律依据。

结论为：指控被告人Y某构成诈骗犯罪依法不能成立。

这一论证意见再次揭示，分析论证刑事案件，要先厘清案件的基本问题，即划清罪与非罪、此罪与彼罪、罚与不罚、此罚与彼罚的界限的事实问题；然后再用基本证据厘清这些基本事实；最后根据基本事实，依据相关基本法律规定，得出应有的结论。这一根据"三基本"，由三段论，或三部曲，得出结论，是分析研究刑事案件的基本方法，也是法律人的真功夫。

余以为，刑事法律的应用，才是对刑事法律人的真正考试。将每一个案件作为科研答卷来对待，以真正体现法治的公平公正要求，体现对于应有的法律效果、社会效果和必要的政治效果的担当，体现法律人对事实、法律和人民利益的忠诚，体现法律人对于法治的一颗赤诚的良心，这才是应当交上的一份合格答卷，才能经得起历史和人民的评判和检验。

15. 被告人 W 某某等被控诈骗犯罪一案应如何划清民事欺诈与诈骗犯罪的界限？

论证要旨

本案的关键在于正确划清民事欺诈与刑事诈骗犯罪的界限。

对此，专家们从行为人的主观目的、行为特征、危害后果三个方面，揭示了二者的根本性的不同，从而结合案情，得出了行为人虽然在销售相关药品过程中存在一定民事欺诈行为，但并不构成诈骗犯罪。

案情简介

某某市人民检察院起诉书（某检一部刑诉 ［2019］ 327 号），指控被告人 W 某某所在公司的售前组或售后组话务员假冒健康顾问身份对被害人进行"问诊"或"回访"，虚构、夸大产品成分和功效，说"磁疗贴"具有根治病痛功效，说"古必舒"与"磁疗贴"配合治疗效果更好，从而诱骗被害人下单购买，骗取被害人钱财，构成诈骗罪。

论证意见

中国政法大学法律应用研究中心接受委托，经审查认为符合接受委托代为组织专家论证提供法律帮助的条件，决定立项，并于 2020 年 1 月 22 日在京召开了专家论证会。与会三名刑事法学专家会前审阅了论证所依据的事实材料，会上就相关事实证据问题向承办律师进行了质询，经认真研究、讨论，专家们一致认为，本案的关键在于正确划清罪与非罪的界限，而唯其如此，才能做到保障无罪人不受刑事追究，有罪人罚当其罪，以真正达到不枉不纵公平正义的刑事诉讼目的在本案件中得以实现。要做到这一点，就要从罪刑法定原则和刑事追究是维护社会公平正义的最后手段的理念出发，对本案应作民事和刑事两个层面的具体分析。具体而言，本案被告人只有在民事上，即在案涉民事活动中，确已实施了民事欺诈的违法行为，且该民事欺诈行为的严重程度已突破了可以用民事或行政手段解决的范围，根据现行法律，必须用追究刑事犯罪的手段来解决，他们才有可能构成诈骗犯罪；否则，则只可能属于用民事或行政手段解决的范围，而并不构成诈骗犯罪。为此专家们认为，应首先界定在民事活动中，被告人的行为是否构成了民事违法且属于严重民事欺诈；然后在此基础上再进一步论证案涉被告人是否构成诈骗犯罪问题，即本案的关键在于要正确划清民事欺诈行为与刑事诈骗犯罪的罪与非罪的界限。据此，专家们根据现有事实材料，依据我国法律，一致认为，案涉 W 某某等被告人的行为属于一般民事欺诈行为，并不构成诈骗犯罪，本案应作无罪处理。现具体论证如下：

一、民事欺诈行为与诈骗犯罪行为的区别与联系

《中华人民共和国民法总则》（当时有效）第 148 条规定，一方以欺诈手段，使对方在违背真实意思的情况下实施的民事法律行为，受欺诈方有权请求人民法院或者仲裁机构予以撤销。

《中华人民共和国合同法》（当时有效）第 52 条规定，一方以欺诈、胁迫的手段订立合同，损害国家利益是无效的。该民事欺诈行为导致的法律后果是民事行为无效，从行为开始就没有法律约束力。第 54 条规定，下列合同，当事人一方有权请求人民法院或者仲裁机构变更或者撤销：①因重大误解订立的；②在订立合同时显失公平的。一方以欺诈、胁迫的手段或者乘人之危，使对方在违背真实意思的情况下订立的合同，受损害方有权请求人民法院或者仲裁机构变更或者撤销。对此，当事人有权请求人民法院或者仲裁机构撤销；当事人请求变更的，人民法院或者仲裁机构不得撤销。

《中华人民共和国消费者权益保护法》规定，经营者在提供的商品或者服务有欺诈行为的，消费者可以要求增加赔偿受到的损失。

《中华人民共和国刑法》（以下简称《刑法》）第 266 条规定的诈骗罪是指以非法占有为目的，用虚构事实或者隐瞒真相的方法，骗取数额较大的公私财物的行为。诈骗犯罪行为导致的后果是应当依法追究刑事责任。

民事欺诈行为与诈骗犯罪行为的共同点与联系：

二者的共同点概括起来，主要有两个方面，即二者都具有欺骗行为并都给对方造成了一定财产损失。①常见的欺骗行为如虚构事实、夸大事实、隐瞒事实等。②二者都给对方造成一定的财产损失，都具有相应的社会危害性。二者的联系是，有的诈骗犯罪是通过民事欺诈手段实施的，该行为采取民事欺诈的手段，而其目的是实现刑事诈骗犯罪。

正因为如此，正确区分一般民事欺诈行为与刑事诈骗犯罪的界限，就成为困扰刑法理论界与司法实务界的一个难题。但只要严格坚持罪刑法定和刑法的最后手段原则，二者的界限还是可以正确把握的。专家们指出，对此应重点把握如下三点：

其一，行为人的主观目的不同。《刑法》对诈骗罪目的规定很明确，即以非法占有为目的。其目的性主要表现在如下三个方面：①行为人不想付出任何对价或只想付出微乎其微的代价；②行为人并不想与对方进行真实的交易；③行为人只想在上述前提下，用欺诈的手段骗取对方的信任，不付出相应的对价，而非法占有对方的财物。而民事欺诈行为则不同，一般来讲，表现为：①行为人还是想付出应有的对价的；②行为人还是想与对方进行真实交易的；③行为人只是要用夸大事实或隐瞒真相的欺诈手段，诱使对方陷入认识错误并与其进行真实交易，以达到从中谋取一定非法利益的目的。亦即，正如大家公认的观点所说，诈骗罪是为了"骗钱"，民事欺诈则是为了"赚钱"。二者的出发点是根本不同的。

其二，行为特征不同。诈骗罪和民事欺诈不仅在主观故意方面不同，而且在客观行为表现方面也不同，但主观故意和客观行为是相互对应的。在客观行为表现方面，专家们认为这主要表现为三个方面的不同：

（1）是否具有离谱的欺骗性。所谓"离谱"，即脱离真实交易所容许的底线。诈骗罪行为人实施的欺骗行为不是为了实现真实交易，而是为了骗钱，因而其具有脱离真实交易的基本事实的欺骗性，譬如将假冒伪劣产品说成是真品，说成是祖传神药，药到病除等；而一般民事欺诈虽有一定的欺骗性，但其欺骗性一般在交易基本事实上并不离谱，譬如并不是将假药说成是真药，并不是将该药品不具有的疗效说成具有疗效，而是将真药的疗效进行一定的夸大宣传。

（2）是否有真实的交易性。诈骗罪行为人并不是在与对方做真实的交易，而是以真实交易为名，实施骗钱行为；而一般民事欺诈行为人，则是在与对方做真实交易，是在通过促成真实交易赚钱。

（3）是否有离谱的牟利性。诈骗犯罪行为人实施诈骗行为，其行为结果在于实现非法占有他人财物的牟利性，其根本没有付出对价，或虽然也可能为此付出一定的代价，但其付出的代价微乎其微，是为了骗钱需要，而不是真正付出与对方交易的相应对价。而一般民事欺诈则是要付出与对方交易的相应对价，与所付对价之间，其谋利一般并没有离谱地脱离或超出其正常交易所应获取的利益范围。

其三，危害的后果不同。民事欺诈，受害人虽通过真实交易付出了对价，得到了相应的真实商品或服务，但其商品或服务与其宣传和承诺的产品和服务不完全相符，存在一定的瑕疵；而刑事诈骗则使被害人付出了"对价"，但并没有得到对方宣传或承诺的商品或服务，或得到对方的商品或服务，与其宣传或承诺的完全不符，从而使自己付出的"对价"白白地被对方"非法占为己有"。

可见，诈骗犯罪与一般民事欺诈之间还是有明显的界限可以区分的。

二、W 某某等被告人的行为属于一般民事欺诈而非诈骗犯罪

根据本案起诉书所指控的事实，专家们认为，W 某某等被告人的行为并没有超出一般民事欺诈的范围，不构成诈骗犯罪。

其一，W 某某等被告人所销售的药品是正式厂家生产的正式药品。经查，其所销售的药品都是正式厂家生产，有正式药品批号，在市场可以正常销售的药品，而决非假冒伪劣药品。这是案涉真实交易的最基础性的事实。

其二，W 某某等被告人所销售药品的所在单位某某经贸有限公司，是经工商正式注册的经贸公司，而非未经批准登记的非法经营单位。

其三，其销售的"磁疗贴"上标明"械"字号，而该经贸公司持有二类医疗器械备案许可；该经贸公司推广销售"古必舒"，则有该生产厂家的销售公司的正式授权，且具体发货销售是由有销售药品资格的正式药房进行的，而非无推广销售权限而非法推广销售。

其四，该经贸公司对该药品的销售宣传作出了明确规定，即只准经营或推广真药；必须要有行政许可；强调员工不得以"医师""医生""专家""教授"等名义进行宣传；不得混淆药与非药的区别。并且，该公司还专门设置了监听设备，组织专门人员对员工销售宣传进行监听，凡有夸大其词，冒充专家、大夫的情况均予以罚款，拒绝发货。

其五，该经贸公司与销售客户之间有真实的交易，客户付钱，得到了真

实交易的有相应疗效的药品。

其六，该公司的推广销售与获利之间并没有离谱地超出该药品推广销售应有的获利范围。经查，该公司推广销售该药品，其进货价与销售价均未超出该药品厂商约定的获利范围。其中"古必舒"是按给定的最高价正常销售，而"磁疗贴"则是按所给定的最高价的半价销售。可见，其推广销售均控制在推广销售获利的正常范围之内，明显不具有诈骗犯罪的离谱地超出正常交易可获利润的骗钱性的特征。

其七，起诉书指控该公司售前组或售后组话务员假冒健康顾问身份对被害人进行"问诊"或"回访"，虚构、夸大产品成分和功效，诱骗被害人下单购买，从而骗取被害人钱财。经查，在推广或宣传该产品的过程中，话务人员中可能确有人有上述冒充和夸大功效的事实情况存在，但：①这只是个别人的行为，并不代表公司及其负责人员的行为，相反，这是公司明文规定严格禁止并予以处罚的行为；②这些行为充其量也仅属于一般民事欺诈行为，而非诈骗犯罪行为。因为这些行为的目的是促销正式厂家生产的正式产品，是促成对该产品的真实交易，是从真实交易中赚取可允许的利润；而不是以假乱真，以无疗效的假冒伪劣产品骗取他人钱财；③其夸大功效表现在说"磁疗贴"具有根治病痛功效，说"古必舒"与"磁疗贴"配合治疗效果更好，而这种夸大与将无功效的假冒伪劣产品说成有功效、有药到病除的诈骗宣传有着根本性的不同。总之，其虚假性并没有超出一般民事欺诈以真实交易赚钱的范围，而绝不属于以假冒伪劣产品骗钱的诈骗犯罪范围。

其八，公司保证货到付款、不满意保退款，证明其没有非法占有目的。货到付款是最值得提倡的销售方式，消费者看到该产品不满意可拒收不付款；如果使用后不满意，由专人负责退货退款，这不是诈骗方式。W某某所在公司采用货到付款、不满意退款的销售方式。销售人员强调"百年扁氏"没有效果的可以退货退款，公司主管每天都会在早会上提到并强调要求不能欺诈消费者，有用后效果不好的，都要给消费者退货退款。员工吕某某专门负责退货退款（且其最终未被起诉），充分证明公司没有非法占有目的。

三、对本案如何处理的问题

专家们指出，既然本案被告人的行为属于一般民事欺诈行为，而不构成刑事诈骗犯罪，那么，根据《中华人民共和国刑事诉讼法》第 200 条第 2 项之规定，对被告人 W 某某等应宣告无罪。专家们强调指出，在中央三令五申要求在司法工作中要严格保护民营企业的合法权益，决不允许将民营企业经营中的一般民事违法、违规问题，随意上升到刑事犯罪的高度，混淆罪与非罪的界限，动辄进行刑事追究，尤其是在中央反复强调要振兴东北的大环境下，强化严格司法的法治环境，充分实现每个案件的公平正义，就更具有现实的重要性。由于本案被告人的行为属于明显不构成刑事诈骗犯罪，专家们相信本案会及时得到正确处理。

以上意见供参考。

誊言刍议

专家们对本案论证的一个亮点是，结合本案案情，提出了区分民事欺诈与诈骗犯罪的三个基本界限：

其一，行为人的主观目的不同。民事欺诈行为人的目的：①行为人想与对方进行真实交易；②行为人想付出真实交易相应的对价；③行为人只是要用夸大事实或隐瞒真相的一定程度的欺诈手段，诱使对方陷入某种认识错误并与其进行真实交易，以达到从中牟取一定的非法利益的目的。而诈骗犯罪的目的不同：①行为人不想与对方进行真实的交易；②行为人不想付出真实交易相应的对价；③行为人想用欺骗的手段骗取对方的信任，而非法占有对方的财物。亦即，民事欺诈是为了"赚钱"，而诈骗罪则是为了"骗钱"。二者的主观目的是有根本不同的。

其二，行为特征不同。①是否有真实的交易性不同。一般民事欺诈行为人，是在与对方做真实交易，是在通过促成真实交易赚钱。而诈骗罪行为人则并不是在与对方做真实的交易，而是以真实交易为名，实施骗钱行为。②是否具有脱离真实交易的底线的离谱的欺骗性不同。一般民事欺诈虽有一定的欺骗性，但其欺骗性一般在交易基本事实上并不离谱，其只是具有局部或枝节性的欺骗性。而诈骗罪行为人实施的欺骗行为不是为了实现真实交易，而是为了骗钱，因而其具有脱离真实交易的基本事实的欺骗性，即具有整体或根本的欺骗性。③是否具有离谱的牟利性不同。一般民事欺诈是要付出与对方交易的相应的对价；而诈骗犯罪行为人实施诈骗行为，则是不真正付出与对方交易的相应对价。

其三，危害的后果不同。民事欺诈，受害人虽通过真实交易付出了对价，但还是得到了相对方相应的真实商品或服务，尽管其商品或服务与其宣传和承诺的商品或服务不完全相符，存在一定的瑕疵；而刑事诈骗则使被害人付出了"对价"，但并没有得到相对方宣传或承诺的商品或服务，或虽得到对方的商品或服务，但与相对方宣传或承诺的完全不符或根本不符，从而使自己付出的"对价"白白地被对方"非法占为己有"。

余以为，专家们对一般民事欺诈与诈骗犯罪之间三个基本界限的以上区分意见，对于司法实践中解决这一难题，是具有一定的普遍性的参考价值的。对此，我的体会是，对于此问题，陈兴良教授在《法治现代化研究》2019年第5期发表的《民事欺诈和刑事欺诈的界分》一文具有经典性的价值，只要掌握其基本观点，对案涉民刑交叉问题，就能认识更深刻、理解更透彻，从而不再是雾里看花，而是看得清楚、明白。还有周光权教授在《法治日报》上发的短文《处理刑民交叉案件需要关注前置法》，也很有参考价值。

16. 被告人 Z 某某被控诈骗犯罪依法成立吗?

论证要旨

这是一起因工程结算款引发的被告人 Z 某某被控诈骗犯罪案件。本案论证的关键点在于:

其一,案涉工程建设项目是一项竣工验收的不规范的工程建设项目。

其二,案涉工程建设项目的工程款结算的最终依据是财政审计,这是因为案涉项目是扶贫搬迁项目,工程款来源于政府财政部门拨款,因此工程竣工的结算甲方,实际上应是县财政局。因此,县财政局的审计报告,是该工程竣工结算的最终结算文件。

其三,起诉书指控的诈骗数额及其既遂、未遂认定错误。

乙方对结算提出的款项及其根据,只是结算协议的邀约,起诉书先以工程款应以 680 万元为准,将乙方邀约多要的数额定为诈骗总数额,将其中先前已付款超出的部分作为诈骗既遂,将未付款超出部分作为诈骗未遂,这样认定违反了工程款多退少补,最后以甲乙双方最终结算为准的工程结算约定和惯例。

其四,对本案事实应当实事求是地进行综合审查。

本案实属该工程项目结算的民事纠纷,起诉书的指控,将 Z 某某在工程结算的邀约行为中,有多要工程款并为此提供虚假或不实的材料认定为诈骗行为,明显混淆了民事合同邀约行为与刑事诈骗行为的界限,混淆了罪与非罪的界限。故,以此定罪判刑,明显不当。建议本案承办机关对此慎重处理,以免铸成错案。

案情简介

委托方提供的案件材料显示的案件情况:

2016 年 12 月,山西某某房地产公司承揽了某县某扶贫搬迁工程房屋主体工程，期间该公司的实际控制人范某某交由 Z 某某包工包料具体施工。Z 某某于 2017 年 3 月进场施工，2018 年 11 月 29 日竣工验收。2018 年 12 月上旬，Z 某某将竣工验收证明书中的工程造价由 680 万元改为 880 万元，后加盖乡政府等公章。为了通过该工程的财政审计，范某某要求 Z 某某制作该工程的结算书，Z 某某委托山西某某工程项目管理有限公司项目部负责人田某某制作了结算价为 19 450 072.57 元的结算书，后 Z 某某找深圳某某项目管理有限公司某某分公司的韩某某在结算书上加盖其公司印章。后范某某、Z 某某与某某综合建筑有限公司补签了工程建筑合作协议、施工合同等资料，并于 2019 年 8 月由 Z 某某将结算书及相关资料一并报送某某县财政局进行财政审计，因手续不全无法完成。至案发前，范某某的山西某某房地产开发有限公司共收到该工程款项 746.5 万元，支付 Z 某某 518.4 万元。案发后经鉴定，该工程项目审定造价为 6 767 630.64 元。

论证意见

委托方因被告人 Z 某某被控诈骗犯罪一案，向受托方提交专家论证申请和案件材料，请求提供专家论证法律意见。受托方在审阅委托方提交的案件材料后，认为符合专家论证的条件，代为邀请三名刑事法学专家，于 2020 年 11 月 21 日召开了专家论证会。专家们在仔细研究委托方提交的案件材料、向委托方询问有关情况、深入讨论的基础上，形成一致法律意见，供委托人和司法机关参考。具体论证意见如下：

《中华人民共和国刑法》第 266 条规定的诈骗罪是指以非法占有为目的，用虚构事实或者隐瞒真相的方法，骗取数额较大的公私财物的行为。

专家们指出，对于本罪的虚构事实或者隐瞒真相的方法与非法占有的目的以及二者的关系，不应从表面上看而应当从实质上看，否则会陷入形式化的误区，从而导致混淆罪与非罪的界限。就本案而言，要从实质上把握划清其罪与非罪的界限，应当着重注意从如下几个方面来加以研究分析：

一、案涉工程建设项目是一项竣工验收的不规范的工程建设项目

由于案涉工程建设项目是一项不规范的工程建设项目，连起码的招投标手续，工程项目建设协议、承包合同、分包合同、合作协议、施工合同都没有，仅有最初某某房地产公司和村民签订的涉本案工程建设项目中房屋主体土建部分的安置委托书，而本案工程建设项目竣工验收时共由房屋主体土建、装饰、给排水、电气、围墙、院面硬化组成，施工方是包工包料施工，工程收付款的手续也不够齐全。工程竣工验收后，需要经过财政审计，以便最后结算工程款。但财政审计需要合法的材料和齐全的手续，而案中又缺少这些必要材料和手续，为了审计需要，施工方后补甚至伪造了这些材料和手续，只要是仅为了满足财政审计的材料齐全需要，这些材料在实体上又不存在作假问题，起诉书所涉的这些材料和手续问题就不应当作为诈骗犯罪虚构事实的证据对待。

二、案涉工程建设项目的工程款结算的最终依据是财政审计

一般工程项目的竣工验收后进行的工程竣工结算，承包方要向发包方递交竣工结算报告，发包方收到竣工结算报告及结算资料后，经审查，无正当理由否定，即应支付工程竣工结算价款；亦即只要工程项目甲乙双方当事人对工程结算款无异议，即可达成有效的工程竣工工程款协议。

但本案不同，案涉项目是扶贫搬迁项目，工程款来源于政府财政部门拨款，因此工程竣工的结算甲方，实际上应是县财政局。因此，县财政局的审计报告，是该工程竣工结算的最终结算文件；亦即，在财政审计结算之前，施工方对应收的工程款、所作的"竣工验收证明书"提出的工程造价，以及所作的"结算书"，还有为此而提供的审计材料等，这些均是作为施工方的乙方，所提供给甲方县财政局的结算的邀约及其依据，这一邀约及依据，是供甲方审查，以便去伪存真，多退少补，并经双方最后确认。乙方邀约价高，材料不实，甲方可去伪存真，以实价为准；甲方反邀约价太低，材料缺漏、不实，乙方可要求去伪存真，以实价为准。如果双方对审计报告不能达成一致意见，协商不成，还可通过诉讼或仲裁程序解决。对此，无论是乙方要价过高，提供了不实材料，或甲方给价过低，缺漏了相关材料、提供了不实的材料，均属于甲乙双方结算中的讨价还价的民事行为，而与刑事犯罪无关。如果将工程结算中的甲乙双方的要价过高，依据的材料不实，或给价过低，依据的材料不实，均上升到刑事犯罪的高度，追究刑事责任，那就是混淆了民事行为不实或民事欺诈与刑事犯罪甚至诈骗犯罪的严格界限，混淆了罪与非罪的严格界限，是与刑法的谦抑性和最后手段的原则决不相容的。

为此，起诉书所控，被告人的所谓在"竣工验收证明书"上篡改价款数

额，在单方"结算书"上虚增工程量等行为，均应视为是乙方对最终结算的不实邀约行为，充其量是民事欺诈行为，而不应以诈骗犯罪论处。

三、起诉书指控的诈骗数额及其既遂、未遂认定错误

起诉书先以工程款应以 680 万元为准，将乙方邀约多要的数额定为诈骗总数额，将其中的已付款超出部分作为既遂，将未付款超出部分作为未遂，这样认定是根本错误的。

其一，将邀约超过 680 万元部分作为诈骗数额，一是将工程款以 680 万元为准，其根据为在案证人证言等意见证据，不能作为证据使用；而如以房屋主体鉴定意见工程造价为准，而鉴定报告存疑，这也已如辩护人辩护词所述，此不赘言。二是将结算单方邀约过高定为诈骗犯罪，这混淆了民事、刑事法律关系的界限，这已如上述。

其二，将多付的工程款作为诈骗既遂，违背了结算多退少补的基本原则。

其三，将邀约价多要的部分作为诈骗未遂，违背了结算要由当事人双方讨价还价协商的惯例要求。

四、对本案事实应当实事求是地进行综合审查

如上所述，本案是一项很不规范的工程项目，被告人是包工包料进行施工，工程竣工验收合格，理应得到应有的工程款回报。被告人 Z 某某年过六旬，没有文化，仅凭记忆，在结算中难免挂一漏万。为此，其在结算中怕自己吃亏，抱着侥幸心理，宁可将数额要高一些，反正需要进行财政审计，而以财政审计为准，因而实施了一些上报不实行为；而这些行为所提供的材料，有的是否出于他的行为存疑，有的明显不可能产生欺诈的误认后果，如"外墙保温"问题。其在最终财政审计结果出来之前，所多收的工程款，是不能算数的，因而不存在诈骗既遂问题；而其想多要的工程款，更是不能算数的，因而也不存在诈骗未遂的问题。只有经财政审计后，其以欺骗手段致使多结算出来的工程款，才可作为诈骗予以对待，其中因此已经多拨付部分，可算是既遂，被发现而未拨付的部分，可算是未遂。如此对待，既符合工程项目结算的常规惯例实际，又符合本案的具体情况，与民事、刑事相关法律规定亦相符合。

综上，专家们一致认为，本案实属该工程项目结算的民事纠纷，起诉书

认定的应确定的工程款，证据存疑；将财政审计前的预收多出部分的工程款或一方要求多付出部分的工程款，算作是诈骗行为，明显混淆了民事行为与刑事诈骗行为的界限，混淆了罪与非罪的界限。故，以此定罪判刑，明显不当。建议本案承办机关对此慎重处理，以免铸成错案。

以上意见供参考。

替言刍议

这又是一起明显的民事纠纷案件被认定为诈骗犯罪案件。

被告人 Z 某某响应该地政府号召，积极参与政府扶贫搬迁工程项目，且包工包料。由于工程及管理不规范，在向县政府提供竣工结算款审计时，提供了部分虚假或不实的材料，有多要工程款之嫌，但这只是其作为乙方结算工程款的邀约民事行为，而非刑事诈骗行为。之前甲方的拨款因约定是多退少补，不管是否超出应结算的款项，都与诈骗犯罪无涉。就因为该工程建设的实际甲方是县政府，这一涉嫌不实的民事法律行为，就变成了刑事诈骗犯罪行为了。甲方就是甲方，县政府是甲方也是甲方，甲乙双方的民事协议履行中的邀约与承诺行为即使有虚假成分，充其量也只是民事欺诈行为，如有纠纷，应通过民事程序去解决。

17. 没有被害人哪来的诈骗罪？

論証要旨

　　五位刑事民事权威法律专家明确指出，在双方合作办理"合资公司"的过程中，尽管 Y 公司的有关负责人员，有一点欺诈情节，但这种欺诈并不属于本质性、根本性的，连民事欺诈都构不成，即使是民事欺诈，当事人也没有行使撤销权，怎么就成了刑事诈骗？Y 公司抓住商机以 2.557 亿元买了 S 公司 100% 的股权，以 2.5 亿元将 25% 的股权转卖给 C 公司，这是合理的商业营销行为，低价买是商机，高价卖是获利，合同合法有效，又不是民事欺诈、显失公平，也没有被撤销，且实际效果是 C 公司不仅没有受到任何损失，而且是保值、增值，"赚大了"。C 公司不是民事受害人，也不是刑事被害人，诈骗犯罪怎么能构成？

案情简介

　　2014 年 5 月 23 日，Y 公司与 S 公司签订以 2.5577 亿元受让 S 公司 100% 股权协议。后 Y 公司将 S 公司 100% 的股权过户到自己的名下。其后 Y 公司与 C 公司签订合作协议，共同成立合资公司，C 公司以 2.5 亿元投资，占合资公司 25% 的股权。

　　某某市公安局直属分局起诉意见书 [2018] 20005 号指控 Y 公司三名负责人在与 C 公司签订履行合作协议中，本以 2.557 亿元并购受让了 S 公司 100% 的股权，却谎称是以 10 亿元收购 S 公司 100% 的股权，而将合资公司股权的 25% 作价 2.5 亿元转让给了 C 公司，使 C 公司的国有资产遭受重大损失，故指控犯罪嫌疑人诈骗国有资产 75% 的股权折价的 1.860 75 亿元。

论证意见

　　中国政法大学法律应用研究中心接受委托，经审查认为符合本中心接受委托代为组织专家论证提供法律帮助的条件，决定立项，并于2018年8月24日在京召开了专家论证会，与会五名刑事及民事权威教授会前审阅了论证所依据的事实材料，会上就相关事实证据问题向承办律师进行了质询，经认真研究、讨论，形成一致法律意见，即根据现有事实材料，依据我国法律，案涉L某等犯罪嫌疑人，并不构成诈骗罪，本案应作不起诉或宣判无罪处理。现将事实理由，具体论证如下：

专家们严肃指出，对于本案应首先界定在民事合同的签订与履行过程中案涉犯罪嫌疑人的行为是否构成了民事违法和民事欺诈。

一、Y公司收购受让S公司100%的股权合法有效

经查，Y公司收购受让S公司100%的股权，涉及两个协议，即《收购框架协议》和《股权转让协议》，对这两个协议从民事法律层面进行分析，可以得出如下结论：

（一）这两个协议是合法有效协议

这两个协议是当事人的真实意思表示。Y公司为将公司业务进一步提升，做大做强，配合"一带一路"倡议将跨境结算业务推向世界，经认真筛选、考察，和深入尽职调查，最后锁定S公司在中国人民银行颁发的可为在境内外交易提供境外收单、汇兑及境内支付业务的三块牌照的跨境结算支付平台。经与S公司股东反复协商，达成一致，Y公司以2.557亿元人民币收购对方100%的股权，并将对方公司员工全部接纳、待遇不变，充分体现了双方当事人的意愿。这两个协议也不违反法律、行政法规的强制规定，所以应为合法有效。在本案中，无论是民事当事人还是刑事案件当事人，也均没有人主张这两个协议为非法无效。专家们指出，在上述情况下，如果将这两个协议作为无效民事合同来处理，即势必按照《中华人民共和国民法通则》（当时有效，下同）第61条和《中华人民共和国合同法》（当时有效，下同）第58条以及《中华人民共和国民法总则》（当时有效，下同）第157条的规定，应当予以返还财产，案涉股权就要恢复到S公司名下，这是完全违背各方当事人意愿，也是没有事实、法律根据的。

（二）Y公司依据两个协议锁定并获得以2.557亿元人民币受让S公司100%的股权的商业机会、商业利益、商业秘密，是Y公司独享的合法权益

其一，《收购框架协议》第2.7条约定，该协议第2.2条至第2.8条具有

法律约束力，而其中的第 2.4 条"排他条款"约定，在"排他期内"，合同当事人双方均不得与合同之外的任何第三方就合同项下的权益进行协商或交易。

其二，《收购框架协议》第 2.5 条"保密条款"约定："本框架协议中规定的任何条款和条件均属保密信息，各方必须严格保密。未经其他各方事先书面同意，任何一方不得向协议各方以外的任何其他方透露本框架协议的任何内容。"

其三，《股权转让协议》第 12 条"保密条款"约定，"在为本次股权转让进行的谈判中，本协议的任何一方向本协议的其他方披露的信息；本协议的全部或部分条款；以及目标公司的全部信息，均构成保密信息；本协议的全部或部分条款；以及目标公司的全部信息，均构成保密信息，各方应在本协议履行期间或本协议的权利义务因任何原因终止后"，"对这些信息保密"。

其四，根据《股权转让协议》，Y 公司分三期付清了转让款 2.557 亿元人民币的对价，而 S 公司于 2014 年 9 月将案涉 100% 股权转让变更登记到 Y 公司的名下，并于 2014 年 10 月 9 日将 S 公司法定代表人、执行董事、总经理由王某变更为 H 某。至此，S 公司 100% 的股权从法律层面完全依法变更到 Y 公司的名下。

据上，Y 公司依据两个协议，以 2.557 亿元人民币受让了 S 公司 100% 的股权，并获得了两个协议项下的商业机会、商业利益和商业秘密，Y 公司由此而获得的上述合法权益，受国家法律保护。

二、《合作协议》及其《补充协议》合法有效

（一）《合作协议》及其《补充协议》是合法有效的协议

该协议是当事人真实意思表示，且没有发现任何条款有违法律、行政法规的强制性规定。

《合作协议》第 3 条规定的权利与义务的核心内容是：合作公司在 C 市成立投资合资公司，C 公司投资 2.5 亿元人民币，占股权 25%，Y 公司占股权 75%，Y 公司主要负责投资合资公司的注册和经营及相应公司上市，负责"跨境电子商务结算中心"平台建设、负责平台的技术支持和维护，并履行保底条款：在并购满 1 年和 5 年及 IPO（首次公开募股）上市之前，Y 公司都要保障 C 公司股权达到约定的营利目的，否则 Y 公司应 C 公司的要求，应无条件地按照当期银行贷款利息加本金回购甲乙方所持的全部股份。

以上权利义务条款反映了当事人双方真实意思表示和核心利益，尤其是C公司的权益无论在任何情况下都不会低于银行贷款同期利息，而当股权保值升值的情况下，又能保障其持按股权享有权益，使其利益得到最大化。

本协议签订后合同当事人各自履行了合同义务，依约享受到了合同项下的约定的合法权益，该合同应受到国家法律保护。

专家们指出，如果该协议被认定为非法无效合同，那就应当按无效合同来依法处理，因合同自始无效，而各自返还财产，C公司应将案涉股权返还Y公司，Y公司应将2.5亿元人民币返还C公司；并且还必然涉及香港上市公司的股权及财产的处理的相应问题，这就必然造成"合资公司"和各方股东权益的无谓的极大损失，这是各方当事人和C公司当地政府都不愿看到的，这样处理也违背事实和法律，无论在法律效果还是社会效果上都是严重负面的。

（二）C公司投资2.5亿人民币的性质是债权投资而非股权投资

所谓债权投资，顾名思义是指为取得债权所进行的投资。企业进行这种投资在本质上不是为了获得其他企业的股权，而是为了取得高于银行存款利率的利息，并一般保证按期收回本息。而股权投资，是为参与或控制某一公司的经营活动而投资购买其股权的行为。

二者的主要区别是：债权投资，相当于借款给对方，只是按照约定定期收取利息，并不承担企业的经营风险；而股权投资则是作为股东，参与决策公司经营管理，承担企业经营风险，按照实现的利润享有红利。

《合作协议》虽然明确约定C公司方投入2.5亿元人民币占"合作公司"25%股权，但其第3条第3项之4）、5）、6）又订立了保底条款，即在企业经营管理达不到约定的获利与上市的情况下，若C公司要求回购的，Y公司应无条件限期回购C公司的股权。而《补充协议》则在其第2条中明确约定其投资的2.5亿元人民币，其中2500万元为注册资金，而其余为"以债权形式向合资公司投资"。这就以双方合同的形式对案涉C公司的22 500万元投资作出了明确定性，并且其第4条至第6条为实现债权投资作了保底性条款的明确约定。

由上可见，C公司通过《合作协议》及其《补充协议》，获得了合同项下的两项权益保障，即当企业经营不善按照股权投资对其不利时，有权要求Y公司按债权投资还本付息；当企业经营获得约定利益和启动IPO上市之时，就按股权投资享有权利，而其在任何情况下都确保自己不承担经营风险，所以本质上是一种债权投资，其债权投资到期获利时，可按股权投资获利，并转化为股权投资。

三、关于 Y 公司利用 C 公司提供的 2.5 亿元资金购买 S 公司 100% 的股权，是否涉嫌合同欺诈或诈骗问题

从表面形式上看，Y 公司购买 S 公司 100% 的股权，花了 2.5577 亿元，其中 2.5 亿元花的是 C 公司的钱，而其却对 C 公司说是花了 10 亿元，只给了 C 公司 25% 的股权，且为了证明其花了 10 亿元还编造了假审计报告，谎称 S 公司上一年纯利润达到了 5000 万元，并且还编造了假转让协议，故明显属于欺诈或诈骗。但从法律关系上加以认真分析却是应另当别论。

（一）Y 公司利用 C 公司 2.5 亿元资金购买 S 公司的股权，具有依约投资及经营管理性质

经查，2014 年 4 月 23 日，由 Y 公司出资 1000 万元注册成立了 C 市某某跨境科技有限公司，其后 C 公司陆续将 2.5 亿元打入了合资公司账户，再其后 Y 公司利用 C 公司的 2.5 亿元购买了 S 公司的股权。

根据《合作协议》第 3 条第 1.2.3 项的约定，C 公司投资了 2.5 亿元，"除行使或为保障本协议及附件项下的权利之外，不干预合资公司日常生产、经营活动"。而 Y 公司的义务则是：在 C 市注册成立公司，将原 S 公司及其子公司账户和结算放在 C 市，按 75%、25% 的比例设置股份、设立董事会；对 S 市公司并购、交割，将原 S 公司及其下属子公司全部变更为合资公司的全资子公司、负责"跨境电子商务结算中心"平台建设；负责平台的技术和维护、与海关电子口岸、外汇管理局、电子商务平台的技术对接；其经营要保证达到并购满一年，业务流水量达到 50 亿美元，五年内完成 IPO，否则根据《合作协议》第 3 条第 3 项之 4 ）、5 ）、6 ）及《补充协议》之第 4 条至第 6 条约定，在 Y 公司经营管理"合资公司"没有完成上述约定义务，其效益未能达到一年业务流水 50 亿美元和五年内完成 IPO 的情况下，要应 C 公司的要求无条件地用 2.5 亿元回购其股权及付当期利息。

由上可见，《合作协议》及其《补充协议》约定，C 公司的义务即出资 2.5 亿元投资"合资公司"，其在"合资公司"中除行使保障合同项下的权利之外，"不干预合资公司的日常生产、经营活动"，而其合同项下权利则是享

有公司 25% 的股权，并在公司经营未到达一年、五年的营利要求和上市时，保障其还本付息的利益。据此可以得出如下结论：

（1）用"合资公司"2.5 亿元"收购"S 公司股权，是 Y 公司依约行使的投资及经营管理行为，并不具有违约和违法性质。

（2）Y 公司通过使用"合资公司"2.5577 亿元收购 S 公司股权，先将股权按照《股权转让协议》于 2014 年 9 月过户到自己名下，然后根据《合作协议》及其《补充协议》将该股权于 2014 年 11 月 24 日由 Y 公司名下变更为合资公司名下，从而实现了将 C 公司 2.5 亿元投资款变更为"合资公司"25% 的股权的权益，并给予了可相应的保底还本付息的利益。

由上可见，通过 Y 公司一系列履行合作义务行为，实现了 C 公司在"并购"S 公司股权后的"合资公司"中占有 25% 的股权并以保本付息为保底的《合作协议》项下的合同权益。Y 公司的上述行为既没有违约，也没有违背 C 公司的真实意思与利益，亦不具有任何违法性，依法应受国家法律保护。

（二）Y 公司以 2.5577 亿元资金收购 S 公司 100% 的股权却谎称以 10 亿元并购，是否属于合同欺诈或诈骗问题

专家们指出，对此不应片面形式地看问题，而需要全面本质地看问题。

（1）Y 公司以 2.5577 亿元受让 S 公司 100% 的股权，是 Y 公司独享的商业机会、商业利益、商业秘密。

本论证意见之一（二）部分的论证阐明，根据《收购框架协议》和《股权转让协议》的上述相关规定，Y 公司用 2.5577 亿元受让 S 公司 100% 的股权是其依法获得的合同项下的商业机会、商业利益、商业秘密，依法是受国家法律保护的。该权益具有排他性为 Y 公司所独享，具有保密性，Y 公司具有保密的权利和责任。

（2）Y 公司根据《收购框架协议》和《股权转让协议》2.5577 亿元受让 S 公司 100% 的股权后，根据《合作协议》及其《补充协议》，作价 2.5 亿元将其 25% 的股权转让给 C 公司，实现了 C 公司合同项下的合法权益。

（3）Y 公司的有关负责人员 H 某某等为达到将所"低买"（受让）的 S 公司股权"高卖"（转让）给 C 公司的获利目的，以实现自己独享的商业机会、商业利益、商业秘密，而谎称是以 10 亿元受让了 S 公司的股权，这在本质上是一种商业运作获利的营销行为。至于其将受让后的 S 公司 100% 股权，以其 25% 作价 2.5 亿元转让给 C 公司是否具有公平、合理性，并不能以 H 某

某所谎称的以 S 公司 20 倍市盈率为标准，而应以 Y 公司受让 S 公司 100%的股权后，过户给"合资公司"的一年的净赢利的 20 倍市盈率为计算标准。由于 S 公司的 100%股权作价 2.5 亿元是被大大低估，对 Y 公司而言是"低买"，单是银行所颁发的四块牌照就有巨大的升值潜力，再加上 Y 公司及其负责人 L 某等的核心技术及管理优势，其"合资公司"股权大大升值的前景具有合理的期待性。因此，Y 公司将其预期作价 10 亿元并不为过。而且经查，"合资公司"由 Y 公司经营满一年来，"如果 Y 公司方经营的合资公司的业务流水量没有达到 50 亿美元"，则 C 公司就可要求 Y 公司回购股权而对 2.5 亿元返本付息，但 C 公司并没有要求回购，据此完全可以说 Y 公司其"合资公司"的满一年的纯赢利应完全达到和超过 5000 万元人民币（具体应以其财务报表数据为准），以此纯赢利乘以 20 倍的市盈率则完全达到和超过 10 亿元人民币。因此，Y 公司以 10 亿元人民币作价其受让的 100%股权，并以此作价 2.5 亿元将其 25%股权"高卖"转让给 C 公司，并没有失去应有的合理性而显失公平。

不然的话，Y 公司以 2.5577 亿元收购 S 公司的 100%股权，又以 2.5 亿元将其 100%股权转让给 C 公司，"高买低卖"，其通过《收购框架协议》所获取的商业机会、商业利益、商业秘密以及投入大量的人力物力、技术和经营管理应获得的利益如何体现？认为 Y 公司是以 2.5577 亿元受让了 S 公司的股权，而其中 2.5 亿元是利用了 C 公司的投资款，故该 100%股权就应归属 C 公司，就是不顾"受让"与"转让"两重法律关系的事实，完全抹杀了 Y 公司以 2.5577 亿元独立"受让"S 公司 100%股权的独享其转让合同项下的商业机会、商业利益、商业秘密，完全抹杀了 Y 公司投入资金、技术，独立经营管理"合资公司"所应获得的股权增值所应享有的权益，这是完全说不通的。

（4）专家们特别强调，如果说 Y 公司在"受让"与"转让"案涉股权过程中存在相应问题或不当的话，那就是其负责人员 H 某某等人在与 C 公司谈判过程中，"捏造了"以 10 亿元"并购"S 公司的 100%股权的事实，而掩盖了 Y 公司利用 2.5577 亿元受让了其 100%股权的事实，并又为此伪造了 S 公司前一年获净利 5000 万元的审计报告和收购协议。

专家们认为，这些事实反映，Y 公司及其相关负责人员在谈判过程中具有不必要欺诈成分，但这仅是属于"营销"中的问题，不属于合同签订和履行中的实质性欺诈问题。因为 Y 公司大可不必这样多此一举、画蛇添足，因为以多少资金"购买"股权这是自己的商业机会、商业利益、商业秘密问题；以什么样的价格转让自己的25%股权这是自己为实现上述权益而独享的权利问题。对于其"买价"本来是无可奉告的事，愿买愿卖是当事人自愿，且转让后的"合资公司"的一至五年及其上市公司的业绩反映，其以2.5亿元转让25%的股权，并不是被欺诈，更不是被诈骗。

专家们强调，如果将Y公司及其有关负责人在谈判"并购合作"事宜中的上述欺诈成分定性为合同欺诈行为、合同诈骗行为或诈骗行为，其民事法律关系上的后果只能是：根据《中华人民共和国民法通则》第58条第3项的规定，属于无效民事法律行为，同时根据该法第61条的规定，当事人应当返还财产，Y公司应将2.5亿元返还C公司，相应收回其25%的股权。

《中华人民共和国合同法》第54条第2款规定："一方以欺诈、胁迫的手段或者乘人之危，使对方在违背真实意思的情况下订立的合同，受损害方有权请求人民法院或者仲裁机构变更或者撤销。"第55条第1项规定，"具有撤销权的当事人自知道或者应当知道撤销事由之日起一年内没有行使撤销权"的，撤销权消灭。

《中华人民共和国民法总则》第148条规定："一方以欺诈手段，使对方在违背真实意思的情况下实施的民事法律行为，受欺诈方有权请求人民法院或者仲裁机构予以撤销。"第152条第1款第1项规定，"当事人自知道或者应当知道撤销事由之日起一年内、重大误解的当事人自知道或者应当知道撤销事由之日起三个月内没有行使撤销权"，撤销权消灭。

专家们指出，根据上述《合作协议》及其《补充协议》，如果认定因Y公司的欺诈，而C公司享有撤销权，那么其法律后果只能是：

其一，C公司如果在除斥期间未行使撤销权，其撤销权归入消灭，而案涉公司应按有效合同处理。

其二，C公司如果依法行使了撤销权，其撤销权被认定为合法有效，那么，就使上述合同溯及既往地消灭了合同项下的权利、义务，依法只能返还财产、恢复原状。

据上，将案涉合同按合同欺诈或合同诈骗、诈骗罪来处理，势必会使《合作协议》及其《补充协议》归于撤销或无效，其后果是根本违背各方当事人意愿的，其法律效果和社会效果也都是破坏性的，也是违背事实、法律，依法不能成立的。

四、本案 C 公司没有受到任何财产损失，不具有受害人和被害人的法律属性

经查，C 公司依据《合作协议》及其《补充协议》，共向"合资公司"投资 2.5 亿元，同时获得了该公司 25% 的股权。并依据上述协议，2016 年 8、9 月份，Y 公司出资 1.35 亿元回购了其 50% 的股权；2016 年 9 月，该"合资公司"境外清结业务剥离后更名"IBS 香港"，在香港借壳上市，后简称"IBS 控股"；2016 年 11 月；Y 公司在"IBS 控股"定向增发过程中向 C 公司赠股 6.5 亿股，当时价值约 10 亿元，这样再加上其剩余股份部分市值达到 6 至 7 亿元，二者共计市值为 16 亿元以上。案发前"合资公司"的跨境结算平台已与立陶宛、吉布提、阿联酋、泰国、哈萨克斯坦、土耳其、欧洲央行等多方签订框架协议，多家中外资本打算收购"合资公司"的部分股权，"合资公司"股权保值增值的发展强势十分明显。由此可见，C 公司依约投资"合资公司"2.5 亿元，不仅在合同约定上有保底条款保证了其不受任何损失，而且还保证了其有权获得股权增值的最大利益。并且，在合同的实际履行中，由于 Y 公司的资金、技术的不断投入，其经营管理、运营的卓有成效，特别是将境外结算业务在香港上市，并在世界各地推广，使得 C 公司投资的 2.5 亿元不仅没有受到任何损失，而且大大增值，如果不受案发影响，其增值已达 15 倍以上。

C 公司依约投资 2.5 亿元不仅没受任何损失，而且达到了保值（其 1.35 亿元被回购返还）、增值（其 1.15 亿元仅境外上市部分就增值到市值 16 亿元以上）的收益效果。故其在民事上不具有受民事欺诈被损害权益的民事受害人的资格与条件，在刑事上也不具有被诈骗而其财产被非法侵占的被害人的资格和条件。

一个刑事诈骗案件，连民事受害的损失都没有，更不存在财产被他人刑事诈骗非法占为己有，财产没有损失，没有受害人、被害人，指控诈骗犯罪怎么能成立？

五、案涉犯罪嫌疑人并不构成诈骗罪

（一）案涉犯罪嫌疑人并没有实质性的欺诈行为

根据上述分析，专家们指出，案涉犯罪嫌疑人在合同签订履行过程中，对于购买 S 公司股权实际用款数额及其依据，具有一定的欺诈性，但该欺诈性并不具有实质性的欺诈性，更不具有实质性欺诈犯罪的诈骗性，在法律上连案涉所有民事合同的有效性都不影响；退一步讲，即使按民事欺诈来认定，当事人也过了行使撤销权的除斥期间，即应视为放弃了撤销权，案涉合同也都应按有效合同来对待。

（二）案涉犯罪嫌疑人并没有将 C 公司的 2.5 亿元的任何财产占为己有

（1）如上所述，Y 公司利用 2.5577 亿元购买 S 公司股权具有依约投资、经营管理的性质，并不构成侵权。

（2）将 75% 的股权折价 1.860 75 亿元作为犯罪嫌疑人的诈骗数额，亦为明显错误。因为其 2.5 亿元作为债权投资，其中的 1.35 亿元也早已回购给对方，余下的折为股权亦已保值升值。

（3）将 Y 公司用 2.5577 亿元收购 S 公司 100% 的股权，认定为该 100% 的股权应归属 C 公司，没有事实法律依据。

其一，C 公司只投资 2.5 亿元，而 Y 公司收购款为 2.5577 亿元。

其二，用 2.5577 亿元购买 S 公司的 100% 股权是 Y 公司的商业机会、商业利益和商业秘密，该权益为 Y 公司所专有、独享。认定应将 100% 的股权归属 C 公司，就是完全抹杀了 Y 公司的上述专享权益。

其三，Y 公司将自己所持有的 S 公司的 100% 股权，过户到"合资公司"的名下，并依约使 C 公司获得 25% 的股权，应视为履行合同中的股权转让行为，其按估价 10 亿元股权价值，用 2.5 亿元转让其中 25% 的股权，具有重估价值的合理性，该合理性亦为转让后的"合资公司"一年后的业绩所证实。

（三）C 公司不具有民事受害人和刑事被害人的法律地位

如上所述，C 公司投资 2.5 亿元不仅没有受到任何损失，而且得到了保值、增值的经济效益，C 公司不具有受民事欺诈和刑事诈骗其财产受到损失和侵占的民事受害人和刑事被害人的法律地位和资格。

综上所述，在各方合作办理"合资公司"的过程中，尽管 Y 公司的有关负责人员，有一点欺诈情节，但这种欺诈并不属于本质性、根本性的，连民事欺诈都构不成，即使是民事欺诈，当事人也没有行使撤销权，怎么就成了刑事诈骗？Y 公司抓住商机以 2.5577 亿元买了 S 公司 100% 的股权，以 2.5 亿元将 25% 的股权转卖给 C 公司，这是合理的商业营销行为，低价买是商机，高价卖是获利，又不是民事欺诈、显失公平，合同有效，又没有被撤销，且实际效果是 C 公司不仅没有受损失，而且是保值、增值，赚大了，如此来看，C 公司不是民事受害人也不是刑事被害人，诈骗犯罪怎么能构成呢？

六、本案应当如何处理

专家们指出，本案充其量是存在一定民事纠纷，但决不属于刑事犯罪，而以刑事案件介入就干涉了企业的自主经营，这种介入已经造成了企业的严重损失和无罪人受到了刑事追究，如果再错误地追究下去，最后造成错案，该"合资企业"也会遭受解体和不可挽回的严重损失。

鉴于案涉"合资企业"在自主经营中发挥了良好的经济、社会效益；鉴于该企业在"一带一路"倡议建设中已经发挥，并可进一步发挥其重要的促进作用；鉴于该企业负责人所掌握的专业核心技术、业务在该企业中的不可替代性；鉴于党中央、国务院及最高人民法院、最高人民检察院三令五申大力同等保护国有和民营企业的合法权益在司法中不受非法侵害的规定精神；鉴于案涉犯罪嫌疑人不具有民事违法性和刑事可罚性；根据我国《刑事诉讼法》保障人权，保障无罪人不受刑事追究的原则规定，专家们一致建议，本案应作不起诉处理，如已经起诉，则应作无罪判决处理。

以上意见供参考。

箴言刍议

本案论证的核心要义是厘清案涉民事法律关系。与其说是论证案涉指控的诈骗犯罪是否依法成立，不如说实质是论证案涉"合作协议"是否合法有效，是否构成民事欺诈问题。如果说连民事欺诈都构不成，何谈构成诈骗犯罪？

分析民事法律问题，首要的是抓住法律关系这个纲。法律关系是个纲，只有纲举目才张。在本案中，主要的民事法律关系有两种：一是并购合同法律关系，二是合作协议法律关系，核心问题是 Y 公司并购 S 公司 100% 的股权和 Y 公司转让 25% 的股权给 C 公司，合同是否合法有效。关键在于其并购行为为 Y 公司独立行为，还是与 C 公司的合作行为。如果是前者，则一切合法有效，因为 Y 公司独立并购了 S 公司的 100% 股权后，其有权将其 25% 的股权转让给 C 公司；反之，如果是后者，则是 Y 公司对 C 公司在并购价格问题上，捏造事实、隐瞒真相，将以 2.557 亿元价格共同并购的 S 公司 100% 的股权，以 2.5 亿元的价格将其 25% 的股权"转让"给了 C 公司，不仅在民事上构成欺诈，而且在刑事上也构成了诈骗犯罪。但经严格审查，证据证明属于前者而不属于后者。其关键证据证明有二：一是并购协议的并购主体为 Y 公司，而不是 Y 公司和 C 公司共同并购，且并购事项约定为保密事项；二是 Y 公司将 S 公司 100% 的股权过户到自己公司名下在先，将其中 25% 的股权协议转让给 C 公司在后。这样就足以证明，两种法律关系虽有前后联系但各自独立，均合法有效；Y 公司以 2.557 亿元而谎称以 10 亿元并购 S 公司 100% 的股权，以达到以 C 公司 2.5 亿元转让其 25% 股权的目的，表面上看是 Y 公司拿了 C 公司 2.5 亿元，以 2.557 亿元并购了 S 公司 100% 的股权，却只给了 C 公司 25% 的股权，实为诈骗；而实质上，这只是一种不诚实的营销行为，虽有一定的欺诈性，但结合该股权的真实估价和升值空间及并购后实际上大大升值的情况，故可以和应当评价其转让为有瑕疵的合法行为，连民事欺诈都构不成，更遑论构成诈骗犯罪了。综合这一切，本案没有被害人，C 公司没有损失，还赚大了，怎么能是诈骗犯罪呢？

本案是刑民交叉案件，有相当的复杂性，且犯罪嫌疑人确实在买卖 S 公司股权的价格问题上有伪造事实、隐瞒真相行为，明明是花了 2.557 亿元却谎称是花了 10 亿元买了 100% 的股权，而却将 25% 的股权转手卖了 2.5 亿元。这些看起来，很像是诈骗犯罪，如果不是从民事法律关系入手，层层剥丝抽茧，有理有据地分析到位，有无以辩驳的说理性，即使是权威专家们的论证结论，也是很难被司法机关接受的。

本案在审查起诉阶段，检察机关接受了专家们的论证意见，对犯罪嫌疑人作出了不起诉的决定，画上了一个圆满的句号，这是法治的胜利，应对该检察院了不起的负责和担当精神点个大大的赞！

18. W 某某构成合同诈骗罪吗？

论证要旨

其一，案中没有证据证明犯罪嫌疑人 W 某某的案涉行为，具有最高人民法院《关于审理诈骗案件具体应用法律的若干问题的解释》（已失效）第 2 条所规定的，具有属于以非法占有为目的，利用经济合同进行诈骗的法定情形之一。

其二，王某某报案称，W 某某通过伪造煤炭现场，提供虚假地质勘探数据报告的方式诱使自己与其签订《灭火工程合作施工协议书》后，诈骗其 6600 万元和 1710 万元人民币资金。该报案"情况"与事实不符，也没有任何事实证据支持。

其三，王某某前期与 W 某某及其某某公司合作所投入的施工款 6600 万元和 1710 万元人民币，已经经协议合法按比例转化为其在中某投资有限责任公司的股权，并已办理了工商变更登记等相关手续，王某某的财产并没有被 W 某某非法占为己有。

其四，合同当事人不能以合同诈骗为名将合同履行中的风险转嫁到合同相对方身上。

案情简介

W 某某涉嫌合同诈骗犯罪的事实经过：

根据委托方提供的事实材料，专家们将本案 W 某某涉嫌合同诈骗犯罪的事实经过概括如下：

2011 年，某某市政府为了发展地方经济，与美国某某飞机制造有限公司签订协议引进直升机制造项目，根据当地招商引资政策，政府会给相应的投资方按投资额比例配置灭火工程煤炭资源。之后，内蒙古某某投资集团有限责任公司（以下简称"某某公司"）与某某市和某某区两级政府、某某（亚洲）直升机有限公司签署合作协议参与直升机制造项目，协议约定某某公司在直升机项目占 30% 的股份，在资源开发方面占 51% 的股份。同时，某某直升机公司与某某公司签订协议，明确将政府配置的 5000 万吨灭火工程煤炭资源配置到某某公司名下。

2011 年 9 月 21 日，当地政府就该直升机项目配置 5000 万吨灭火工程煤炭资源，批准某某公司在公共煤田火区开展前期勘探工作。政府给某某公司划定 25.9868 平方公里某某公共煤田火区。某某公司拿到政府批文后于 2011 年 9 月 28 日与报案人王某某签订了《合作施工协议书》，约定双方对其中的 1000 亩灭火工程进行合作施工，某某公司负责办手续取得政府批文，王某某方负责施工开采。王某某需前期支付某某公司 6600 万元人民币，剩余款项从售煤款中扣除。此外，某某公司实际控制人 W 某某将其个人所有的某某煤矿灭火工程中的 300 亩，于 2012 年 1 月 11 日以某某公司名义与王某某、李某签订了《合作施工协议书》，王某某前期支付 1710 万元人民币。由于开工上报手续繁琐、审批难度大等诸多原因，双方未按期办理手续并开工，某某公司涉及退还王某某支付的前期预付款项。王某某及与其类似的投资人因看好直升机项目及政府配置煤炭资源的前景，主动提出将其前期支付某某公司或 W 某某的资金，以债转股的形式，按比例置换某某公司在某某飞机项目的 30% 股权。经过多次共同友好协商后，王某某与多名合作施工方组建成某某市中金投资有限责任公司，通过债转股形式将凯创公司持有的某某直升机制造公司 30% 的股份，转为某某市中金投资有限责任公司所有，其中王某某和其他合作方按《合作施工协议书》中的债权分别按比例占有公司股份，并办理了相关工商变更登记手续。在此期间，王某某因看好项目发展前景，后续不断收购其他人的股权，并追加股权投资 8000 多万元人民币，其股权份额从 6% 升至 18.22%，其本人成为公司第二大股东兼副董事长。

由于国家环保政策调整、政府领导调任等多种因素导致当地政府配煤审批手续缓慢，煤炭资源至今未配置到位。王某某认为政府配置煤田无法实现，于 2018 年 12 月 20 日向某某市某某公安分局报案，称某某公司实际控制人 W 某某以伪造煤炭现场、提供虚假勘探数据报告的方式诱骗其签订灭火工程合作协议骗其 6600 万元和 1710 万元人民币。某某公安局即以此为由立案后将 W 某某刑事拘留 30 天，W 某某通过其代表徐某某与王某某签订还款协议并支付了 2000 多万元人民币后被取保候审。关于王某某提出勘探报告和政府文件虚假的问题，2020 年 1 月，某某公司重新委托勘探公司对矿区进行补充勘探，勘探报告数据与 2011 年勘探报告数据基本一致。W 某某目前仍在取保候审过程中。

论证意见

中国政法大学法律应用研究中心接受委托，经审查认为符合接受委托代为组织专家论证提供法律帮助的条件，决定立项，并于 2020 年 9 月 19 日在京召开了专家论证会，与会五名刑事法律专家会前审阅了论证所依据的事实材料，会上就相关事实证据问题向承办律师进行了质询，经认真研究、讨论，形成如下一致法律意见，即根据现有事实材料，依据我国法律，被告人 W 某某并不构成合同诈骗罪。

专家们严肃指出，本案的要害在于正确划清罪与非罪的界限，而唯其如此，才能做到切实保障无罪人不受刑事追究，有罪人罚当其罪，以真正达到不枉不纵的刑事诉讼公平正义的目标在本司法案件中得以实现。而要做到这一点，就要从实事求是的指导思想出发，对本案事实作具体分析，以防形式主义地看问题，机械套用法条及其解释，混淆罪与非罪的界限，使无罪人受到刑事追究。

现将专家意见依据的事实理由，具体论证如下：

合同诈骗罪是《中华人民共和国刑法》第 224 条规定的罪名，是指以非法占有为目的，在签订、履行合同过程中，采取虚构事实或者隐瞒真相等欺骗手段，骗取对方当事人的财物，数额较大的行为。

最高人民法院《关于审理诈骗案件具体应用法律的若干问题的解释》（以下简称《解释》，已失效，下同）第 2 条规定："……行为人具有下列情形之一的，应认定其行为属于以非法占有为目的，利用经济合同进行诈骗：（一）明知没有履行合同的能力或者有效的担保，采取下列欺骗手段与他人签订合同，骗取财物数额较大并造成较大损失的：1、虚构主体；2、冒用他人名义；3、使用伪造、变造或者无效的单据、介绍信、印章或者其他证明文件的；4、隐瞒真相，使用明知不能兑现的票据或者其他结算凭证作为合同履行担保的；5、隐瞒真相，使用明知不符合担保条件的抵押物、债权文书等作为合同履行担保的；6、使用其他欺骗手段使对方交付款、物的。（二）合同签订后携带对方当事人交付的货物、货款、预付款或者定金、保证金等担保合同履行的财产逃跑的；（三）挥霍对方当事人交付的货物、货款、预付款或者定金、保证金等担保合同履行的财产，致使上述款物无法返还的；（四）使用对方当事人交付的货物、货款、预付款或者定金、保证金等担保合同履行的财产进行违法犯罪活动，致使上述款物无法返还的；（五）隐匿合同货物、货款、预付款或者定金、保证金等担保合同履行的财产，拒不返还的；（六）合同签订后，以支付部分货款，开始履行合同为诱饵，骗取全部货物后，在合同规定的期限内或者双方另行约定的付款期限内，无正当理由拒不支付其余货款的。"

专家们认为，W 某某的行为并不具有法律规定和司法解释规定的合同诈骗犯罪的法定特征。具体事实理由如下：

一、案中没有证据证明犯罪嫌疑人 W 某某的案涉行为，具有《解释》第 2 条所规定的，应认定为具有属于以非法占有为目的，利用经济合同进行诈骗的法定情形之一

W 某某行为与《解释》第 2 条第（一）项第 1 至第 5 点、第（二）至（六）项规定的情况明显无涉，对此无需论述。

需要指出的是，W 某某是否具有属于第（一）项第 6 点规定的情形。该规定的情形是属于除其第 1 至 5 点之外的，明知没有履行合同的能力或者有效的担保，采取其他欺骗手段与他人签订合同，骗取财物数额较大并造成较大损失的情形；但案中也没有证据证明案涉合同是建立在 W 某某"明知没有履行合同的能力"和相对方为此而受骗的基础之上。

案中证据证明：

（一）W 某某签订案涉行为，是建立在与当地政府所签合同和对政府行为的信赖保护基础之上的

（1）在与相对方签订合同之前，2011 年 9 月 12 日，W 某某的某某公司与某某市区两级人民政府和某某（亚洲）直升机有限公司签订了《合作协议书》，协议约定某某公司在直升机项目占 30% 的股份，在资源开发方面占 51% 的股份；且当日又与某某（亚洲）直升机有限公司签订了《补充协议》，协议约定将政府配置的 3000 万吨至 5000 万吨灭火工程煤炭资源配置到某某公司名下。

（2）2011 年 9 月 21 日，某某市人民政府通知某某区人民政府，批准某某公司就 5000 万吨灭火工程煤炭资源开展前期勘探工作。

（3）2011 年 9 月 28 日，某某公司作为甲方与王某某签订《合作施工协议书》，约定双方对甲方划定的 1000 亩灭火工程进行合作施工，作价 2.2 亿元人民币，由乙方王某某施工开采。

（4）2012 年 2 月 24 日，某某市人民政府与某某市某某直升机投资有限公司签订互诺书，企业承诺实施直升机生产项目，总投资 10 亿元人民币，当年投资 1.9 亿元人民币，年内完成一期厂房封顶及配套基础设施。市政府承诺本年度土地指标 20 公顷，配置煤炭资源 0.5 亿吨灭火工程。

由上可见，W 某某公司与王某某签订合同，是建立在与某某市的市、区两级政府和某某公司所签协议，和有两级政府支持和事后市政府承诺履行合同的政府信赖保障的基础之上，W 某某当时不可能是"明知"该合同不能履行，"明知"相对方的合同目的不能实现。

（二）没有证据证明合同相对方王某某是基于受 W 某某欺骗而签订的该合同

2011 年 9 月 28 日，王某某与某某公司签订的《合作施工协议书》前言明确记载："甲方在某某市某某区域有政府配置的灭火工程煤炭资源 3000 万吨至 5000 万吨。为加快灭火工程进度，乙方了解有关情况后愿意与甲方合作共同施工。甲、乙双方经友好协商达成以下协议。"

由上证明，王某某签订该合同，是建立在对某某公司与某某市两级政府和某某（亚洲）直升机公司签订上述合同和政府批准实施工程及承诺保障合同有效履行的充分了解的基础之上，而不是受了 W 某某的某种欺骗行为签订合同的。

二、王某某报案所称"事实"，没有任何事实、证据依据

王某某报案称，某某公司董事长 W 某某通过伪造煤炭现场，提供虚假地质勘探数据报告的方式诱使自己与其签订《灭火工程合作施工协议书》后，诈骗其 6600 万元和 1710 万元人民币资金。该报案"情况"与事实不符，也没有任何事实证据支持。其理由如下：

其一，如上所述，在其签订的该协议书前言中，有明确记载，王某某是在对相关合同的内容和政府机构承诺的信赖保障的充分了解的基础之上，是对相关事情经过和发展状态完全清楚的情况下签订合同，而不是基于 W 某某对其的欺骗行为而签订合同的。

其二，该报案所称"事实"完全不合情理且违背客观事实。

一是，王某某仅凭W某某"伪造煤炭现场"和"提供虚假地质勘探数据报告"就与W某某公司签订2.2亿元人民币的合同，并实际支付了6600万元人民币，自愿支付如此巨大的资金，完全不合情理，且与其所签合同的前言记载内容根本矛盾。

二是，在该协议中，某某公司承诺的是"每亩煤炭储量不少于4000吨，合作灭火剥离区煤炭归乙方所有，如遇到无煤区，经双方共同测量认定后，由甲方补偿给乙方同等亩数"。该约定是双方分成的基础，而不是签约基础；而且该协议也不是以W某某所提供的"勘探数据报告"为基础签订的。

三是，2020年1月，某某公司重新委托勘探公司对矿区进行勘探，勘探报告数据与2011年勘探报告数据基本一致。经调查，相关钻探资料、项目建设和政府文件都是真实的，无证据证明W某某的签约行为存在王某某报案所称的"捏造事实、隐瞒真相"的诈骗行为。

四是，当时其他股东和王某某都到过政府配置某某区裸露煤炭现场，证明该煤炭现场并非伪造，该现场现在和当时都在某某公司名下，并且有相关图像坐标在案证明。

五是，关于W某某自有某某煤矿300亩灭火工程收取王某某1710元人民币，有相关自治区煤炭工业局（某煤局字［2012］85号）及某某市人民政府（某府函［2012］348号）批复文件证明真实有效。中某投资有限责任公司成立后，W某某退还了王某某1710万元人民币本金和利息770万元人民币，共计2480万元人民币。W某某用中某投资有限责任公司4%的股权折价抵顶给王某某，并在工商部门办理了变更手续。

可见，王某某报案所称W某某的诈骗事实，完全是子虚乌有。

三、王某某的财产并没有被W某某非法占为己有

经审查，2011年9月28日，王某某与W某某的某某公司签订了《合作施工协议书》，随后王某某向某某公司支付了6600万元人民币。

其后，王某某等人为解决其投资问题并看好该工程项目前景，与其他合作人计划，用前期支付给某某公司的资金以及支付给W某某个人的资金，置换某某公司在某某飞机项目30%的股权。经多次共同协商后，由多名合作施工方组建成某某市中某投资有限责任公司，取代某某公司持有的某某直升机

制造公司 30% 的股份，王某某和其他合作方均按照《合作施工协议书》中的债权分别按比例占有公司股份，并办理了债转股的工商登记等相关手续。

2012 年 5 月 12 日，美某投资基金有限公司、某某市某某直升机投资有限公司、某某市中某投资有限责任公司、某公司四家公司共同签订《项目合作协议》，协议明确某某市某某直升机投资有限公司同意某某公司将股权转让给某某市中某投资有限责任公司。某某公司前期与市政府及某某直升机制造产业园项目的合作协议中的全部权利义务转让给中某投资有限责任公司。之后，某某直升机制造公司（占 30% 股份）的股东某某公司，变更为某某市中某投资有限责任公司，并已办理了工商变更登记等相关手续。

至此，王某某前期与 W 某某及其某某公司合作所投入的施工款 6600 万元和 1710 万元人民币，已经按比例转化为其在中某投资有限责任公司的股权，其在该公司的权利义务，已经以上述《项目合作协议》的合同形式加以规定，具有国家保障的法律效力；其在该公司的权益保障、义务履行和风险承担，与 W 某某本人及其某某公司无关。

由上可见，王某某前期投入的 6600 万元和 1710 万元人民币，已经依法转化为某某市中某投资有限责任公司的相应股权，并没有受到任何损失，更没有被 W 某某非法占为己有。

四、合同当事人不能以合同诈骗为名将合同履行中的风险转嫁到合同相对方身上

专家们指出，本案明显属于正常的投资行为。在王某某的前期投资款已合法转化为其在某某市中某投资有限责任公司的股权之后，其债权因已经转化为股权而灭失。即使该项目实施过程中存在一定的风险，但其一，那也是合同履行中的风险责任化解与承担问题，属于合同争议或纠纷解决问题，应通过合同约定的争议解决方式，而不属于通过刑事手段解决的问题；其二，即使是解决风险问题，那也已经与 W 某某及其原某某公司无关。在此种情况下，当事人通过向公安机关报案，由公安机关插手解决经济纠纷，并追究某某公司 W 某某的刑事责任，是毫无事实和法律依据的，也是中央明确及公安司法机关三令五申严格禁止的行为。

鉴于王某某与 W 某某已经对案涉民事争议问题达成了和解协议并已部分实际履行（无论该协议是否合法有效），案涉民事争议也已不复存在，相关刑

事报案也就没有任何法律意义了；协议是否继续履行，也不是可由公安机关越俎代庖解决的问题。

为此，专家们提出，对本案相关立案机关，应当作撤销案件处理。

以上意见供参考。

替言刍议

这是一起典型的"民转刑"的案件。其刑事案件的控告人是民事合同的一方当事人，其控告的犯罪嫌疑人是民事合同的相对方当事人，其控告的目的不在于追究相对方的刑事责任，而是转移民事合同签订和履行的法律风险。此所谓"以刑代民"。民事合同有利可赚就认为合法有效，发生了法律风险，就告你合同诈骗，这就是有些民事当事人的惯用手段。

现在有一个热门的探讨话题，叫作"刑民交叉案件难题"，我们的专家论证经验似乎可以概括为：

其一，"先民后刑"，即先要把民事问题厘清。

其二，"民事抓纲"，即要抓住民事法律关系合法有效性这个"牛鼻子"。所谓"法律关系是个纲，只有纲举目才张"。

其三，"刑事要抓要"，要抓主要事实，即要抓主要矛盾，抓基本问题，即以"基本事实、基本证据、基本法律"这三个"基本"，以划清"四个界限"问题。

"三个基本"，就是关乎划清"四个界限"的问题，即关乎划清罪与非罪、此罪与彼罪、罚与不罚、此罚与彼罚的界限的事实、证据和法律问题。

用"三个基本"划清"四个界限"，这是权威专家对刑事案件法律应用的最根本的经验。

余以为，以上就是权威专家根据以往对"民刑交叉"案件论证的经验体会提出来的，以供参考。

19. Y 某某涉嫌合同诈骗犯罪的启示

论证要旨

其一，犯罪嫌疑人 Y 某某已构成合同诈骗犯罪。

其事实根据是：

1. 根据论证所依据的事实材料，Y 某某在签订、履行本案所涉《借款协议》等合同过程中，采取了虚构事实或者隐瞒真相等欺骗手段。

2. 借款到期后，Y 某某以各种借口不予归还借款。

其二，Y 某某被羁押后退还 3000 万元借款属于退赃行为，不能作为无罪或减轻处罚事由或情节对待。

其三，要妥当处理对犯罪嫌疑人 Y 某某的强制措施和案涉举报人的实名举报问题。

案情简介

犯罪嫌疑人 Y 某某伪造了企业年产值"8 亿余元"的事实，隐瞒了该公司负资产 4.5 亿元以上，公司无力还款的事实，并伪造了股东会决议，以虚假的公司 80% 的股权进行抵押，以此使被害人某某俱乐部有限公司产生了误认，与其签订了借款 3000 万元合同。借款到期后，Y 某某以各种借口不予归还借款。经北京市公安局某某区分局侦查，依法决定对 Y 某某予以逮捕，并进行网上通缉。归案后，Y 某某归还了 3000 万元借款，被改变了强制措施，而取保候审。

论证意见

中国政法大学法律应用研究中心接受委托，就委托单位委托的事项，于 2018 年 10 月 27 日在北京召开了专家论证会，与会五名刑事法学专家，认真审阅本案相关事实材料，询问委托方有关事实、证据的重要情节，严格根据相关事实材料和法律规定，经认真讨论、研究，形成如下一致法律意见。

一、关于 Y 某某是否构成合同诈骗犯罪问题

专家们认为，Y 某某已构成合同诈骗罪。

根据《中华人民共和国刑法》（以下简称《刑法》）第 224 条的规定，合同诈骗罪是指以非法占有为目的，在签订、履行合同过程中，采取虚构事实或者隐瞒真相等欺骗手段，骗取对方当事人财物，数额较大的行为。

（一）根据论证所依据的事实材料，Y 某某在签订、履行本案所涉《借款协议》等合同过程中，采取了如下虚构事实或者隐瞒真相等欺骗手段

1. 伪造企业年产值"8 亿余元"的事实

（1）在 2014 年 9 月 11 日签订的《借款协议》第 1 条中，Y 某某谎称其某某包装股份有限公司（以下简称"该公司"）"年产值达 8 亿余元"。

（2）为了达到诈骗目的，2013 年 4 月 8 日和 2014 年 4 月 3 日，Y 某某控制下的某某实业（集团）有限公司和该公司通过非法手段让某某会计师事务所出具了编号为"某某注审字〔2014〕070 号"和编号为"某某注审字〔2014〕090 号"年产值 16.85 亿元和 8.23 亿元的两份虚假审计报告。

2. 隐瞒了该公司负资产 4.5 亿元以上的事实

经查，该公司在签订涉案《借款协议》时，北京某某会计师事务所有限公司作出《关于 Y 某某控制的某某实业（集团）有限公司等 20 家企业执行商定程序的专项审计报告》（中守审字〔2017〕第 010301 号）："截至 2014 年 10 月 31 日，该公司实际净资产为 -45 118.32 万元，如果有新资料出现，资不抵债的程度可能会更趋严重。"

3. 伪造股东会决议，以虚假的公司 80% 的股权抵押

（1）伪造股东会决议。

经查，Y 某某为借款提供的"股东会决议"（标注日期：2014 年 9 月 10 日），经鉴定，公司公章是假公章，两名股东签名亦非本人所签。因此，这份"股东会决议"是虚假的。该"股东会决议"载明："同意公司向某某俱乐部有限公司所借叁仟万元超过两年仍然无法全部归还本金及利息的情况下，则自愿将所持有的的公司股权的 80% 无偿转让给某某俱乐部有限公司。"

（2）掩盖该公司的全部股权在 2014 年 9 月 11 日签订《借款协议》之前的 2014 年 6 月 26 日已被查封冻结 245% 的事实。

根据该公司于 2012 年 4 月 10 日修正的章程第 11 条的规定，该公司发起人为（股东）周某某、薛某某，其中周某某认购的股份数为 7700 万股（占股比例 55%），薛某某为 6300 万股（占股比例 45%）。通过查询原国家工商总局网站发现，2014 年 6 月 26 日，该公司发起人（股东）周某某的 7700 万股累计已被江苏省某某市人民法院全部冻结 2 次（冻结案号［2014］某商初字第 523 号、第 524 号），薛某某的 6300 万股累计已被江苏省某某市人民法院全部冻结了 3 次（冻结案号［2014］某商初字第 535 号、第 523 号、第 524 号），公司全部股权冻结比例达 245%。

如下图：

冻结时间	案号	执行法院	被执行人	冻结股份数额（万股）	公示日期	冻结期限至	是否与某某俱乐部有限公司签订合同之前被冻结
2014 年 6 月 27 日	［2014］某商初字第 535 号	某某省某某市人民法院	薛某某	6300	2014 年 6 月 27 日	2015 年 6 月 26 日	是
2014 年 6 月 27 日	［2014］某商初字第 523 号	某某省某某市人民法院	薛某某	6300	2014 年 6 月 27 日	2015 年 6 月 26 日	是
2014 年 6 月 27 日	［2014］某商初字第 523 号	某某省某某市人民法院	周某某	7700	2014 年 6 月 27 日	2015 年 6 月 26 日	是
2014 年 6 月 27 日	［2014］某商初字第 524 号	某某省某某市人民法院	周某某	7700	2014 年 6 月 27 日	2015 年 6 月 26 日	是
2014 年 6 月 27 日	［2014］某商初字第 524 号	某某省某某市人民法院	薛某某	6300	2014 年 6 月 27 日	2015 年 6 月 26 日	是
2014 年 9 月 26 日	［2014］某民二初字第 00532 号	某某市中级人民法院	薛某某	6300	2014 年 9 月 26 日	2016 年 9 月 25 日	否

冻结时间	案号	执行法院	被执行人	冻结股份数额（万股）	公示日	冻结期限至	是否与某某俱乐部有限公司签订合同之前被冻结
2014 年 9 月 26 日	［2014］某民二初字第 00532 号	某某市中级人民法院	周某某	7700	2014 年 9 月 26 日	2016 年 9 月 25 日	否

4. 伪造《授权委托书》

经鉴定，Y 某某代表某某包装股份有限公司签订《借款协议》的授权委托书（标注日期：2014 年 9 月 10 日）是虚假的，其中法定代表人签字经北京市某某司法鉴定中心《鉴定书》（京某司鉴［文］字［2017］第 625 号）鉴定并非本人所签。

5.《借款协议》上加盖的公司印章经北京市某某司法鉴定中心《鉴定文书》（京某司鉴［文］字［2018］第 407 号）鉴定为虚假

根据以上情况，专家们认为，Y 某某如果不虚构上述事实和隐瞒上述真相，被害方是不可能出借给他 3000 万元的。

（二）借款到期后，Y 某某以各种借口不予归还借款

（1）Y 某某先是以与被害人签订《还款协议》为借口，不履行《借款协议》的还款义务，被害方联系 Y 某某对其他人相关借款不还的"套路"，有充分根据认为，这是他拒不归还借款，并企图将诈骗行为演变为经济纠纷的手段。

（2）Y 某某第一次被公安机关羁押取保之后，与其控制的关联公司人员伪造《收购协议》，以此将提供的 3000 万元还款作为该公司还款，以证明该公司有还款能力。

之所以认为该《收购协议》系伪造，基于以下六个方面基本事实：

一是，《收购协议》签订前并未对被收购对象进行审计和资产评估。

二是，《收购协议》标注的签订时间是 2016 年 8 月 30 日，而代表某某集团公司在《收购协议》上签字的梁某却在 2018 年 1 月 9 日给警方所做的笔录中陈述，《收购协议》是 Y 某某于 2016 年 11 月取保释放后才提出签订的，前后时间相差 2 个多月。因此，所谓的《收购协议》及其"收购项目"明显存

在作假。

三是，《收购协议》签订后，《收购协议》也并未有实际履行，且经查，截至 2018 年 10 月 30 日，被收购对象亦未办理股权变更登记手续。

四是，北京某某会计师事务所有限公司所作的专项审计报告称被收购对象"截至 2014 年 10 月 31 日""实际净资产为 -45118.32 万元，如果有新资料出现，资不抵债的程度可能更趋严重"。在此种情况下，其关联收购公司不可能不知悉，真正签订这样的《收购协议》无异于背上无法承受的债务包袱，这显然是不可能的。

五是，《收购协议》没有关于对被收购对象的债权债务承继的重要条款，这显然是不正常的。

六是，某某集团公司总裁曹某某在与某某俱乐部有限公司赵某的电话（北京市某某公证处已录音公证，公证书号为［2018］京某某内经证字第 38683 号）中承认，根本就没有某某集团公司用 9100 万元收购安徽某某三家汽车销售公司之事，如果真有 9100 万元这么大的收购项目，某某集团一定要召开正式的董事会会议研究才能决定。

根据以上情况，专家们认为，如果 Y 某某不被公安机关羁押，他是不可能以此偿还 3000 万元借款的，而其以此方式偿还借款的目的，无外乎是企图将其合同诈骗行为演变为经济纠纷行为。

基于以上两方面基本分析意见，即如果 Y 某某不是采取上列诈骗行为，被害人是不可能出借其 3000 万元借款的；如果 Y 某某不被公安机关采取羁押的强制措施，其是不可能以此归还 3000 万元借款的，据此，专家们认为，Y 某某的行为已具备《刑法》第 224 条的犯罪构成要件，构成了合同诈骗犯罪。

（三）公安机关立案侦查、检察机关审查起诉及其采取的强制措施，也印证了 Y 某某构成了合同诈骗犯罪

经查，对于被害人的举报，2016 年 1 月 25 日，北京市公安局某某分局作出立案决定书（京公某经立字［2016］000077 号）；2016 年 9 月 16 日，北京市公安局某某分局正式批准拘留 Y 某某（京公某拘字［2016］003116 号）；2016 年 10 月 13 日，Y 某某确认收到拘留证，被某某区看守所拘留（京公某拘字［2016］003116 号）；2016 年 11 月 11 日，北京市公安局某某分局对 Y 某某作出取保候审决定书（京公某取保字［2016］001708 号）；2017 年 10 月 11 日，北京市公安局某某分局提请批准逮捕 Y 某某（京公某提捕字［2017］

3362 号）；2017 年 10 月 31 日，北京市某某区人民检察院对其作出批准逮捕决定书（京某检逮捕批捕〔2017〕1057 号）；2017 年 11 月 10 日，Y 某某被列为公安部网上通缉逃犯；2017 年 11 月 16 日，Y 某某在郑州落网，被正式逮捕；2018 年 1 月 11 日，北京市某某区人民检察院讨论决定维持逮捕 Y 某某的决定；2018 年 1 月底，Y 某某被移送北京市人民检察院第一分院审查起诉；2018 年 9 月 17 日，Y 某某被北京市人民检察院某某分院取保候审。

专家们认为，以上事实充分说明，公安、检察机关对 Y 某某涉嫌诈骗犯罪一案，从立案侦查到审查起诉所采取的立案侦查、刑事拘留、取保候审、逮捕等强制措施行为，都足以证明是严肃认真的，都是将 Y 某某作为犯罪嫌疑人对待的，都是以认为其构成犯罪为前提的。以上也足以证明，本案公安、检察机关亦都认定其构成了所涉嫌犯罪。

由上可见，Y 某某已构成合同诈骗罪，公安、检察机关也是将其作为构成所涉嫌犯罪来对待的，对此专家们的意见与公安、检察机关的处理决定，在其构成所涉犯罪问题上的认识是一致的。

二、关于 Y 某某被羁押后退还 3000 万元借款能否作为无罪或减轻处罚事由或情节问题

专家们认为，Y 某某属于合同诈骗既遂，而合同诈骗罪属于行为犯罪，其虽最终退还了 3000 万元借款，但那是在公安机关对其立案侦查，采取刑事拘留、逮捕等羁押强制措施之后，迫于被追究刑事犯罪的压力而作出的，而并不是在事发前借款人追要时主动作出的，其行为应视为退赃。将其被羁押后的退赃行为作为其无罪或减轻处罚的事由或情节，于法无据，于理不通。故不能认为其在被追究刑事责任后不退借款就定犯罪，而退回了借款就不是犯罪，就成了民事纠纷，这是说不通的。以退回赃款作为民事纠纷处理，在客观上就会被认为是公安机关介入了民事纠纷，是在帮出借人追款，这无论是法律效果还是社会效果，都是不妥的。

三、检察机关对 Y 某某现采取的取保候审强制措施是否妥当问题

专家们认为，一般而言，检察机关现对 Y 某某采取取保候审强制措施似无不当，但结合本案具体案情、情节，专家们认为实际上却不够妥当，以改为逮捕强制措施为宜。关键是采取取保候审强制措施对 Y 某某的犯罪情节和

社会危害程度不符合强制措施的比例原则。

其一，Y某某合同诈骗数额特别巨大，属依法应予严惩之列，其虽有全部退赃行为，可以作为从轻情节对待，但其可能判处有期徒刑的界限属于重刑之列。

其二，Y某某在本案诉讼过程中，曾有逃避侦查、审判的行为，其是在检察机关批准公安机关提请逮捕经通缉追逃落网后才归案的。故采取取保候审强制措施，难以有效防止其发生逃避侦查、审判的社会危险性。

其三，结合案中实名举报其"套路"诈骗犯罪的情况，采取取保候审强制措施，难以防止其发生社会危险性。

由上可见，对Y某某以采取逮捕的强制措施为宜。

四、关于对案中实名举报Y某某63亿元"套路骗"的系列诈骗案事实材料的处理问题

专家们认为，对该举报材料，应根据《中华人民共和国刑事诉讼法》第110条的规定，纳入公安机关立案审查程序，经审查认为符合立案条件的，应并案一并侦查，或依法移送有管辖权的其他侦查机关依法处理。

专家们指出，本案犯罪嫌疑人Y某某在本案诈骗犯罪的手段是以合同形式，以民事纠纷方式实施诈骗犯罪，并将诈骗犯罪以民事纠纷（如签还款协议）等方式，消解刑事犯罪的追究风险，是一种经济犯罪的新的方式。如果实名举报人举报其以民事纠纷方式诈骗63亿元的"套路骗"的材料属实，该举报材料应当得到司法机关的认真分析、研究，依法严肃处理。

以上意见供参考。

譬言刍议

本案犯罪嫌疑人Y某某涉嫌构成合同诈骗罪应属无疑，但这是一种游走于民事违约纠纷和合同诈骗犯罪之间的新型诈骗形式。如果没有公安、司法机关介入，不以犯罪论处，那么行为人就不可能还钱；如果遇到介入，就马上还钱，然后就变成了民事纠纷，犯罪嫌疑人就被放掉。这就是某些人进行诈骗的专业性套路。对此应当引起重视。

可见，严格法治就是要始终坚持事实根据和法律准绳，否则就可能偏离法治的轨道。

20. 被告人 S 某某构成骗取贷款罪吗？

论证要旨

案中证据证明案涉贷款没有给银行造成任何损失，以该贷款"迫使银行通过诉讼，执行程序，以拍卖抵押物在证券交易所将不良贷款打折出售的方式进行追偿，历时四年追回本金"为由，作为不构成本罪据以认定的"严重情节"，依法不能成立。

案情简介

荣某公司于 2009 年因为购车合同以天津市某某房产为抵押担保，向天津市农村合作银行某某支行申请借款，用途为：补充流动资金，借款期限为：2009 年 9 月 29 日到 2010 年 9 月 27 日。贷款 2.2 亿元之前 S 某某曾借款 5400 万元用于解除吕某实际控制某某公司名下的某某房产的抵押。贷款到账后，荣某公司与某某实业公司签订的融资合作协议，明确了 S 某某、吕某实际控制的公司对 2.2 亿元用途的相关约定，S 某某偿还 6000 万元，吕某偿还 1.6 亿元。实际上，S 某某按时归还 6000 万元对应的合同期限内的利息，吕某对应的 1.6 亿元的利息与本金在合同期限内一分未还。

贷款到期后，荣某公司申请展期为 9 个月，即 2010 年 9 月 27 日到 2011 年 6 月 24 日，天津某某商务酒店有限公司、李某、吕某、安某公司均提供连带责任担保。

贷款展期后，天津农商行起诉荣某公司，法院判决荣某公司偿还天津农商行本金 21 800 万元并支付自 2011 年 6 月 21 日至本金全部还清之日的利息，某某实业公司等及李某承担连带责任。

天津农商行拍卖天津市某某房产一套共计 1.8 亿元，扣除佣金后实际得到 1.71 亿元。天津农商行将不良贷款的剩余金额及利息整体转让给 S 某某实际安排的天津某某商贸公司价格为 6300 万元。连同 S 某某之前偿还的利息

2000 万元合计为 2.54 亿元。

公诉机关以骗取贷款罪的情节严重为由起诉 S 某某，S 某某及其律师均认为不构成犯罪，其理由如下：

一审辩护人的辩护意见：本案事实不清、证据不足，S 某某不构成骗取贷款罪。

具体辩护意见为：指控 S 某某通过提供虚假的审计报告、验资报告骗取银行信任和造成银行人民币 5916.7755 万元损失，事实不清、证据不足；本案不具有其他"严重情节"，S 某某不构成骗取贷款罪。

一审判决认为：S 某某以欺骗手段取得银行贷款，情节严重，其行为构成骗取银行贷款罪，判决如下：被告人 S 某某犯骗取银行贷款罪，判处有期徒刑 4 年，并处罚金 100 万元（一审判决书第 44 页至第 45 页涉及本案骗取银行贷款部分的内容）。一审法院判决后，S 某某针对骗取贷款罪提出上诉，认为其不构成犯罪。

论证意见

中国政法大学法律应用研究中心接受委托，就被告人 S 某某是否构成骗取贷款罪一案，代为邀请专家进行论证。本案论证的三名刑事法学专家，于 2020 年 9 月 8 日参加论证会。经论证，专家们一致认为，本案被告人 S 某某不构成骗取贷款罪。现将论证具体事实理由阐述如下：

一、案涉相关规定

骗取贷款罪是《中华人民共和国刑法修正案（六）》新增加的罪名，《中华人民共和国刑法》（以下简称《刑法》）第 175 条之一第 1 款规定："以欺骗手段取得银行或者其他金融机构贷款、票据承兑、信用证、保函等，给银行或者其他金融机构造成重大损失的，处三年以下有期徒刑或者拘役，并处或者单处罚金；给银行或者其他金融机构造成特别重大损失或者有其他特别严重情节的，处三年以上七年以下有期徒刑，并处罚金。"从此罪的表述来看，构成此罪需要给银行造成重大损失或者有其他严重情节。

对于此罪的起刑点，最高人民检察院、公安部《关于公安机关管辖的刑事案件立案追诉标准的规定（二）》规定，构成本罪，给银行或其他金融机构造成的直接经济损失数额要在 20 万元以上；或者虽未达到上述数额标准，但多次以欺骗手段取得贷款的，以及其他给银行或者其他金融机构造成重大损失或者有其他严重情节的情形，应予立案追诉。

目前对哪些情形属于"其他严重情节"，法律和司法解释没有明确规定，全国人大法工委刑法室副主任黄太云指出，其他严重情节，是指采用的欺骗手段十分恶劣；多次欺骗金融机构；因采用欺骗手段受到处罚后又欺骗金融机构等情形。在目前未有司法解释出台的情况下，不宜对"情节严重"作扩大解释。对于骗取贷款数额巨大或特别巨大但最终偿还未给金融机构造成重大损失或特别重大损失的，不宜以"以其他严重情节"或"情节特别严重"来认定行为人构成骗取贷款罪。

广东省高级人民法院专门就采取欺骗手段从银行获得贷款，但最终未给银行造成损失的行为如何定性向最高人民法院请示，最高人民法院于 2011 年 7 月 20 日作出《关于被告人陈某骗取贷款请示一案的批复》(以下简称该《批复》)，明确指出："骗取贷款罪，虽不要求行为人具有非法占有为目的，但应以危害金融安全为要件。被告人陈某虽然采用欺骗手段从银行获取贷款的数额特别巨大，但其提供了足额真实抵押，未给银行造成损失，不会危及金融安全，因此陈某的行为不属于刑法第一百七十五条之一规定的'有其他严重情节'，不构成犯罪。"《批复》表明最高人民法院对"有其他严重情节"的范围，应作严格的限制性解释。

二、本案应适用《批复》精神

1. 被告人 S 某某提供了足额真实抵押

案中证据证明，S 某某贷款时，提供了足额真实抵押。

（1）抵押合同载明，荣某公司以天津开发区某某实业有限公司名下的天津市某某房产为抵押担保向天津农商行贷款 2.2 亿元；该房产资产评估价为 37 117.47 万元，对此天津农商行经审查认可（详见一审判决书第 28 页第 3 至 7 行）。

（2）借款展期期间，荣某公司提供了保证合同，内容为：2010 年 9 月 27 日到 2011 年 6 月 24 日，天津某某商务酒店有限公司、李某、吕某、安某公司对此项贷款，均提供连带责任担保（详见一审判决书第 29 页第 4 至 10 行）。

2. 该银行没有受到任何损失

（1）由于荣某公司等对该项贷款提供了足额真实抵押，其后又补充提供了真实充分的连带责任担保，天津农商行不仅通过对抵押物拍卖获得了 1.71 亿元抵押款，而且 S 某某又通过购买该笔贷款产生的不良资产包，使天津农商行顺利地获得 6300 万元，加上之前提供的贷款利息 2000 万元，该银行获得了贷款本金及利息共 2.54 亿元（详见一审判决书第 43 页倒数三行）。

（2）天津农商行在案承认，该银行的该笔贷款的本息没有受到任何损失（详见一审判决书第 12 页第 4 至 5 行）。一审判决认定：该银行的贷款没有受到任何损失，"对公诉机关指控的造成银行损失人民币 5916.7755 万元有误，不予支持"（详见一审判决书第 44 页第 3 至 4 行）。

（3）根据《批复》认定 S 某某不构成犯罪。

专家们认为：根据《批复》精神，被告人 S 某某，即使是采用了以虚假的文件的手段（对此案中证据存疑），从银行获取贷款的数额特别巨大，但其提供了足额真实抵押，并进行了补偿连带保证，未给银行造成损失，不会危及金融安全，因此其行为不属于《刑法》第 175 条之一规定的有"其他严重情节"，不构成犯罪。

三、一审以被告人 S 某某"情节严重"为由，判决其构成本罪，依法不能成立

（1）根据《批复》精神，S 某某的行为不属于法律规定的有"其他严重情节"，此不赘言。

（2）S 某某的行为，既不属于最高人民检察院、公安部《关于公安机关管辖的刑事案件立案追诉标准的规定（二）》规定的"虽未达到上述损失数额标准，但多次以欺骗手段取得贷款的，以及其他给银行或者其他金融机构造成重大损失或者有其他严重情节的"情形；又不属于上述相关解释规定的"采用的欺骗手段十分恶劣；多次欺骗金融机构；因采用欺骗手段受到处罚后又欺骗金融机构"等情形。

因此，其到期未及时还款，经该银行追款四年才追回本金，作为有"其他严重情节"的事实依据，没有法律依据，且直接违背了《批复》精神，与《刑法》第 175 条之一的规定相悖，依法不能成立。

综上，专家们一致认为，对 S 某某骗取贷款一案应当宣告 S 某某无罪。

以上意见供参考。

智言刍议

本案控诉与一审判决认定被告人 S 某某构成骗取贷款罪，之所以存在严重错误，根本原因在于其对案涉主要事实、情节作出了扩张性的理解和解释，其实质是没有严格遵守罪刑法定原则和无罪推定原则这两项刑事法律适用的"帝王原则"。

确定被告人构成骗取贷款罪，根据刑法规定和相关司法解释，要么是给银行或者其他金融机构造成重大损失，要么有其他严重情节，这是本罪构成的必要要件，否则不能定罪。

对于第一项要件，判决书一方面承认，该银行的贷款没有受到任何实际损失，"对公诉机关指控的造成银行损失人民币 5916.7755 万元有误，不予支持"；另一方面又称：这些损失是"迫使银行通过诉讼，执行程序，以拍卖抵押物在证券交易所将不良贷款打折出售的方式进行追偿，历时四年追回"的，因而被告人 S 某某就构成了骗取贷款罪。

该判决隐含的理由应当是，一是，"迫使"银行通过司法等程序才追回了损失，不等于他没有给银行造成"严重损失"；二是，"迫使"银行通过这种方式"历时四年"才追回损失，属于有其他严重情节。这样认定似乎有一定道理，但这符合刑法和司法解释的相关规定吗？对此只能严格以法律和司法解释的明确规定为准来作出判断。这个准，是准绳，这个准绳是具有法律的严肃性的，决不能在上面做手脚，而随意作扩大解释。

在适用和解释上，首先要在形式上进行审查，看是否符合形式要件，凡是不符合的，应当作出否定性结论；如果在形式上审查是否符合，认为界限不清的，可作实质性审查，看实质上是否符合，仍发现界限不清的，就要从有利于被告出发，作出否定性结论。本案无论从形式上还是实质上审查，上述事实情节均不具有符合"造成严重损失"和"有其他严重情节"的"法定情节"的法定的确定性，因而法院的认定不能成立。

随意作扩大解释，入人以罪，无异于搞非法类推，实质上是在搞有罪推定。可见，在刑事案件的法律应用中要时刻保持对法律的敬畏之心，严守罪刑法定原则和无罪推定原则。

21. 被告人 R 某某是构成非法吸收存款罪还是构成集资诈骗罪?

论证要旨

本案起诉书指控被告人 R 某某构成非法吸收公众存款罪,但被害人鲍某的代理律师提供的证据证明,R 某某非法集资的 450 万元,符合具有"以非法占有为目的,使用了诈骗方法"进行的非法集资诈骗的特征,故应以集资诈骗犯罪论处。对于被害人提供的证据,应通过庭审予以审查,查证属实,才能作为定案根据。

案情简介

某某市人民检察院起诉书(某某三部刑诉〔2020〕210 号),指控被告人 R 某某构成非法吸收公众存款罪,但被害人鲍某的代理律师提供案卷证据证明其构成集资诈骗罪,因此请求专家论证予以确认。

论证意见

中国政法大学法律应用研究中心接受某某律师事务所委托,经审查认为符合接受委托代为组织专家论证提供法律帮助的条件,决定立项,并于 2020 年 5 月 7 日在京召开了专家论证会,与会三名刑事法学专家会前审阅了论证所依据的事实材料,会上就相关事实、证据问题向承办律师进行了质询,经认真研究、讨论,专家们一致认为,被告人 R 某某构成集资诈骗犯罪。

事实理由具体论证如下:

一、被告人 R 某某案涉 450 万元属于非法集资款

某某市检察院起诉书将被告人 R 某某案涉 450 万元连同全案其余的犯罪款项,一并认定为非法吸收公众存款的犯罪款项,即认定其行为均属于非法吸收公众存款的犯罪行为，而非法吸收公众存款犯罪，是属于非法集资犯罪的范畴。

某某市公安局起诉意见书虽然将该款项认定为 R 某某的诈骗犯罪款项，但并不否认这是被告人 R 某某在非法集资中发生的诈骗行为，即该诈骗行为，与其非法吸收公众存款行为有密切的关联，亦即这是以非法集资形式实施的诈骗行为。

起诉书指控被告人 R 某某涉及鲍某的非法集资款共 3700 万元（被告人 R 某某多次承认欠被害人鲍某 3930 万元，被害人鲍某称欠款为 3920 万元），而案涉 450 万元，即包含其中。某某市公安局的侦查卷宗材料中的相关证据也证明，案涉 450 万元，是被告人 R 某某对鲍某 3700 万元非法集资的一部分，即其对鲍某的最后三笔非法集资款，对此某某市公安局起诉意见书和被害人鲍某及他的代理人也均予认同，只不过，他们主张，该集资犯罪行为具有诈骗的性质。

专家们指出，非法集资行为具有诈骗犯罪的性质，即应认定为集资诈骗犯罪行为。《中华人民共和国刑法》（以下简称《刑法》）第 192 条规定，所谓集资诈骗罪，是指"以非法占有为目的，使用诈骗方法非法集资，数额较大的"行为。故，既然某某市公安局、某某市检察院和被害人鲍某及其代理人，均认为某案涉 450 万元款项属于被告人 R 某某的非法集资款，如果 R 某某对该款项的非法集资是以非法占有为目的，使用了诈骗的方法，那么，其行为就应当认定为集资诈骗犯罪，而非非法吸收公众存款罪和普通诈骗罪。因为，非法吸收公众存款罪不具有诈骗犯罪的特征，而普通诈骗罪又不具有非法集资的犯罪特征，只有集资诈骗罪才同时具有非法集资和诈骗犯罪的犯罪特征。

二、被告人 R 某某的案涉 450 万元非法集资行为，涉嫌"以非法占有为目的，使用诈骗方法"的犯罪特征

专家们指出，对于非法集资行为，如何认定其是否具有"以非法占有为目的，使用诈骗方法"，既涉及法律适用问题，又涉及证据运用问题，需要严格根据案情进行综合判断。

从实体法的法律适用来说，要严格适用"刑法"和相关司法解释的规定。《刑法》第 192 条规定，集资诈骗罪是"以非法占有为目的，使用诈骗方法非法集资，数额较大的"行为，即，集资诈骗犯罪的"非法集资"行为，必须具备"以非法占有为目的，使用诈骗方法"的犯罪特征。

那么，如何认定其是否具有这一犯罪特征呢？对此，以下司法解释和相关规定，作了明确规定：

（1）最高人民法院《关于审理非法集资刑事案件具体应用法律若干问题的解释》（2010 年）（以下简称《非法集资解释》）。该解释第 4 条规定："以非法占有为目的，使用诈骗方法实施本解释第二条规定所列行为的，应当依照刑法第一百九十二条的规定，以集资诈骗罪定罪处罚。使用诈骗方法非法集资，具有下列情形之一的，可以认定为'以非法占有为目的'：（一）集资后不用于生产经营活动或者用于生产经营活动与筹集资金规模明显不成比例，致使集资款不能返还的；（二）肆意挥霍集资款，致使集资款不能返还的；（三）携带集资款逃匿的；（四）将集资款用于违法犯罪活动的；（五）抽逃、转移资金、隐匿财产，逃避返还资金的；（六）隐匿、销毁账目，或者搞假破产、假倒闭，逃避返还资金的；（七）拒不交代资金去向，逃避返还资金的；（八）其他可以认定非法占有目的的情形。集资诈骗罪中的非法占有目的，应当区分情形进行具体认定。行为人部分非法集资行为具有非法占有目的的，对该部分非法集资行为所涉集资款以集资诈骗罪定罪处罚；非法集资共同犯罪中部分行为人具有非法占有目的，其他行为人没有非法占有集资款的共同故意和行为的，对具有非法占有目的的行为人以集资诈骗罪定罪处罚。"

（2）最高人民法院、最高人民检察院、公安部《关于办理非法集资刑事案件若干问题的意见》（以下简称《非法集资意见》）。第 4 条"关于主观故意的认定问题"规定："认定犯罪嫌疑人、被告人是否具有非法吸收公众存款的犯罪故意，应当依据犯罪嫌疑人、被告人的任职情况、职业经历、专业背景、培训经历、本人因同类行为受到行政处罚或者刑事追究情况以及吸收资金方式、宣传推广、合同资料、业务流程等证据，结合其供述，进行综合分析判断。犯罪嫌疑人、被告人使用诈骗方法非法集资，符合《最高人民法院关于审理非法集资刑事案件具体应用法律若干问题的解释》第四条规定的，可以认定为集资诈骗罪中'以非法占有为目的'。办案机关在办理非法集资刑事案件中，应当根据案件具体情况注意收集运用涉及犯罪嫌疑人、被告人的以下证据：是否使用虚假身份信息对外开展业务；是否虚假订立合同、协议；是否虚假宣传，明显超出经营范围或者夸大经营、投资、服务项目及盈利能力；是否吸收资金后隐匿、销毁合同、协议、账目；是否传授或者接受规避法律、逃避监管的方法，等等。"

（3）浙江省高级人民法院、浙江省人民检察院、浙江省公安厅《关于当前办理集资类刑事案件适用法律若干问题的会议纪要》（以下简称《集资纪要》）。该纪要第 5 条规定："以生产经营或者投资所需为幌子，以承诺还本分红或者付息的方法，向社会不特定对象吸收资金，非法占有资金的，按照集资诈骗犯罪处理。"

（4）浙江省高级人民法院、浙江省人民检察院、浙江省公安厅《关于当前办理集资类刑事案件适用法律若干问题的会议纪要（三）》（以下简称《集资纪要（三）》）。第 3 条第 4 款规定："行为人在严重负债的情况下，明知自己无法偿还，仍以生产经营为幌子，以高息为诱饵，大肆非法集资，造成巨额集资款无法归还的，应当认定其主观上具有非法占有目的，以集资诈骗罪定罪处罚。"

专家们指出，对于被告人 R 某某案涉 450 万元非法集资行为构成集资诈骗犯罪的认定，从实体法来说，主要涉及对上述司法解释下列条款的适用问题：

其一，《非法集资解释》第 4 条第 1 项"集资后不用于生产经营活动……，致使集资款不能返还的"及第 6 项"隐匿、销毁账目，……逃避返还资金的"的规定。

其二，《非法集资意见》第 4 条第 2、3 款"犯罪嫌疑人、被告人使用诈骗方法非法集资，符合《最高人民法院关于审理非法集资刑事案件具体应用法律若干问题的解释》第四条规定的，可以认定为集资诈骗罪中'以非法占有为目的'。办案机关在办理非法集资刑事案件中，应当根据案件具体情况注意收集运用涉及犯罪嫌疑人、被告人的以下证据：……是否虚假宣传，明显超出经营范围或者夸大经营、投资、服务项目及盈利能力；是否吸收资金后隐匿、销毁合同、协议、账目；是否传授或者接受规避法律、逃避监管的方法，等等"的规定。

其三，《集资纪要》第 5 条"以生产经营或者投资所需为幌子，以承诺还本分红或者付息的方法，向社会不特定对象吸收资金，非法占有资金的，按照集资诈骗犯罪处理"的规定。

其四，《集资纪要（三）》第 3 条第 4 款"行为人在严重负债的情况下，明知自己无法偿还，仍以生产经营为幌子，以高息为诱饵，大肆非法集资，造成巨额集资款无法归还的，应当认定其主观上具有非法占有目的，以集资诈骗罪定罪处罚"的规定。

概言之，被告人 R 某某案涉 450 万元非法集资行为只要具有下列情形之一（甲），即应认定为具有"以非法占有为目的，使用诈骗方法"的犯罪特征（乙），而应以集资诈骗犯罪论处：①以非法占有为目的，集资后不用于生产经营活动，致使集资款不能返还的；或隐匿财产，逃避返还资金的（甲1）；②虚假宣传，明显超出经营范围或者夸大经营、投资、服务项目及盈利能力（甲2）；③以生产经营或者投资所需为幌子，以承诺还本分红或者付息的方法吸收资金，非法占有资金的（甲3）；④行为人在严重负债的情况下，明知自己无法偿还，仍以生产经营为幌子，以高息为诱饵，大肆非法集资，造成巨额集资款无法归还的（甲4）。

在这里，有甲事实即视为有乙事实，这是由司法解释确定的法律拟制，又称为不可推翻的法律推定，其实质为实体法对所涉犯罪要件事实的补充性规定。对此，不可用证据加以推翻。但对于是否具有甲的这一前提条件事实，不仅可以而且应当用证据来加以证明。

三、上述应认定为集资诈骗犯罪的要件事实，案中有相关证据加以证明

（一）被告人 R 某某，在严重负债的情况下，明知自己无法偿还，仍以生产经营为幌子，以高息为诱饵，非法集资，骗取鲍某 450 万元，造成巨额集资款无法归还的（甲4、甲3、甲2）

1. 被告人 R 某某在借该 450 万元之前，早已负债累累根本不具实际偿还能力，其明知没有归还能力而大量骗取被害人鲍某的资金

（1）根据俞某某、郑某某、卢某某、管某某、许某某、倪某某等人的陈述，被告人 R 某某在 2013 年之前就已经无实际偿还能力。

证据一：俞某某的陈述。俞某某系被告人的朋友，其陈述："大概 2012 年的时候，具体何时我不清楚，反正大概 2012 年的时候，大家都有点知道，他还不出钱了，利息也还不出来了"（见第 4 卷第 64 页）。

证据二：郑某某的陈述。郑某某系某某光伏的股东，其陈述："就是在 2012 年 11 月 12 日左右的时候，我这个 100 万元拿回来后的一二个月的时候（2012 年 9、10 月拿的），我再次向 R 某某要钱的时候，他就一直拖着以各种理由没还我钱，剩余也就再也没有收过来了……大概过了半年，打 R 某某的

电话也没人接了……大概 2012 年 11、12 月份的时候，企业（上方光伏）的资金周转不灵了，因为 R 某某是大股东，他没有钱继续投入了，企业经营运行困难了……企业都没有筹划过，所以也就没有分红过，我投进去的钱算全亏完了。"（见第 4 卷第 123 页）。

证据三：卢某某的陈述。卢某某系被告人的多年朋友，其陈述：2012 年 5 月 3 日，借了 400 万元给 R 某某，这笔钱是通过卢某某的朋友董某某的账户转过去的，这笔钱是最后一笔借钱，因为这笔钱借之后，R 某某一直没有还，要了很多次才把钱要回来……后来我多次找卢某某和 R 某某，最后才把钱要回来的。听说有部分钱还是卢某某先垫上的。（见第 4 卷第 152 页至第 153 页）

证据四：管某某的陈述。管某某系被告人父亲的学徒，其陈述："另外的 440 万元于 2012 年 7 月 11 日借给 R 某某。R 某某当时给我写了一张收据，约定三个月还一期利息。钱借去三个月之后，我向 R 某某要利息，他说慢一点，过几天会给你的。到了第二个还利息周期他还是说过几天汇给我。就这样一直拖延我，没有给我利息的钱……到 2013 年 7 月……我联系 R 某某他一直回避我，都不接我电话的……"（见第 6 卷第 67 页）

证据五：许某某的陈述。许某某称：2012 年 8 月份的时候，我朋友倪某某过来找我，他说他朋友 R 某某需要资金还贷……于是，2012 年 8 月 16 日，我借了 500 万元给 R 某某……2012 年 9 月 13 日倪某某又过来找我……于是我转了 200 万元给倪某某，倪某某公司的财务黄某某把这 200 万元再转给 R 某某……过一段时间我问 R 某某，他说等银行贷款下来就还我，但是一直没有还钱，过了一个月左右我觉得不对劲，那么久还没有还钱，于是我找倪某某，让他去补打借条。借条补打过来后我再多次向他们要这笔钱，但是他们还是一直没有还我。"（见第 6 卷第 83 页）

证据六：倪某某的陈述。倪某某系 R 某某的朋友，其陈述："资金（指许某某借给 R 某某的款项）是临时周转一下，一个月内就还上，利息是四厘……当时没有打借条。过了一个月左右，许某某觉得不对劲了，那么久还没有还钱，于是过来找我，我后来陪他一起去找 R 某某补打了借条。借条补打过来以后许某某还是多次向他们要这笔钱，但是他们一直没有还给许某某。"（见第 6 卷第 89 页）。

上述人员均与被告人 R 某某具有密切关系，他们的陈述足以证明被告人 R 某某早在 2012 年的下半年已经无实际偿还能力。

（2）被告人 R 某某的供述及其邮箱里的备忘录显示，其在 2012 年前已大量举债，明显是拆东墙补西墙，在 2012 年底 2013 年初时资金链已经断裂，已不具备实际偿还能力。

证据一：被告人 R 某某的供述。

被告人 R 某某第一次讯问笔录供述（讯问时间：2018 年 3 月 3 日 14 时 30 分至 16 时 45 分，讯问地点：某某市公安局某某分局某某派出所）：侦查人员问："什么原因让你向鲍某借那么多钱？"答："2010 年或者 2011 年的时候，鲍某因为和银行方面没有关系，找到我合作，由我出面走关系帮其他企业向银行还贷后再贷款出来，鲍某出资金。鲍某固定收取 30% 的利息，一季度结算一次。这样的合作前面都比较正常，每次都成功。到了 2012 年年底或 2013 年年初的时候，因为银行收贷的原因，把钱还贷款了以后银行不贷款出来了，我的资金链就断了，我就向银行做工作，银行就说要上报温州或者其他理由一直拖延着，鲍某一直向我要钱，所以我只能从自己司里调资金给他。就这样陆陆续续下去，借了鲍某 3930 万元。"（见第 2 卷第 9 页）

证据二：被告人 R 某某的邮箱备忘录。

在被告人 R 某某邮箱里有 2011 年 5 月起至 2012 年 1 月每月一份的备忘录，根据其中记载的内容，其向叶某某、高某某、鲍某、章某某、王某、阮某峰、阮某松、李某某、金某某等人大量举债，拆东墙补西墙，其已不具备实际偿还能力。（见第 14 卷第 133 页至第 148 页）

2. 如上所述，被告人 R 某某早在 2012 年的下半年已经无实际偿还能力，其所经营的公司已经濒临倒闭，但其在向被害人鲍某借款 450 万元时，仍然虚构其公司正常经营，有还款能力的假象

被告人 R 某某到案后供述称，其向被害人鲍某借款的理由是："因五龙控股、正宇工艺担保问题，银行对某隆宝公司采取收贷政策，某某市政府获悉后成立帮扶小组，组长黄某某来帮我们某隆宝公司恢复生产，协助我们一起与银行沟通让银行继续放贷款给我们，当时某隆宝欠林某某等人钱，如果不还他们会被告，这样会影响公司和银行沟通继续放贷的情况，我为了某隆宝公司能顺利拿到贷款所以向鲍某借款共计 450 万元，用来偿还林某某等人的钱。"

但是，根据证人杨某某、朱某某、周某、杨某 1、李某、林某某等人的证言，被告人 R 某某虚构了上述事实。

证据一：证人杨某某的证言。证人杨某某系某隆宝公司实际控制人，其陈述："鲍某跟我们某隆宝公司是没有关系的，我们公司跟鲍某不存在债务关系，至于 R 某某个人跟鲍某有无债务关系我是不了解的。"（见第 3 卷第 8 页）"（某隆宝公司）是 2005 年左右开业的，到了 2012 年上半年停业了，后来某某市处置办过来清算了我们公司的资产。"（见第 3 卷第 12 页）

证据二：证人朱某某的证言。证人朱某某系被告人 R 某某多年朋友和生意合作伙伴，其在 2010 年至 2012 年间曾借款给被告人 R 某某，其陈述："主要在 2010 年至 2012 年这段时间，2013 年之后我就没有再借过（给）他。一是这之后他没问我借钱，另外是某隆宝公司是在 2013 年 1 月份的时候已经彻底不行倒下了，资金链也断了，那时候市政府的协调会某隆宝公司也没人去了，R 某某受到牵连，他向我借我也不会再借了。"（见第 4 卷第 139 页）

证据三：证人周某的证言。证人周某系某隆宝公司的财务人员（2006 年9 月至 2012 年 9 月在职），其陈述："某隆宝公司在 2010 年的时候已经资不抵债，公司的薄板已经没有利润了。"（见第 3 卷第 18 页）

证据四：证人杨某 1 的证言。证人杨某某系某隆宝公司的财务人员（2008 年上半年至 2013 年 2 月在职），其陈述："到了 2013 年 2 月份，某隆宝公司经济出问题了，工资都发不出来了，所以我就离开了……到了 2012 年，公司的担保这里出问题了，被银行收走贷款就没有重新贷款出来了，2013 年 2 月，我离职了，车间已经停工了，正式倒闭时间我不知道。"（见第 3 卷第 93 页）

证据五：证人李某的证言。证人李某系某隆宝公司的财务人员（2008 年开始做公司财务），其陈述："2012 年的时候，银行说薄板行业属于淘汰行业了，银行接下去要逐步收回贷款了，公司的资金链也断了，公司 2012 年整个下半年都在准备倒闭，正式倒闭是在 2013 年。"（见第 3 卷第 105 页）

证据六：证人林某某的证言。证人林某某系五龙控股有限公司的法定代表人，该公司与某隆宝公司有互相担保关系，其陈述："在 2012 年的时候，我只知道某隆宝公司已经很困难，但是具体到哪种地步我不太了解。"（见第4 卷第 74 页）

从上述证人的工作情况可以看出，他们均对某隆宝公司的经营状况非常了解，上述证人的证言证明：某隆宝公司在 2012 年上半年已停业，某某市处置办过来清算了该公司资产，2013 年 1 月份的时候该公司的资金链也断了，市政府的协调会某隆宝公司也没人去。可见，被告人 R 某某所称的向被害人鲍某借款的理由完全系虚构。

3. 被告人 R 某某虚构其在 2013 年 3 月前具有诸多资产和债权的事实

被告人 R 某某在归案后，多次称其在 2013 年 3 月之前个人资产明显大于负债。侦查人员问："2013 年 3 月之前你的资产情况？"其答："八千吨的散货船；当时价值七八千万元、浙江某某电器有限公司股份 75%，当时价值 1千万元，浙江某某光伏科技有限公司股份 20%，价值 300 多万元，浙江某某电子商务科技有限公司股份 22%，价值 1 千万元，某隆宝薄板有限公司股份 7% 至 10%，价值 3 千万元。当时我有这么多资产的，还没有负债。"并称当时其拥有的债权为："郑某某欠我 800 万元，浙江某某服装公司欠我 68 万元，浙江某某工具有限公司欠我 400 多万元，某隆宝薄板有限公司欠我的钱还没统计，要算账后才可以，我估计至少欠我 3 千万元……施某某还欠我 160 万元。"（见第 2 卷第 10、11、16、17、24、25、26 页）但经查证，被告人 R 某某所称的资产和债权，与事实完全不符，具体如下：

（1）关于"八千吨的散货船"，根据证人王某某的陈述（见第 4 卷第 100页）和《船舶买卖合同》《还款协议书》（见第 4 卷第 102 页至第 106 页），该船舶早在 2013 年 1 月（即在向被害人鲍某借款 450 万元之前），已经被处置。

（2）关于"某隆宝薄板有限公司股份 7% 至 10%，价值 3 千万元"，如上述证人杨某某、朱某某、周某、杨某 1、李某、林某某的证言均证明，某隆宝薄板有限公司早已资不抵债，被告人 R 某某所称占的 7% 至 10% 的股份，实际上根本不具有任何价值。

另，根据某隆宝公司在 2013 年初向政府报告亏损原因说明时称：2011 年下半年，受担保链及国家钢贸产品宏观调控，就已停产，2012 年 9 月已负债过重，要求政府出面协调，并亏空 7800 多万元。

（3）关于"浙江某某电器有限公司股份 75%，当时价值 1 千万元"，证人陈某某（百岗公司的实际经营者）陈述："2011 年、2012 年，因为在产品研发阶段是处于亏损状态的，2013 年公司账面处于持平状态，但有些外债没有收回，也是亏的……我记得当时固定资产大概有 100 万元，包括库存跟设备，外面的应收款大概有 80 万元。"（见第 5 卷第 111、112 页）可见，被告人 R 某某所称的价值 1 千万元股权纯属虚构。

（4）关于"浙江某某光伏科技有限公司股份 20%，价值 300 多万元"，证人郑某某（系某某光伏的股东）陈述："大概 2012 年 11、12 月份左右的时候，企业（某某光伏）的资金周转不灵了，因为 R 某某是大股东，他没有钱继续投入了，企业经营运行困难了……企业都没有筹划过，所以也就没有分红过，我投进去的钱算全亏完了。"（见第 3 卷第 124 页）。证人方某某（系某某光伏的股东）的陈述："上方公司自 2010 年至 2013 年间一直处在研发阶段，这三年公司一直处在付出阶段，公司没有收入……2014 年还是亏损的，后来 2015 年 6 月的时候，公司的实际控制人变成了卓某某，公司一直处于亏损的状态。"（见第 5 卷第 100 页）证人卓某某（系上方光伏的实际控制人）陈述："当时这个公司，某某光伏投资 400 万元，R 某某占 30%，大概投资在 150 万元至 200 万元之间的。但是，前面 R 某某还贷款 100 万元，以及被 R 某某所在百岗公司借去了 80 万元，实际上 R 某某没有投资了。"（见第 5 卷第 46 页）上述证人证明，被告人 R 某某所称的价值 300 多万元股权与事实不符。

（5）关于"浙江某某电子商务科技有限公司股份 22%，价值 1 千万元"。该公司成立于 2013 年 7 月 9 日，系在被告人 R 某某向被害人鲍某借款 450 万元的近四个月之后成立，怎么能算为其 2013 年 3 月的资产呢？更何况，被告人 R 某某在某某公司并没有实际投资，而且该某某公司系空壳公司并无实际资产。

（6）关于被告人 R 某某所称其拥有的债权：郑某某 800 万元，施某某 160 万元，浙江某某服装公司 68 万元，浙江某某工具有限公司（吕某某）400 多万元，某隆宝薄板有限公司 3 千万元。上述所谓的债权经查证系被告人 R 某某虚构。

被告人 R 某某在 2019 年 9 月的供述中承认和吕某某、浙江某某服装公司之间的债务已清（见第 2 卷第 49、57 页被告人 R 某某供述、第 5 卷第 39 页吕某某的陈述），同时也承认自己并没有直接打钱给施某某，而施某某陈述其并未欠 R 某某款项（见第 5 卷第 28 页施某某的陈述）。被告人 R 某某在 2019 年 10 月的供述中承认："在郑某某逃跑前，我听钱某在电话里说郑某某有一张总的结算清单写给钱某的，上面说郑某某合计欠 R 某某 800 万元，但是这张结算清单我也没有看过，我这里也没有。"（见第 2 卷第 58 页）可见，该笔债并不存在。

（7）关于被告人 R 某某称"某隆宝薄板有限公司至少欠其 3 千万元"系

其虚构。

根据杨某某（某隆宝实际控制人）讯问笔录："侦查人员问：某隆宝薄板有限公司和 R 某某是否存在债务纠纷？答：债务都已经清了，R 某某以个人名义借钱给公司使用的我们都已经把钱给 R 某某了。"（见第 2 卷第 80 页）"问：你们公司什么时候开始向 R 某某借钱？答：我们公司之前还是有钱的，都没有借钱。一直到了 2011 年左右的时候开始向 R 某某借钱，到了 2012 年 6 月份，最后的 300 万元没有还上，他也就没有再借钱给我们公司了。"（见第 2 卷第 16 页）

（二）被告人 R 某某，以非法占有为目的，集资后不用于生产经营活动，致使集资款不能返还的（甲 1）

根据案件的事实，被告人 R 某某在向被害人鲍某借款 450 万元后，将集资款中的绝大部分用于偿还其个人债务，未用于生产经营活动，致使集资款不能返还。

证据：被告人 R 某某的供述。（见第 2 卷第 11 页）

侦查人员问："这三笔钱（指 2013 年 3 月 9 日、2013 年 3 月 16 日、2013 年 3 月 22 日向鲍某借的 160 万元、250 万元、40 万元）是如何给你的？答：这三笔钱是鲍某打到我老婆周某某银行卡上的，我老婆收到钱了再转给我的。问：这三笔钱到哪里去了？答：还俞某某 10 万元、林某某老婆 100 万元、童某某 100 万元、林某某 100 万元，30 万元打给浙江某某电器有限公司给员工发工资，把余下的 20 万元和自己贴 10 万元共 30 万元用于商货船过户手续费。"（见第 2 卷第 11 页）

（三）被告人 R 某某隐匿转移财产，逃避返还资金的（甲 1）

1. 被告人 R 某某在借款后恶意转移某某市某某街道某某路房产的事实

证据一：林某某的陈述。

"侦查人员问：2013 年 3 月 16 日 62284803387947×××××收到的一笔 100 万元的钱，这笔钱的具体用途？答：这笔钱是 R 某某作为偿还我老婆借给他钱的本金还给我们的。"（见第 4 卷第 12 页）

证据二：章某某的陈述。

"侦查人员问：出示银行账单，2013 年 3 月 16 日，R 某某给你转了 100 万元，这个是什么钱？答：这个是 R 某某还我的本金，这个时候某隆宝公司资金出问题了，所以我这笔钱拿回来就没有向他要利息。到这笔钱为止，R

某某就没有欠我钱了。"（见第 4 卷第 19 页）。

证据三：林某某的陈述。

"侦查人员问：（出示账单）2013 年 3 月 16 日，R 某某通过他老婆周某某 62284803380628××××× 的银行卡向你的 62282703362766××××× 银行卡转账转了 100 万元，这 100 万元是做什么用的？答：这 100 万元是 R 某某还他欠我的欠款的钱。"（见第 4 卷第 23 页）

被告人 R 某某在向被告人鲍某最后一笔借款后的第三天即 2013 年 3 月 25 日，便和其妻子周某某到某某市公证处办理公证，将位于某某市某某街道某某房产的房产（该房产房屋所有权证号：某房权证某某镇字第 00065 号，集体土地使用证号：某某集用［98］字第 420002 号，房产证建筑面积 313.6 平方米）赠与其女儿 R 某 1 一人所有（见第 13 卷第 35 页至第 40 页），2013 年 4 月 7 日某某市公证处出具了公证书。被告人 R 某某供述称"本来出公证书了就去办理过户手续的，但是这个时候某某银行把我在某某村的这个房子给冻结了，但这是这个某某银行经办人造假弄的，后来某某区人民法院裁定把这个房子解冻。到了 2014 年 12 月 16 日，我才可以把这个房子过户给我女儿 R 某 1"。（见卷二第 41 页）。该房产被转移到 R 某 1 名下后，2018 年 7 月因某某市某某街道某某路棚户区改造工程需要拆迁，R 某 1 因此获得产权置换面积 467.45 平方米（按目前市价 1 平方米的价格约为 1 万元以上）以及直接货币补偿 624 739 元。（见第 13 卷第 43 页至第 45 页）

从上述事实可以看出，被告人 R 某某在向被告人鲍某借款后的第三天就转移其名下的大宗房产，可见其非法占有的主观意图极为明显。

2. 被告人 R 某某在借款后隐匿转移八千吨多用途船被处置后的 2500 万元资金的事实

证人王某某的陈述（见第 4 卷第 100 页）和《船舶买卖合同》《还款协议书》、银行本票、转账支票（见第 4 卷第 102 页至第 112 页）等证据，王某某欠 R 某某、叶某、陈某某三个人总共 4648 万元，为了解决债务其把自己的浙江某某航运设备有限公司的一只船（造价 6000 多万元）以 4148 万元的价格折价卖给叶某的江苏某某进出口有限公司，另外又将浙江某某船业有限公司 25% 的股份折价 500 万元给陈某某，各方在 2013 年 1 月 3 日签订《还款协议书》，2013 年 3 月 12 日签订《船舶买卖合同》，因其向叶某借了 1000 万元，这艘船的价格是 4148 万元卖给叶某的公司，减去欠叶某的 1000 万元，还有

3148 万元，叶某打了 2500 万给到浙江某某船业有限公司，然后由浙江某某船业有限公司开本票给某某航运设备有限公司，再由某某航运设备有限公司背书支付到 R 某某个人账户（2013 年 3 月 12 日本票 4 份、转账支票 1 份共计 2500 万元）。

上述证据证明：被告人 R 某某在 2013 年 3 月 12 日就已经实际取得了 2500 万元的船舶处置款，但是其归案后一直隐瞒该事实，声称自己分文未得，其 2019 年 10 月 21 日的供述称："王某某当时把这艘船以 4800 多万元抵押给我们三个债权人，其中我 2500 万元，叶某 1000 万元，钱某 800 万元，还有差额就是当利息的。这艘船一直停放在舟山码头那边，由于多台风舟山市政府经常催我们转移这艘船，所以我请叶某去处理这艘船，叶某把这艘船拉到福建那边去了，听说叶某自己拿了 800 万元，其余的钱还没有拿到。我和钱某两个人在这里的钱都是一分没拿到的。"（见第 2 卷第 57 页）可见，被告人 R 某某隐匿转移财产，逃避返还资金。

3. 被告人 R 某某在借款后转移位于苏州的房产逃避还款的事实

在案证据显示，2012 年 1 月，被告人 R 某某和其妻子周某某以 1 110 801 元的价格共同购买了位于苏州工业园区某某路某某号室房产（建筑面积 96.34 平方米，产权登记为 R 某某、周某某共同共有）。（见第 21 卷第 37 页至第 67 页、及第 13 卷第 59 页至第 60 页）2013 年 10 月 24 日，被告人 R 某某和周某某以 85 万元的价格将上述房产出售给张某。可见，被告人 R 某某为了逃避还款，将约 111 万元购买的房产仅以 85 万元的价格出售（据了解，在 2013 年 10 月左右，该地段的房屋均价为每平方米约 2 万元，而被告人 R 某某以每平方米约 8820 元出售房产，显然另有隐情）。

但是被告人 R 某某却在公安机关虚假供述称："我之前在苏州和我老婆周某某一起购买了一处房产，面积为 90 平方米，是以 80 多万元的价格购买过来的，登记在我老婆周某某名下。到了 2012 年左右的时候把这个房子卖掉了，这个房子只赚了十来万元。"（见第 2 卷第 41 页）可见，为了掩盖逃避还款的事实，其虚假陈述了该房产的购入价格、出售时间以及谎称自己获利的情况，由此可见其逃避还款的主观意图。

4. 被告人 R 某某在借款后恶意转移在女儿 R 某 1 名下的浙江某某光伏科技有限公司 20% 股份逃避还款的事实

根据案件事实，被告人 R 某某在 2009 年的时候以其女儿 R 某 1 的名义入股浙江某某光伏科技有限公司，投资了 103.6 万元，占 20% 的股份。2015 年月 6 月 1 日，被告人 R 某某为逃避还款指使 R 某 1 将 20% 的股份分别转移到陈某某、胡某某的名下（其中陈某某 15%、胡某某 5%）。（见第 3 卷第 86 页、第 87 页、第 13 卷第 32~34、89 页）

5. 被告人 R 某某在借款后隐匿行踪、更换联系方式以逃避还款

在被告人 R 某某借款后，被害人多次向其催讨，其以各种理由搪塞推托，为了逃避还款，被告人 R 某某在 2014 年底便开始办理提前退休，之后频繁更换所使用的手机号码，隐匿行踪，故意回避被害人，致使被害人等联系不上（见第 2 卷第 87 页鲍某陈述、第 4 卷第 123 页郑某某陈述、第 6 卷第 67 页管某某陈述）。被告人 R 某某在第五次供述中也承认其更换所使用手机号码的事实，但是其辩解称："我的手机卡是鲍某的妹妹帮我办的，使用时我觉得有泄密，我就把几张手机卡关掉了。"（见第 2 卷第 25 页）显然该辩解系无端的狡辩，也显明被告人 R 某某故意更换联系方式以逃避还款的意图。

（四）被告人 R 某某肆意挥霍集资款，致使集资款不能返还

被告人 R 某某的中国工商银行信用卡账户明细显示，其在 2013 年 4 月至 10 月期间有高达 208 万余元的消费。（见第 7 卷第 87 页至第 94 页）可见，其肆意挥霍集资款，致使集资款不能返还。

以上证据，由被害人鲍某的代理律师提供，其中，多为侦查卷宗的证据材料所明确载明。《中华人民共和国刑事诉讼法》第 50 条和第 55 条规定：据以定案的证据均应经法定程序查证属实；证据必须经过查证属实，才能作为定案的根据；证据确实、充分才能认定被告人有罪并处以刑罚。专家们指出，上述认定被告人 R 某某集资诈骗犯罪的证据，应提交法院开庭质证予以审查认定和综合判断。

综上，专家们指出，以上证据如经合法程序查证属实，足以证明被告人 R 某某案涉行为具有上述情形之一，其非法集资的 450 万元，即应依法认定其具有"以非法占有为目的，使用了诈骗方法"进行的非法集资，故应以集资诈骗犯罪论处。

以上意见供参考。

謷言刍议

本案起诉书指控被告人 R 某某构成了非法吸收公众存款罪，但被害人认

为其构成集资诈骗罪，其代理律师提供的案件证据证明被告人 R 某某对其非法集资的 450 万元，具有"以非法占有为目的，使用了诈骗方法"进行的非法集资的集资诈骗犯罪的法定特征，应当以集资诈骗罪论处。专家们认为其提供的证据应当通过二审查证属实，即可认定被告人 R 某某构成集资诈骗罪。

本案的论证意见，对非法吸收公众存款罪和集资诈骗罪的区别、联系，以及对"以非法占有为目的"的综合分析判断的意见，具有一定的参考意义。

22. H 某某等被告人被判集资诈骗罪依法成立吗?

论证要旨

一审判决认定 H 某某等被告人犯有集资诈骗罪和非法吸收公众存款罪，但该判决存在事实不清、证据不足的问题。

其一，关于电子数据问题。

1. 案涉有关电子数据不完整，存在重要缺失。

2. 没有对该电子数据进行司法鉴定。

其二，关于明知不可持续的问题：

对此，没有证据予以证明；案中有相反证据证明，没有排除对"明知不可持续"的合理怀疑。

其三，量刑太重；"会员"的合法权益应当得到依法保护。

案情简介

某某省某某市中级人民法院刑事判决书（［2017］某01刑初39号），根据某某省某某市人民检察院起诉书（某检刑诉［2017］31号）的指控，认为：至案发，某某公司通过吸纳会员网络平台投单、销售股权换购证等方式向20余万名社会公众吸收资金共计156亿余元。被告人 H 某某将其中129亿余元用于支付会员返利，将4.8亿余元用于支付站长、中心主任等人的提成费，将2.5亿余元用于购买茶叶、支付日常开支等犯罪运作（含被告人蔡某某获取的1.7亿余元），仅将2亿余元用于对外投资，至案发时，造成17万余人的集资款共计57亿元不能返还。被告人 H 某某构成资金诈骗罪，处无期徒刑，剥夺政治权利终身。

论证意见

中国政法大学法律应用研究中心接受委托，就某某市中级人民法院对 H

某某等被告人的一审判决的事实认定、证据运用、法律适用问题，于 2018 年 3 月 20 日在京召开了专家论证会。与会五名刑事法学教授，会前认真审阅了本案一审判决书及相关事实材料，会上认真听取了一审被告人辩护律师的案情介绍，并对其就有关事实、证据问题进行了质询，经认真讨论、研究，就委托论证事项，形成如下一致法律意见。

一、关于本案定罪问题

一审判决认定 H 某某等被告人犯有集资诈骗罪和非法吸收公众存款罪，但该判决存在事实不清、证据不足问题。

《中华人民共和国刑事诉讼法》（以下简称《刑事诉讼法》）第 55 条明确规定，对一切案件的判处，都要做到案件事实清楚、证据确实充分，综合全案证据，对所认定的事实已排除了合理怀疑。但一审判决在定罪所应达到证明标准问题上，存在如下重大问题：

（一）关于电子数据问题

一审判决（第 23 页至第 24 页）认为："至案发，某某公司通过吸纳会员网络平台投单、销售股权换购证等方式向 20 余万名社会公众吸收资金共计 156 亿余元。被告人 H 某某将其中 129 亿余元用于支付会员返利，将 4.8 亿余元用于支付站长、中心主任等人的提成费，将 2.5 亿余元用于购买茶叶、支付日常开支等犯罪运作（含被告人蔡某某获取的 1.7 亿余元），仅将 2 亿余元用于对外投资，至案发时，造成 17 万余人的集资款共计 57 亿元不能返还。"

经查，该判决认定上述事实主要依据的是上述案涉电子数据，而该电子数据存在重大缺失。

其一，案涉有关电子数据不完整，存在重要缺失。有关资料显示，公安机关提取该电子数据的时间和过程违反相关程序，使 2015 年的 6 个来月的数据丢失，电子数据不完整，而且电子数据还存在改动、拼凑问题，致使整个电子数据的客观效力受到质疑。这些数据，事涉该公司吸纳资金数额、使用、支出数额，公司是否可持续发展，是否给会员造成了损失，以及损失多大等定罪量刑方面的基本事实的客观认定问题，该数据不完整、不客观将直接影响对本案的正确定罪量刑，故应当对此特别慎重对待，认真调查核实。

其二，没有对该电子数据进行司法鉴定。《刑事诉讼法》第 146 条规定，为查明案情，需要解决案件中的某些专门性问题的时候，应当指派、聘请有专门知识的人进行鉴定。本案上述电子数据问题涉及的是专门性问题，依法应当通过司法鉴定来解决，而有权对该专门问题进行司法鉴定的机构，必须具有司法鉴定的资质。但本案对有关该电子数据来源的原本性、同一性、客观性和合法性没有作出合法有效鉴定。而没有经过司法鉴定机构进行专门鉴定，该电子数据就不仅缺乏客观性，也不具有合法性。

故，专家们建议，二审法院应当对此高度重视，对上述电子数据进行司法鉴定，否则，据此认定被告人有罪并处以刑罚，就必然导致事实不清，证据不足。

（二）关于明知不可持续的问题

判决书反复认定 H 某某等被告人"明知该返利模式必然亏损，无法持续履约"，从而认定其"具有非法占有目的"，但据以认定该事实存在证据不充分且相互矛盾问题。

（1）根据判决书列举的被告人 H 某某的口供（第 38 页至第 39 页），被告人 H 某某没有对某某公司模式"明知"必然亏损、无法持续的供认。

（2）其他被告人的口供（第 39 页至第 46 页）也没有关于被告人 H 某某及各被告人对该模式"明知"必然亏损、无法持续的供认。其中只有被告人孙某某曾供述，该公司单靠投单返利必然亏损，必须有实体投资持续产生回报才能维持；但他并没有说该公司模式没有实体，也不会有实体，因而必不可持续，并且 H 某某等人也明知这一点。所以，以此证明各被告人均明知不可持续，属证据缺失。

（3）判决书所列众多证人证言（第 25 页至第 38 页）没有任何能证明 H 某某及其他被告人是"明知"该模式必然亏损、无法持续。相反却证明 H 某某等被告人对该模式信誓旦旦，信心满满。

（4）判决列举的账册电子数据、各种书证等（第 24 页至第 46 页，共六组 63 项证据），没有一项证据证明 H 某某有明知该模式不可持续而具有非法集资的故意。

（5）以被司法调查、断网、封账户后的不完整的数据作为经营一年多的该公司的亏损，并作为其"明知"该公司必然亏损、必然不可持续的证据，也不具有应有的说服力。

（6）该公司投入或探索投入的实体项目，证明被告人 H 某某等对该模式的可持续发展做出了积极努力和有益探索。

案件涉及的这些项目有：①银行安全防范视频和项目，据律师称已通过原银监会、中国人民银行和公安部门的审核通过，在西安已铺设实施，并逐步在全国展开；②广西南宁试点运行的彩票超市项目，已启动、待总结经验和推广；③山东某某茶楼和体彩项目已开始运营并向全国推广；④某某国际在美国上市已通过前期审核，在香港上市也已经启动；⑤H某某到外国洽谈收购酒庄事宜，案发前在磋商之中；⑥某某商学院、西班牙足球学校等项目都在办理之中。如以上情况经查证属实，即可足以对必不可持续发展问题产生难以排除的合理怀疑。

由上可见，一审判决认定被告人H某某及各被告人对该公司模式明知"必然亏损，无法持续"证据没有达到确实、充分程度，相关事实有待进一步查清。

由上可见，一审判决认定被告人构成集资诈骗罪，所依据的基本事实和基本证据，在主客观两方面均没有做到案件事实清楚、证据确实、充分，没有达到排除合理怀疑的程度，故依法不能成立；而判决认定的非法吸收公众存款罪，其相关基本事实和基本证据也有待进一步查证，否则不能据以定案。

二、关于本案量刑问题

专家们指出，即使如一审判决所认定的案涉被告人构成所认定的犯罪，在量刑上也失之偏重。

首先，从大环境讲，专家们注意到，案发前，某某公司对某某模式是众筹还是非法吸收公众存款，是"互联网+"的创新模式还是违法犯罪，申请十余名国内著名经济学、民商法及刑法学专家进行了专家论证，出具了《某某公司案专家法律意见书》，认为某某公司提出的商业模式是一个创新模式，其有补偿机制、风险把控机制，符合"互联网+"的国家发展大方向，总体上属于众筹，虽不完善，手续上有欠缺，但没有犯罪的故意，应予完善、规范、引导，而不宜以犯罪论处。

在当前，大众创业、万众创新，中央反复强调，多次正式发文，要求各级政府部门和司法机关要切实保障企业和个人大胆创新和探索的大背景下，对于创新型民营企业的发展，又涉及众多群众的切身利益，在法律和政策界限不明，罪与非罪界限不清，或存在很大争议的情况下，以慎重对待，谦抑处理为宜。

其次，如上所述，案涉资金和"损失"的证据存疑，证据不足或存疑部分，应作对被告人有利的解释和处理。

最后，被告人 H 某某亦并没有将任何募集的资金转归自己所有，亦没有将其任意挥霍或占有资金后携款潜逃等情况。

此外，本案所涉善后问题除了返还部分"会员"资金问题，并没有其他严重后果，譬如没有证据证明产生了不可弥补的人身伤亡、群体讨要返还资金，并由此造成了社会不稳定问题。

专家们据此一致认为，即使按一审判决，本案被告人 H 某某构成集资诈骗罪，但顶格判处无期徒刑，剥夺政治权利终身，并处没收个人全部财产，量刑也明显过重，建议二审法院对此予以充分考量。

三、"会员"的合法权益应当得到依法保护

在本案中，众多"会员"，根据《刑事诉讼法》的规定，其在诉讼中的法律地位属于被害人，被害人是诉讼当事人，而不是犯罪嫌疑人和被告人，其当事人的诉讼权利和民事权益是更应得到保障的。无论法院判决被告人是否构成犯罪及构成何种犯罪，在处理本案财产问题上，"会员"的财产权益应优先得到保障。

以上意见供参考。

瞽言刍议

这是一起涉众案件，事涉"大众创业、万众创新"，在对于案涉某某公司的模式事实不清、界限不明，而又不存在"维权"纠纷，在没有任何确凿证据证明的情况下，公安司法机关认定被告人对案涉公司模式"明知不可持续"，并以此而定罪判刑，实际上是坚持有罪推定原则的反映。

可见，能否在每一个刑事案件中，坚持无罪推定原则和证据裁判原则，是对公安司法机关的一个严格考验。

余以为，公安司法机关，在每一个刑事案件中，要让人民群众感受到公平正义就在身边，其核心要义在于，就是要让犯罪嫌疑人、被告人及其辩护人感受到公平正义；就如刑事诉讼要保障人权的核心要义，就是要保障犯罪嫌疑人、被告人人权一样。其最高标准就是要在每一个刑事案件中，都要做到，让每一个犯罪嫌疑人、被告人对定罪量刑，甚至是被判处了死刑，都能

"心服口服"。

要实现司法的公平正义，最主要的是，要求司法人员要有一颗对法治敬畏和忠诚、担当的心。王阳明所言，只有"去恶存善"，才能致"良知"，即"致中和"，亦即我们现在所言的"实现公平正义"。可见，"实现公平正义"，是以执法者"去恶存善"的"良知""良心"为根源的。

余常想，我国古代断案坚持的一项基本原则，就是"断罪必取输服供词"，这当然是有它的严重弊端的，此不待言；而如今我们坚持中国社会主义法治，是否可以反其道而用之，如果我们能在每一个刑事案件中，都能做到对被告人"断罪必取输服供词"，使每一个被告人对定罪量刑的公平正义，真正达到"心服口服"，甚至对判处了死刑都"心服口服"，那么中国的法治就能更健全。

黑格尔在《法哲学原理》中曾经说过："刑罚既被包含着犯人自己的法，所以处罚他，正是尊敬他的理性的存在。当我们把一个犯有死罪的人处以死刑时，这尽管违背了他的求生欲望，但却恰好尊重了他的自由意志和人格。"

可见，真正严格的法治，即使将应当判处死刑的被告人判处了死刑，对他而言，也是可以做到使他"心服口服"的。何况是对其他被告人呢！

当然，这只是"瞽言刍议"的一个"法治理想国"的梦想。

23. Y 某并不构成集资诈骗罪

（一）案涉"某某传媒大厦项目合作协议、建设工程施工合同合法有效"。

（二）Y 某不具有集资诈骗罪的诈骗犯罪特征。

1. 指控 Y 某"虚构具有较强的资金实力"缺乏事实与确实充分的证据支持。

2. 指控 Y 某以几乎不能实现的优惠条件为诱饵，实施非法集资行为，该指控与事实不符。经查，案涉《使用权转让合同》《认购申请书》，均为合同相对方提供了三方面的权利，这些权利并不是不可以实现的。

结论：Y 某不具有集资诈骗罪的构成特征。

（三）关于本案的处理问题，若以集资诈骗罪对 Y 某定罪判刑，其法律效果是违反法治，其社会效果是造成社会不稳，后患无穷，其政治效果是造成司法公信力和社会形象的严重损害。

故，专家们一致建议从严格依法行使职权和有错必纠出发，本案应由检察机关作撤销案件或不起诉处理为宜；案涉争议与纠纷最好应通过当事方协调方式予以解决。

案情简介

某某市公安局某某区分局起诉意见书（某公经侦诉字〔2016〕10128号），指控犯罪嫌疑人 Y 某虚构具有较强的资金实力，与相对方签订合同。其在明知本人及某某某公司无力完成传媒大厦建设的情况下，以几乎不可能实现的优惠条件为诱饵，实施非法集资行为，并将变相吸收的资金挪作他用，涉嫌集资诈骗罪。

论证意见

中国政法大学法律应用研究中心接受委托，就本案 Y 某是否构成所控集资诈骗罪问题，于 2017 年 5 月 19 日在京召开了专家论证会，与会五名刑事法学教授就本案涉及的事实认定、法律运用问题进行了认真核对与讨论研究，形成如下一致意见：犯罪嫌疑人并不构成所控集资诈骗罪，具体论证意见如下：

一、案涉"某某传媒大厦项目合作协议、建设工程施工合同合法有效"

专家们认为，正确确认案涉《某某传媒大厦项目合作协议》《建设工程施工合同》的合法有效性，是正确界定 Y 某刑事责任问题的前提。

经查，某某日报社某某分社（甲方，以下简称"某某分社"）与某某投资有限公司（乙方，以下简称"某某公司"）于 2012 年 7 月 13 日签订一份《某某传媒项目合作协议》，双方约定：由某某分社提供土地，由某某公司负责全资建设，大厦建成后乙方享有大厦建筑面积 70% 的合作权益（指自用于办公、经营及对外出租，使用期限为 30 年）。其后，某某日报社某某分社某某传媒大厦筹建处与某某建设有限公司（以下简称"建设公司"）于 2013 年 7 月 23 日签订了《建设工程施工合同》，约定案涉工程发包给建设公司建设施工。

专家们认为，案涉项目建设合同系当事人真实意思表示，并未违反法律、行政法规的强制性规定，应属合法有效。案涉合同当事人在本案中均没有主张案涉合同非法无效，其中包括某某分社在内，其在诉讼中据悉要求 Y 某代理人授权"解约"，这也证明某某分社也认为案涉合同属合法有效。合法有效的合同受国家法律保护，为此，案涉有关某某公司建设资金后续缺位，建设公司工程建设质量及工期迟延和案涉裙楼分配、使用权转让等争议问题，应在合同法的规范内，按合同纠纷依法妥善处理，而不宜通过追究刑事犯罪的手段，解决民事纠纷问题。

二、犯罪嫌疑人 Y 某并不构成集资诈骗罪

集资诈骗罪，是指以非法占有为目的，使用诈骗方法非法集资，数额较大的行为。只有用诈骗的方法非法集资，数额较大的，才能成立本罪。所以，集资诈骗罪应同时具备诈骗犯罪要素和非法集资犯罪要素两方面的犯罪构成特征。

（一）Y 某不具有集资诈骗罪的诈骗犯罪特征

就本罪诈骗犯罪要素的特征而言，行为人实施了欺骗行为，使对方陷入认识错误，对方基于认识错误处分财产，行为人取得财产，使被害人遭受到财产损失；而所谓诈骗方法，根据《中华人民共和国刑法》第 266 条的规定，即为用虚构事实或者隐瞒真相的骗取方法。

就本案而言，起诉意见书涉及 Y 某的欺诈方法的指控内容反映在如下三个方面：

第一，指控 Y 某虚构具有较强的资金实力"欺骗某某分社"。这一作为集资诈骗罪的欺诈方法的指控内容存在如下两个方面的问题：

其一，指控 Y 某"虚构具有较强的资金实力"缺乏事实与确实充分的证据支持。从案涉项目建设的实施情况来看，Y 某的某某公司已先期全资投入了数千万元的建设资金，起诉意见书也承认，Y 某从房屋销售款中拿出 93 866 533. 61 元投入传媒大厦项目建设。经了解，该项目已经达到封顶状态，这一事实说明，Y 某及其公司并不属于虚构经济实力。

其二，集资诈骗罪欺诈的对象应为集资大众，在本案中应为认购案涉房屋的业户，而某某分社不是集资对象，对其的欺诈行为，不属于集资诈骗罪构成的欺诈行为范畴，以此作为集资诈骗罪欺诈方法内容指控，在逻辑上是偷换概念。并且，案涉证据并不足以证明 Y 某及其公司是以子虚乌有的资金条件，以欺诈方案，骗取"某某分社"与其签约的。

第二，指控 Y 某明知其本人及某某公司无力完成传媒大厦建设的情况下，以几乎不可能实现的优惠条件为诱饵，实施非法集资行为，并将变相吸收的资金挪作他用，涉嫌集资诈骗罪。这一指控内容亦存在如下三个方面问题：

（1）指控 Y 某明知其本人及某某公司无力完成传媒大厦建设，缺乏必要的证据支撑。从主观上说，Y 某签订案涉合同，并非出于明知其本人及某某公司无力完成该建设而签约建设；从客观上来说，案涉项目建设没有证据足以证明，Y 某及其公司无力完成该项目建设。案涉项目建设出现的拖延工期现象主要是由于施工方工程质量出现问题产生的争议所致，故不能由此推断出 Y 某及其公司无力完成案涉项目。

（2）指控 Y 某以几乎不能实现的优惠条件为诱饵，实施非法集资行为，该指控与事实不符。经查，案涉《使用权转让合同》《认购申请书》《委托出租合同》，为合同相对方提供了三方面的权利，这些权利并不是不可以实现的：

其一，有关特定"房间"的使用权转让20年，并可有条件地享有使用权10年免费延长。由于这些特定"房间"为该裙楼建设项目中的对号房间，有具体的平方米数，且又在某某公司享有的70%的分配房间份额范围内，只要该项目建设将案涉销售房间加以最后装修完善，并竣工验收合格，某某公司依法取得案涉房间的使用权，这些合同项下的"业户"的房间使用权转让是有条件实现的。

其二，委托出租为"业户"提供租金收益。以"业户"张某某为例，他取得的房间使用权面积为6.89平方米，10年的租金为5184元至7128元范围内。由于该项目地段为某某市黄金繁荣地段，案涉项目又为"某某分社"的"某某传媒大厦"，有金字招牌，用统一出租的租金支付"客户"的上述租金是完全可以实现的。

其三，要求回购权。合同约定："客户"共有两次要求回购的权利，一次为在本合同签订满5年后2个月内，一次在合同签订满10年后但满11年之前，回购价分别为原价加价约4.5%和原价加价23%。据悉，现在案涉房价已经接近翻番。约定5年后或10年后以约定价回购，Y某是求之不得，完全可以实现并从中获利的，"业户"在此种情况下当然会选择放弃要求回购权，该项权利的实现并没有任何障碍。据悉，案涉数百名"业户"均要求执行合同，要求"给房"，而不要求"迟延"，就是明证。

可见，以上"业户"的三项权益在正常情况下都是有条件实现的，而并不是起诉意见书所称的"几乎不能实现"。

(3) 起诉意见书指控：从事实看，Y某挪用销售收入，没有彻底完成传媒大厦建设的诚意，压根没有打算将房屋实际交付给买受人，应属集资诈骗。这一指控应属无根据的主观臆断。起诉意见书中载，Y某已将销售收入中的93 866 533.61元投入大厦项目建设，如果其没有完成项目建设的诚意，为什么要投入近1亿元的资金来建设？案涉销售款项有部分用于其他工程项目的建设，其性质并非挪用，因为该销售款项依约属Y某公司的收入而并没有约定该款项为专款专用款项，故其用于其他项目，并不违法；其在其他项目中的建设款项亦有用于该项目建设，其后续也可继续用于该项目建设。可见，将部分销售收入"挪用",并不能作为"其没有彻底完成该项目,不想将房屋交付给买受人"的证据。

专家们认为,从以上两方面论证可以看出,指控 Y 某以诈骗方法实施犯罪与事实不符。

(二) 关于认定 Y 某具有非法集资或变相非法集资的犯罪特征问题

集资诈骗罪必须同时具备诈骗犯罪和非法集资犯罪两方面要素的基本特征,而非法集资犯罪要素特征表现为非法吸收或变相非法吸收公众存款犯罪。

非法吸收公众存款罪,是指非法吸收公众存款或者变相吸收公众存款,扰乱金融秩序的行为。其客观行为表现为:非法吸收公众存款,即未经主管机关批准,面向社会公众吸收资金,出具凭证,承诺在一定期限还本付息的活动;变相吸收公众存款,即未经主管机关批准,不以吸收公众存款的名义,向社会不特定对象吸收资金,但承诺履行的义务与吸收公众存款相同,即都是还本付息活动。

最高人民法院《关于审理非法集资刑事案件具体应用法律若干问题的解释》第 2 条规定:"实施下列行为之一,符合本解释第一条第一款规定的条件下,应当按照刑法第一百七十六条的规定,以非法吸收公众存款罪定罪处罚:(一) 不具有房产销售的真实内容或者不以房产销售为主要目的,以返本销售、售后包租、约定回购、销售房产份额等方式非法吸收资金的;……"本案起诉意见书正是据此对 Y 某进行指控的。

专家们指出,本案的事实若从机械套用该司法解释出发,是可以此定罪的,但如综合分析本案的具体案情,从是否具有"符合本解释第一条第一款规定的条件"出发,案涉事实又应不宜以此定罪。

这是因为,案涉房产使用权转让涉及售后包租和约定回购情况,但不能据此就机械认定案涉销售房产行为即为非法吸收公众存款行为,进而认定属于集资诈骗犯罪行为。因为,案涉售后包租和约定回购符合非法吸收公众存款特征的,才可据此以集资诈骗罪或以非法吸收公众存款罪定罪处罚。

1 关于售后包租问题

案涉《委托出租合同》约定:甲方委托乙方通过整体对外出租房间的方式向第三方让渡房间的使用权。之所以要售后委托整体出租,其目的不是出于非法集资,而主要是出于对案涉项目整体出租管理的需要。

案涉《项目合作协议》第 10 条第 1 项规定:双方可将各自分配的使用面

积自行经营或对外出租；不得经营歌舞厅、夜总会、游戏厅、赌场等影响某某日报形象的项目。第 2 项约定：乙方自行经营和对外出租时，必须严格维护某某日报社的形象和声誉，乙方所有对外签约的承租方及租赁用途必须报经甲方同意，租赁合同须报甲方备案。Y 某及其公司如果将案涉房间使用权转让后，允许客户自主各自寻租，那么案涉签约客户有 475 户，是不可能保障出租不出现影响某某日报社形象和声誉的，是很难做到统一有效的出租管理的。鉴于该项目建设的特殊性，售后房屋的使用权由业户委托 Y 某公司统一出租，有利于实现《项目合作协议》的合同目的，有利于维护某某日报的形象和声誉，有利于对出租业户的统一有效管理，故不应以此为由就认定其具有非法集资的犯罪特征。

2 关于售后回购问题

《委托出租合同》第 4 条约定：甲方有权要求乙方对房间使用权进行回购，一次是合同签订满 5 年后，一次为合同签订满 10 年后但满 11 年之前，回购价分别为在原价基础之上加价约 4.5% 和 23%，这种回购条款明显不具有非法集资的行为特征。

其一，这种行为虽属于销售手段，但该房屋使用权转让价及回购价均在合理区间范围内，并没有故意明显压低转让价，明显抬高回购价。

其二，回购行为不是确定的，而是不确定的，业户可以选择要求回购，也可以选择不回购，这与非法集资的确定性回购，使销售房屋真实内容形同虚设完全不同。

其三，案涉回购属 5 年后回购和 10 年后回购，且回购价与房价涨幅明显偏低，其回购与不回购均不构成从中牟取非法资金问题。业户一般不会选择要求回购，回购问题实际形同虚设。

其四，起诉意见书亦称：经某某日报社某某分社盖章认可的写字间销售行为，客观上具有实际交付的较大可能性，难以认定其主观上不以销售为主要目的，销售方式应属促销手段，不应计入犯罪数额，未经某某分社认可的销售行为，客观上实际交付的可能性较小，应属集资诈骗。专家们认为，这种以"某某分社"认可与否作为客观上是否具有交付的较大可能性和主观上是否不以销售为主要目的的分界标准是不恰当的，也是不公平的。同一个楼盘房间，经某某分社认可，即认为具有实际交付的较大可能性，而不经某某分社认可，即认为实际交付的可能性较小，以此划分界线，有失偏颇。

根据以上分析，专家们认为，本案事实虽有可以非法吸收存款罪定罪的一定的构成要素和理由，但从综合性、实质性来说，从刑法的谦抑性原则和恢复性司法的精神出发，还是不以此定罪为宜。并且，案涉指控事实行为，均为在 Y 某公司的名下实施的事实行为，案涉款项均为纳入公司使用范围，Y 某本人并未将案涉款项非法占为己有，所以，即使以此定罪，也应以单位犯罪论处。

三、关于"某某分社"的授权问题

经查，2013 年 10 月 26 日，某某分社出具一份《授权书》，内容为：根据《项目合作协议书》，授权某某投资有限公司及其全资公司某某商业管理有限公司为"某某传媒大厦"项目的运营商，具体授权如下：①对外以"某某日报社某某分社的名义对某某传媒大厦"项目进行宣传、招商；②在"某某传媒大厦"运营过程中，有权自主与业户签订《某某传媒大厦使用及认购合同书》并收取相应的价款；③如"某某传媒大厦"将来具备办理产权的条件时，有权优先认购房屋产权并对外进行转让。

起诉意见书指控的 Y 某及其某某公司在 2015 年 5 月份开始对外招商宣传，并分别与业户签订《使用权转让合同》和《委托出租合同》并收取相应的转让费用，上述行为、事实均在某某分社的授权的情况下进行的范围内，尤其是签订的《使用及认购合同书》即《某某传媒大厦裙楼房间使用权转让合同》，其前言部分即载明："根据乙方与某某日报社某某分社签订的《某某传媒大厦项目合作协议》，乙方有权对本合同所涉的某某传媒大厦项目的裙楼进行运营管理并签订及履行本合同。"其第 6 条第 6.1 项明确约定："甲方有权要求乙方对房间使用权进行回购，回购事宜，根据双方另行签订的《委托出租合同》的约定执行。"《委托出租合同》明确约定了"委托出租事宜"：包括"委托期限""委托收益等事宜"，并且约定了"房间使用权的回购"，回购的时限、费用等。

专家们据此认为：上述对外"使用、认购"宣传、三项合同的签订、履行，均是在某某分社授权的情况下进行的。并且，其中约有数百份合同，包括写字间的销售合同，是由某某分社盖章认可的。

由于 Y 某及其公司的案涉行为是在某某分社授权下进行的，其后又有相当部分是由某某分社盖章认可的，尽管对于《使用权转让合同》某某分社不予认可，不予盖章，但这是事后追认的问题，而在事先的授权中，并没有对此明确予以排除。所以，如果Y某及其公司的案涉行为构成集资诈骗罪，那么授权方某某分社及其负责人也是难以完全推脱应负相应责任的。起诉意见书以是否为某某分社最后盖章认可和房屋使用权实际交付可能大小作为划分罪与非罪的界线，有故意为某某分社开脱之嫌，这是依法不能成立的，也是不公平的。

四、关于本案的处理意见

专家们认为，本案所产生的问题应当属于案涉项目建设、运营、销售、管理方面的问题，其本质应属于合同纠纷范畴，应当通过民事协议、仲裁诉讼方式来解决的问题，不宜认定属于刑事诉讼范围的问题，而通过刑事追究手段来解决，否则将会造成严重后果，甚至将后患无穷。

（1）从法律后果来看，如果将某某日报某某分社授权后的行为及其负责人和Y某及其公司的行为以集资诈骗罪或非法吸收公众存款罪定罪，那将铸成严重的刑事错案。

（2）从社会后果来看，如果如此定罪，受损失的首先是某某分社，不仅是经济损失，而且对某某日报社的形象也将造成难以弥补的严重损害；其次是Y某及公司，这不仅涉及案涉项目的后续完成，实现案涉合同项下的合法权益，而且涉及其关联公司的工程实施和权益保障，公司的员工及工程施工人员（包括农民工）的权益也必然会为此而受到严重损失；更为严重的是，如果铸成定罪错案，案涉合同的业户的权益将受到严重损失：一是退回"本金"难以实现；二是业户依法要求"实际交付"有关房间使用权也不能实现；三是如果某某分社认可的予以交付；不认可的不予交付，那么业户就必然要维权到司法机关和某某分社讨说法，由此必然发生社会群体事件，这对司法机关、某某分社和某某市乃至某某省的社会治安也是不利的。

为此，专家们一致建议从严格依法行使职权和有错必纠出发，本案应由检察机关作撤销案件或不起诉处理为宜；案涉争议与纠纷最好应通过当事方协调方式予以解决，解决方式可以由Y某及公司提供担保或保障措施，尽快筹措项目后续建设资金、妥善解决施工方工程质量及后续工程建设问题；进一步规范完善与业户的合同及履行问题，以实现本案法律效果和社会效果的共赢，某某分社、Y某及其公司、施工方特别是业户的合法权益得到平衡、有效的保障，实现"三个有利"在本案的具体落实。

以上意见供参考。

警言刍议

本案是一起由建设施工合同纠纷引发的刑事案件。乙方某某公司因施工方工程质量问题拖延了工期，加大了成本，引起了甲方不满。因甲方是某某分社，就导致乙方负责人成了刑事被告人，并被以非法集资诈骗罪而起诉。

本案论证是紧紧围绕着若按起诉意见书定罪判刑的三个效果来展开的：一是，从法律效果来看，是违反法治的；二是，从社会效果来看，是后患无穷的；三是，从政治效果来看，对某某日报社的社会形象和司法公信力以及社会治安大局都会产生很大的破坏力。

在此基础上，专家们提出了自己的司法建议。

本案论证取得了良好的效果，案涉问题已得到了妥善解决。

余以为，作为专家论证意见、辩护人辩护意见，要想取得良好效果，就要摆事实、讲道理，以理服人，晓之以利害，动之以情怀，以便起到打动人的效果，这应当是我们中国的法律人应有的道义之所在。在此，特与法律同仁们共勉共享。

24. 新贷已覆盖了旧贷，还能以旧贷为由而判决借款人构成骗贷罪吗？

论证要旨

在本案中，前期旧贷已经由银行主导以新贷覆盖偿还，不存在既成实际损失；而新贷又并非骗贷，并不是以欺骗手段取得，且认定其无能力偿还和造成银行重大经济损失，证据严重不足，也不符合法律规定。故总体而言，一审判决认定被告人 X 某犯骗取贷款罪，事实不清、证据不足，违背事实与法律，依法不能成立。

案情简介

被告人 X 某因涉嫌骗取贷款罪于 2020 年 1 月 19 日被某市公安局某分局刑事拘留，同年 2 月 24 日经某市区人民检察院批准逮捕。某市区人民检察院起诉书指控 X 某犯骗取贷款罪。某市区人民法院于 2021 年 8 月 26 日作出一审判决。

依据检察院的指控，一审判决认定：

被告人 X 某因资金周转需要，利用其实际控制或者借用的 11 家公司的名义，虚构该 11 家公司与某汽车公司下属专业厂存在购销业务、应收账款，并伪造相关购销合同、供货发票、水电费发票等贷款所需材料，以虚假的应收账款债权作质押，分别向中国工商银行某某三家支行申请有追索权的国内保理融资业务，骗取银行贷款 31 笔共计 3.104 亿元。在保理融资贷款到期后，被告人 X 某多次通过虚假资料办理新的保理融资贷款，最终以小企业担保贷款"贷新还旧"，对前笔到期贷款进行覆盖。截至案发，尚有 3.04076 亿元贷款未归还。故判决 X 某犯骗取贷款罪，判处有期徒刑 4 年 6 个月，并处罚金 10 万元。

论证意见

委托方某律师事务所因被告人 X 某被判骗取贷款犯罪一案，向受托方中国政法大学法律应用研究中心提交专家论证申请和案件材料，请求代为邀请专家论证，提供专家论证法律意见。受托方在审阅委托方提交的案件材料后，认为符合专家论证的条件，邀请了在京三名刑事法学权威专家，于 2021 年 10 月 28 日在京召开了专家论证会。专家们在仔细研究委托方提交的案件材料、向委托方询问有关情况、深入讨论的基础上，形成了一致法律意见，即一审法院判决认定被告人 X 某构成骗取贷款犯罪，依法不能成立。

论证意见及其事实、理由摘要如下：

一、一审判决混淆了案涉"贷新还旧""新贷覆盖旧贷"的法律性质

一审判决认为，被告人 X 某 30 余次以欺骗手段取得银行贷款共计 3.104 亿元，贷款到期后，没有实际履行能力，遂采取"贷新还旧"方式将前笔贷款予以覆盖，截至本案一审宣判前，仍无实际还款行为，造成银行 3.04076 亿元巨额经济损失和严重的金融风险，因而构成了骗取贷款罪。（见一审判决书第 32 页）

这一判决认定，实际上是将"贷新还旧""新贷覆盖旧贷"的性质错误地认定为是"新贷延续为旧贷"，由此而对本案的定罪作出了错误的认定。

（一）"贷新还旧""新贷覆盖了旧贷"，实质上是新贷消灭了旧贷

新贷还旧贷作为银行的专门贷款业务，是指借款人与贷款人在旧的贷款尚未清偿的情况下，再次签订贷款合同，以新贷的款项来清偿旧的部分或者全部贷款，目的是消灭借款人逾期的旧贷。所谓新贷覆盖旧贷中的"覆盖"，作为银行业务上的法律用语，在字面上是指以新贷冲销旧贷，当借款人以新贷覆盖了旧贷，即以新贷偿还了旧贷，旧贷的债权债务法律关系消灭和新贷的债权债务法律关系产生，即旧贷款合同法律关系的终结和新贷款合同法律关系的产生。

（二）"新贷覆盖旧贷"不是新贷延续为旧贷

一审判决实际上是将"新贷覆盖了旧贷"认定为"旧贷延续为新贷"，新贷是旧贷的展期。这实际上是将前后两种不同性质的贷款混为一谈。

（1）新旧贷款是两种不同性质的贷款，新贷不是旧贷的延续，不能将二

者混为一谈。案涉"旧贷"是有追索权的国内保理融资贷款，而"新贷"是小企业周转担保贷款，二者的贷款条件、贷款用途和担保方式各不相同，是两种不同性质的贷款，新贷与旧贷的性质不同，新贷不是旧贷的延续，不应将二者混为一谈。

（2）新贷不是旧贷的展期，不能将二者混为一谈。贷款展期是贷款到期不能归还，经批准办理延长归还时间的手续。如企业遇有特殊情况，确实无法按期还款时，应提出申请，说明情况，经银行审查同意后，可延长还款时间，但需办理展期手续，否则按逾期贷款处理。

在本案中，旧贷到期后不能归还，借款人并没有提出延长还款时间的申请，也没有经银行批准办理延长还款时间的手续，而是办理了新贷并覆盖偿还了旧贷，这种新贷又与旧贷是两种不同性质的贷款，因而，不是旧贷的展期。

（3）新贷覆盖偿还了旧贷后，不能以旧贷未还造成银行损失为由，判决旧贷借款人构成了骗取贷款罪。《中华人民共和国刑法》第175条规定，骗取贷款罪是指行为人以欺骗手段取得银行或其他金融机构贷款给银行或其他金融机构造成重大损失的行为。本案被告人X某虽然以欺骗手段取得银行贷款（旧贷），但经申请并由银行批准，以新贷偿还了旧贷，旧贷债权债务已经因清偿完毕，合同法律关系消灭，就不存在给旧贷造成重大损失的问题。因而，一审判决以被告人X某给旧贷造成了重大损失为由，判决被告人X某构成骗取贷款罪，缺乏事实根据，依法不能成立。

二、若以被告人X某以欺骗手段取得银行新贷，造成银行重大损失为由，判决被告人X某构成骗取贷款罪，亦缺乏事实根据和证据支持

（一）没有事实根据和证据证明被告人X某以欺骗手段取得了银行新贷

一审判决认定被告人X某以伪造购销合同、发票、应收账款等欺骗手段，取得了旧贷3.104亿元，而对于新贷是否是以欺骗手段取得，既未提供证据证明，也未加以明确肯定，故没有证据证明新贷是被告人X某以欺骗手段取得的。

相反，案中证据足以证明，被告人X某不是以欺骗手段取得新贷而还旧贷，而是贷款银行明知而故意为之，且是根据上级银行的要求。

（1）负责给X某贷款的证人杨某证明："原来不知道X某的贷款资料是

假的，2016 年后发现 X 某情况不好，银行决定用流动资金贷款来覆盖 X 某办的保理业务贷款，说白了就是银行用自己的钱还自己放出去的贷款……这是上级要求的。"（见一审判决书第 8 页）

（2）后贷中的担保公司法定代表人谭某证明："X 某前期办理的是保理融资业务，后期用小企业贷款覆盖，X 某贷款一部分钱是帮别人还了银行贷款和利息，比如我们帮助湖北某公司还了 1.3 亿元的贷款和利息，其余的主要是用于投资陕西的煤矿和偿还银行的利息。"（见一审判决书第 25 页）

（3）被告人 X 某供述与辩解："我贷款贷出来的钱有 30% 存在银行当存款，帮他们完成存款业绩"；（见一审判决书第 29 页）"2017 年工商银行省分行来检查，某某工商银行为了覆盖我们之前做的保理贷款，就用小企业金融贷款把之前的保理贷款都覆盖了，到期一笔覆盖一笔，重新办理一笔同样金额的小企业金融贷款，用贷出来的钱还之前的保理贷款"；（见一审判决书第 29 页）"2015 年初，工商银行某某分行的副行长解某说某某公司倒闭了，他们公司在工商银行的贷款未还上，引发不良记录，让陈某某和我们找公司去工商银行办贷款，用贷出来的钱一部分替某某公司还款，其余的钱我们自己用……反正就是银行需要以我们的名义贷款还某某公司的不良贷款，我们需要用贷款的钱做生意"。（见一审判决书第 30 页）。

由上证据可以得出如下结论：贷新还旧不是被告人 X 某对银行欺骗的结果，而是银行明知而故意为之，其目的是冲销 X 某的前期旧贷，以应对上级检查要求；而且银行给 X 某办理贷款，还包含了银行的其他利益驱动，其中有要求 X 某将 30% 的贷款存入银行，帮银行完成存贷任务，有要求将 1.3 亿元用于帮某某公司还不良贷款。因此，没有任何事实根据和证据证明，以新贷还旧贷是被告人 X 某以欺骗银行的手段所为。

（二）认定 X 某骗贷给银行造成重大损失，事实不清、证据不足

一审判决认定：贷款到期后，被告人 X 某没有实际偿还能力，遂采取"贷新还旧"方式将前笔贷款予以覆盖，截至案发，造成银行 3.04076 亿元的巨额经济损失和严重的金融风险，应当认定为给银行造成了特别重大损失。截至一审宣判前，被告人 X 某仍无实际还款行为，银行巨额资金仍处于风险之中。（见一审判决书第 32 页）

专家们认为，该判决认定的错误有四：

其一，因在银行主导下，旧贷以新贷覆盖已予偿还，故不存在旧贷所谓

经济损失问题，这已如上述论证证明。

其二，将以采取"贷新还旧"方式将前笔贷款予以覆盖的责任强加到被告人 X 某头上，与事实不符。因为如上论证证明，该行为主要是银行主导而故意为之，并不是 X 某采取欺骗行为所致。

其三，认定被告人 X 某没有还款能力，证据不足。

工商银行某某分行《潜在风险客户信贷业务尽职调查报告》显示："X 某主导的贷款全部投入了其实际控制的公司实业中，并有切实的还款来源。""X 某夫妇于 2014 年 5 月（实际上是 2012 年初）开始投资某某省某某市某某治理项目，该项目总投资 5.6 亿元，占地面积 7000 亩，含煤炭保有储量 4000 万吨，按目前最低坑口煤价测（180 元/吨）算，市值约 70 亿元。目前已实际投入项目共计 4.3 亿元，其中项目收益权收购投资 2.2 亿元，购置施工及运输设备投资约 1.9 亿元，现已具备年生产销售原煤及分拣原煤 400 万吨的能力，已经形成从生产—分拣—煤炭销售的一整套完整产业链"。"按目前实际还款人收入水平，其现有的融资 3.4 亿元，目前可用于还款的年均净收入约为 1.6 亿元，全部融资需 2.17 年偿清。"（见侦查卷第 93 卷第 9 页至第 21 页）。从上述《尽职报告》来看，X 某贷款的还款来源不仅真实可靠而且数额确保不会对银行造成既成经济损失。

其四，一审判决将截至一审判决宣判前，被告人仍无实际还款行为，等同于造成了既成实际经济损失，没有法律根据。

专家们指出，认定银行的损失不应当脱离银行对损失的定义和判断标准。对于银行"经济损失"不能任意认定，而应当严格依据相关法律法规等规范文件据以认定。

（1）中国人民银行《贷款风险分类指导原则》（银发〔2001〕416 号，已失效）、原中国银监会于 2007 年 7 月 3 日颁布实施的《贷款风险分类指引》对贷款"损失"明确定义为："在采取所有可能的措施或一切必要的法律程序后，本息仍然无法收回，或只能收回极少部分。"因此，只有在银行穷尽了一切救济方法后，比如提起民事诉讼，强制执行借款者的财产后，仍未能收回的那部分本息才属于"实际经济损失"。

（2）对于债权"损失"的认定可以参考最高人民法院、最高人民检察院《关于办理渎职刑事案件适用法律若干问题的解释（一）》"债务人经法定程序被宣告破产，债务人潜逃、去向不明，或者因为行为人的责任超过诉讼时效等，致使债权无法实现的，无法实现的债权部分应当认定为渎职犯罪的经济损失"的规定。该解释认定债权损失的核心是"债权无法实现"，相反，不能简单地认定"债权实现障碍大或者时间长"就是债权损失。而正确的理解正如上述《贷款风险分类指导原则》《贷款风险分类指引》所体现的理念，即只有权利人穷尽一切民事救济方法后仍不能完全实现自己的权利时，才能认定为损失。

（3）公安部经侦局《关于骗取贷款罪和违法发放贷款罪立案追诉标准问题的批复》第 2 条规定："如果银行或者其他金融机构仅仅出具'形成不良贷款数额'的结论，不宜认定为'重大经济损失数额'，根据目前国有独资银行、股份制商业银行实行的贷款五级分类制，商业贷款分为正常、关注、次级、可疑、损失五类，其中后三类称为不良贷款，不良贷款尽管不良，但并不一定形成了既成的损失。因此，'不良贷款'不等于'经济损失'，也不能将'形成不良贷款数额'等同于'重大经济损失数额'。"该批复虽因其立案标准与其后最高人民检察院、公安部发布的《关于公安机关管辖的刑事案件立案追诉标准的规定（二）》相抵触而废止，但对于如何认定"损失"仍具有参考意义，即该批复明确对于"损失"应当以"形成了既成的损失"即实际损失为标准。

因此，银行或金融机构遭受的经济损失应当以形成的实际的既成经济损失为准，只有"在采取所有可能的措施或一切必要的法律程序后，本息仍然无法收回，或只能收回极少部分"，才可认定为形成了既成的经济损失。

此外，专家们指出，案涉贷款中所包含的 1.3 亿元贷款，是银行指令 X 某代银行替某某公司借新还旧，现将该贷款在实际上算在 X 某的贷款和损失项下，也是明显不够公平的。

纵观本案全部案情，没有证据证明案涉银行已"在采取所有可能的措施或一切必要的法律程序后，本息仍然无法收回，或只能收回极少部分"，因而属于造成了既成实际损失。相反案中证据证明，案涉银行对案涉银行损失，不仅没有出具有效的书证予以证明，而且连有效的言词证据对此予以证明也没有，更没有为此而进行刑事控告。这也从另一方面反映了本案起码是属于事实不清、证据不足，依法不能成立。

论证结论：总之，在本案中，前期旧贷已经由银行主导以新贷予以覆盖偿还，不存在既成实际损失；而新贷又并不是以欺骗手段取得而非骗贷；且认定其无能力偿还和造成银行重大经济损失，证据严重不足，也不符合事实法律。故总体而言，认定被告人 X 某犯骗取贷款罪，事实不清、证据不足，违背事实与法律，依法不能成立。

鉴于本案被告人 X 某是多家民营企业的实际控制人，尤其是其夫妇投资的某某省某某市某某治理项目，总投资 5.6 亿元，项目项下密切关乎当地县、镇、村民重大利益，被告人 X 某被羁押归案，实际上使该项目处于停滞状态，其影响的不仅仅是 X 某的个人重大利益，而且有可能引发不应有的社会问题。为此，建议将本案纳入企业合规审查范围，可由被告人 X 某作出还款计划，采取有效措施，使该公司治理项目的经营权、收益权得到保障，尽快偿还贷款，尽量化消极因素为积极因素，这既符合国家"六稳、六保"的要求，又能达到司法的政治效果、法律效果与社会效果的良性统一。

以上意见供参考。

赘言刍议

其一，本案是民刑交叉性案件，而民刑交叉性案件的正确认定，往往是以正确厘清案涉民事法律关系为基础的。本案起诉与一审判决之所以对 X 某的贷款行为作出了错误的认定，其认识上的根源就在于对案涉旧贷与新贷两种借贷法律关系作出了错误判断：一是将二种不同的民事借贷法律关系，混为一谈，错误地认为新贷是旧贷的延续或展期；二是将新贷覆盖了旧贷，消灭了旧贷的民事法律关系，错误地认定为旧贷的法律关系并没有被消灭，而是由新贷所延续或展期。由于对民事法律关系作出了错误的认定，就必然导致对刑事定性作出错误的判断和认定。可见，刑事法官要懂得对于案涉民事法律关系作出正确判断有多么重要的意义。

其二，对于法律概念，不能顾名思义地作想当然的理解。如对"给银行或其他金融机构造成重大损失"的骗取贷款罪的要件事实中的"损失"，必须按相关法律法规、司法解释或相关规范性文件规定的定义或解释，来加以理解，而不能随意理解和解释。本案一审判决认为"截至案发，尚有 3.04076 亿元贷款未归还"，就是给银行造成了重大损失，这就直接违背了中国人民银行《贷款风险分类指导原则》（银发〔2001〕416 号）、原中国银监会于 2007 年 7 月 3 日颁布实施的《贷款风险分类指引》对贷款"损失"的定义：只有"在采取所有可能的措施或一切必要的法律程序后，本息仍然无法收回，或只能收回极少部分"，即形成了"既成的经济损失"，才可认定为造成了损失。此之谓，一念之差，谬以千里。

其三，以无罪推定统领刑事案件处理的极端重要性。无罪推定是犯罪嫌疑人、被告人不可剥夺的根本权利，亦是公安司法机关和人员不可推卸的基本职责，刑事诉讼自始至终要以无罪推定统领整个刑事诉讼全过程，直到案件终结。

在本案中，一审判决对于案件的事实判断和法律判断，实质上都是从有疑而不利于被告出发的，事实上就是坚持了有罪推定。为了避免陷入这种错误倾向公安司法人员要做法治的卫士，在处理刑事案件的时候，提高警惕，妥善对待。

据悉，本案二审法院已作出了无罪处理，特向二审法院致以法律人的崇高敬礼！

25. Y某某被判敲诈勒索罪、诈骗罪、职务侵占罪依法均不能成立

论证要旨

其一，Y某某的行为针对的是对方强拆的涉嫌违法犯罪行为，是合法的维权行为，而不是敲诈勒索行为。

其二，法院判决根据其"有可能"和"完全可"将案涉"12万元"非法占为己有，构成诈骗罪，证据明显不足。

其三，无证据而认定职务侵占犯罪，不能成立。

案情简介

某某省某某县人民检察院刑事抗诉书（某检公诉诉刑抗〔2018〕1号），对某某省某某县人民法院〔2117〕某1130刑初50号提出抗诉，某某省某某市中级人民法院刑事判决书〔2018〕某11刑终204号，判决被告人Y某某犯敲诈勒索罪、诈骗罪、职务侵占罪。

论证意见

中国政法大学法律应用研究中心接受委托，经审查认为符合接受委托代为组织专家论证提供法律帮助的条件，决定立项，并于2019年10月19日在京召开了专家论证会，与会四名刑事法律专家会前审阅了上列论证所依据的事实材料，会上就相关事实证据问题向承办律师进行了质询，经认真研究、讨论，形成如下一致法律意见，即根据现有事实材料，依据我国法律，案涉Y某某被判敲诈勒索罪、诈骗罪、职务侵占罪，罪名均不能成立，具体论证如下：

一、关于敲诈勒索罪

(一) 案涉强拆行为是涉嫌违法犯罪行为

《中华人民共和国宪法》第 13 条规定: "公民的合法的私有财产不受侵犯。国家依照法律规定保护公民的私有财产权和继承权。国家为了公共利益的需要, 可以依照法律规定对公民的私有财产实行征收或者征用并给予补偿。"

本案起因于 Y 某某家房屋被某某公司强拆, 并造成房内财产全部毁坏, 破坏了 Y 某某家的祖坟, 且由此而导致 Y 某某被打成轻伤。案中事实证明该强拆行为并非属于国家为了公共利益的需要, 并依照法律规定对 Y 某某家私有房屋财产实行征收或者征用并给予补偿, 而是某某公司为了商业利益通过协议租用农民的土地, 并协商拆除农民的房屋, 而给予相应的补偿或赔偿。某某公司在未与 Y 某某达成最终协议的情况下, 采取暴力的手段, 将 Y 某某家房屋强拆, 造成了 Y 某某家财产的重大损失和人身的伤害, 其行为已涉嫌构成毁坏公私财物罪, 而对 Y 某某的人身伤害行为也难辞其咎。这种违法犯罪行为是对公民宪法权利的严重侵犯, 并触犯了刑法的明确规定, 是法所不容的。

(二) Y 某某的行为是合法的维权行为

其一, 面对对方非法暴力侵害自己的宪法权利, Y 某某的 "抬棺决战、汽油焚身" 行为, 其目的是以死抗争, 阻止对方的非法拆迁行为, 以维护自己的宪法权利。其行为虽然过激, 但行为的本质是维权, 而非侵权, 更非犯罪。

其二, Y 某某的行为的危害是指向自身, 而非指向对方、他人; 敲诈勒索犯罪行为的危害是指向对方、他人, 即指向 "被害人"。因而其行为完全不符合敲诈勒索犯罪行为危害的指向 "被害人" 的犯罪构成的行为特征。

其三, 从行为的正当性来说, 案涉纠纷涉及的主要是土地使用权和房产权的占用、拆迁的补偿问题。即使村委会或村民小组与对方达成了土地使用权租赁协议, 但 Y 某某家的房屋拆迁补偿协议必须由 Y 某某来亲自签订, 并由其最终决定, 其他任何单位、个人都无权越俎代庖。Y 某某在对方与其协商补偿事宜时, 他完全有权提出自己的补偿要求, 即使要求过高, 也决不违法, 更涉及不到犯罪问题。何况, 其提出要对方出 1000 万元的问题是发生在对方非法拆毁其房屋、毁坏其家中财物，其祖坟被毁坏及将其打成轻伤之后，其索赔数额包括以上多方面补偿和赔偿的内容。而其后事实证明，对方赔偿和补偿了其人身损害赔偿费 80 万元，其他损害赔偿或补偿费 500 万元，两项合计 580 万元。如果说 Y 提出索赔 1000 万元是敲诈勒索犯罪（未遂）的话，那么其后他获赔了 580 万元，岂不成了犯罪既遂了吗？可见，这是完全说不通的。

其四，专家们认为，一审法院判决已经这样正确地认定了这一问题：一是被告人 Y 某某的行为不具备"非法占有为目的"的主观特征；二是被告人 Y 某某的行为不符合"以威胁或者要挟的方法强行索取公私财物"的客观要件。并说，该行为并不必然使对方产生恐惧而交出财物，且其行为不具有主动性，因而完全不具有敲诈勒索罪的犯罪特征。这些无疑是正确的。二审判决因为检察院的抗诉，将一审的正确判决改为错误的判决，理由牵强附会，完全不能成立。

二、关于诈骗罪

正确认定本罪的关键在于正确确定本案的基本事实和基本证据。

根据全案事实证据情况，应当明确以下事实：①Y 某某从采矿商处领取了 119 000 元；②二审判决书第 24 页引用了一审判决书列举的事实："关于 12 万元开支的证据，在庭前辩护人向法庭提供庙宇开光的票据里，给工资是 1.9 万元，五个人 5 万元的工资，而且提供了银行的凭证，其中 1.9 万元给工人发了工资，5 万元给五人发了劳务费"，但又称，"这个银行凭证，是存款凭证"，且虽然"张某某、姚某某证言称工资及劳务费是向 Y 某某领取的，因 Y 某某负责报账，故张某某从公司报领的钱中通过 Y 某某支付有可能，该证据不能证明是从 12 万元中支付的"。又称，"工人的工资、五人所分劳务费完全可从张某某虚报的 5 万元中支付，Y 某某无须从 12 万元中支付"。

这里存在的根本问题在于，案涉工人工资和劳务费既然确已由 Y 某某发放，如果发放的资金来源于"12 万元"，Y 某某就无罪，如果来源于张某某的虚报资金，则 Y 某某就是弄虚作假。一、二审法院判决根据其"有可能"和"完全可"从张某某虚报的资金中支付，就判决 Y 某某将案涉"12 万元"非法占为己有，构成诈骗罪，明显属于事实不清、证据不足，是以推断的可能性代替确凿事实，明显没达到排除合理怀疑的确实充分的证明标准；甚至连明显优势盖然性的民事诉讼证明最低标准都没有达到，怎么能据此而对 Y 某某定罪判刑呢？况且，辩护方提供的证据和申诉人提供的新证据，包括证人证言、通话录音、光盘等，已达到高度的盖然性，足以推翻二审的这一推断，故二审的这一判决应予纠正。

三、关于职务侵占罪

案中证据证明，根据一、二审法院判决所确定的基本事实是：其一，张某某和 Y 某某二人共从某某公司领取了 10 万元农事补偿款；其二，二人用此款支付了本村村民小组数十户村民搬迁后安装防护门和栏杆工程款共计87 280元；其三，这些村民没有支付过任何款项给工程队。专家们指出，即使如二审法院判决所认定的，该款项应属于村民小组集体所有，张某某与 Y 某某二人不应将该款项用于村民的安装防护工程，但案中没有任何证据证明，张和 Y 某某二人是将案涉 87 280 元非法占为己有，因而完全不具有利用职务之便，将本单位财物非法占为己有的职务侵占罪的犯罪特征，故判决二人构成职务侵占罪的罪名依法不能成立。

综上所述，本案二审法院关于 Y 某某有罪的判决，罔顾 Y 某某是在其宪法权利受到非法甚至犯罪侵害的情况下而实施了以死抗争的维权行为的基本事实，将他的维权行为认定为敲诈勒索犯罪行为；其以可能性的推断认定了诈骗犯罪事实；无证据而认定了职务侵占犯罪。总之，其有罪判决严重违背了人权保障和证据裁判的诉讼根本原则，依法应当通过再审程序予以纠正。

以上意见供参考。

瞀言刍议

其一，这是一起由某某公司非法强拆引发 Y 某某强争补偿、赔偿款的简单的民事纠纷案件，却人为地被扩大为 Y 某某的敲诈勒索罪、诈骗罪、职务侵占罪的"重大疑难刑事案件"，本案通过公安机关立案、侦查，检察院起诉、抗诉，法院一审、二审判决，竟然确定了被告人罪名成立，并发生了法律效力。

其二，在本案中，某某公司为了商业利益，通过协议租赁农民的土地并协商拆除农民的房屋，而给予相应的补偿或赔偿。在与 Y 某某协商不成的情况下，某某公司就采取暴力手段将其房屋强拆，并造成房内财产全部毁坏，并破坏了 Y 某某家的祖坟，且由此而导致 Y 某某被打成轻伤，其行为已涉嫌构成毁坏公私财物罪和故意伤害罪。但当地政府和公安司法部门，显然是站在了某某公司一边，竟然动用了公权力，对"以死抗争"进行维权的 Y 某某以各种名义进行刑事追究，宁可明显违背事实法律，也一定要对其定罪判刑。其目的，无非是保障某某公司的"项目"得到顺利落实，而这其中就很可能是包含了当地的"公利"，若如此，就是涉嫌触及余本人创设的"徇公枉法"的范畴了。

为此，余以为，对我国错案的成因，也无非可以分成为故意和过失两种。过失当然不是故意为之，只是由于对客观上种种复杂情况，主观上没有尽到审慎义务或由于水平所限，以致铸成错案；而故意则完全不同，其中必包含"祸心"，而这个"祸心"就无非可以分为"徇私枉法"和"徇公枉法"两种。"徇私枉法"一般包含的是"个人"的"祸心"，如"公报私仇""挟嫌报复""假公济私"之类；而"徇公枉法"则一般包含的是"大家"的"祸心"，即以"为公"的名义，实为地方、部门、小团体的私利，而不惜故意枉法。余以为，这种"徇公枉法"的危害性比"徇私枉法"更具有普遍性、严重性。这是一个在法治建设中，具有战略性意义的值得研究防范的重要课题。特提出来，与大家共商，请方家指教。

26. Z 某某构成伪造公司印章罪吗？

论证要旨

从民事法律视角来看，张某某的行为属于履约维权行为；从刑事法律视角来看，张某某的行为属于紧急避险行为；从案涉刑事诉讼与民事诉讼的关系视角来看，该行为的性质应先由前置的民事诉讼来加以确定。

案情简介

本案是由北京某某投资管理股份有限公司（以下简称"某某投资公司"）与海南某某房地产开发有限公司（以下简称"某某房地产公司"）合作开发协议纠纷引发的刑事案件。在前置的民事诉讼中，某某房地产公司起诉解除与某某投资公司的协议，而某某投资公司反诉某某房地产公司违约、赔偿。其后，某某房地产公司控告某某投资公司 Z 某某涉嫌构成伪造公司印章罪，因而引发了该刑事案件。

论证意见

中国政法大学法律应用研究中心接受委托，于 2019 年 8 月 17 日在京召开了专家论证会，与会四名教授出席会议，对本案论证事项所涉及的事实认定、证据运用和法律适用问题，进行了认真的审查鉴别、分析研究，并就案涉相关问题，询问了委托方。在弄清事实的基础上，根据法律规定，形成一致法律意见，即 Z 某某不构成伪造企业印章罪。具体论证理由如下：

一、从民事法律视角来看，Z 某某的行为属于履约维权行为

对此，本中心出具的《北京某某投资管理股份有限公司与海南某某房地产开发有限公司合作开发协议纠纷案专家论证法律意见书》认为，在民事诉讼中，双方当事人都确认该"合作开发协议"合法有效，双方都有履行"合

作开发协议"的义务。在某某投资公司履行了支付 500 万元股权款的情况下，某某房地产公司依约有义务将公司 5% 的股权过户到某某投资公司的名下，并接受该公司委派的 Z 某某担任某某房地产公司董事长，主持该项目的管理运行，并将某某房地产公司的项目行政资料和印章等移交到 Z 某某作为董事长的管理团队控制之下。但某某房地产公司并没有依约将公司 5% 的股权过户到某某投资公司名下。在某某房地产公司依约将有关项目行政资料和印章等移交到 Z 某某作为董事长的管理团队控制之后，某某房地产公司的原负责人（总经理）却借机将公司印章"借用"，且拒不归还，严重妨碍了协议的履行，构成根本违约。某某投资公司为了能够"主持该项目的管理运行"，使协议得以继续履行，为一时急用而私刻了印章，其行为在行政管理上虽有不妥，但其本质上属于履约维权行为，在民法上具有行使先履行抗辩权的性质。

据此，本案刑事论证专家们完全同意民事专家们的论证意见，认为某某投资公司及其法定代表人 Z 某某私刻公司印章的行为，与某某房地产公司之间的争议，本质上属于民事纠纷。为一时急用而私刻印章的行为，本质上属于履约维权行为，在民法上具有行使先履行抗辩权的性质。根据法秩序相统一原理，对于民法上合法的行为，不能作为刑事案件处理。

二、从刑事法律视角来看，Z 某某的行为属于紧急避险行为

专家们明确指出，本案某某投资公司及 Z 某某所涉行为，在理论上属于紧急避险行为，也完全符合《中华人民共和国刑法》第 21 条规定的紧急避险的情况。紧急避险行为不仅适用于人身侵害情况，而且也适用于民事侵权的情况，如在海难情况下发生的紧急避险。在本案中，某某投资公司支付了 500 万元股权转让款后，某某房地产公司接受某某投资公司委派的 Z 某某担任某某房地产公司董事长，并依约将公司印章等项目管理手续、资料移交到 Z 某某的全面管理控制之下。随后某某投资公司支付了 1000 多万元入股资金，后续又投入了数百万巨额资金对该项目进行了全面管理，并将项目的容积率从 1.6 增加到了 2.51。在此情况下，某某房地产公司背着 Z 某某，以"借用"为名将该公司的印章拿走，且拒不归还，这属于严重的违约行为，给某某投资公司依约管理和经营项目制造了根本性障碍，使该公司履约投入的近 2000 万元巨额资金处于严重的危险境地。某某投资公司在与某某房地产公司多次

讨要印章无果的情况下，为了能继续履行合同，继续对项目进行经营管理，为了排除对方借走公章拒不归还的违约行为给自己造成巨额投资的损失危险，迫不得已为一时急用而私刻了公章。虽然这种行为在治安管理上有违法之处，但这是被迫无奈之举，其目的是排除对方的不法侵害，保护自己的重大财产权益和公司经营管理权不受损失，而不是为了侵害他人，也没有给对方和社会造成损失，因而该行为属于排除违法性，或是阻却违法性的行为，是正当合法的行为，因此该行为不应被追究刑事责任。因为属于违法阻却行为，是正当合法行为，因此行政违法责任都不应追究。

与会专家们进一步指出，该行为形式上违法，实质上却并不违法。对方公司违约在先，在本公司与对方讨要印章未果的情况下，为使公司的合法经营管理得到继续进行，为一时之用而不得已而私刻了印章。退一步讲，即使该行为按《中华人民共和国治安管理处罚法》第52条的规定，形式上具有违反该条规定的情况，但并没有造成严重的后果，就这一点而言也不应按刑事犯罪处理。

专家们一致认为，Z某某的行为，形式上违法，实质上不违法，其本质属于紧急避险行为，是排除或阻却违法性的正当合法行为，故不应受到刑事追究。

三、从案涉刑事诉讼与民事诉讼的关系来看，该行为的性质应先由民事诉讼来加以确定

本案是当事人双方因合作开发合同的履行引发的纠纷，一方起诉解除合同，另一方反诉违约赔偿，对此已经在北京高级人民法院提起诉讼，案件正在审理过程中；另一方面，对方当事人又控告相对方公司法定代表人Z某某在履行合作开发合同中因其把印章拿走而私刻印章违法犯罪，并已立案。Z某某的行为究竟属于正当合法的民事维权行为，还是属于违法侵权行为，这应当由民事诉讼的判决来加以最终确定。而Z某某的行为究竟是否构成伪造公司印章罪，这首先应取决于其行为是否具有民事违法性。如果民事上被确定为正当合法行为，那么根据法秩序统一原理，刑事上就不可能被定为违法犯罪行为。因此，本案应当是民事诉讼优先。

据此，对于该行为，民法权威专家们已经正式论证认为属于民事维权行为，而现在与会的刑事法专家们又一致认为，属于紧急避险行为，故请刑事

立案机关予以认真、慎重考虑，以对此案作撤销案件处理为宜，充其量可将此案中止诉讼，待本案民事诉讼审判结果确定之后再予处理。

以上意见供参考。

瞽言刍议

这又是一起由民事纠纷引发的刑事案件。其论证思路为：

其一，揭开刑事案件的面纱，名为刑事案件，实为民事纠纷。

其二，对于民事案件的实质分析论证，实为民事当事人为维权而实施的先履行抗辩权的合法行为。

其三，从刑事诉讼和民事诉讼的关系以及法秩序统一的视角分析论证，应先由民事诉讼确定该行为的性质。

本案论证对刑民交叉案件的审查认定，有一定的参考价值。

27. 利用提供虚假资料获取的建筑资质从事房地产项目是否构成非法经营罪？

论证要旨

本案涉及对于《中华人民共和国刑法》（以下简称《刑法》）第 225 条第（四）项规定的非法经营罪中的"其他严重扰乱市场秩序的非法经营行为"，应当如何正确理解和把握问题。

对此，最高人民法院《关于准确理解和适用刑法中的"国家规定"的有关问题的通知》第 3 条明确要求："各级人民法院审理非法经营犯罪案件，要依法严格把握刑法第二百二十五条第（四）的适用范围。对被告人的行为是否属于刑法第二百二十五条第（四）规定的'其它严重扰乱市场秩序的非法经营行为'，有关司法解释未作明确规定的，应当作为法律适用问题，逐级向最高人民法院请示。"

对于本案所涉行为，《刑法》第 225 条并没有明确规定为非法经营罪，而对其第（四）项规定的理解与把握，上述通知要求要依法严格把握，有关司法解释未作明确规定的，地方各级法院无权自行决定，应当作为法律适用问题，逐级向最高人民法院请示。本案未经请示最高人民法院，故不能擅自判决被告人构成非法经营罪。

案情简介

某某市人民检察院起诉书（某检刑诉字［2012］第 133 号），起诉被告人 S 某某等，利用通过虚假材料申报取得的建筑资质证件从事房地产项目，构成非法经营罪。

论证意见

中国政法大学法律应用研究中心接收委托，于 2014 年 10 月 25 日在京召开专家论证会，就被告人 S 某某是否构成非法经营罪进行了论证，五名刑事法学专家出席了会议。会前专家们仔细审阅了本案论证所依据的事实材料，会上对相关事实、证据问题向本案承办律师进行了质询。经认真分析和研究讨论，依据事实和法律，形成如下一致法律意见，即被告人 S 某某不构成非法经营罪。具体论证意见如下：

一、从《刑法》第 225 条规定的非法经营罪的犯罪构成来看

根据《刑法》第 225 条的规定，非法经营罪，是指违反国家规定，进行非法经营，扰乱市场秩序，情节严重的行为。

非法经营行为主要包括如下几种：

（一）未经许可经营法律、行政法规规定的专营、专卖品或者其他限制买卖的物品的；

（二）买卖进出口许可证、进出口原产地证明以及其他法律、行政法规规定的经营许可证或者批准文件的；

（三）未经国家有关主管部门批准非法经营证券、期货、保险业务的，或者非法从事资金支付结算业务的；

（四）其他严重扰乱市场秩序的非法经营行为。

关于第（四）项，已由全国人大常委会、最高人民法院、最高人民检察院、公安部等分别以相关正式"决定""批复""解释""通知"等形式陆续作出了明确的补充规定。专家们一致认为，本案被告人 S 某某所涉情形既明显不符合本条第（一）至（三）项所规定的情形，也明显不符合第（四）项规定的现已补充的相关司法解释规定的情形。根据《刑法》第 225 条的明确规定及对《刑法》该条第（四）项的相关补充和解释规定，没有任何法律依据，可认定被告人 S 某某构成非法经营罪。

最高人民法院《关于准确理解和适用刑法中的"国家规定"的有关问题的通知》第 3 条要求："各级人民法院审理非法经营犯罪案件，要依法严格把握刑法第二百二十五条第（四）的适用范围。对被告人的行为是否属于刑法第二百二十五条第（四）规定的'其它严重扰乱市场秩序的非法经营行为'，有关司法解释未作明确规定的，应当作为法律适用问题，逐级向最高人民法院请示。"

据此，专家们得出如下两点论证结论：

其一，专家们认为本案被告人 S 某某的行为不符合刑法条文及有关司法

解释所作非法经营罪的犯罪明确规定，故，根据刑法的规定及现有的明确的司法解释，不能认定被告人S某某构成非法经营罪。

其二，对S某某案报请最高人民法院批示，其行为是否属于《刑法》第225条第（四）项范围问题，应遵照上述通知所规定的"要依法严格把握"的原则。

对此，专家们认为：

"依法把握"，就是要严格依照《刑法》第225条的规定及有关司法解释来把握，只有符合该条规定和有关司法解释的，才可将其纳入该条第（四）项"其他严重扰乱市场秩序的非法经营行为"的范围，而认定为构成非法经营罪。但本案的情形很明显不符合上述情形，故不应纳入该项规定的非法经营罪的范围。

"严格把握"，就是要严格把关，决不可将不符合《刑法》第225条规定及其司法解释的行为，纳入该条第（四）项的非法经营罪的范围。这也是罪刑法定原则的应有之义。

本案的事实涉及是否非法经营房地产行为的问题，而刑法及其司法解释没有将非法经营房地产行为问题纳入非法经营罪的范围，故依法不能将非法经营房地产行为（即使存在的话）纳入非法经营罪的范围而追究刑事责任。在没有刑法条文及其司法解释明文规定将非法经营房地产行为纳入非法经营罪的情况下，如果允许将非法经营房地产行为作为非法经营罪追究刑事责任，无异于在立法层面违法创设新的立法或司法解释，在司法层面违法追究刑事责任。所以，从严格执法和严格执行最高人民法院的这一司法"严格把握"的解释要求来说，都不宜将涉案被告人的行为纳入非法经营罪的范围加以追究。

二、从被告人S某某行为的违法性来看

在本案中，被告人S某某经营房地产的行为涉及三个方面的领域：一是报批企业建筑资质的行为；二是参加涉案土地拍卖行为；三是进行涉案房产工程建设行为。案中证据显示，其只在报批企业建筑资质行为中存在有违法性问题，而其余行为没有证据证明存在违法性。

（1）在报批企业建筑资质中存在的违法性，属于行政法调整、行政处罚范围问题，而不属于刑法调整、刑事追究犯罪范围问题。

专家们认为，在本案中，被告人 S 某某所在企业在申报企业建筑资质的上报材料中确实有提供部分虚假材料行为。根据《建筑企业资质管理规定》（2007 年）第 28 条、第 32 条、第 33 条的规定，其行为的法律责任属于行政处罚范围，而不属于追究刑事责任的犯罪范围。具体而言，其责任是确定是否撤销其建筑企业资质的问题，是警告、罚款和在几年内不得再申请建筑企业资质的问题。如该规定第 32 条规定："申请人隐瞒有关情况或者提供虚假材料申请建筑企业资质的，不予受理或者不予行政许可，并给予警告，申请人在 1 年内不得再次申请建筑业企业资质。"第 33 条规定："以欺骗、贿赂等不正当手段取得建筑业企业资质证书的，由县级以上地方人民政府建设主管部门或者有关部门给予警告，并依法处以罚款，申请人 3 年内不得再次申请建筑业企业资质。"可见，被告人 S 某某企业涉案行为只涉及相关行政处罚问题，并不涉及刑事犯罪问题，没有任何规范性法律文件规定，可以将该行为交由司法机关追究刑事责任。

（2）在涉案土地拍卖和房屋工程建设中没有证据证明 S 某某的企业及其本人有违法违规行为。

有观点认为，S 某某的企业既然在申报企业资质中存在提供虚假文件问题，那么就等于其企业没有建筑资质而参加土地拍卖，企业没有建筑资质而从事房屋工程建设，就是违法违规。这种观点是一种似是而非的观点。

该企业虽然提供了部分虚假材料而违规，但取得的企业建筑资质证书是具有法律效力的证书，其有无资质应以有无具有法律效力的证书为准。该企业提供部分虚假材料是否属于应给予撤销证书的行政处罚决定，应由行政主管部门来决定，在其作出正式有效撤销该证书之前，该证书仍然具有证明该企业具有相应建筑资质的资格。经查，案中没有证据证明，该企业的建筑资质在参加拍卖和进行工程建设前被依法撤销，相反，案中的书证证明该企业的建筑资质至少到 2014 年 9 月 26 日仍然有效。为此，不能认为该企业以此证书为凭作为具有相应建筑资质而参加涉案土地拍卖，进行涉案房屋工程建设为违法违规。正如有专家所言，比如某人在申请驾驶执照中其提供的申请材料存在一定瑕疵，但其取得的驾照是真实有效的，故不能认为其凭此执照驾驶为无照驾驶，除非其执照被依法吊销。

专家们还进一步指出，即使有些企业在土地拍卖、房屋工程建设中存在缺少某些证照资格问题，那也属于违反行政、民事法律规范的问题。甚至根据最高人民法院《关于审理建设工程施工合同纠纷案件适用法律问题的解释》，对无建筑资质、借用他人资质、未进行招标或者中标无效的，应认定合同无效，而无效合同的处理，仍然还要视建设工程经验收是否合格而定，建设工程经验收合格的，还应支持承包人请求参照合同约定支付工程价款。该司法解释并未规定可将在建设工程中无照、无资质经营，情节严重的移交司法机关追究刑事责任的处理。故无照、无资质经营房屋工程建设只涉及行政、民事责任问题，而并不涉及刑事犯罪问题。

三、从本案处理的法律效果和社会效果来看

习近平总书记指出，努力让人民群众在每一个司法案件中都感受到公平正义，这是司法工作的根本目标。专家们指出，要达到这一目标，就必须在每一具体案件中实现良好的法律效果和良好的社会效果的统一。

具体到本案而言，只有依照《刑法》第225条及其司法解释，严格划清本案罪与非罪的界限，才能达到良好的法律效果，否则就背离了《刑法》第225条及其司法解释，而对被告人S某某等四人入罪，就背离了法治的要求，而制造了一起冤错案件。而且本案事涉相关建筑物是否是违法违章建筑，应否竣工验收，其入住的1500余户居民能否领取到房产证的社会稳定的大问题。故此，专家们一致认为，从严格法治和稳定大局及维护公平正义出发，本案宜作无罪处理。应依法认定被告人S某某不构成非法经营罪，宣告被告人S某某无罪。

以上意见供参考。

謷言刍议

对于《刑法》第225条第（四）项规定的非法经营罪中的"其他严重扰乱市场秩序的非法经营行为"，应当如何正确理解和把握？对此，最高人民法院《关于准确理解和适用刑法中的"国家规定"的有关问题的通知》第3条明确要求："各级人民法院审理非法经营犯罪案件，要依法严格把握刑法第二百二十五条第（四）的适用范围。对被告人的行为是否属于刑法第二百二十五条第（四）规定的'其他严重扰乱市场秩序的非法经营行为'，有关司法解释未作明确规定的，应当作为法律适用问题，逐级向最高人民法院请示。"

该通知的要点应理解为：

其一，只有有关司法解释有明确规定的，才可据以定罪。

其二，如果没有明确规定的，则不得随意定罪，如果一定要定罪，则应当作为法律适用问题，逐级向最高人民法院请示。

其三，最高人民法院对此，也应依法严格把握。

余以为，只有这样来理解和把握，才能有效防止将包括非法经营罪在内的"其他"类条款的规定，作为"口袋罪"，随意加以扩大解释，进行变相类推或随意入罪，而违反刑法罪刑法定的帝王原则。

本案的论证意见，对于其他案件关于法律法规"其他"类条款的正确理解与把握，也具有一定的参考意义。

28. 某公司共享支付交易系统是否构成组织、领导传销活动罪

对于组织、领导传销活动罪，要严格根据《中华人民共和国刑法》（以下简称《刑法》）第 224 条之一和最高人民法院、最高人民检察院、公安部《关于办理组织领导传销活动刑事案件适用法律若干问题的意见》（以下简称《两院一部解释意见》）所规定的法定特征，来加以认定，不能随意作扩大解释。

专家们指出：

其一，案涉系统并非是按照一定顺序组成层级，直接或者间接以发展人员的数量作为计酬或者返利依据。

其二，该系统的依托是建立在提供真实合法的商品销售和服务的基础之上。

其三，该系统的分红的"利润"并非来源于人头费。

其四，广大参与者及"消费者"并不存在被骗问题。

其五，并不存在"团队计酬"的传销活动问题。

结论为：综上，该案涉系统，不具有组织、领导传销活动罪必备的法定特征，故不能以此定罪。

案情简介

本案委托方提供一套某公司共享支付交易系统，因引起当地公安机关的注意并对此进行调查，故请求对该系统是否涉嫌构成组织、领导传销活动罪问题，提供专家论证意见。

论证意见

中国政法大学法律应用研究中心接受委托，经审查认为符合接受委托代

为组织专家论证提供法律帮助的条件，决定立项，并于 2020 年 9 月 19 日在京召开了专家论证会，与会五名刑事、民事法学专家会前审阅了论证所依据的事实材料，会上就相关事实证据问题向承办律师进行了质询，经认真研究、讨论，形成如下一致法律意见，即根据现有事实材料，依据我国法律，案涉共享支付交易系统，并不涉嫌构成组织、领导传销活动罪。

专家们严肃指出，本案的要害在于正确划清罪与非罪的界限，而唯其如此，才能做到确实保障无罪人不受刑事追究，有罪人罚当其罪，以真正达到不枉不纵的刑事诉讼公平正义的目标在本司法案件中得以实现。而要做到这一点，就要从实事求是的指导思想出发，对本案事实作全面本质性的分析，以防形式主义地看问题，机械套用法条及其解释，混淆罪与非罪的界限，使无罪人受到刑事追究。

现将专家意见依据的事实理由，具体论证如下：

组织、领导传销活动罪，根据《刑法》第 224 条之一的规定，是指组织、领导以推销商品、提供服务等经营活动为名，要求参加者以缴纳费用或者购买商品、服务等方式获得加入资格，并按照一定顺序组成层级，直接或者间接以发展人员的数量作为计酬或者返利依据，引诱、胁迫参加者继续发展他人参加，骗取财物，扰乱经济社会秩序的传销活动的行为。

《两院一部解释意见》对此作了具体解释。

专家们指出，要划清本案罪与非罪的界限，必须厘清以下几个方面的基本问题：

一、该系统是否是按照一定顺序组成层级，直接或者间接以发展人员的数量作为计酬或者返利依据

《两院一部解释意见》第 1 条"关于传销组织层级及人数的认定问题"规定："以推销商品、提供服务等经营活动为名，要求参加者以缴纳费用或者购买商品、服务等方式获得加入资格，并按照一定顺序组成层级，直接或者间接以发展人员的数量作为计酬或者返利依据，引诱、胁迫参加者继续发展他人参加，骗取财物，扰乱经济社会秩序的传销组织，其组织内部参与传销活动人员在三十人以上且层级在三级以上的，应当对组织者、领导者追究刑事责任。组织、领导多个传销组织，单个或者多个组织中的层级已达三级以上的，可将在各个组织中发展的人数合并计算。组织者、领导者形式上脱离原传销组织后，继续从原传销组织获取报酬或者返利的，原传销组织在其脱离后发展人员的层级数和人数，应当计算为其发展的层级数和人数。办理组织、领导传销活动刑事案件中，确因客观条件的限制无法逐一收集参与传销活动人员的言词证据的，可以结合依法收集并查证属实的缴纳、支付费用及计酬、返利记录，视听资料，传销人员关系图，银行账户交易记录，互联网电子数据，鉴定意见等证据，综合认定参与传销的人数、层级数等犯罪事实。"

专家们认为，从表面上看，该系统确已形成三级以上的传销层级，且人数众多，已形成了传销组织的组织特征。如该系统的"运营主体"包括"天使投资人""权益合伙人""免费注册使用用户"和"系统合作企业"。而且在"权益合伙人"中又设一线城市、二线城市、三线城市各若干人；并且四种"运营主体"的总人数已达 90 多万人。但专家们指出，对该罪的组织特征不能从形式上来看，而应当从实质上看。

"传销"的组织特征是"金字塔销售方式"，金字塔式销售法是由新加入者（新下线）付费（入会费），以取得未来获利（金钱或特殊利益）机会的一种架构组织，但是其获利机会主要却须由该加入者（和前或其后之加入者）再介绍更多人加入这个组织，而非靠销售商品给消费者而来。因此，这种组织的有效奖励方式来自于增加新会员（新下线）及其投资，而非来自于销售和销售真实的商品给实际使用或消费这些商品的人。它并没有实际买卖真实产品或服务的行为发生，而基本上是一种财富从新下线流向该组织创办者的内部重分配现象。这套架构并不是合法的商业机制，其唯一进行的"买卖"实际上所换取的是架构中新下线的权益，以及新下线入会费（或所谓投资）的重分配。

由此可见，传销的层级关系是上下的纵向直接的串联关系，而不是横向的并联关系。亦即每一下层人员的传销都与其上层人员的提成利益有直接关联。如果每一"层级"的人员只与自己横向发展的人员的"传销"利益有关，而与其他人发展的人员的利益无关，就不可能形成他的下线，这样各"层"之间就不具有上下线的层级关系，"传销"的层级关系就无从存在。

从该系统的资料显示，其四种"运营主体"都是独立运营，并行不悖，并不存在上下级的传销关系，亦不存在相互提成人头费问题，故该四种"运营主体"之间并不存在四级传销关系，这种关系十分明显，无需多论。

需要强调的是，在其中"权益合伙人"的"运营主体"中，其虽然有

一、二、三线城市之分，且每一线城市的"合伙人"有发展人数名额，"每一个创客合伙人成功分享一名创客合伙人奖励分享者1000元佣金"，这是否就是形成了三级传销层级了呢？经该系统负责人明确解释，该运营主体，虽然可以推广发展其他"权益合伙人"，且发展人员越多利益越大；但：其一，该主体的利益只与自己发展的主体有关，而与他人发展的主体无关；其二，其享有的佣金仅以一次为限。故，"权益合伙人"之间，并不存在纵向的传销层级关系，每一"权益合伙人"也并不能从其他"权益合伙人"的推广发展"权益合伙人"中得到一定的提成，因此，这种运营关系和三级传销提成人头费无关，亦非形成三级传销层级关系。此种情况值得认真分析和慎重考虑。如果不加分析地形式主义套用，就会混淆罪与非罪的界限，错误地适用法律。

二、该系统的依托是否建立在提供真实合法的商品销售和服务的基础之上

专家们指出，非法传销组织是以推销商品、提供服务等经营活动为名，要求参加者缴纳人头费，从而骗取参加人员的财物，而不是以提供真实合法的商品销售和服务为基础。所以，是否是以提供真实合法的商品销售和服务为基础，就是区别该组织是否为非法传销组织的重要标志。

经该系统负责人介绍，该系统案发前已经引进"系统合作企业"2000多家，其行业涉及餐饮、服装、超市、农产品、日用百货等。其一，该企业入门要经过严格审查，要有合法资质；其二，要求必须销售合法经营的正宗合格商品；其三，系统具有严格的监督机制，发现销售假冒伪劣商品，经客户投诉，查证属实，即取消其主体资格。

专家们认为，从总体而言该系统是建立在提供真实合法的商品销售和服务的基础之上的，而不是以推销商品、提供服务等经营活动为名，要求参加者缴纳人头费，从而骗取参加人员的财物，因此，其不具有非法传销的根本特征。

三、该系统的分红的"利润"是否来源于人头费

专家们指出，非法传销的另一重要特征是组织的资金或"利润"来源于"人头费"，而非来源于真实合法的商品销售和服务的利润所得。如果组织分

红是来源于真实合法的商品销售和服务的利润所得，而非来源于"人头费"，那么该组织就不具有非法传销的资金来源的重要特征。

经查该系统资料和该系统负责人介绍，参与该系统的企业，依附该系统销售商品，必须"拿出15%至50%的利润作为系统的共享利润"，在具体销售中，该系统通过提供专有的二维码，消费者到商家通过扫该二维码消费，每消费扫一次二维码，系统就将该商家约定的让利的15%至50%自动划到该系统账户上，该利润"作为系统的共享利润"，按系统的规定进行分红。

而该系统并不存在参加者交人头费问题，亦不存在上线分下线人头费问题。

其一，四种运营主体均未提供人头费。①天使投资人并未提供人头费。该系统资料显示，天使投资人投入的资金具有合作投资的性质，故不存在作为人头费分配问题。②权益合伙人并未提供人头费。对此，在本论证意见第四之"其二"部分有具体阐述。③免费注册使用用户并未提供人头费。该主体参与仅是抢红包—消费—分红，其没有提供任何资金可作人头费分配。④系统合作企业并未提供人头费。该主体仅提供销售让利，这是分红的资金的唯一来源，但并不是人头费。

其二，既然该系统并没有人提供人头费，那么该系统就不存在人头费可供用于"分红"。

由上可见，该系统并不存在提交人头费问题，亦无人头费可供系统分红，其分红只能来源于参加企业的销售让利所得，故该系统不存在组织骗取参加者人头费的非法传销的经济特征。

四、广大参与者及"消费者"是否存在被骗问题

《两院一部解释意见》第3条"关于'骗取财物'的认定问题"规定："传销活动的组织者、领导者采取编造、歪曲国家政策，虚构、夸大经营、投资、服务项目及盈利前景，掩饰计酬、返利真实来源或者其他欺诈手段，实施刑法第二百二十四条之一规定的行为，从参与传销活动人员缴纳的费用或者购买商品、服务的费用中非法获利的，应当认定为骗取财物。参与传销活动人员是否认为被骗，不影响骗取财物的认定。"

专家们指出，根据现有材料和证据，没有证据证明该系统组织者具有上述的欺诈手段，实施了《刑法》第224条之一规定的行为；且证据证明，其

组织者没有从参与该系统活动的人员缴纳的费用或者购买商品、服务的费用中非法获利，骗取财物的事实。其参加者也没有因参加该系统活动而导致财物受骗。

其一，天使投资人，每人投入 10 万元，认购系统分红股，参与系统共享分红，因该费用放入了该系统的资金池，并不作为"利润"或"人头费"分红款，因此不存在因分红而受损的问题。

其二，权益合伙人，作为传统意义上的推广员，其投入 3000 元，亦不存在财物被骗受损问题。作为权益合伙人，除每人获得一块价值 849 元的镀金自动手表外，可参与抢 100 次红包，从中获得几百元至几千元的利益；同时，还可获得 100 股原始消费股权，享有可持续分红的权益。综合起来，权益合伙人所获得权益，会远远高于其投入。权益合伙人的投入是全部用于其享有的交易系统的运行所需，并不是用于任何人的分配。因此，权益合伙人的投入并不是人头费，并不具有被骗受损的性质。

其三，免费注册使用用户，其可免费抢 100 次现金红包，"每人都可以抢到几百元至几千元不等的消费体验金现金红包，无门槛无条件地通过共享支付交易系统直接消费，同时通过企业提供共享利润值获得消费股权参与全产业链消费流通的共享利润分红"。

其四，系统合作企业，通过与该系统合作，虽然让利 15% 至 50% 的利润，但是通过该系统销售了企业商品，获得了 50% 至 85% 的利润，不仅没受损，而且受益，尤其是对那些缺乏畅通的销售渠道的企业而言，更是属于雪中送炭。

五、关于是否属于"团队计酬"的传销活动问题

《两院一部解释意见》第 5 条"关于'团队计酬'行为的处理问题"规定："传销活动的组织者或者领导者通过发展人员，要求传销活动的被发展人员发展其他人员加入，形成上下线关系，并以下线的销售业绩为依据计算和给付上线报酬，牟取非法利益的，是'团队计酬'式传销活动。以销售商品为目的、以销售业绩为计酬依据的单纯的'团队计酬'式传销活动，不作为犯罪处理。形式上采取'团队计酬'方式，但实质上属于'以发展人员的数量作为计酬或者返利依据'的传销活动，应当依照刑法第二百二十四条之一的规定，以组织、领导传销活动罪定罪处罚。"

专家们认为，在该系统中，并不存在"团体计酬"问题，更不存在形式上采取"团队计酬"的方式，但实质上属于"以发展人员的数量作为计酬或者返利依据"的传销活动。在该系统中，其分红的利润来源，如上所述，是来源于企业的让利，而非人头费，分红的多少取决于企业销售的商品的质量和数量，也与推广员的推广的消费效果有直接联系，而与人头费无关。因此，也不存在以"团体计酬"方式传销犯罪问题。

综上所述，专家们认为，该系统并不具有《刑法》第 224 条之一所规定的组织、领导传销活动罪的犯罪构成要件，亦不具有《两院一部解释意见》所规定的该罪的基本构成特征，根据现有材料和证据，不能证明该系统涉嫌构成组织、领导传销活动罪。故，建议办案机关对本案慎重处理，尤其是在中央和最高人民法院、最高人民检察院三令五申强调，要加强依法保护民营企业、民营企业家，切实落实"六稳、六保"的情况下，划清本案罪与非罪的界限，保障无罪人不受刑事追究，不仅是在刑事诉讼中保障人权的需要，而且也是落实中央刑事政策的大局需要。故此，提供上述意见以供参考。

譬言刍议

对于本案所涉的系统是否构成组织、领导传销活动罪问题，应当慎重处理。一是要严格依法认定，而不能随意作扩大解释；二是要认真坚持加强依法保护民营企业、民营企业家，切实落实"六稳、六保"的大局意识；三是要正确划清本案罪与非罪的界限，坚决保障无罪人不受刑事追究。此之谓，要慎之又慎。

至于对非法传销罪的罪与非罪的分析把握，本案论证提出了自己的思路。

29. 对 L 某某非法吸收公众存款犯罪一案 应当如何依法处理？

论证要旨

其一，属于单位犯罪而非自然人犯罪，生效判决没有认定就应当提起再审。

其二，本案在原审判决生效后对发现的新罪，也应当与提起再审的案件合并审理。

其三，案中的从轻、减轻情节应当与"认罪认罚"的政策的保障相结合，在法定刑罚幅度内给予被告人以相对更大的从宽幅度。

案情简介

被告人 L 某某在生效判决中被认定为犯非法吸收公众存款罪，并被判处缓刑；而被发现有遗漏的余罪被重新起诉；但经查原判误将单位犯罪认定为自然人犯罪。问题是，应否对原判提起再审，原判再审应否与新罪合并审理；在合并审理中应否综合考量原审和新罪的从轻、减轻情节和保障其"认罪认罚"的权利，给予被告人以更加轻缓化的处理。

论证意见

中国政法大学法律应用研究中心接受委托，经审查认为本案符合接受委托代为组织专家论证，提供法律帮助的条件，决定立项，并于 2020 年 4 月 3 日在京组织三名刑事诉讼法、证据法学专家召开了论证会。会前，专家们对本案论证所依据的事实材料进行了认真审阅，会上就本案所涉及的事实证据问题，详细询问了本案辩护律师，并与相关证据材料进行了认真核对。在此基础上，专家们就本案侦查机关所认定的事实问题和法律适用问题，从程序与实体两个方面进行了认真研究讨论，并对本案如何依法处理问题，进行了探讨，形成如下一致法律意见，以供本案公诉机关和审判机关参考。

一、关于本案立案、侦查程序上的欠缺问题

经辩护律师审阅案卷材料，并与案卷相关材料进行认真核对，专家们确认如下事实情况：

（1）本案侦查卷卷宗封皮上注明立案时间为 2015 年 7 月 2 日，侦查卷中立案决定书显示的时间为 2015 年 7 月 21 日。

（2）本案已于 2016 年 2 月 23 日侦查终结，并于 2016 年 2 月 25 日移送审查起诉，且某某市某某区人民法院于 2016 年 7 月 25 日以非法吸收公众存款罪判处 L 某某有期徒刑 3 年，缓刑 5 年，并处罚金 20 万元，本案已经终审判决结案，并已投入执行。

（3）某某市公安局市中分局的起诉意见书记载："L 某某非法吸收公众存款一案，由集资参与人栾某某等人于 2017 年 2 月 10 日报案至我局，经审查，我局于 2017 年 2 月 13 日立案侦查。"

根据以上情况，本案在立案侦查程序上存在如下欠缺情况：

其一，本案侦查卷宗封皮上注明的立案时间是 2015 年 7 月 2 日，但本案业经侦查终结，并已作出终审判决，以此作为对新的犯罪事实进行立案侦查的依据，缺乏应有的合法性。

其二，在本案起诉意见书中，表述的立案时间是"2017 年 2 月 13 日"，但据查，并没有查到当时的"立案决定书"。没有立案决定书就开始正式侦查、取证，这又涉及侦查行为和所取证据的合法性问题。

据此，专家们指出，程序合法性问题不仅是程序正义的应有之义，而且是实体正义的重要保证，对此应当严肃对待，不应有任何疏漏和瑕疵，对本案的这一程序欠缺问题，建议侦查机关予以认真补正。

二、本案应确认为单位犯罪，并应纳入原案再审一并审理

（一）本案应确认为单位犯罪

根据《中华人民共和国刑法》（以下简称《刑法》）第 30 条、第 31 条的规定，单位犯罪是指公司企业、事业单位、机关、团体实施了依法应当由其承担刑事责任的危害社会的行为，系个人犯罪的对称。

根据最高人民法院《关于审理单位犯罪案件具体应用法律有关问题的解

释》和最高人民法院、最高人民检察院其他相关司法解释的规定，本案具备单位犯罪的下列基本特征：

一是，本案是以单位的名义实施的犯罪，即由 L 某某作为其单位主要负责人决定、同意以单位名义实施的犯罪。

二是，L 某某是为单位谋取利益，其违法所得均归单位所有，即是为单位融资而犯罪，而融资资金也均用于单位的生产经营。

三是，具有单位犯罪的主体和罪名的法定性。L 某某所在单位具有单位犯罪的主体资格，且根据《刑法》第 176 条第 3 款的规定，具有单位犯吸收公众存款罪罪名的法定性。

可见，本案从犯罪主体、客体，主观、客观方面均明显反映的是单位犯罪的构成特征。由于 L 某某是作为自然人犯罪还是单位犯罪的直接责任人，在刑事责任承担上，有重大差异，因此，专家们指出，本案系单位犯罪，应当在法律上加以确认，而这也是正确处理本案，以体现在个案处理上的公平正义的一个重要的关键所在。对此，希望公诉机关和审判机关予以充分考虑。

（二）应将本案发现的新的犯罪事实，与原判犯罪事实，在撤销原判、裁定再审后，加以合并综合审理

专家们认为，根据相关司法解释，一般情况下，将本案新发现的犯罪事实单独起诉审判，审判结果与原生效判决进行综合"并罚"并无不妥。这在实体上不存在任何司法障碍，在程序上也可节约成本，提高效率。但本案涉及定性即属于单位犯罪，而在原审判决和新发现的遗漏犯罪事实的追诉中，却均未确认是单位犯罪的重要事实问题，如果分别审理，"并罚"的结果必将加重原判刑罚，并撤销原判"缓刑"；而如果进行合并审理，若本案应当或可以适用缓刑的话，则在程序上不会存在任何障碍。专家们综合考量本案的全部案情，认为对 L 某某以综合判处缓刑为宜。为此，建议起诉机关并商请一审法院将新发现的犯罪事实与原判犯罪事实，在法院主动提起原判再审后，进行综合合并审判为宜。

三、对 L 某某合并审理并适用缓刑为宜

对此，专家们提出 L 某某具有如下从轻减轻情节，请公诉机关和审判机关予以充分考虑：

（一）L 某某是单位犯罪的刑事责任人，而不是普通犯罪的自然人

在对原判犯罪事实与新发现的犯罪事实加以合并审查时，均应将 L 某某作为单位犯罪的刑事责任人，加以定罪量刑。专家们指出，根据 2001 年 1 月 21 日最高人民法院发布的《全国法院审理金融犯罪案件工作座谈会纪要》的规定，即使是在公诉机关未起诉单位犯罪的情况下，人民法院依法审理中，经查明是属于单位犯罪的情况下，亦应"对被起诉的自然人根据指控犯罪事实、证据及庭审查明的事实，依法按单位犯罪中的直接负责的主管或者其他直接责任人追究刑事责任，并引用刑法分则关于单位犯罪追究直接负责的主管人员和其他直接责任人负刑事责任的有关条款"。但经查，原生效判决在对 L 某某定罪量刑时并未引用《刑法》分则中关于单位犯罪追究直接负责的主管人员的刑事责任的条款，而是将其作为自然人犯罪来对待。因此，在合并审理中，根据这一条款的适用规定，对 L 某某有综合性进一步从轻、减轻处理的余地。

（二）L 某某具有自首、坦白的从轻、减轻情节

经查，L 某某具有自首情节，根据案件材料可知其系于 2019 年 10 月 4 日主动到侦查机关投案，并如实向侦查机关坦白了犯罪事实，并于当日被侦查机关取保候审。

《刑法》第 67 条规定了认定自首应从自动投案和如实供述两个方面来把握，本案中，从侦查机关出具的 L 某某系主动投案的办案说明、本人如实坦白的供述与辩解笔录材料及侦查机关的起诉意见书中有关 L 某某自愿供述其本人犯罪行为，依据《中华人民共和国刑事诉讼法》第 15 条之规定，可以依法从宽处理的意见材料可以证实其完全符合自首、坦白规定的法定条件。

（三）L 某某具有真诚认罪悔罪和积极赔偿集资参与人损失的从轻情节

在原生效判决中，被告人 L 某某认罪态度好，积极赔偿集资参与人损失，一直按分期还款协议履行。

在本次起诉的犯罪事实中，其中柏某、张某起诉的民事判决中，已判决其偿还借款 75 万元人民币及利息，并已执行完毕；对其他集资参与人也都签订了"还款协议"，并取得了集资参与人的谅解，这就为本案按认罪认罚途径处理，奠定了良好的基础。

（四）建议本案通过 L 某某认罪认罚，对 L 某某进行综合从轻、减轻处罚，给予相对更大的从宽幅度

最高人民法院、最高人民检察院、公安部、司法部、国家安全部《关于适用认罪认罚从宽制度的指导意见》第 9 条规定了应从三个方面对从宽幅度进行把握，而本案中 L 某某在这三个方面均符合从宽处罚的条件：

该意见第 9 条第一段规定："从宽幅度的把握。办理认罪认罚案件，应当区别认罪认罚的不同诉讼阶段、对查明案件事实的价值和意义、是否确有悔罪表现，以及罪行严重程度等，综合考量确定从宽的限度和幅度。在刑罚评价上，主动认罪优于被动认罪，早认罪优于晚认罪，彻底认罪优于不彻底认罪，稳定认罪优于不稳定认罪。"本案中，L 某某是在侦查阶段主动投案坦白了自己的全部罪行，而且对查明案件事实具有相应的价值和意义，是彻底认罪、稳定认罚，具有较充分的"优于"其他的从宽处罚的情节。

该意见第 9 条第二段规定："……对犯罪嫌疑人、被告人具有自首、坦白情节，同时认罪认罚的，应当在法定刑幅度内给予相对更大的从宽幅度。认罪认罚与自首、坦白不作重复评价。"本案中，L 某某属于既具有自首、坦白情节，又同时认罪认罚，且认罪认罚与自首、坦白不存在重复评价问题，因此，对其"应当在法定刑罚幅度内给予相对更大的从宽幅度"。

该意见第 9 条第三段规定："对罪行较轻、人身危险性较小的，特别是初犯、偶犯，从宽幅度可以大一些；罪行较重、人身危险性较大的，以及累犯、再犯，从宽幅度应当从严把握。"本案中，L 某某属于初犯、偶犯，不属于累犯、再犯，且其真诚认罪悔罪，积极赔偿集资参与人损失，取得集资参与人谅解，亦不属于人身危险性较大的犯罪，因而也就具有这一从宽处罚的情节。

根据以上所述，专家们一致认为，由于 L 某某同时具有上述意见第 9 条所列举的三个方面的从宽处罚情节，而这三个方面的从宽处罚情节在量刑上均应当充分体现。故在对于 L 某某进行合并审理时，法院应在原审从轻处罚的基础上，进一步予以从轻、减轻处罚，并维持原判缓刑为宜。

专家们建议本案辩护律师，可在原有辩护工作的基础上进一步提请公诉机关，对本案采取 L 某某认罪认罚的途径处理。在 L 某某认罪认罚的情况下，L 某某即具有《关于适用认罪认罚从宽制度的指导意见》第 9 条规定的三个方面的"给予相对更大的从宽幅度"的处罚条件。

（五）对 L 某某适用缓刑有利于充分发挥司法的法律效果与社会效果的良性统一

（1）由于 L 某某具有从轻、减轻处罚的情节并认罪认罚，具有应"给予相对更大的从宽幅度"的处罚条件，故对其判处较轻有期徒刑并适用缓刑，更能体现良好的法律和社会效果。

（2）对 L 某某适用缓刑，有利于保护其民营企业的健康发展，并促使 L 某某通过其民营企业的发展收入，最大限度地实现其赔偿集资参与人的民事损失，并有利于稳定社会秩序，化解社会矛盾。

（3）有利于化消极因素为积极因素，进一步教育挽救 L 某某。

专家们指出，习近平总书记对民营企业多次发表重要讲话，强调要不断为民营经济营造更好发展环境，帮助民营经济解决发展中的困难，支持民营企业改革发展。

对此，最高人民法院反复强调，要进一步加大产权司法保护力度，依法平等保护企业家合法权益，切实维护企业家人身和财产安全，为企业家创新创业营造良好法治环境。

最高人民检察院也多次强调，要继续加强民营企业司法保护，对于有关部门移送的刑事案件，涉及民营企业行贿人、民营企业家的，要依法审慎采取强制措施，充分考虑保护企业发展需要，最大限度减少司法活动对涉案民营企业正常生产经营活动的不利影响。

最高人民检察院检察长张军在谈到服务大局、保护民企时说："可捕可不捕的，不捕；可诉可不诉的，不诉；可判实刑可判缓刑的，判个缓刑好不好？我们认为是非常需要的，因为民营企业把它捕了诉了马上会垮台，几十个几百个人的就业没了。"

以上重要讲话和规定，为本案的正确处理指明了方向。

综上所述，鉴于 L 某某具有自首、坦白犯罪事实情节、真诚认罪悔罪，积极赔偿集资参与人损失，取得了集资参与人谅解，如其能认罪认罚，从保护其民营企业健康发展和维护集资参与人利益和维护社会秩序稳定出发，对其撤销原判合并新罪综合审理，给予其"相对更大的从宽幅度"的判决并适用缓刑，完全符合本案的事实和法律要求，也完全符合中央保护民营企业改革发展大局的方向。对此希望公诉机关和审判机关，予以充分考虑。

以上意见供参考。

瞽言刍议

本案涉及三个方面的重要问题：一是，属于单位犯罪，生效判决没有认定应否提起再审；二是，本案在原审判决生效后对发现的新罪，应否与应当再审的案件合并审理；三是，案中的从轻、减轻情节应否与"认罪认罚"的政策的保障相结合，在法定刑罚幅度内给予相对更大的从宽幅度。

对此本案专家论证给予了完全肯定性的回答，其出发点，一是坚持法治原则，是单位犯罪就不能认定为自然人犯罪；二是坚持效率原则，原审再审与新罪合并审理，有利于提高司法效率；三是，坚持有利于被告原则，再审认定为单位犯罪，与新罪合并审理，一并综合考量被告人的从轻、减轻情节和重新保障其认罪认罚的权利，对被告人的处理使其获得在法定刑罚幅度内给予相对更大的从宽幅度有利。

余以为，刑事诉讼的恢复性司法和谦抑性司法，体现的是一颗菩萨心肠，对被告人能依法从轻、减轻、免除或不追究刑事责任的，就一定要尽量坚持依法从轻、减轻、免除或不追究被告人的刑事责任，这也是法律人的良心之所在。

30. 被告人 F 某某是构成盗伐林木罪，还是滥伐林木罪？是单位犯罪还是自然人犯罪？是构成一罪，还是数罪？应如何正确处罚？

论证要旨

其一，被告人任意采伐的是本单位所有的林木，应构成滥伐林木罪，而非构成盗伐林木罪。

其二，其是以单位名义实施的犯罪，违法所得归单位所有，应以单位犯罪论处。

其三，其滥伐的林木，部分是珍贵林木，部分是普通林木的，应按一罪从重处罚，而不应按数罪并罚处理。

其四，被告人有从重情节，亦有从轻情节，应一并全面考量，依法恰当处罚。

案情简介

被告人 F 某某未经合法审批，非法采伐了自己管理的林场的林木，其中有部分是国家重点保护的植物，一审判决按盗伐珍贵树木罪和盗伐普通林木罪数罪对其从重并罚，判处其有期徒刑 20 年。

论证意见

中国政法大学法律应用研究中心接受委托，于 2017 年 7 月 18 日，在京代为组织召开了专家论证会，与会四名刑事法学专家，会前审阅了论证所依据的事实材料，会上就有关事实认定、证据运用和法律适用问题进行了认真的甄别、讨论、研究，得到如下一致法律意见，现具体论证如下：

一、被告人 F 某某并不构成盗伐林木罪，而只构成滥伐林木罪

最高人民法院《关于审理破坏森林资源刑事案件具体应用法律若干问题的解释》第 5 条第 1 项明确规定，"未经林业行政主管部门及法律规定的其他主管部门批准并核发林木采伐许可证，或者虽持有林木采伐许可证，但违反林木采伐许可证规定的时间、数量、树种或者方式，任意采伐本单位所有或者本人所有的森林或者其他林木的"，以滥伐林木罪定罪处罚。

本案被告人 F 某某采伐的是本单位的林木。

经查，案涉某某市人民政府于 2013 年颁发的某某林场林权证明确记载，某某林场管辖林木所有权人为某某市某某林场。该林权证书为某某市人民政府颁发，具有合法的效力，是法定的林木所有权的凭证，在林木所有权证明效力上具有排他性，该林权证至今不存在争议纠纷，也没有经任何合法程序予以撤销，因此可据此认定，被告人 F 某某采伐的是本单位所有的林木。

另查，某某省某某国家森林公园股份有限公司章程载明：某某林场为该公司的股东单位，据此可以认定即使案涉林木在总体上归属该公司所有，但某某林场为该公司的股东单位，该公司所有林木亦与该股东单位属同一归属单位，那么被告人 F 某某采伐的林木在总体上也属于本单位所有的林木。

一审判决以采伐的林木属国家所有的林木，不属"本单位所有"的林木为由，确定 F 某某不属于采伐"本单位所有林木，不属滥伐林木罪"，该判决认定的错误之处在于：其一，与某某林场林权证相矛盾，因而无合法有效的确权证书的支持；其二，经查，案涉国有林场早经改制为股份有限公司，其股东单位既有各林场又有诸多自然人，故案涉林木所有权已不可笼统称为国有林场，而应称为该股份有限公司所有的林场，被告人 F 某某所在的某某林场是该公司的一个股东单位，是该公司的一个有机组成部分，且该某某林场经工商登记有非法人营业执照，可成为独立的民事法律关系主体。根据以上情况，不加分析地以国家所有为由，否定某某林场具有所有权和改制后股份有限公司的所有权关系，是不能成立的。

据上，专家们认为，对于本案中有充分理由认定，被告人 F 某某所采伐的林木是 F 某某所在单位某某林场所有的林木，根据上述最高人民法院的司法解释，应当以滥伐林木罪定罪处罚。

二、案涉行为应属单位犯罪

本案起诉书起诉被告单位某某市某某林场，经理兼书记被告人 F 某某、技术员被告人邓某某为林场谋取利益而犯罪，专家们认为，这一指控是有相应事实和法律依据的。

根据最高人民法院《全国法院审理金融犯罪案件工作座谈会纪要》，以单位名义实施犯罪，违法所得归单位所有的，是单位犯罪。

（一）案涉犯罪是以单位的名义实施的

经查，案涉采伐林木都是被告人 F 某某作为林场经理兼书记以某某林场的名义采伐的，不仅以该林场名义采伐，而且是在该林场在 2015 年木材生产过程中，安排该林场 2015 年度木材生产采伐作业人员，以该林场有合法采伐审批手续为名，进行采伐的，所组织的作业人员，也是以该林场的名义发放工资，报酬等；并不是被告人 F 某某以个人名义、偷偷组织人员而进行盗伐。

（二）违法所得归单位所有

经查，某某市某某森林派出所盖章出具的《F 某某木材款支出明细表》载明：案涉 1209 万元，单位入账 577 万元，除购房使用 7.8 万元和存入 175 万元银行卡外，其余均用以林场组织采伐的人员和职工看病、赔偿等花费。

据了解，案涉款项因系非法开采不能正常直接单位入账，只能陆续以其他合法名目（如卖坚果等）单位入账。案发前有现金 175 万元未入账，被告人 F 某某说买一个 7.8 万元的小房是想将该款存入该房之用，但其后又临时以他人的名义存入卡上，被抓捕时，其主动到住房找出，上交侦查人员，据此，其并没有据为己有的故意。其以上辩解意见，具有相当的可信性，而需进一步核查，若无相反证据足以排除这一合理怀疑，应加以确认，被告人 F 某某并无侵吞案涉有关款项（包括房款、银行卡款）的故意，应认定为其非法所得归单位所有。对此，侦查机关侦查意见、检察院起诉书意见，都认为 F 某某是其为林场谋取利益而犯罪，实属单位犯罪，这一认定应当认为是客观公正的。

（三）一审判决否定单位犯罪不符合事实、法律

一审判决认为，F 某某不是某某林场的法定代表人，其决定未经某某林场领导班子成员决策和参与，事后部分赃款被 F 某某私自处分，并未与某某林场共同分赃，因此属个人犯罪而非单位犯罪。

专家们一致认为，这一认定既不符合事实又有违法律。判决书认定被告人 F 某某为某某林场经理、党支部书记，应系某某林场主要负责人，而其行为均是以某某林场名义组织实施的，且非法所得归于单位，虽有部分费用案发时尚未入单位账，并有 7.8 万元的费用用于买房，但并不影响 F 某某以单位名义实施，为谋取单位利益的单位犯罪的实质，故，以个人犯罪定罪处罚有失偏颇。

三、关于本案应按一罪、数罪处理的问题

最高人民法院《关于审理破坏森林资源刑事案件具体应用法律若干问题的解释》第 8 条规定："盗伐、滥伐珍贵树木，同时触犯刑法第三百四十四条、第三百四十五条规定的，依照处罚较重的规定定罪处罚。"

在本案中，如果 F 某某等滥伐的全部都是国家重点保护植物，据此只能定一罪，而无论是按《中华人民共和国刑法》（以下简称《刑法》）第 344 条、还是按《刑法》第 345 条规定定罪处罚，最高刑都是 7 年有期徒刑；而对于滥伐部分是珍贵林木，部分是普通林木的，是按一罪还是数罪定罪处罚，刑法和司法解释并没有作出明确的规定和解释。有学者和司法部门认为应按数罪并罚处理。这一观点的问题在于：

第一，没有刑法规定和司法解释的依据。上述司法解释只是规定在单一滥伐国家重点保护植物的情形下，要按一罪定罪处罚，而并没有规定，也不能由此反推出在对珍贵树木与普通树木混合滥伐的情况下，就应按数罪定罪处罚。

第二，如果按照上述观点定罪处罚，其结果是滥伐的全部是珍贵树木，最高刑为 7 年有期徒刑；相反滥伐的如案情况，有部分珍贵树木，又有大量的普通树木，反而要按数罪并罚，在 7 年以上、14 年以下定罪处罚，这显然是不符合刑法和司法解释的立法、司法解释旨意的。

其一，根据罪刑法定、法无明文不为罪的原则，滥伐全部都是珍贵树木的按一罪和最高刑 7 年有期徒刑定罪处罚；滥伐中尚有部分（本案是大量）普通树木的，最重也应按滥伐全部都是珍贵树木之一罚和最高刑 7 年有期徒刑定罪处罚。本案此种情况按数罪并罚处理则在刑法和司法解释均无明文规定和明确解释，属于法无明文而处罚。

其二，根据有利于被告原则，在刑法与司法解释无明文规定的情况下，

应按照有利于被告的原则来适用刑法。高铭暄教授多次强调，刑法的适用要在规定不明、刑法和司法解释规定不明和事实不清及证据不足等情况下，按"有疑"作有利于被告处理。

其三，从公平公正原则出发，亦应按一罪从重处罚为宜，否则，按照上述观点，进行数罪并罚，势必造成相同数量、滥伐全部是珍贵树木的反而比滥伐部分珍贵树木、部分普通树木的判刑要轻得多，这显然是不符合公平正义的司法目的的，也有悖法治的正当性、合理性和严肃性。

有鉴于此，本案属同一主体、同一故意，同一决定，对同一设计的同一地块，同一实施滥伐，在刑法和司法解释没有明文规定的情况下，按一罪从重处罚较为公平、合理，较为符合《刑法》第 344 条和第 345 条第 2 款、第 4 款的规定和上述最高人民法院司法解释第 8 条的立法、司法解释精神。当然，这也只是一种学理见解。

根据以上情况，如果司法部门认为应当按照数罪并罚处理，并突破其中择一从重最高刑 7 年有期徒刑的处罚界限，那么就应当层报最高人民法院，根据其作出的明确的"批复"和"解释"来处理。

四、被告人 F 某某的犯罪行为有如下从轻情节应当予以充分考虑

在本案中，案涉犯罪虽然情节较为严重，有从重处罚的一面，但也有从轻处罚的情节应予充分考量。综观全案，一审判决按数罪"顶格"判决被告人 F 某某有期徒刑 20 年，不仅以盗伐林木罪定罪不妥，而且量刑上也明显偏重。专家们认为，在二审审判中，其以下从轻情节应当予以重视：

其一，被告人 F 某某陈述称上级林业局调拨某某林场两年林木蓄积量，由此造成某某林场困难。

其二，林场工资借了 100 多万元，需要还款。

其三，被告人 F 某某将采伐非法收入已基本上入账和用于施工人员报酬及付单位职工相关款项，并没有用于个人挥霍。

其四，被告人 F 某某认罪态度较好且主动上交侦查人员并不掌握的 175 万元的银行卡，属具有主动坦白罪行的法定从轻情节。

专家们认为根据以上情况，应当认定被告人 F 某某具有法定和酌定从轻情节，建议二审法院对此予以全面考量。

以上意见供参考。

瞽言刍议

这一案件主要涉及要正确划清四个界限问题：一是，是构成盗伐林木罪还是滥伐林木罪；二是，是构成一罪还是数罪；三是，是单位犯罪还是自然人犯罪；四是，是从重、从轻处罚，即此罚与彼罚问题。

起诉与一审判决都是以对被告人不利的方面来定罪判刑的，而且均为失当。之所以出现此种情况，除了认识问题外，主要出在司法理念问题上，认为打击犯罪越重越好，只有这样才能体现刑罚的严肃性和打击犯罪的正当性。但是这和罪刑法定原则、刑法的谦抑性原则和恢复性司法的理念直接相悖；严肃法治并不是要越严越重越好，相反，除了证据确凿、罪大恶极的外，一般还是要能依法轻缓化处理的，要尽量以依法轻缓化处理为宜。这样，才能体现社会主义法治对绝大多数被告人"惩前毖后，治病救人"的一片仁爱和友善之心，毕竟社会主义的法治应当是最有"温度"的法治，是最讲人道的法治、最有良心的法治。

31. 被告人 Z 某被判故意杀人罪依法成立吗？

论证要旨

其一，认定被告人 Z 某构成故意杀人罪的主要事实的证据严重不足。

其二，该判决与法院已生效的裁定相冲突，依法不具有法律效力。

其三，该判决程序严重违法的原因有待彻底查明。

结论为：本案应当依法提起再审，纠正某某省高级人民法院原判决的错误。

案情简介

本案是一起奇特的刑事案件：

2000 年 10 月 8 日，某某市检察院对 Z 某作出不起诉决定，其后，2001 年 4 月 2 日，某某省高级人民法院又作出了终审裁定，确认某某市检察院对 Z 某作出不起诉决定所认定的"Z 某的行为，情节显著轻微，不认为是犯罪"是正确无误的，因而裁定被告人 Z 某不构成故意杀人罪共犯。2001 年 7 月 9 日，某某省人民检察院又撤销了某某市检察院对 Z 某的《不起诉决定书》，奇怪的是，某某市检察院在过了近四年后的 2005 年 3 月 28 日才将 Z 某向某某市中级人民法院提起公诉。然而，某某市中级人民法院又判决宣告 Z 某无罪，而后，2005 年 6 月 30 日，某某市检察院刑事抗诉书又认定被告人 Z 某构成故意杀人罪共犯而提起抗诉。

其后，某某省高级人民法院于 2005 年 9 月 27 日对本案开庭审理，判决书签署时间为 2005 年 11 月 22 日，然而经过长达近 15 年后，于 2020 年 5 月 9 日才对被告人 Z 某宣判以故意杀人罪定罪判刑而收监。判决其构成故意杀人罪的主要事实是，他在现场对直接实施故意杀人行为的被告人申某某说过"打，往死里打"这句话。

论证意见

委托方因被告人 Z 某被判故意杀人犯罪一案，向受托方提交专家论证申请和案件材料，请求代为邀请专家论证，提供专家论证法律意见。受托方在审阅委托方提交的案件材料后，认为符合专家论证的条件，邀请五名刑事诉讼法、证据法学专家，于 2020 年 11 月 27 日召开了专家论证会。专家们在仔细研究委托方提交的案件材料、向委托方询问有关情况、深入讨论的基础上，形成一致法律意见，即被告人 Z 某被判故意杀人罪，依法不能成立。具体论证意见如下：

一、认定被告人 Z 某构成故意杀人罪的主要事实证据严重不足

经查，某某省高级人民法院［2005］某刑一终字第 314 号判决认为："被告人 Z 某在申某某被人打倒后出手相助，踢了被害人一脚，使申某某获得反击机会，又进一步用语言鼓动申某某行凶，与申某某形成事中共犯……故其行为构成故意杀人罪，应依法予以惩处。"专家们认为，认定该主要事实的证据严重不足。

（一）从控诉证据与辩护证据的证明效力来看

1. 从许某某、杨某、李某某三证人的证言来看

三证人在 2000 年 1 月公安机关的询问笔录中，均证明 Z 某踢了被害人一脚，并说了"打，往死里打"这句话；但在 2000 年 6 月份某某市检察院核实调查笔录中却都予以否认，并指出公安机关在讯问中存在恐吓、"指供诱供"行为，她们均按公安机关要求说了假话。

对三证人的证言效力的评价：控诉证据和辩护证据，充其量是三比三关系。

2. 从侯某某、侯某、张某三证人的证言来看

和被害人一伙的这三名证人，他们在公安机关和检察机关的多次询问中，均始终未证明曾听到 Z 某说过"打，往死里打"这句话。

对三证人的证言效力评价：控诉证据和辩护证据，是零比三的关系。

3. 从被告人 Z 某的供述与辩解与被告人申某某的口供来看

被告人申某某在本案中的口供始终翻供 Z 某说过"打，往死里打"这句话，而被告人 Z 某在案中却始终不承认说过"打，往死里打"这句话。

对此，控辩证据的效力比例为一比一。

综上，被告人供述与辩解和证人证言的控辩证据效力的比例为四比七。

当然，这样机械类比并不科学，但这也足以说明问题。

（二）综合案情实际作实事求是的分析

其一，被害人一伙三证人的证言，他们与被害人关系最近，在现场的位置又离被害人和被告人最近，当 Z 某踢被害人一脚后，要是 Z 某真说了"打，往死里打"这句话，他们应该听得最清楚，但他们始终证明没听到过被告人 Z 某说过。这与现场离得较远的三名女青年证人说听到过 Z 某说过这句话，证明效力要高，并且她们后来还推翻了原来的证词。

其二，案中证据证明，当时，Z 某并不知道申某某随身携带匕首，他说"打，往死里打"这样的话，岂非无的放矢？

其三，当时，是申某某被被害人周某某压在地上暴打，Z 某踢了周某某一脚，如果他说了一句"打，往死里打"，这究竟是在鼓励谁呢？

由上可见，该判决认定被告人 Z 某故意杀人的主要事实所依据的控诉证据与案中辩护证据的证明效力相比较，不仅达不到确实充分，排除合理怀疑的程度，甚至连民事证据证明要求的高度盖然性或优势证据的证明标准都达不到，明显属于证据严重不足，依法不能成立。

二、该判决与该法院的已生效的裁定相冲突，依法不具有法律效力

经查，某某省高级人民法院刑事裁定书［2001］某刑一终第 41 号载："曾某某虽踢被害人一脚并说了'打！往死里打'的话，但曾某某与申某某事前并未预谋杀人，申某某在与被害人发生争厮打后，突起杀人犯意，不顾他人阻挡，持匕首连刺被害人要害，杀死被害人；曾某某在申某某实施杀人过程中也无任何犯罪行为，故曾某某的行为不构成故意杀人的共犯。"

该裁定早已发生法律效力，且至今并未被依法撤销，因此具有既判力。

既判力原则是一项古老的诉讼原则，其最早可溯源至古罗马的"一案不二审"规则，既判力在现代诉讼法理论中是用以说明判决效力的一个基础性概念，是诉讼法的支柱理论之一。

既判力的基本含义是：由终审判决确定的事项，具有实体上和诉讼上决定性的约束力。从实体上讲，法院判决的内容，对法院本身和当事人及利害关系人有不可随意变更的约束力和确定力；从诉讼上讲，禁止就已判决生效

的事项在未依法撤销的情况下，再行起诉和重复判决。这也是我国刑事诉讼法维护生效判决的权威性、稳定性和排他性的应有之义。

本案二审判决是在上述生效裁定确定被告人 Z 某不构成案涉杀人罪共犯，该裁定未被依法撤销的情况下，由同一法院对同一事实作出的截然相反的其构成案涉故意杀人罪共犯的判决，明显违背了法院判决与生效裁定冲突的既判力原则，侵害了法院生效裁判的权威性、稳定性和排他性，因而在法律上是无效的。仅据此，即使被告人 Z 某具有指控的事实，该判决也不具有有效性。

专家们注意到，该二审判决书尽管载有"原生效裁定认定 Z 某不构成本案故意杀人罪共犯的表述不当，应予纠正"的内容，但其却并不具有纠正原生效裁定错误的效力，未经再审程序，原生效裁定的效力仍具有排他性。

三、该判决程序严重违法的原因有待彻底查明

该判决的程序严重违法是世所罕见的，作为二审程序开庭审理后，15 年未予宣判，将被告人不管不顾，经 15 年后，再宣告判决定罪判刑，将其收监。

本案判决的反常究竟掩盖着怎样的特别隐情，有待查明，以恢复真相与公平正义。

其反常之处在于：

2000 年 10 月 8 日，某某市检察院对 Z 某作出不起诉决定，其后，2001 年 4 月 2 日，某某省高级人民法院又作出了终审裁定，确认某某市检察院对 Z 某作出不起诉决定所认定的"Z 某的行为，情节显著轻微，不认为是犯罪"是正确无误的，因而裁定被告人 Z 某不构成故意杀人罪共犯。然而在这种情况下，2001 年 7 月 9 日，某某省人民检察院又撤销了某某市检察院对 Z 某的《不起诉决定书》，奇怪的是，某某市检察院在过了近四年后的 2005 年 3 月 28 日才将 Z 某向某某市中级人民法院提起公诉。然而，某某市中级人民法院又判决宣告 Z 某无罪，而后 2005 年 6 月 30 日，某某市检察院刑事抗诉书又认定被告人 Z 某构成故意杀人罪共犯而提起抗诉。

其后，某某省高级人民法院于 2005 年 9 月 27 日对本案开庭审理，判决书签署时间为 2005 年 11 月 22 日，而经过长达近 15 年后，于 2020 年 5 月 9 日才对被告人 Z 某宣判定罪判刑而收监。

凡此种种，有待通过再审程序予查明。否则，难以体现公平正义。

总之，专家们一致认为，本案某某省高级人民法院终审判决确有错误，根据《中华人民共和国刑事诉讼法》第 253 条第 2 项、第 3 项、第 4 项的规定，应依法提起再审，纠正原判决的错误。

以上意见供参考。

謷言刍议

本案是一起奇特的刑事案件。从立案到最后宣判，历经 20 年之久，仅从最后判决（签署的判决时间），到正式宣判也历经了 15 年之久。期间经过了某某市检察院作出不起诉决定，后某某省检察院作出决定撤销该不起诉决定，某某市检察院四年后又起诉；某某市中级法院判决无罪，某某省法院亦裁定 Z 某某无罪，而某某省检察院又抗诉，某某省法院又开庭，判决 15 年后才宣判被告人 Z 某某构成故意杀人罪；而此时，该省法院无罪裁定，还没有被撤销，仍然具有法律效力。专家论证意见中用了一句话，叫作"事出反常必有妖"，这个"妖"是应当查明并清除掉的！此其一。

其二，专家们指出，违反既判力原则，即动摇了裁判效力的法治基础。

其三，本案对控辩证据证明效力的评判，是抓住了案件主要事实，即被告人 Z 某是否对申某某说过"打，往死里打"这句话，由此就对控辩双方对此证明的相关联的证据进行一一比对，并综合进行评价，得出双方证明效力的比对结论：控诉证据不仅达不到排除合理怀疑的标准，连高度盖然性，甚至优势证据的证明程度都没有达到。在本案专家论证中，对相关证据的审查判断，余以为是"可称经典"。

32. 警惕老赖逃债的新套路虚假控告债权人套路贷等犯罪

论证要旨

这是一起债务人以控告债权人套路贷等犯罪的新套路逃债的典型案例。债务人在案涉套路贷刑事案件中，相互联络企图以其单方的被害人陈述及其亲友的证言，来推翻相关法院生效的民事判决、裁定和和解协议所确定的民事借贷的事实和证据，反证债权人是虚构债权债务。专家们指出，这不仅达不到刑事证明的确实充分和排他性，而且连民事证明的高度盖然性也达不到，故不能成立。

这些债务人还以双方约定的砍头息和高息为由控告债权人是虚构债权债务，而构成套路贷，专家们指出，这也是不能成立的。砍头息和高息，在民间借贷中盛行，甚至已经成为民间借贷的潜规则，这虽会对借款人产生不利的后果，但在出借方市场的条件下，借款人不得不予以接受，不然就借不到钱款。因此，借款人对砍头息和高息是明知并接受的，并不是因出借人以捏造事实或隐瞒真相的欺骗行为，而产生误认所致，因而不应将这部分非法利息，纳入虚增债权的范围。

为了证明债权人违法犯罪，这些债务人还控告债权人的某些过激讨债行为构成寻衅滋事罪。但，这些讨债的过激行为，亦不属于《中华人民共和国刑法》第293条及案涉相关司法解释的规定，应当以此定罪的情况，故该罪名依法不能成立。

案情简介

债务人K某、Y某某、F某某等从债权人W某某处多次借款，到期债务人未能还款。W某某多方追偿未果，就民事起诉各债务人，虽取得胜诉的生效判决、裁定或调解协议，但仍未能执行回借款的本金与利息。W某某及其亲友在追偿的过程中，有一定的过激行为。于是相关债务人进行联络，借机先后不断控告债权人 W 某某涉黑涉恶性质犯罪、故意伤害犯罪、套路贷诈骗犯罪、寻衅滋事犯罪等，终于在其控告的部分诈骗犯罪和寻衅滋事罪问题上，获得了公安司法机关的支持，并使得一审法院判决债权人 W 某某构成诈骗罪和寻衅滋事罪。

论证意见

委托方因 W 某某被判诈骗犯罪、寻衅滋事犯罪一案，向受托方提交专家论证申请和案件材料，请求代为邀请专家论证，提供专家论证法律意见。受托方在审阅委托方提交的案件材料后，认为符合专家论证的条件，邀请了五名刑事法律权威教授，于 2021 年 8 月 29 日在京召开了专家论证会。专家们在仔细研究委托方提交的案件材料、向委托方询问有关情况、深入讨论的基础上，形成了一致的法律意见，即被告人 W 某某被判诈骗罪、寻衅滋事罪依法不能成立。现将论证意见及其事实、理由阐述如下：

一、关于被判诈骗犯罪问题

（一）关于一审判决 W 某某对 K 某诈骗犯罪事实的认定问题

1. 认定扣息 3 万元，证据不足

其认定的依据共有两条：一是"被害人 K 某、F 某某对第一次借款 20 万元实际给付 17 万元陈述一致"，二是"结合被告人惯常的作案手段"，从而认定"应确认存在提前扣息 3 万元的行为"。

专家们认为对该事实认定，证据不足。

（1）被害人 K 某与被告人 W 某某辩解属于"一对一"。被害人 K 某陈述："第一次 W 某某借给我 20 万元，先扣三个月的息。"（见一审判决书第 80 页）而被告人 W 某某辩解称："2010 年 1 月 17 日，K 某从我这里借款 20 万元，一并没收利息。"（见一审判决书第 84 页）可见，当事人双方对扣息的陈述与辩解各执一词，根本矛盾。

（2）两个在场担保人的证言属于"一对一"。在场担保人 F 某某证言："K 某借 W 某某 20 万元我看见了，W 某某抽走了两沓或三沓钱，没给够 20 万元。"（见一审判决书第 83 页）而在场担保人 T 某某则证明："K 某从 W 某某那里借钱，其中一次借款 20 万元是我和 F 某某共同担保的，合同签完字、按完指印我和 F 某某就走了，K 某还在 W 某某的家里，他们怎么给的钱我就不知道了。"（见一审判决书第 82 页）可见，在场担保人 F 某某的证言不仅模糊不清，而且被在场担保人 T 某某的关于两个担保人在交付借款前已离开现场，F 某某不可能看到 W 某某交付钱的情况的证言所根本否定。

（3）关于以被告人 W 某某所谓"惯常的作案手段"认定问题。在对扣息问题的上述两对主要证据是"一对一"，严重事实不清的情况下，以被告人 W 某某所谓的"惯常的作案手段"来认定其中的控诉证据属实，其根据前提必须起码应证明被告人 W 某某存在扣息的"惯常的作案手段"，即案中必须有确实充分的证据证明 W 某某存在这样的"惯常的作案手段"；案中起码应当证明在该起诈骗待证事实之外，尚有三起以上已有确凿证据证明了 W 某某以扣息的"作案手段"进行诈骗的事实，否则认定被告人 W 某某有所谓的扣息的"惯常的作案手段"，便是属于主观臆造事实。但是，本案除该起待证事实之外，判决只认定了另一起对 Y 某某的诈骗事实，而且也同样是事实不清（见以下证明），认定被告人 W 某某有所谓的扣息的"惯常的作案手段"本身就没有根据，怎么能以此来作为鉴别控辩双方"一对一"证据证明的真伪呢？

（4）书证证明与被害人 K 某的陈述证明问题。案中关于第一次借款本金数额，究竟是 20 万元，还是扣息后的 17 万元。一审判决认定"2010 年 1 月 17 日，K 某因经营需要，向 W 某某借款 20 万元并签订借据"。（见一审判决书第 77 页）这是认定了借款 20 万元，有书证证明。要否定这一书证的证明效力，在民事上，K 某要负举证责任，使之达到"高度盖然性"证明程度，在刑事上控诉证据则要达到确实充分的排他性证明程度，但纵观全案证据，控诉证据与辩护证据在对此的证明效力相比，不仅达不到排他性，而且连民事证据起码的优势性也没有达到，充其量也只是达到了"一对一"的程度，在此情况下，怎么能以此来对被告人 W 某某定罪判刑呢？

（5）相关民事判决具有的排他性没有被依法否定。专家们还指出，对于该起待证事实，已有生效的相关民事判决作出了结论。该生效民事判决，具有权威性、稳定性、排他性，在其未经依法撤销之前，一切与之相反的认定都是不具有法律效力的。

2. 认定月息 5 分的事实不清

一审判决认定双方口头约定月息 5 分（见一审判决书第 77 页），但查遍判决书只有 K 某的陈述，说双方约定月息 5 分（见一审判决书第 82 页）；且担保人 T 某某证明没说"扣下多少利息"（见一审判决书第 82 页），而被告人 W 某某辩解又否认扣息和口头约定 5 分利息（见一审判决书第 84 页），其余再无相关证明有约定 5 分利息的证据。可见，关于当事人双方是否口头约定 5 分利息的事实，控辩双方的证据充其量也是属于"一对一"，各执一词，属于事实不清，证据不足。

专家们指出，在案涉民事判决书中（见一审判决书第 77 页至第 78 页），并没有关于双方口头约定 5 分利息的认定，更没有 W 某某按 5 分利息起诉的事实。这也足以证明，关于双方口头约定 5 分利息的事实认定，不足为凭。

3. 关于借本金 68 万元还是 57 万元的问题

案涉借款本金的数额的证据证明情况如下：

（1）被告人 W 某某辩解，借款本金 68 万元，而非 57 万元。

（2）W 某某在民事起诉状中主张借款 68 万元，该主张由民事法院庭审举证、质证并经生效判决予以确认。

（3）在本案刑事一审判决中，确认第一次借款借据上载借款本金 20 万元整；第二次借款借据载借款本金为 48 万元整，且双方对"2011 年 1 月 20 日出具的 48 万元的借据没有异议"。两次借款本金数额相加为 68 万元。

（4）K 某作为债务人主张借款本金 57 万元而非 68 万元，但没有提供任何有效证据予以证明。

（5）在民事诉讼中，W 某某主张的借款 68 万元得到了生效判决的确认；K 某对该主张的反驳被生效民事判决所否定，而不应予以采信。

（6）一审判决认为："公诉机关据此实际借出金额 57 万元，理由正当。"但公诉机关除了 K 某陈述外，没有举出任何有效证据予以证明，既没有书证证明，也没有其他证人证言予以佐证。

该判决认为证人 T 某某、F 某某的证言可以佐证，但案中 T 某某明确证明："我听 K 某说他一共从 W 某某那里借了两次，一共 68 万元，借据上填写的一共是 68 万元。"（见一审判决书第 83 页）而 F 某某的证言则根本没有涉及其该借款总数额的问题（见一审判决书第 83 页至第 84 页）。

由上可见，认定借款本金 57 万元的，除了 K 某的陈述之外，没有任何证据；而确认借款本金 68 万元的证据，除了 W 某某的辩解之外，有多项双方确认的书证为凭，还有对方的证人 T 某某的证言佐证。更为重要的是，该借款 68 万元而不是 57 万元的数额，业经生效的民事诉讼判决所确认，而该判决迄今仍具有排他性。

4. 关于一审判决认定 K 某已还款 37 万元的问题

一审判决认定还款 30 万元仅凭 K 某陈述；而认定另外还款 T 某某、F 某某共 7 万元，则与 W 某某无关，此不待言。

5. 关于一审法院判决认定 W 某某诈骗 K 某 40.28 万元的问题

一审判决认定 W 某某通过诉讼向 K 某等被害人索取 92.28 万元，借出 57 万元，其诈骗数额为：97.28−57＝40.28 万元未遂（见一审判决书第 186 页）。

其明显错误是：

（1）将借款本金认定为 57 万元，而不是 68 万元错误，这已为本论证书上述"其三"部分所证实。

（2）退一步讲，即使借款本金为 57 万元，其月息 2 分的利息也受法律保护，其应收的这部分利息，也不应作为犯罪数额被计算在内。

（3）综合全案证据证明，W 某某借给 K 某本金 68 万元，以月息 2 分计算，其通过民事诉讼请求法院判决 K 某共还款 97.28 万元，有事实根据和法律依据，并得到了民事生效判决的支持和确认；一审判决认定借款本金共 57 万元，没有有效证据证明，事实不清，证据严重不足；其将应收月息 2 分，认定为诈骗金额，违背法律规定。总之，认定被告人 W 某某对 K 某进行诈骗犯罪，依法不能成立。

（二）关于一审判决对 Y 某某诈骗犯罪事实的认定

一审判决认定："W 某某借出 15 万元，索要 95 万元，获取 13.523 万元，应认定诈骗未遂 95 万元。"（见一审判决书第 194 页）这里涉及如下两个方面的问题：

其一，借款 15 万元是否已经还清。一审判决认为 W 某某借出 15 万元，获取 13.523 万元，已基本还清，这种认定虽然含糊不清，但 W 某某也对此基本认可，无需赘论。

其二，假定第一笔借款已经还清了，那么是否存在第二笔借款 43 万元和以月息 5 分索要问题。专家们认为，这是本案的关键所在。而一审判决实际上是认定 W 某某虚增了 43 万元借款本金，并以月息 5 分，进行了索要。专家们认为这明显属于事实不清、证据不足。

（1）Y 某某称："到 2007 年底，W 某某找我要钱，给我算了一笔账，说我欠他 43 万元，为了吓唬我，他给我算了一下，如果算到 2008 年底，按月

息 5 分我就欠他 95 万元。"（见一审判决书第 167 页）

（2）W 某某则辩称：其借给 Y 某某的 43 万元是另一笔借款。

详见 2019 年 10 月 23 日本案公安局讯问笔录：

"问：你和 Y 某某在 2007 年之前借钱，还钱情况？

答：在 2007 年之前 Y 某某借我的钱，Y 某某都还完了。

问：你说说你借给 Y 某某 43 万元钱，是 2007 年借的，还是之前算账算出来的？

答：是 2007 年 Y 某某向我借的，是一次性借的，43 万元是现金。"

这里应当值得注意的是，一审判决竟然没有将该笔录 W 某某对此的辩解在判决书上列举，可见其在证据上进行了人为选择，具有主观片面性。

可见，当事人双方对此各执一词，在证据证明效力上属于"一对一"。问题的关键在于如何审查判断案涉的书证问题。

（3）关于 Y 某某提供的书证问题。

这里要明确三点：一是该书证是由 W 某某书写交给 Y 某某保存的；二是该书证是由 Y 某某亲自作为证据提交给公安机关的；三是当事人双方对该证据的真实性、关联性和来源的合法性，都是予以认可的。那么现在我们来看，该书证对案涉三个方面的待证事实应当是如何印证的：

首先，关于 43 万元借款本金问题。如果 Y 某某没有另外借到 W 某某 43 万元本金，且原借的 15 万元已经还清，那么 Y 某某，就绝不可能对 W 某某所书写的借款 43 万元本金的事实不立即坚决予以否认，而决不会不加任何反对，竟将该书证接受并保存起来，因为这是完全不合情理的。故，专家们认为，Y 某某将 W 某某书写的其借给他 43 万元本金的书证不加反对地予以接受、保存并提供的行为本身，就应视为 Y 某某对该借款 43 万元本金的事实予以自认。

其次，关于月息 5 分的问题。Y 某某承认，提出月息 5 分的问题，并不是 W 某某真的要以此向 Y 某某进行索要，而是 W 某某以此吓唬 Y 某某，目的是要 Y 某某赶快还钱。案中 Y 某某自认，W 某某之前借给他的钱，双方约定的都是月息 2 分，因此 W 某某不可能真以月息 5 分向其索要。一审判决书载：Y 某某称：W 某某三次借款给他，分别是 7 万元、6 万元、2 万元，"月息都是 2 分，每次都写借据"（见一审判决书第 166 页至第 167 页）。如果后边借的款双方真的是另外约定的月息 5 分的话，就谈不上是"吓唬他"了。

最后，关于索要的问题。纵观全案证据，出具该书证并不是 W 某某当时要 Y 某某还 95 万元，因为即使按月息 5 分计算，须待一年后，即 2008 年底才能形成 95 万元的债权债务。可见当时出此书证并不是以此索要；而且一年后，即 2008 年底，W 某某也没有以此来向 Y 某某索要。W 某某自称一年后没有向 Y 某某索要，案中也没有任何证据证明，W 某某一年后曾据此向 Y 某某索要，更没有证据证明 W 某某曾据此通过诉讼向 Y 某某索要，那么，诈骗一说，从何谈起？债务人一方欠债未还，债权人到期也没有索要，债权人竟然构成了诈骗犯罪，岂非咄咄怪事？连向债务人索要都不存在，犯罪都没有着手，谈何犯罪未遂？

（三）专家对诈骗罪的论证结论

综上，专家们一致认为，本案一审判决认定被告人 W 某某犯诈骗罪，事实不清，证据不足，适用法律错误，依法不能成立。

二、关于被告人 W 某某被判寻衅滋事犯罪问题

一审判决所认定的寻衅滋事犯罪事实，涉及的事实主要有：

其一，W 某某在向 K 某索要钱款期间，W 某某、Z 某有对其辱骂、恐吓行为，W 某某曾打了他两巴掌。

其二，在向 J 某某讨债期间，Z 某有对他打骂行为，致使被害人 J 某某眼部受伤；诉讼期间安排 Z 某、G 某两人跟踪 T 某某，以及 W 某某在 T 某某单位、小区贴大字报；安排他人在开庭时拍打窗户玻璃、大声喧哗，将 J 某某的律师的汽车轮胎扎坏。

其三，在向 Z 某某讨债期间，W 某某曾对其进行了辱骂、威胁。

专家们指出，上述事实均涉及的是因债务纠纷引发的对他人辱骂、恐吓、殴打跟踪、骚扰和损毁他人财物等行为。

最高人民法院、最高人民检察院《关于办理寻衅滋事刑事案件适用法律若干问题的解释》第 1 条规定："行为人为寻求刺激、发泄情绪、逞强耍横等，无事生非，实施刑法第二百九十三条规定的行为的，应当认定为'寻衅滋事'……行为人因婚恋、家庭、邻里、债务等纠纷，实施殴打、辱骂、恐吓他人或者损毁、占用他人财物等行为的，一般不认定为'寻衅滋事'，但经有关部门批评制止或者处理处罚后，继续实施前列行为，破坏社会秩序的除外。"

专家们指出，被告人 W 某某的上述行为均属于该司法解释第 1 条第 3 款规定的"因债务等纠纷，实施殴打、辱骂、恐吓他人或者损毁他人财物等的行为，据此一般不应认定为'寻衅滋事'"的行为，而该行为又并非"经有关部门批评制止或者处理处罚后，继续实施前列行为，破坏社会秩序的除外"的情况。因为案中没有证据证明，W 某某之前曾经有关部门批评制止或者处理处罚，而其后仍继续实施前列行为，破坏社会秩序。因而，一审判决将 W 某某的上述行为认定为寻衅滋事犯罪违背了该司法解释规定。

至于个别人在民事开庭时有拍打窗户玻璃、在外大声喧哗等行为，一是事实不清，没有确凿证据证明该行为是受 W 某某指使所为；二是情节显著轻微，没有产生任何实际危害后果。且根据该司法解释第 2 条"随意殴打他人，破坏社会秩序，具有所列的情形之一的，应当认定为刑法第二百九十三条第一款第一项规定的'情节恶劣'"的规定，本案的上述事实，明显不具有该条规定的"情节恶劣"情形，故不能以此作为寻衅滋事犯罪的认定根据。

论证结论：被告人 W 某某不构成寻衅滋事罪。

专家们还为此提示：需要特别指出的是，当前在司法实践中，存在着民事司法打击"老赖"，刑事司法保护"老赖"的现象，这值得司法部门高度重视。而本案是典型的以"老赖"J 某某组织动员其他债务人，以联合控告并引发刑事诉讼的手段，企图通过司法机关判决债权人有套路贷等犯罪，来逃避债务。他们先是控告 W 某某涉黑犯罪，不成，又控告 W 某某故意伤害罪，亦不成；接着又控告其犯诈骗罪、寻衅滋事罪等，又多不成立，多被否定。但一审法院却迁就这种新型的以刑事手段逃避债务的借款诈骗违法犯罪行为，竟判决了被告人 W 某某对其中的 K 某和 Y 某某构成了诈骗罪，并构成了寻衅滋事罪！对此，张明楷教授在《警惕民事司法打击"老赖"，刑事司法保护"老赖"现象》一文中指出，债权人讨债具有正当性，将不当讨债行为，随意按违法犯罪论处，"必然鼓励一些人实施借款诈骗行为。这种做法会使刑事司法丧失合理性、合法性。所以，公安、司法机关不仅不能将上述讨债行为认定为犯罪，而且要特别警惕'老赖先告状'。如果支持'老赖先告状'，就必然侵害合法权益、助长违法犯罪"，对此，应当引起二审法院的高度重视。

以上意见供参考。

箴言刍议

这是一起由审判套路贷诈骗犯罪案件引出的新型的老赖套路逃债的违法犯罪的典型案例。其逃债的典型套路是：①债务人借款拒不偿还；②债权人通过起诉、判决、执行，债务人仍拒不偿还；③债权人为讨债有某些过激行为；④债务人联手控告债权人涉黑涉恶犯罪、套路贷诈骗犯罪、寻衅滋事犯罪、非法拘禁犯罪、故意伤害犯罪等；⑤债务人为了控告、立案，出庭故意作伪证；⑥一旦立案成功，就对债权人施加压力，使其"认罪认罚"，或由法院对债权人定罪判刑，以此达到逃避债务的目的。

这里要引以为戒的是：其一，要严格把关，尤其是要把好证据关和法律关，不能让恶人通过先告状、告恶状，而阴谋得逞；其二，要保护好债权人的民事合法权益，不应让其因刑事诉讼而受到不应有的损失。债权人即使有某些违法犯罪行为，要受到相应的惩处，但其合法的债权也不应因此而受到任何损害，绝不能让老赖通过刑事诉讼达到逃债的目的。对于通过伪造证据陷害债权人的老赖，在查清事实之后，应通过司法程序将他们绳之以法，以儆效尤。债权人搞套路贷不行；债务人搞套路逃债也不行。公安司法机关在加强打击套路贷诈骗犯罪的同时，也要警惕债务人伪造证据借此通过恶意控告债权人套路贷诈骗等犯罪，以达到恶意逃债的违法犯罪目的。这是不枉不纵一个问题的两个方面，二者不可偏废，需要提高警惕，高度重视。

33. 代持股东、让与担保股东可以成为挪用资金罪、职务侵占罪的被害人吗？

论证要旨

专家们指出，起诉书指控 L 某某的两项罪名如果成立，其一，在事实层面，必须建立在以确凿的基本证据澄清两项基本事实的基础之上：一是，L 某某动用资金的行为在形式上是否得到其公司实际股东的同意或认可；二是，L 某某的行为在实质上是否侵害了公司或股东的利益。其二，在法律层面，必须厘清一个根本问题：案涉让与担保股东和代持股东（两股东），是否具有实际股东的权利，能否成为案涉罪名的被害人。本案起诉书在事实认定层面上，属于事实不清、证据不足；在法律层面上，将案涉让与担保股东和代持股东错误地混为实际股东，并以此认为 L 某某动用案涉公司资金的行为，侵害了案涉"两股东"的利益，从而构成了案涉罪名，因而依法不能成立。

案情简介

某市区人民检察院以刑诉〔2020〕284 号起诉书指控被告人 L 某某作为案涉公司的实际控制人，在动用公司资金方面，侵害了案涉两股东（分别实为让与担保股东和代持股东）的权益，并主要以《河北某某司法会计鉴定中心对 L 某某等人涉嫌挪用、侵占资金案的司法会计鉴定意见书（初稿）》认定的 L 某某调出资金的数额，作为其挪用资金罪、职务侵占罪犯罪的数额。

论证意见

委托方因 L 某某被控犯挪用资金罪、职务侵占罪一案，向受托方提交专家论证申请和案件材料，请求代为邀请专家论证，提供专家论证法律意见。受托方在审阅委托方提交的案件材料后，认为符合专家论证的条件，邀请五名刑民权威专家，于 2020 年 11 月 29 日在京召开了专家论证会。专家们在仔细研究委托方提交的案件材料、向委托方询问有关情况、深入讨论的基础上，形成一致法律意见：即 L 某某被控犯挪用资金罪、职务侵占罪，事实不清、证据不足，依法不能成立。具体论证意见如下：

专家们指出，《中华人民共和国刑事诉讼法》第 55 条规定，认定被告人有罪必须做到案件事实清楚，证据确实、充分，排除合理怀疑。但本案的事实、证据并没有达到这一证明要求和标准。起诉书指控 L 某某的两项罪名的成立，其一，在事实和证据层面，必须建立在以确凿的基本证据澄清两项基本事实的基础上：一是，L 某某动用资金的行为在形式上是否得到其公司实际股东的同意或认可；二是，L 某某的行为在实质上是否侵害了公司或股东的利益。其二，在法律层面，要厘清让与担保股东和代持股东，是否具有实际股东的权利，能否成为案涉罪名的被害人。但本案起诉书从事实、证据和法律上均未划清这一界限，导致本案事实不清、证据不足，依法不能成立。

一、起诉书指控 L 某某犯罪所依据的基础事实不清

专家们指出，案涉公司是一家管理很不规范的民营企业，存在严重的人格混同、财务混同、资金混同，即"三混同"问题。要评价 L 某某的行为是否构成所控两项罪名，就必须从根本上通过严格的审计和资产评估，厘清三个关系，即：第一，L 某某个人股权与其他实际股东股权的关系；第二，L 某某个人财产与案涉公司财产的关系；第三，案涉公司资产与负债的关系。只有这样，才能真正查明 L 某某的行为是否侵害了案涉公司和股东的利益。但本案的控诉并没有从事实与证据的层面澄清这一基础性关系。而辩方提供的案涉公司的以下基本情况，应当依法予以查明：

（一）对案涉真实股权情况认定事实不清

案涉公司由浙江某公司于 2011 年 3 月出资 4 亿元设立，并在河北省某市区投资、建设、运营某国际贸易城项目。浙江某公司一直是案涉公司的控股股东，自 2016 年 8 月起，因对外借款及融资需求，浙江某公司将持有的案涉公司股权转移登记至其他公司名下，但股权转移仅为让与担保及代持股权，浙江某公司仍为案涉公司的实际控股股东，这有在案证据足以证明，这些让与担保股东和代持股东未经实际股东协议并签字同意，单方声称解除了让与担保和代持协议，而成为实际股东，这依法是不具有法律效力的（对此具体论证内容从略）。

起诉书将其让与担保股东和代持股东错误混同为实际股东，并认为 L 某某动用案涉公司资金的行为侵害了他们的股东利益，从而构成了犯罪，对于这一犯罪基础事实，认定错误。

（二）对案涉公司资金收支及往来情况认定事实不清

1. 关于收支情况

2. L 某某及控制关联公司资金投入情况

3. L 某某个人担保情况

4. 案涉公司与河北公司资金往来情况

（对以上情况具体论证内容从略）

（三）对案涉公司资产负债情况认定事实不清

1. 剩余资产价值预估情况（具体论证从略）

2. 负债情况（具体论证从略）

根据以上情况，专家们认为，起诉书仅仅把 L 某某的资金流出作为构成两个罪名的依据，而完全忽略了将流出资金与流入资金，即对 L 某某为案涉公司的投资、融资、借款和收益的情况作总体审查，其主观认为，只要是资金流出，即侵害了公司和股东利益，这在认识上是不客观的，在逻辑上是说不通的，在刑法构成上也是不能成立的。

为此，专家们认为，起诉书指控 L 某某犯罪所应依据的案涉股权及其转让的真实情况不清；起诉书指控 L 某某犯罪所应查清的 L 某某在案涉公司投入的资金情况事实不清；起诉书指控 L 某某犯罪所应查清的 L 某某所涉公司的资产负债情况事实不清。而这些明显影响对 L 某某的正确定罪量刑。故专家们建议，法院应当对上述情况作认真客观全面的审查。如果不能查清上述情况，不能在事实和证据层面划清上述三个界限，起诉书指控 L 某某的两个罪名，就缺乏事实基础，依法就不能成立。

二、起诉书指控 L 某某犯罪的主要事实不清

起诉书指控 L 某某的两项罪名，都应建立在划清两个主要界限的基础之上：一是要查明其行为在形式上是否经过其他实际股东同意或认可；二是要查明其行为在实质上是否侵害了公司和股东的利益。然而，该指控并没有做到这一点。

（一）形式上，对 L 某某的行为是否经过其他实际股东同意或认可，事实不清

起诉书的证据并没有查明 L 某某的行为是否征得了公司实际股东的同意或认可；而 L 某某多次辩解称，其行为事先征得了其他实际股东的同意；事后还得到了他们的认可。以上辩解是否属实，起诉书并没有予以查明。在这种情况下，就轻言是 L 某某擅自挪用或侵占，是过于轻率而不实。

（二）对 L 某某所动用资金的实质所有人及其行为是否对公司、实际股东造成了侵害结果，事实不清

起诉书的指控逻辑是，不管公司账上的资金实质上是谁的，也不管其来源如何，只要是动用，就是动用了公司的财产，而完全没有考虑到案涉公司"三混同"的状况，这既不符合实事求是的态度，也不符合客观公正的要求。

仅就本案辩护方提供的公司情况来看，L 某某在公司的资产、债权或抵押权就足以折抵其支出的费用；其在公司债权、自有资金、自己担保的借款资金，只要担保真实有效，不是重复担保，担保物资产足以抵偿其动用资金，若经查证属实，其行为在实质上就不会给公司财产造成实质性侵害，也就不会给实际股东造成损失，指控的两个罪名就实难成立。

（三）起诉书指控 L 某某的犯罪事实不具体、不明确，事实不清

起诉犯罪事实要具体明确，通说认为应有"五何"或"七何"，应当对其犯罪的每一笔，具体为何人、何时、何地点、何动机目的、何手段方法、何情节后果，何性质责任，即是否具备构成犯罪的要件的该当性，是否具有违法性、是否依法应承担刑事责任等，进行具体指控；而本案起诉书指控的事实笼统模糊，只引用了审计报告的笼统的数字，而无以为凭，也无以为辩方有针对性的辩护和法院有针对性的审查，提供具体事实依据。

专家们指出，没见过对案涉数十亿资金的犯罪事实的指控，不是建立在对一笔一笔犯罪具体指控的基础之上的起诉事实。无论如何，起诉书不能以审计报告所报告的最后数字，代替其具体指控犯罪的事实。

专家们建议，对于指控的犯罪事实，要逐笔调查、质证，而不能依据笼统的涉嫌犯罪金额对 L 某某进行定罪量刑。为客观公正地查明本案的基本事实，专家们建议法院应当依法重新进行司法鉴定和资产评估。

三、起诉书指控 L 某某犯罪依据的被害方控告事实不清

本案的控告方，作为案涉公司股东遭受损失而控告，但他们是否具有案涉犯罪的被害方资格，事实不清。

最高人民法院《关于适用〈中华人民共和国公司法〉若干问题的规定（三）》（2014 年）第 24 条规定："有限责任公司的实际出资人与名义出资人订立合同，约定由实际出资人出资并享有投资权益，以名义出资人为名义股东，实际出资人与名义股东对该合同效力发生争议的，如无合同法第五十二条规定的情形，人民法院应当认定该合同有效。前款规定的实际出资人与名义股东因投资权益的归属发生争议，实际出资人以其实际履行了出资义务为由向名义股东主张权利的，人民法院应予支持。名义股东以公司股东名册记载、公司登记机关登记为由否认实际出资人权利的，人民法院不予支持。实际出资人未经公司其他股东半数以上同意，请求公司变更股东、签发出资证明书、记载于股东名册、记载于公司章程并办理公司登记机关登记的，人民法院不予支持。"

根据该司法解释，让与担保股东、代持股东不属于实际股东，实际股东的行为无需征得其同意或认可，本案控告人作为代持股东和让与担保股东，不具有实际股东权利，因而不具有案涉罪名被害人的主体资格，无权以被害人身份提供被害人陈述，进行控告。

《全国法院民商事审判工作会议纪要》于 2019 年 9 月 11 日经最高人民法院审判委员会民事行政专业委员会第 319 次会议原则通过。该纪要第 71 条规定："【让与担保】债务人或者第三人与债权人订立合同，约定将财产形式上转让至债权人名下，债务人到期清偿债务，债权人将该财产返还给债务人或第三人，债务人到期没有清偿债务，债权人可以对财产拍卖、变卖、折价偿还债权的，人民法院应当认定合同有效。合同如果约定债务人到期没有清偿债务，财产归债权人所有的，人民法院应当认定该部分约定无效，但不影响合同其他部分的效力。当事人根据上述合同约定，已经完成财产权利变动的公示方式转让至债权人名下，债务人到期没有清偿债务，债权人请求确认财产归其所有的，人民法院不予支持，但债权人请求参照法律关于担保物权的规定对财产拍卖、变卖、折价优先偿还其债权的，人民法院依法予以支持。债务人因到期没有清偿债务，请求对该财产拍卖、变卖、折价偿还所欠债权

人合同项下债务的，人民法院亦应依法予以支持。"

根据该司法解释，即使股权转让过户到担保人名下，其股权也不能作为担保人或债权人的财产所有，而其只具有担保权，即该股东不具有实际股东的权利。因此案涉动用资金行为无需征得代持股东和让与担保股东同意或认可。

由上，专家们认为，本案所涉代持股东、让与担保股东和没有实际出资的其他虚假股东，无权以实际股东身份控告 L 某某损害了其股东权益，起诉书对此并没有从事实和法律上予以正确查明和界定。故，起诉书不应将他们混同为实际股东，以 L 某某的行为侵害了他们的股东利益为由，起诉 L 某某犯有案涉两个罪名。

四、起诉书指控 L 某某犯罪的主要证据不足

（1）公安机关委托作出的司法鉴定意见不能作为定案根据。

起诉书指控 L 某某构成挪用资金罪、职务侵占罪的主要证据，即《河北某某司法会计鉴定中心对 L 某某等人涉嫌挪用、侵占资金案的司法会计鉴定意见书（初稿）》。该司法鉴定意见，不能作为认定犯罪事实的证据使用。

专家们指出，该司法鉴定意见：

其一，在形式上，为"初稿"，而非"定稿"，更不是对外有效的"正式文稿"，因而不能作为定案根据。

其二，在内容上，其只考虑出项，不考虑进项，更不考虑出项与进项的关系，明显具有主观片面性。

其三，完全没有考虑案涉公司财务不规范、财产混同的实际情况，把一切违反财务制度的财务支出均认定为实质上的非法挪用或侵占，不能体现司法鉴定的全面性、客观公正性。

其四，案涉公司与 L 某某及其控股的公司互负大量债务，存在实际上的相互抵销所负债务问题，但该司法鉴定并没有厘清二者的债务抵销关系。

其五，在鉴定目的上，明显具有先入为主，有罪推定，为起诉书提供指控数据之嫌，因而缺乏应有的中立性和客观公正性。

其六，在鉴定范围上，没有将案涉公司及关联单位在 2011 年至 2019 年所有对外账目及私账收支、往来、资金使用情况，特别是 L 某某投入资金情况进行全面审计，司法鉴定范围不完整，不能作为认定 L 某某犯罪事实的证

据使用。

（2）代持股东和让与抵押股东，依法不具有实际股东的权利，其无权以实际股东的身份，提供其遭受损害的控告事实，其陈述内容并不能作为案涉罪名的被害人陈述，不能作为定案根据。对此无需赘述。

（3）在本案 L 某某属于"零口供"的情况下，依据证据规则，必须在本案形成完整的证据锁链，足以排除合理怀疑的情况下，才能对 L 某某定罪判刑，即相对于有被告人认罪口供的案件，在证据证明的要求上，更为严格。但本案起诉书的证明不仅没做到证据锁链的完整、闭合，不足以排除合理怀疑，而且，现有证据连民事诉讼的高度盖然性的证明标准都没有达到。

综上所述，专家们一致认为，本案的指控事实赖以确定的基础事实不清，指控的主要犯罪事实没有划清罪与非罪界限，其依据的主要证据不具有证据能力，全案在零口供的情况下，没有做到证据锁链的完整、闭合，不足以排除合理怀疑，证据严重不足。故建议，对本案事实，应当重新作补充调查，以查明真相，否则依据现有证据，不足以认定 L 某某构成所控犯罪，并处以刑罚。

以上意见供参考。

瞀言刍议

其一，本案本来属于民事纠纷，对方当事人却要把自己打扮成刑事犯罪被害人，然后以被害人的身份进行刑事控告，以借用公安司法机关刑事诉讼的手段，达到民事诉讼达不到的目的。这是当前当事人"歪打官司邪告状"的惯用手段。这种手段不仅方便、有效，而且无需付出合法的成本，因而常常出现；而有些公安司法机关出于种种原因，也愿意对此施以援手，帮助这些"被害人"实现通过民事诉讼达不到的目的。这就使刑事诉讼常常介入民事或一般治安、行政纠纷领域，而不断扩张，充当了消防队的角色。高铭暄教授曾多次说过，刑法是纠纷处理的最后手段，而不应充当消防队的角色。这种刑事扩大化的现象，一方面与部分当事人恶意"告刁状"有关；另一方面与权力机关愿意以最后手段彻底解决社会纠纷等难题有关。刑事案件扩大化的结果，一是使无罪人受到了刑事追究，二是使这些心怀恶意的"被害人"获得了非法利益，三是使法治受到了严重破坏。因此，慎用刑事手段，少用刑事手段，能依法用行政手段、民事手段和其他手段解决的纠纷，就不应用刑事手段去解决，这应当是今后加强法治的一个带有趋向性的重要方面。

其二，分析、研究重大复杂案件，要抓住基本问题、主要问题，即所谓抓主要矛盾及矛盾的主要方面，否则就会迷失方向、陷入困境，而难以自拔。本案要在事实、证据和法律层面正确确定什么是本案的主要事实、主要证据、基本事实、基本证据和弄清其事实是否清楚、证据是否确实、充分，就要抓住控告人是否为让与担保股东和代持股东，其是否具有实际股东的合法权益，以及 L 某某动用案涉公司资金的行为是否侵害了实际股东利益这个主要的关键问题。抓住了这个主要问题，主要矛盾解决了，其他问题就迎刃而解了。

这一经验，可以概括为："重大案件抓根本，疑难案件抓关键，抓住了根本与关键，重大疑难变简单。"

34. 能以三位医生的意见证据证明被告人 M 某某 构成生产销售有毒有害食品罪吗？

论证要旨

案涉三位医生的判断意见，既非"鉴定意见"，又非专家辅助人证言，亦非证人为描述感知、记忆事实之必需而作出的判断，故属于非法排除的"意见证据"，不具有证据能力，不能作为定案根据。

案情简介

委托方提供如下案件事实情况：

（1）M 某某从 2014 年开始经营保健品生意，保健品有一品节节乐、牙康灵、痛风停三种。保健品一品节节乐主要是防止中老年骨质疏松、补钙、缓解骨关节疼痛、增强骨关节动力等。2019 年被某人举报说，在网上买的"牙康灵"吃了不管用，无效，怀疑是买到假药，它本来就是保健品不是药品。后被某某市某某区食药大队立案侦查，将销售者、经营者都抓捕羁押。侦查过程中，侦查机关委托北京微量化学研究所，对扣押的保健品的成分进行鉴定，确定是否含有对人体有毒有害成分，结论只是检测出双氯芬酸钠、布洛芬、醋酸泼尼松、吲哚美辛、萘普生 5 种西药成分，未指出这 5 种西药成分在规定的含量内对人体是否有毒有害。并且，这 5 种西药成分都不在国家明令禁止的《保健食品中可能非法添加的物质名单》违禁名单中，也不在《食品中可能违法添加的非食用物质名单》中，也就是说，北京微量化学研究所的司法鉴定未指明这 5 种西药成分对人体有毒有害。

可是，该案到了法院后，法院直接让侦查机关补充材料，依据最高人民法院［2016］70 号指导案例，令某某医院的医生出具一个"以上 5 种西药虽然不在国家明令禁止的列表里但具有同等属性"属于有毒有害的非食品原料的专家意见。

这样一来，当地专家的意见就与侦查机关委托北京微量化学研究所作的司法鉴定的结论结果是冲突的。将原来的司法鉴定不能认定为由毒有害结论变为有毒有害，也改变了案件的定性。

（2）该案件中的保健品的食用者没有产生任何不良反应，更没有出现伤亡现象，案卷中也可以体现，并且很多用过的人都说良好。

（3）该案侦查机关当时对扣押的物品单位内的药剂含量并没有检测，不知道扣押物品的实际含量，而某某市当地医生提供的含量用法标准，都是常规的并不是我们这起案件中的含量标准。

（4）我们觉得对药理进行鉴定的专家首先得有药师资格，同时得有高级或者工程师职称资格，但到现在我们也不了解医生的信息。所以，我们想委托中国政法大学法律应用研究中心代为聘请法学权威的专家，对某某市的三位医生专家的意见是否可以作为本案的定案依据，M 某某的行为是否能据此而认定构成生产销售有毒有害食品罪，给出书面法律意见。

论证意见

委托方因被告人 M 某某被控构成生产销售有毒有害食品罪一案，向受托方提交专家论证申请和案件材料，请求代为邀请专家进行论证，提供专家论证法律意见。受托方在审阅委托方提交的案件材料后，认为符合专家论证的条件，邀请三名刑事证据法学专家，于 2020 年 11 月 28 日召开了专家论证会。专家们在仔细研究委托方提交的案件材料、向委托方询问有关情况、深入讨论的基础上，形成一致法律意见，即本案不能以三位医生的意见，认定被告人 M 某某构成生产销售有毒有害食品罪犯罪，本案指控罪名事实不清、证据不足，依法不能成立。具体论证意见如下：

一、《北京微量化学研究所分析测试中心检测报告》不足以证明所检测样本属于有毒有害食品

经查，该检测报告载："检测结果"为："检出西药成分：布络芬、双氯芬酸钠、吲哚美辛、萘普生"，但并没有证明其各含量多少，更没有证明是属于"有毒有害食品"。

二、某某市市场监督管理局《关于对醋酸泼尼松等五种物质是否属于有毒、有害非食品原料出具专家鉴定意见的复函》及其所附：专家研判意见书及其附件，不具有证据能力，依法不能作为定案根据

（一）该复函及其所附"专家研判意见书"，不具有鉴定意见的证据能力

《中华人民共和国刑事诉讼法》（以下简称《刑事诉讼法》）第 50 条第 1 款规定："可以用于证明案件事实的材料，都是证据。证据包括：（一）物证；（二）书证；（三）证人证言；（四）被害人陈述；（五）犯罪嫌疑人、被告人供述和辩解；（六）鉴定意见；（七）勘验、检查、辨认、侦查实验等笔录；（八）视听资料、电子数据。"

可见，鉴定意见是证据的一种。

公安部发布的《公安机关鉴定规则》第 3 条规定："本规则所称的鉴定机构，是指根据《公安机关鉴定机构登记管理办法》，经公安机关登记管理部门核准登记，取得鉴定机构资格证书并开展鉴定工作的机构。"第 23 条规定："具有下列情形之一的，公安机关办案部门不得委托该鉴定机构进行鉴定：（一）未取得合法鉴定资格证书的……"第 4 条规定："本规则所称的鉴定人，是指根据《公安机关鉴定人登记管理办法》，经公安机关登记管理部门核准登记，取得鉴定人资格证书并从事鉴定工作的专业技术人员。"第 31 第 2 款条规定："鉴定的实施，应当由两名以上具有本专业鉴定资格的鉴定人负责。"第 46 条规定："鉴定文书应当包括：（一）标题；（二）鉴定文书的唯一性编号和每一页的标识；（三）委托鉴定单位名称、送检人姓名；（四）鉴定机构受理鉴定委托的日期；（五）案件名称或者与鉴定有关的案（事）件情况摘要；（六）检材和样本的描述；（七）鉴定要求；（八）鉴定开始日期和实施鉴定的地点；（九）鉴定使用的方法；（十）鉴定过程；（十一）《鉴定书》中应当写明必要的论证和鉴定意见，《检验报告》中应当写明检验结果；（十二）鉴定人的姓名、专业技术资格或者职称、签名；（十三）完成鉴定文书的日期；（十四）鉴定文书必要的附件；（十五）鉴定机构必要的声明。"

经查：

（1）"某某市市场监督管理局"并非《公安机关鉴定规则》第 3 条、第 23 条规定的鉴定机构，其不具有鉴定的资质，无权受理和出具鉴定意见报告。

（2）出具《研判意见书》的"专家"亦不具有《公安机关鉴定规则》第

4 条、第 31 条规定的鉴定人资格。

（3）其文书内容也不符合《公安机关鉴定规则》第 46 条规定的内容。

可见，该证据材料不具有"鉴定意见"的证据能力，不能以鉴定意见作为定案的依据。

（二）该复函及其所附"专家研判意见书"，不具有证人证言的证据能力

证人证言是《刑事诉讼法》第 50 条规定的证据的一种。《刑事诉讼法》第 124 条规定："侦查人员询问证人，可以在现场进行，也可以到证人所在单位、住处或者证人提出的地点进行，在必要的时候，可以通知证人到人民检察院或者公安机关提供证言。在现场询问证人，应当出示工作证件，到证人所在单位、住处或者证人提出的地点询问证人，应当出示人民检察院或者公安机关的证明文件。询问证人应当个别进行。"第 125 条规定："询问证人，应当告知他应当如实地提供证据、证言和有意作伪证或者隐匿罪证要负的法律责任。"

但，该复函及其所附"专家研判意见书"，既非出于侦查人员对证人的直接询问，也非对证人个别进行询问，并告知其伪证的法律责任，而是"证人"接受某某市市场管理局的委托或指派，相互讨论而形成的"意见"，其属于"意见证据"因而完全不具有证人证言的证据属性，依法不能以证人证言作为定案依据。

（三）该复函及其所附"专家研判意见书"也不具有《刑事诉讼法》第 50 条所规定的其他六种证据的证据能力，不能以其他任何证据种类作为定案根据

此不赘述。

三、以复函及其所附"专家研判意见书"为据认定案涉有毒有害事实违背了"最高人民法院、最高人民检察院"相关司法解释的规定要求

最高人民法院、最高人民检察院《关于办理危害食品安全刑事案件适用法律若干问题的解释》（2013 年）第 20 条规定："下列物质应当认定为'有毒、有害的非食品原料'：（一）法律、法规禁止在食品生产经营活动中添加、使用的物质；（二）国务院有关部门公布的《食品中可能违法添加的非食用物质名单》《保健食品中可能非法添加的物质名单》上的物质；（三）国务院有关部门公告禁止使用的农药、兽药以及其他有毒、有害物质；（四）其他危害

人体健康的物质。"第 21 条规定："'足以造成严重食物中毒事故或者其他严重食源性疾病''有毒、有害非食品原料'难以确定的，司法机关可以根据检验报告并结合专家意见等相关材料进行认定。必要时，人民法院可以依法通知有关专家出庭作出说明。"

但对被告人 M 某某所控有毒有害事实的认定，并不符合该司法解释的规定要求。因为该司法解释所称要"结合专家意见等相关材料"，并不是规定可以突破《刑事诉讼法》的规定，而提供"专家意见等相关材料"，而是要严格按照《刑事诉讼法》的规定依法提供"专家意见等相关材料"，否则就是无效的。本案控方所提供的该复函及其所附"专家研判意见书"，由于严重违背了《刑事诉讼法》的规定，依法不能作为司法机关对相关事实认定的依据，因此，控方以此作为依据认定被告人 M 某某构成生产销售有毒有害食品罪，是依法不能成立的。

四、辩方可依法申请有效鉴定意见或申请专家辅助人出庭作证以查明案涉事实

《刑事诉讼法》第 197 条第 1、2 款规定："法庭审理过程中，当事人和辩护人、诉讼代理人有权申请通知新的证人到庭，调取新的物证，申请重新鉴定或者勘验。公诉人、当事人和辩护人、诉讼代理人可以申请法庭通知有专门知识的人出庭，就鉴定人作出的鉴定意见提出意见。"

据此，专家们指出，对于本案所涉"有毒有害"的事实认定的专门问题，可通过依法申请鉴定和申请专家辅助人出庭作证等，行使自己的辩护权，协助司法机关查明真相，以维护被告人的合法权益。

以上意见供参考。

瞽言刍议

本案主要是审查判断案涉三位医生的"意见证据"的证据能力问题。

关于"意见证据"的证据能力问题，余以为应注意三点：

其一，"意见证据"属于合法鉴定的"鉴定意见"的，具有证据能力。

其二，"意见证据"属于合法的专家的证人证言的，具有证据能力。修订后的《刑事诉讼法》第 197 条规定了专家辅助人可对案件专门性问题依法作证。

其三，证人的"意见证据"一般不具有证据能力，除非是证人为具体陈述其感知、记忆的事实所必需作出的判断，如"我看那人有 1 米 85 左右"，"这个人长得很凶"，实属于证人证言之类。

其余皆不得作为有效证据。

本案的三位医生意见，既非"鉴定意见"，又非专家辅助人证言，亦非证人为描述其感知、记忆事实而必需作出的判断性证人证言，因而属于无证据能力的"意见证据"之列，故不能作为定案根据。

35. Q 某某不构成诬告陷害罪而构成诽谤罪

论证要旨 ....○

　　Q 某某因对县法院判决其与妻子离婚不满，就向县人大、检察院、法院、妇联邮寄材料，举报法院某承办人员接受贿赂，举报法院某副院长受贿并强奸其妻子不下百次。因为其举报无根无据，其明知且客观上也不可能引发对案涉有关人员进行刑事追究，故其只构成诽谤罪而不构成诬告陷害罪。且诽谤罪是自诉案件，本案适用公诉程序，属于程序违法。因为本案实体、程序均为违法，故，应依法提起再审，纠正原审的错误。

案情简介 ....○

　　被判刑人 Q 某某，因对某某县法院判决其与妻子 L 某某离婚不满，便向该县人大、检察院、法院、妇联进行邮寄材料，举报某某县法院承办人员"王某某接受 L 某某贿赂人民币三千八百元"，某某县法院副院长"张某某利用职务之便收受 L 某某的贿赂，并强奸 L 某某不下百次"。

　　某某县人民法院以刑事判决书〔1996〕某刑初字第 36 号，判决 Q 某某犯诬告陷害罪，处有期徒刑 6 年。

论证意见 ....○

　　中国政法大学法律应用研究中心接受委托人委托，认为本案符合本中心接受委托，提供法律帮助，进行专家论证并出具法律意见书的条件，故决定受理委托，并于 2014 年 12 月 2 日在京召开了专家论证会；与会三名刑事法学教授出席了专家论证会。会上专家们认真审阅了本案相关事实材料，详细地询问了委托人有关事实情况，经过认真讨论、研究，形成如下一致法律意见，即 Q 某某不构成诬告陷害罪，而构成诽谤罪。具体意见与理由如下：

一、Q 某某不构成诬告陷害罪而构成诽谤罪

根据该判决所依照的《中华人民共和国刑法》（以下简称《刑法》）第243条的规定，诬告陷害罪，是指捏造事实诬告陷害他人，意图使他人受到刑事追究的行为。本案被判刑人 Q 某某，不具有诬告陷害罪的犯罪构成要件；而根据《刑法》第246条的规定构成诽谤罪。

（一）从客观的构成要素来看

诬告陷害罪与诽谤罪的客观构成要件虽共同表现为捏造并散布有损于他人人身权利的犯罪事实，但诬告陷害罪捏造并散布的事实是可能引起司法机关对他人刑事追究的犯罪事实，可能使他人的人身自由受到侵害，并干扰司法机关的正常司法活动；而诽谤罪捏造并散布的事实，不可能引发对他人刑事追究的犯罪事实，只能使他人的名誉、人格受到侵害。本案 Q 某某的行为不属于前者而属于后者。

其一，Q 某某捏造的第一项犯罪事实是：某某县法院"王某某接受 L 某某贿赂人民币三千八百元"。对于这一情况，其既没有提出时间、地点，也没有相应的证据可言，而且是以 L 某某的名义进行署名举报的。这种以行贿人的名义举报受贿人的无根无据的受贿犯罪事实对司法机关而言，完全不具有引发刑事追究的可能性，司法机关不可能据此相信"有犯罪事实"而引发刑事追诉。相关机关只要询问一下 L 某某，就会真相大白。

其二，Q 某某捏造的第二项犯罪事实是：某某县法院副院长"张某某利用职务之便将收受 L 某某的贿赂，并强奸 L 某某不下百次"。其捏造的这一受贿事实没有受贿的时间、地点、数额，无凭无据；捏造的强奸事实更是无凭、无据，且是以 L 某某的名义举报，完全不具有合理性和可信性。司法机关根本不可能据此相信"有犯罪事实"从而引发刑事追诉，致使他人的人身权利受到侵犯。

可见，Q 某某捏造的犯罪事实，完全不具有任何合理性和可信性，显系凭空捏造，完全不可能引发对他人的刑事追究，因而不具有诬告陷害罪的客观的构成要素。

（二）从主观的构成要素来看

Q 某某因与 L 某某离婚诉讼案对该案承办人王某某、县法院副院长张某某心怀不满，便以 L 某某名义写举报信，无凭无据地捏造二人接受其贿赂和

张某某强奸其不下百次的犯罪事实，他虽向县人大、检察院、法院、妇联进行邮寄举报，但对该举报他作为一个正常人是应当明知不可能引发对二人的刑事追究的，只不过是为了借此而泄私愤而败坏二人的名誉人格而已。其真实的犯罪故意应当认定为是故意损害他人的名誉和人格。

由上可见，被判刑人 Q 某某的行为不应被判决认定为构成诬告陷害罪，而以认定构成诽谤罪为宜。

二、本案不适用公诉而只适用自诉

Q 某某不构成诬告陷害罪而只构成诽谤罪，而诽谤罪无论是当时适用的刑法或现行刑法均规定，是属于告诉才处理的犯罪，本案被害人没有告诉，且不属于刑法规定的严重危害社会秩序和国家利益的除外情况，检察机关按诬告陷害罪立案追究，无论在实体法上还是在程序法上都属适用法律的根本性错误。

三、对 Q 某某不应判决有期徒刑 6 年

我国当时《刑法》规定：诽谤罪的处刑最高刑为"三年以下有期徒刑"，而本案适用刑法错误，致使 Q 某某被判有期徒刑 6 年，严重侵害了其合法权益。

综上所述，专家们一致认为，本案被判刑人 Q 某某就原定法院判决犯诬告陷害罪，判处有期徒刑 6 年，适用实体法和程序法均为根本错误，应通过申诉提起再审程序撤销原判，改判 Q 某某犯诽谤罪，判处 3 年以下有期徒刑，以纠正原判决的错误。

专家们还指出，尽管本案被判刑人 Q 某某已过申请再审期限，但鉴于其当时受客观不利因素所限，未能及时上诉及申请提起再审，而原判确有根本性错误，严重侵害了其合法权益，为了体现党中央依法治国的精神和法律的严肃性，能在这一案例中真正体现出司法的公平正义，建议司法机关应受理 Q 某某的申诉，而依法提起再审。

以上意见供参考。

謷言刍议

这一案件明显是因民事被告对承办法官和法院主管领导不满，就泄私愤、

图报复，败坏他们名誉，是诽谤行为；正常人谁也不会相信，随便地邮寄个无根无据、牛头不对马嘴的材料，就会引起对他们的刑事追究，所以不可能是构成了诬告陷害罪。

因此，专家法律意见一致认为 Q 某某不构成诬告陷害罪，而构成诽谤罪，是合法合理的。

36. 对被告人 C 某某因贩卖运输毒品犯罪 应否核准死刑?

论证要旨

其一,被告人 C 某某具有如实坦白重大罪行的可以从轻处罚的法定情节;同时具有因其如实供述自己罪行,避免特别后果发生的。可以减轻处罚的法定情节。

其二,其重大立功表现即使不能直接认定,也应作为其真诚认罪悔罪的酌定从轻情节加以认定。

其三,其作为下家,一般有不予判处死刑的法定情节,应当予以查明,因客观原因一时难以查明的,亦应当对其判决留有余地。

综上,对被告人 C 某某以不核准死刑为宜。

案情简介

被告人 C 某某因贩卖运输毒品罪被一、二审法院判处死刑,现在最高人民法院死刑复核中。案涉对三项从轻、减轻情节和一般不能判处死刑的情节,应当如何正确认定的问题。

论证意见

中国政法大学法律应用研究中心接受委托,就 C 某某运输、贩卖毒品一案的死刑适用问题,于 2016 年 6 月 5 日在京召开了专家论证会,与会六名顶级刑法学、刑事诉讼法、证据法学教授出席,进行专家论证,提供法律援助。专家们认真审阅了本案相关事实材料,就本案的有关问题,向本案的辩护律师进行了质询,经认真讨论、研究,在反复核对相关事实、证据的基础上,形成如下法律意见:

一、被告人 C 某某有如实坦白重大罪行的可以从轻处罚的法定情节

我国《中华人民共和国刑法》（以下简称《刑法》）第 67 条第 3 款规定："犯罪嫌疑人虽不具有前两款规定的自首情节，但是如实供述自己罪行的，可以从轻处罚；因其如实供述自己罪行，避免特别严重后果发生的，可以减轻处罚。"

经查，被告人 C 某某在被某某市公安机关控制后立即如实供述了公安机关尚未掌握的 4 千克毒品被其藏匿的重大罪行，并亲自指引公安人员将藏匿在汽车和暂住房间内的 4 千克毒品起获。一、二审辩护律师据此主张被告人 C 某某有自首情况，一、二审法院判决均不认可其有自首情节，而认可其具有如实坦白情节，但在适用法律上，并未对其如实坦白行为，作为《刑法修正案（八）》新规定的"可以从轻处罚"的法定情节加以适用。专家们一致认为，鉴于被告人 C 某某具有如实坦白其重大罪行的法定的"可以从轻处罚"的情节；且在其被某某市公安机关控制后立即如实供述了公安机关尚未掌握的 4 千克毒品被其藏匿的重大罪行，并亲自指引公安人员将藏匿在汽车和暂住房间内的 4 千克毒品起获，避免了特别后果发生，可以减轻处罚。故，在本案中即使对其其自首情节不予认定，也应认定其具有可以从轻和减轻处罚的法定情节，在本案死刑复核程序中，应当对其适用《刑法》第 67 条第 3 款的规定，不予核准死刑立即执行为宜。

二、被告人 C 某某具有重大立功表现的可以从轻、减轻处罚的法定情节

我国《刑法》第 68 条规定："犯罪分子有揭发他人犯罪行为，查证属实的，或者提供重大线索，从而得以侦破其他案件等立功表现的，可以从轻或者减轻处罚，有重大立功表现的，可以减轻或者免除处罚。"

经查，被告人在侦查期间检举揭发了罗某某、高某某两人从事制毒、贩卖的重大犯罪事实，最后罗某某被抓获并因毒品犯罪被判处无期徒刑，高某某也因毒品犯罪被抓获而被判处有期徒刑。一、二审辩护律师均据此主张被告人 C 某某有重大立功表现，而一、二审法院判决则均依据广东省公安厅出具的函件，认为此二人均不是依据 C 某某提供的线索，而是依据他人提供的线索直接抓获归案的，因此不认可 C 某某有重大立功表现。

本案论证的权威刑法教授对此明确指出，依据《刑法》第 68 条的规定，

被告人 C 某某无论从"揭发他人犯罪行为，查证属实"的方面，还是从其"提供重大线索，从而得以侦破其他案件"的方面，都不宜否定其有重大立功表现。因为其揭发他人的犯罪行为，是真实的、可靠的，后经破案、判决他人的犯罪行为查证属实；其提供的犯罪线索具体明确，并被公安机关依此确定了犯罪嫌疑人的姓名、身份、住址、秘密电话号码，这些重要信息对侦破和证实他人的犯罪很难否定其重要作用。他们强调指出，尽管依据上述事实，认定 C 某某具有重大立功表现，"在证据上显得稍软，但从立法精神和死刑控制的角度来看，对此宜作宽泛的解释"，故，专家们一致认为应据此认定被告人 C 某某具有重大立功表现。

三、被告人 C 某某具有毒品共同犯罪和下家一般不判处死刑的重要情节

最高人民法院出台的《全国法院毒品犯罪审判工作座谈会纪要》在其"二（四）死刑适用问题 2、毒品共同犯罪、上下家犯罪的死刑适用"中明确指出：①毒品共同犯罪，"一般只对其中罪责最大的一名主犯判处死刑"。②对于贩卖毒品案件的上下家的，"一般不能同时判处死刑"，"通常可以判处上家死刑"，只有"下家积极筹资，主动向上家约购毒品，对促成毒品交易起更大作用的，才可以考虑判处下家死刑"。

本案属于毒品共同犯罪案件，并存在上、下家，案中"阿某"属于上家、C 某某属于下家，C 某某属于替人代购 1 千克冰毒，"阿某"主动另外交给其 4 千克毒品，让其代销，在上、下家中 C 某某并非属于主动联络销售毒品、积极促成毒品交易，对毒品交易起更大作用的人，故不具有"可以考虑判处下家死刑"的情况。

综上所述，与会专家一致认为，被告人 C 某某具有如实坦白重大罪行和避免特别后果发生的可以从轻、减轻处罚的法定情节，具有重大立功表现的法定从轻、减轻处罚的情节待认定和《全国法院毒品犯罪审判工作座谈会纪要》关于毒品共同犯罪和上、下家犯罪，下家不宜判处死刑的情节待查明，故对被告人 C 某某以不核准死刑为宜。建议最高人民法院在死刑复核程序中依法裁定：不核准被告人 C 某某死刑。

以上意见供参考。

暫言刍议

我们常说"人命关天",人的生命权是人的最高权利。因而对于剥夺被告人的生命权,要慎之又慎。

本案涉及死刑复核应否核准被告人 C 某某死刑问题。

其主要涉及三个问题:

其一,其自首情节应否认定,若自首情节不能认定,那么其如实坦白的"可以从轻处罚"的法定情节,则应当认定;且其因"其如实供述自己罪行,避免特别后果发生的,可以减轻处罚"的法定情节更应当认定。故,其可以从轻、减轻的法定情节,依法应当认定。

其二,其有重大立功表现可以从轻或者减轻处罚的法定情节,有待进一步审定;即使不能予以认定,也应当将该情节视为其真诚认罪悔罪的酌定从轻的情节加以认定。

其三,关于上下家问题,有待于进一步查清,这是关系"一般不能"将 C 某某"判处死刑"的大问题,应当(必须)予以查明,因上家没有归案一时难以查清的,起码应当留有一定的余地。

故鉴于以上三条,即第一条有可以减轻情节,第二条有酌定从轻情节,第三条有待查清的法定"一般""不能判处死刑"的存疑的法定情节,为慎重起见,即使是可判死刑和不判死刑的,也不宜判处死刑,故,以不判处和不核准死刑为宜。

在这里,还有一个有待立法解决的问题,即笔者曾建议,在立法上建立死刑延期执行的制度,对于可以判处死刑的被告人,如果有存疑情节可以不判处死刑但一时难以查清的,可以判处死刑,延长一定期限暂不执行,在法定延长期间查明的,可以改为不判处死刑。这样使可以不判处死刑的,更能保障其尽量不被判处死刑。

这里,有一个辩护策略问题,辩护人一定要有底线思维。在本案中,辩护人有个"高线思维"问题,即可以努力争取法院认定被告人:①有自首情节;②有重大立功表现;③具有上下家,其为下家,具有一般不同时判处死刑的情节。此三条只要有一条能够被采信,就很可能把被告人的命保住,所以可以努力去争取。但是光这样辩护也很危险,像本案这样,这三条,每一条都不扎实,都很可能落空,一旦落空,被告人就生命难保。为此,还必须坚持"底线思维"，即这三条都不被认定怎么办？那么从底线来说：

第一，不认定自首，起码应认定其具有如实坦白的"可以从轻处罚"的法定情节；且更应认定"其如实供述自己罪行，避免特别后果发生的，可以减轻处罚"的法定情节，因为他主动交代并交出了所藏匿的 4 公斤毒品。

第二，不认定有重大立功表现，起码要认定其具有真诚认罪悔罪的酌定从轻情节。

第三，现虽因上家未归案，不能作为应当判处死刑的上家对待，但起码应当认定其具有一般不判处死刑的存疑法定情节来对待，即在法官的心理上形成判处其死刑或核准其死刑存在合理的重大怀疑没能有效排除。

综合以上三条，即第一条，其保底情节是具有"可以减轻处罚"的法定情节；第二、三条具有酌定从轻情节和具有形成合理怀疑的一般不判处死刑的法定情节，三者叠加，可以形成对被告人"应当从轻处罚"，以不判处死刑，或不核准死刑为宜的结论。这样辩护，合情、合理、合法，容易被法官接受，达到辩护的理想目的。否则只是一味地将希望寄托在高线目标上，一旦"高腔出现破音儿"，就把事情给搞砸了。一念之差，可能就会使人头落地，而悔之晚矣！

还有，作为辩护律师，千万不要把底线思维寄托在法官身上。即认为，我的"高线目标"你不认，那么，起码你也应当有个"底线思维"，认定上述三条对被告人有利的三个底线情节，并予以充分考虑。因为你是要综合、全面、客观、充分地审查判断案中的全部证据嘛。但这样的考虑是十分危险的。因为相当多的法官并不能做到这一点。一般情况下，法官往往都会"直线思维"，你主张有自首情节，我经审查，认为不予采信，你说有立功表现，经我审查，不能成立，你说有个上下家问题，经我审查，查无实据；而剩下的呢，就不再考虑了，这样就让被告人的三个有利，且有重大有利的"可以减轻"的情节，全部落空了。所以，律师坚守高线的防线的同时，还一定要筑牢底线的这个防线，一旦法官突破了你的高线的第一道防线，就要坚决守住你主张的底线的这一道最后防线，不能将希望寄托在法官突破你的高线之后，主动为你筑牢你的底线的防线，否则就可能全线溃败，而一败涂地！

此外，公安机关、检察机关和人民法院还存在客观义务。公安机关、检察机关不是一方当事人，而有客观、全面收集对犯罪嫌疑人、被告人有利与不利的证据，依法、客观、全面认定对其有利与不利的案件事实、情节的义务。尤其是检察机关，是国家法律监督机关，是法律的守门人，客观全面地把好案件事实、证据、法律关，是其神圣的职责。人民法院是法律的裁判员，其神圣的职责是对于案件的事实、证据、法律要把好"最后"一道关。什么时候犯罪嫌疑人认罪了，而侦查机关依法认定其无罪；侦查机关认定有罪，而检察机关依法认定无罪；检察机关起诉被告人有罪，而人民法院依法判决被告人无罪，甚至被告人认罪了，辩护人作了有罪辩护，而人民法院依法判决为无罪；人民法院判决被告人有罪，而检察机关依法抗诉为无罪这种情况不是极个别现象，变得不算是奇特现象，而是变成司空见惯的现象，这时我国的"公检法互相配合，互相制约"，才算是走上了法治的轨道。

37. 犯罪嫌疑人 S 某是否构成了非法转让土地使用权罪?

论证要旨

起诉意见书指控对于所在公司的转让股权行为，犯罪嫌疑人 S 某作为股东构成了实为非法转让土地使用权的犯罪。该认定在实体法上违反了罪刑法定原则；在程序法上违反了无罪推定、疑罪从无原则；在理论解释上违反了疑义有利于被告原则；在司法实践中，亦与最高人民法院的相关判例要旨不符。故依法不能成立。

案情简介

犯罪嫌疑人 S 某被某某市公安局起诉意见书指控犯非法转让土地使用权罪。其事实与理由为，其公司将股权全部转让给了其他公司，是名为转让股权，实为非法转让公司的土地使用权，因而其构成了非法转让土地使用权罪。

论证意见

委托方因犯罪嫌疑人 S 某被某某市公安局起诉意见书某公（济）诉字［2021］17 号，指控犯非法转让土地使用权罪一案，向受托方提交专家论证申请和案件材料，请求代为邀请专家论证，提供专家论证法律意见。受托方在审阅委托方提交的案件材料后，认为符合专家论证的条件，邀请了 G 教授、C 教授、H 教授、Z 教授、L 教授等五名刑事法学专家，于 2021 年 7 月 9 日在京召开了专家论证会。专家们在仔细研究委托方提交的案件材料、向委托方询问有关情况、深入讨论的基础上，形成了一致法律意见，即犯罪嫌疑人 S 某被指控犯非法转让土地使用权罪依法不能成立。

现将具体论证情况与意见实录如下：

一、Z 教授的论证意见

Z 教授对本案论证材料予以认真审查研究后，明确指出，本案指控犯罪嫌疑人 S 某犯非法转让土地使用权罪，肯定不能成立。具体事实与理由与其于 2021 年 6 月 16 日发表在《法治日报》上的《股权转让与非法转让、倒卖土地使用权罪》一文的观点完全契合，并以该文的观点作为其对本案的论证意见。

会上，出示并传阅的该文的意见如下：

根据《中华人民共和国刑法》第 228 条的规定，非法转让、倒卖土地使用权罪，是指以牟利为目的，违反土地管理法规，非法转让、倒卖土地使用权，情节严重的行为。

对于本罪的适用，在实践中最成为问题的是：行为人以股权转让的形式实现了土地使用权（或房地产项目）转让的真实目的时，是否应以本罪论处？对此，一直有不少有罪判决。但是，我认为，以土地使用权为内容的股权转让行为不属于"以股权转让为名，变相违规"转让、倒卖土地使用权，行为人不应当构成本罪。

首先，将此种情形下的股权转让视为土地使用权非法转让，直接违反公司法等前置法的明确规定。《中华人民共和国公司法》（以下简称《公司法》）第 27 条规定，股东可以用货币出资，也可以用实物、知识产权、土地使用权等可以用货币估价并可以依法转让的非货币财产作价出资。既然土地使用权可以用于出资，当然就可以采用转让股权方式转让该出资物。相应地，《公司法》第 71 条第 1 款规定，有限责任公司的股东之间可以相互转让其全部或者部分股权。因此，以转让股权方式转让土地使用权及其权益，从股权转让的角度符合《公司法》的规定。其实，这种转让行为实质上只不过是转让了公司的非货币财产；即使是股权的价值、价格受公司享有的土地使用权的影响，该股权转让行为在公司法上亦为合法。

其次，股权转让并不直接引起权利主体名下的土地使用权实际转让，因为股权转让不会导致土地使用权主体变更，土地使用权的享有者仍然是原来的权利主体；部分股东转让部分股权前后，享有该土地使用权的主体仍然具有同一性。因此，从物权流转的角度分析，这一交易模式并没有真正实现对土地使用权主体的变更，当然也就不存在违反土地流转等法律法规的可能。[1]

再次，事实上，房地产企业和非房地产企业大量实施包含土地使用权益的股权转让（转移）行为，尤其是股市上每天都在进行的股权转移，其中就包括房地产企业与非房地产企业涉土地权益的股权转移，而这些行为完全合法。如果对前述涉股权转让的行为均作为犯罪追究，将使股权转让行为存在不可预期性，从而影响市场交易安全、损害交易秩序。

最后，民事判决的一贯立场不能无视。将名义上入股或转让股权，但其背后涉及土地转让的行为都以非法转让土地的犯罪论处，没有顾及民事判决对此的一贯立场，没有考虑法秩序统一性原理。刑法对于犯罪的认定，以行为在前置法上具有违法性为前提，没有前置法的违法性"烟"，就不可能具有刑事违法性的"火"，因此，定罪"理应考虑民法的权利关系以作出界定，仅从刑法独立性的立场出发进行考虑的见解是不妥当的"。[2]这主要是因为刑法是保障法，需要动用刑法来追究的行为，一定是违反其他法律，但其他法律的处罚措施和行为的危害性并不相当，难以达到预防效果，且显然具备刑事违法性的情形。

而对于以土地使用权为内容的股权转让行为，民事审判历来的态度是：即便股权转让的目的是转让土地使用权，股权转让合同的内容和形式也并不违反法律法规的强制性规定，应当认定该股权转让合同合法有效。对此，最高人民法院［2004］民一终字第 68 号判决、最高人民法院［2007］民二终字第 219 号判决、最高人民法院［2013］民一终字第 138 号判决等都予以认可。在最高人民法院［2013］民一终字第 138 号判决书中，针对一方当事人提出的合同相对方"以股权转让的形式掩盖非法转让土地使用权目的"的说法，该判决明确予以回应："现行法律并无效力性强制性规定禁止房地产项目公司以股权转让形式实现土地使用权或房地产项目转让的目的。"在有的案件中，行为人以出让方式取得国有土地使用权后，未完成 25% 以上的开发投资就将土地使用权以股权转让形式非法转让给他人的，也仅涉及合同效力等问题，仍应在民事法律范围内调整。因此，在民事审判的通行观点认定以土地使用

---

[1] 类似的观点，请参见彭文华、刘德法："论非法倒卖、转让土地使用权罪"，载《法学家》2001年第 5 期。

[2] 参见 [日] 佐伯仁志、道垣内弘人：《刑法与民法的对话》，于改之、张小宁译，北京大学出版社 2012 年版，第 59 页。

权为内容的股权转让合法有效时，如果将同一行为认定为犯罪，就势必违反法秩序统一性原理，也会使市场主体无所适从。

因此，对于本罪的适用范围必须限定为在股权转让之外所实施的法律、行政法规严格禁止的非法转让、倒卖土地使用权的行为。对此，有的人可能会担心本罪不再有适用空间。但是，这种担心是多余的。

实践中，可能构成非法转让、倒卖土地使用权罪的情形还是大量存在的，大致包括：①将农村集体土地直接出租、出售的。主要是因为《中华人民共和国土地管理法》（以下简称《土地管理法》）第82条规定，禁止擅自将农民集体所有的土地通过出让、转让使用权或者出租等方式用于非农业建设，或者违反本法规定，将集体经营性建设用地通过出让、出租等方式交由单位或者个人使用。那么，符合法律规定的用地者在取得集体土地使用权后非法转让、倒卖给他人的，行为显而易见具有刑事违法性。②擅自改变城市土地用途出售的。例如，以修建教学科研配套设施、教职工宿舍、老年大学等名义获得土地使用权，但擅自改变土地用途，将土地提供给他人修建住房后出售牟利的，构成本罪。③合法获批土地后直接出售的。例如，为投资办厂获批土地，后因无力继续建厂而将土地使用权直接转让的，应以本罪定罪；再比如，甲企业取得土地使用权后，与乙企业勾结通过虚假诉讼骗取法院裁判后办理土地使用权过户手续的。④直接转手倒卖城市土地的。例如，被告人作为县级国土部门负责人，伙同他人非法倒卖某学校30余亩土地，从中获利数百万元的，理应构成本罪和贪污罪的想象竞合犯。如此看来，即便是将涉股权转让的行为排除在定罪范围之外，也仍然要承认本罪存在较为广泛的适用余地。

二、C 教授的论证意见

C 教授表示，完全同意 Z 教授的意见。他指出，这类案件过去有些法院是判决有罪的，最高人民法院曾经为此召开过专家座谈会，大家的意见基本上是一致的，即都认为对此不应当作有罪论处。但最高人民法院还没有对此作出明确的规范性的文件解释，只是在其后的相关判例中，作出了无罪判决。无罪判决的主要理由是股权转让不等于土地使用权转让，并没有导致土地使用权发生变更，本案土地使用权也仍然在原公司名下。有人认为应当作实质性判断，在股权转让的情况下，土地使用权实质上是发生了转让的，这种观点是不能成立的。在刑法和司法解释没有明确规定可以将股权转让和土地使用权转让画等号的情况下，作这种扩大性解释，是违背罪刑法定原则的。股权整体转让，你说是土地使用权整体转让，并以此定罪，那么股权 50% 转让，你能说土地使用权 50% 转让，股权一小部分转让，能说是一小部分土地使用权随之转让？你怎么个定罪法？这岂不是很荒唐？实际上，房地产公司用股权转让的形式获取土地使用权项目已经是普遍现象，你现在能都拿来以犯罪论处吗？至于说土地使用权人存在违反《土地管理法》的行为，如两年没有开工，25% 的工程项目任务没有完成，这属于是否违反土地行政管理法的问题，与非法转让土地使用权是两个法域范畴的问题。实际上，这类违法违规行为，也是普遍存在，在土地行政管理范围内也是极少有受到追究的，更不要说是追究刑事责任了。况且本案某某公司之所以对该土地使用权属下的土地两年未开工，未完成 25% 的工程项目开发任务，有证据证明是因为政府未尽出让该土地使用权应尽的"三通一平"和有效完成居民房屋、坟地搬迁义务的客观原因造成的。

三、H 教授的论证意见

完全同意 Z 教授和 C 教授的意见。

股权转让与土地使用权转让有联系，但是又严格区分。在立法和司法解释上没有明确规定土地使用权人转让公司股权视同为转让土地使用权的情况下，司法实践中就以土地使用权人转让公司股权作为构成非法转让土地使用权犯罪论处，是违反法治原则的。

对于刑事实体法的形式性判断和实质性判断问题争论多年了，我一向认为，对于出罪可以作实质性判断，而对于入罪则不能作实质性判断。在罪与非罪立法及司法解释没有明确规定的情况下，应当作有利于被告的解释，这也就是应当作形式性判断的根本缘由。

从形式性判断的视角来看，明明法律明确规定的是非法转让土地使用权犯罪，而不是规定土地使用权公司转让股权犯罪。法律上明明没有对土地使用权公司股权转让作任何禁止性规定，更没有规定其转让股权可以构成犯罪，司法机关以所谓的实质性判断为由，认为转让了股权实质上就是转让了土地使用权，并构成了犯罪，这实质上是违反了法治原则的。

四、G 教授的论证意见

同意以上教授们的意见。

股权转让与土地使用权转让是有联系，但人家转让的是股权，你不能推定为是转让土地使用权。股权不限于土地使用权，还有别的资产，如生产资料、固定资产等都包括在内。股权就是股权，股权按管辖应当由《公司法》规范，土地使用权应当由《土地管理法》来规范。对于股权转让与土地使用权转让二者的关系，立法与司法解释至今没有明确规定。如果照这种归罪理论来说，那么，买卖房屋所有权也可以构成犯罪，因为转让房屋所有权也涉及房屋项下的土地使用权问题。所以我认为，在法律没有明确规定的情况下，认为名为转让股权，实为转让土地使用权，这种说法不符合法治原则。法治原则要求，法律上怎么规定的，就是怎么规定的，你不能作扩大解释。对于所涉及的是不是转让了土地使用权，有人说是，有人说不是，在人们有不同的认识的情况下，我坚持的原则是，应当作有利于被告的解释。法律规定的是非法转让土地使用权罪，没有讲是非法转让公司股权罪，公司股权转让是合法的；法律没有明文规定则不为罪。

五、L 教授的论证意见

我发表三点意见：

其一，我完全同意各位教授的论证意见。Z 教授的意见讲得很充分，大家都很赞成。C 教授把它上升到违反罪刑法定原则的高度；而 H 教授、G 教授讲是违反了法治原则，我认为这都是一致的。因为，违反法治原则，可以从违反实体法治和程序法治两个层面来理解：

从实体法治层面来讲，实质上是违背了罪刑法定原则，刑法上明明规定的是非法转让土地使用权罪，而并没有规定是土地使用权公司非法转让股权罪。你现在说这是名为转让公司股权，实为非法转让土地使用权犯罪，你的法定依据何在？你没有法定依据而定罪，以所谓实质性判断，来作为入罪依据，实质上这种解释是一种非法类推，这就严重违背了罪刑法定这一刑事实体法的"帝王原则"，因而是非法、无效的。应当指出，这种所谓的实质性解释，也并不符合刑法学理争论中的实质性解释的观点，因而不能将反对这种违反法治原则的所谓"实质性解释"的观点，理解为是主张"形式性解释"

观点的学者的一家之言。实际上，被称是主张"实质性解释"观点的代表性学者张明楷教授，对此也是明确主张不能据此入罪的。他在其所著《刑法学》第 843 页至第 844 页关于"非法转让、倒卖土地使用权"的专题中，就明确指出："在公司享有土地使用权的情况下，股东转让部分或者全部股份，不能认定为本罪。"可见，对此不能入罪，可以说是刑法学界的共识，而不是某一学派的一家之言。

从程序法治层面来讲，实质上是违背了无罪推定的根本原则，是在搞有罪推定。疑罪从无，而不能从有或从轻，这是无罪推定的应有之义。这个疑罪既可以是事实、证据上的疑罪，也可以是适用法律上的疑罪，只要存在一方面的疑罪，就应当从无，以无罪论处，而绝不能按有罪，或变相按有罪论处。而本案根据承办律师提供的论证材料和意见，不仅在刑事实体法的适用上，对罪与非罪的界限存疑，而且在刑事程序法的适用上，存在事实不清、基本证据存疑的问题。例如，两年未开工，25% 的工程项目任务未完成，这究竟是出于犯罪嫌疑人的犯罪故意，还是属于由政府部门未尽土地使用权出让义务的客观原因造成的？律师认为有确凿证据证明是由后一客观原因造成的，起码这是一个根本性的存疑问题。还有对非法获利问题，也是存疑。在事实、证据的认定与适用实体法存在着这样双重疑罪叠加的情况下，不是按疑罪从无，而是按疑罪从有来论处，岂不是完全违背了无罪推定原则吗？

其二，既然要坚持无罪推定和法无明文规定不为罪的根本原则，那么本案的立案、侦查、起诉，很明显不存在这一合法性基础。保障无罪人不受刑事追究是刑事诉讼法的重要原则；第十三届全国人大常委会第十次会议表决通过修改后的《中华人民共和国检察官法》也明确规定，检察官办理刑事案件，应当严格坚持罪刑法定原则，尊重和保障人权，既要追诉犯罪，也要保障无罪的人不受刑事追究。因此，保障对本案已经追究的无罪犯罪嫌疑人 S 某尽快作出"撤销案件，或者不起诉，或者终止审理，或者宣告无罪"的处理，是检察机关作为法律监督机关的重要职责所在。

其三，党中央多次明文规定，要在法治领域加强依法保障民营企业和民营企业家的合法权益，最高人民检察院检察长张军也三令五申要求全国各级检察机关要加强依法保障民营企业和民营企业家合法权益的力度，尤其是要保障其无罪不受刑事追究。本案犯罪嫌疑人 S 某，其本人是有一定影响力的民营企业家，其管理着多家民营企业，他的无罪而受到刑事追究，不仅涉及本人的人权保障问题，而且其管理的公司，也必然受到严重的影响。因此，承办本案的作为法律监督机关的人民检察院，依法保障其从已经受到的刑事追究中尽快解脱出来，就成为其履行法律监督的重要职责。

论证结论

论证专家一致认为，对犯罪嫌疑人 S 某应当依法作无罪论处。建议承办本案的检察机关对 S 某尽快依法解除羁押，并以作出不起诉决定处理为宜。

以上意见供参考。

瞽言刍议

本案是一起因公司股权转让被认定为非法转让土地使用权犯罪的刑事案件。专家们的论证提出以下四个方面的理论原则为根据，认定其不构成犯罪：

其一，从实体法的视角，涉及的是罪刑法定原则，法无明文规定不为罪。既然法律没有规定土地使用权公司转让土地使用权，就构成了非法转让土地使用权犯罪，那么就不得以该公司转让土地使用权为由，追究该公司股东非法转让土地使用权犯罪的刑事责任。

其二，从程序法和证据法的视角，涉及的是无罪推定和证据裁判原则问题。疑罪从无是无罪推定的应有之义。疑罪包括事实认定疑罪、证据存疑疑罪和实体法适用疑罪，总之是罪与非罪界限存疑。只要存在一方面的存疑，就是疑罪，就应当从无，而不能从有，否则就是陷入了有罪推定。

其三，从理论解释的视角，涉及的是对有疑坚持有利于被告还是不利于被告的原则出发问题。对于法律法规及司法解释和相关理论界限不清的问题，有所谓应作形式性判断和实体性判断的问题，余以为其要害是要坚持从有利还是不利于被告原则出发的问题。有教授提出出罪应作实质性判断，而入罪则应作形式性判断，余以为其核心要义就是坚持有疑从有利于被告出发而不能坚持从不利于被告出发的原则。有疑包括：对罪与非罪有疑，为"疑罪"，应坚持"疑罪从无"；对此罪与彼罪有疑，为"罪疑"，应坚持"罪疑从轻"；对"罚与不罚"有疑，为"疑罚"，应坚持"疑罚从不"；对此罚与不罚有疑，为"罚疑"，应坚持"罚疑从轻"，而决不能相反，这就是硬道理。

其四，从法秩序统一性原则的视角，涉及的是刑罚适用要坚持与前置法适用相统一的原则。刑法对于犯罪的认定，以行为在前置法上具有违法性为前提，没有前置法的违法性，就不可能具有刑法的可罚性。而对于以土地使用权为内容的股权转让行为，民事审判历来的态度是：即便股权转让的目的是转让土地使用权，股权转让合同的内容和形式也并不违反法律法规的强制性规范。

本案论证将以上四个方面的原则分析论证意见进行叠加，得出了有充分理由的结论：本案犯罪嫌疑人 S 某无罪，应作无罪不起诉处理。

权威专家对本案的论证精准到位，其坚持的理论原则亦具有普遍的指导意义。

38. J某某、Y某等被告人是否构成组织
他人偷越国（边）境罪？

论证要旨

判断案涉被告人实施的"使用以虚假的出入境事由"的方式"骗取的出入境证件出入国（边）境的"行为，是否属于偷越国（边）境行为，要看其真实的出入境事由是什么，以其真实的事由出入境，是否对国家出入境管理具有严重的危害性，并与其他相关偷越国（边）境行为是否具有可罚的等值性而定。

只有对此作体系性、实质性和实事求是的分析，才能得出符合罪刑法定原则的结论，而不至于陷入从形式化、表面化、机械化套用法条出发，导致混淆罪与非罪或此罪与彼罪的界限。

案情简介

（一）公诉机关提起公诉依据的事实

根据包括起诉书在内的案件事实材料，公诉机关提起公诉依据的事实是：2015 年至 2018 年 11 月间，被告人 J某某、Y某先后成立北京某某国际文化交流中心（以下简称"某某公司"）和北京某某科技有限公司。为谋取非法利益，以某某公司的名义在境外发布广告，从境外组织招募多名外国人非法入境。具体表现为：某某公司为涉案外国人提供虚假出入境材料以获取其他类型签证（商务、旅游、学习）。帮助其进入国（边）境后，再以劳务派遣方式安排至国内多家少儿英语培训机构担任外教，按月抽取管理费。

起诉书指控，被告人 J某某、Y某等人，无视国家法律，多次为他人策划使用虚假入境事由，先后组织 38 名外国人持以虚假证明材料骗取的入境证件入境，其行为均触犯了《中华人民共和国刑法》（以下简称《刑法》）第 318条的规定，犯罪事实清楚，证据确实充分，应当以组织他人偷越国（边）境

罪追究其刑事责任。

（二）公诉机关提起公诉依据的法律和相关司法解释

公诉机关提起公诉依据的法律是我国《刑法》第318条的规定："组织他人偷越国（边）境的，处二年以上七年以下有期徒刑，并处罚金；有下列情形之一的，处七年以上有期徒刑或者无期徒刑，并处罚金或者没收财产：（一）组织他人偷越国（边）境集团的首要分子；（二）多次组织他人偷越国（边）境或者组织他人偷越国（边）境人数众多的；（三）造成被组织人重伤、死亡的；（四）剥夺或者限制被组织人人身自由的；（五）以暴力、威胁方法抗拒检查的；（六）违法所得数额巨大的；（七）有其他特别严重情节的。犯前款罪，对被组织人有杀害、伤害、强奸、拐卖等犯罪行为，或者对检查人员有杀害、伤害等犯罪行为的，依照数罪并罚的规定处罚。"组织他人偷越国（边）境罪，应当以被组织者的行为属于偷越国（边）境行为为前提。

论证意见

中国政法大学法律应用研究中心接受委托，于2019年11月7日在京代为组织召开了专家论证会，与会五名刑事法律专家出席会议，对本案论证事项所涉及的事实认定、证据运用和法律适用问题，进行了认真的审查鉴别、分析研究，并就案涉相关问题，询问了委托方。在弄清事实的基础上，根据法律规定，形成一致法律意见，即：J某某、Y某等被告人不宜以组织他人偷越国（边）境罪定罪。具体论证依据与理由如下：

与会专家指出，以虚假事由骗取的出入境证件出入境，是否属于偷越国（边）境行为，主要是依据相关司法解释。起诉书虽然没有标明所依据的具体的司法解释，但根据起诉书的表述：被告人J某某、Y某等人，"无视国家法律，多次为他人策划使用虚假入境事由，先后组织38名外国人持以虚假证明材料骗取的入境证件入境"，其指控所依据的司法解释显然是2012年2月12日最高人民法院、最高人民检察院颁布的《关于办理妨害国（边）境管理刑事案件应用法律若干问题的解释》（以下简称《国（边）境解释》）。《国（边）境解释》第6条规定："具有下列情形之一的，应当认定为《刑法》第六章第三节规定的'偷越国（边）境'行为：（一）没有出入境证件出入国（边）境或者逃避接受边防检查的；（二）使用伪造、变造、无效的出入境证件出入国（边）境的；（三）使用他人出入境证件出入国（边）境的；（四）使用以虚假的出入境事由、隐瞒真实身份、冒用他人身份证件等方式骗取的出入境证件出入国（边）境的；（五）采用其他方式非法出入国（边）境的。"

由此可以看出，起诉书认定本案中，被组织者的行为属于上述该司法解释第6条第4项中的"使用以虚假的出入境事由的方式"骗取的出入境证件出入国（边）境的行为，即属于偷越国（边）境行为。被告人J某某、Y某等行为人相应的组织行为即构成组织他人偷越国（边）境罪。

一、对《刑法》第318条及《国（边）境解释》应作体系性的理解和解释

与会专家指出，行为人构成组织他人偷越国（边）境罪，应当以被组织者的行为属于偷越国（边）境行为为前提〔当然其行为不一定要构成偷越国（边）境罪，但至少应当属于违反《中华人民共和国出入境管理法》（以下简称《出入境管理法》）的偷越国（边）境行为〕。如果被组织者的行为不属于偷越国（边）境行为，行为人相应的组织行为当然就不构成组织他人偷越国（边）境罪。而为了正确把握本案被告人的行为是否构成被指控的本罪，就需要对本案所涉相关立法和司法解释作一个整体的体系性的理解和解释。即不仅要对《刑法》本节妨害国（边）境罪各条规定，而且要对相关各其他立法规定，与《国（边）境解释》联系起来作一整体的体系性理解和解释。

其一，先看《刑法》第319条，该条规定了骗取出境证件罪，但没有规定骗取入境证件罪。从该条可以看出，《刑法》明显是放弃了对骗取入境证件行为的刑事管控，而是把这种行为纳入了治安与行政管控的范围。我国《治安管理处罚法》和《出入境管理法》对这种行为作出了相应的明确的处罚规定，即我国法律将这种骗取入境证件行为，不是纳入《刑法》的管控范围，而是纳入治安与行政法律的管控范围。

其二，再看《刑法》第318条及《国（边）境解释》。《刑法》虽然放弃了对骗取入境证件行为的刑事管控，但并没有对涉及相关使用骗取的入境证件的入境行为一概放弃刑事管控。《国（边）境解释》第6条第4项将特定的三种骗证入境行为，与骗证出境行为一起，纳入了"偷越国（边境）"行为，并将组织者纳入了《刑法》第318条的管控范围。但应当注意的是，《刑法》第318条及《国（边）境解释》，并没有将一切使用骗证出入境的行为，均作为"偷越国（边境）"行为，而将其纳入《刑法》第318条的管控范围；而

是只将其中特定的三种方式，即使用以虚假的出入境事由、隐瞒真实身份、冒用他人身份证件等方式骗取的出入境证件而出入国（边）境的情况，纳入了《刑法》第318条的管控范围。可见，《刑法》对持骗证出入境的行为纳入《刑法》管控范围是作出了严格的限制性的规定的，故对于使用骗证出入境的行为，判断其是否属于"偷越国（边境）"行为，应当作限制性理解和解释，而不应当作任意性理解和扩大解释，否则就会任意扩大刑事追究的法定范围。

二、对《刑法》第318条及《国（边）境解释》的相关内容应当作实质性的理解和解释

《刑法》第318条所规定的是一项性质严重的犯罪，而《国（边）境解释》第6条所规定的各种情况，也都应当具有对国家出入境管理具有严重危害的相当性或等值性。

首先，从《国（边）境解释》所规定的5项"偷越国（边）境"行为的情况来看，大体可以分为四类：

第一类是无证偷越境，即其第1项规定的，没有出入境证件而出入国（边）境或者逃避接受边防检查的；第二类是假证偷越境，即其第2项所规定的，使用伪造、变造、无效的出入境证件出入国（边）境的；第三类是骗证偷越境，即其第3项所规定的，使用他人出入境证件出入国（边）境的，第4项所规定的，使用以虚假的出入境事由、隐瞒真实身份、冒用他人身份证件等方式骗取的出入境证件出入国（边）境的；第四类是，即其第5项所规定的，采用其他方式非法出入国（边）境的。

以上各类情况虽然各有不同，但它们却都应当有一个共同的特征，即在实质上，它们对国家出入境管理都具有严重的危害性，而且这种危害性应当具有处罚的相当性或者叫可罚的等值性，否则就不具有可罚的该当性。

据此，不难看出，第一类和第二类的无证越境和假证越境以及第四类以其他非法方式出入境，都明显属于严重妨害国家出入境管理的偷越国（边）境行为，对此无可争议；同时，对于第三类即其第3项所规定的，使用他人出入境证件出入国（边）境的，第4项所规定的，隐瞒真实身份、冒用他人身份证件等方式骗取的出入境证件出入国（边）境的，也明显是严重妨害国家出入境管理的行为，属于骗证偷越境行为。这些在司法实践中一般也并不难判断。

　　唯独对第 6 条第 4 项关于"使用以虚假的出入境事由"的方式"骗取的出入境证件出入国（边）境的"的规定，在司法实践中则容易产生歧义。在现实中，由于"使用以虚假的出入境事由"的方式"骗取"的出入境证件出入国（边）境的，有各种各样的不同情况，如果不对此作实质性理解和解释，而是对此作形式化的机械性、任意性理解和解释，对其危害情况的轻重不加任何区别，一律按偷越国（边）境行为论处，并以此对组织者按《刑法》第 318 条定罪判刑，就会背离《刑法》第 318 条和《国（边）境解释》规定的实质旨意，将不具有偷越国（边）境的行为认定为偷越国（边）境行为，将不应当以《刑法》第 318 条定罪判刑的行为以此定罪判刑，这就会由此而混淆罪与非罪的界限，造成入人以罪的严重后果。

　　那么，该如何对《国（边）境解释》加以正确地实质性理解和判断呢？专家们认为，这需要从其行为是否属于严重危害国家出入境管理，是否与其他相关偷越国（边）境行为法定情况具有等值的危害性和可罚性的角度来加以理解和解释。

　　具体而言，判断某人实施的"使用骗取的出入境证件出入国（边）境的"行为，是否属于偷越国（边）境行为，要看其真实的出入境事由是什么，以此事由出入境，是否对国家出入境管理具有严重的危害，并与其他相关偷越国（边）境行为具有可罚的等值性。如其出入境的真实事由是旅游、学习、探亲、商务、考察、参加会议等，那就对此不构成严重妨害，从而就不构成偷越国（边）境行为；如果其真实事由是危害国家安全，进行恐怖活动、进行邪教活动或进行贩毒活动、是逃避我们国家的刑事追究等，那就严重妨害了国家出入境的管理，从而构成偷越国（边）境行为；并且，将被掩盖的上述因旅游等的真实事由出入境，与上述以危害国家安全等的真实事由的出入境，与隐瞒真实身份、冒用他人身份证件等方式骗取的出入境证件出入国（边）境，在危害性、可罚性上相当，并以此入刑《刑法》第 318 条，这是完全不具有刑罚的该当性和等值性的，在实质上属于违背了罪刑法定原则。

　　可见，根据实质性理解与解释，只有其真实事由是类同于危害国家安全等，对出入境管理具有严重危害的，并与所规定的其他偷越国（边）境行为具有危害性、可罚性的等值性的行为，才可以将其纳入该项关于"使用以虚假的出入境事由"的方式"骗取的出入境证件出入国（边）境的"的规定范围，将其认定为偷越国（边）境的行为，并将其组织者，纳入《刑法》第

318 条的管控范围。与会中曾多次参与对《国（边）境解释》制定研讨的专家指出，当时确立"虚假事由"这一项内容，主要是针对以虚假事由，掩盖危害国家安全等严重犯罪的真实事由的行为，而绝不是针对以"虚假事由"掩盖旅游、就业、学习等一般签证事由的错位行为。

相反，如果其真实的事由是我们国家准许其出入境的事由，并不具有严重妨害国家出入境管理，不具有与其他偷越国（边）境行为危害和可罚的等值性，那么即使行为人是使用了以虚假的出入境事由，"骗取"的出入境证件出入国（边）境的，也不能以偷越国（边）境行为论处，更不能以此将组织者入罪《刑法》第 318 条。这些诸如真实的事由为：旅游、商务、学习、探亲、考察、参加会议等。在此，其以虚假的出入境事由出入境，虽有不妥，甚至具有一定的欺骗性，但从实质上看，这仅仅是属于签证事由的故意错位行为，并不属于国家法律不准许其真实事由出入境的行为，因而也并不属于偷越国（边境）行为，故由此真实事由出入境的，均不能认定为属于偷越国（边）境；由此也就不能将其组织者以此入罪《刑法》第 318 条。

三、如果对《国（边）境解释》的虚假事由的有关规定作机械性套用，将会混淆罪与非罪的界限，入人于罪

本案中，J 某某、Y 某等人"组织"的外国入境的人员的入境事由分别是学习、旅游和商务，但其真实的事由是到中国从事教学活动，其在形式上符合"使用以虚假的出入境事由""骗取的出入境证件出入国（边）境的"规定的情况，从而构成偷越国（边）境行为，但这样理解和解释，完全是对《国（边）境解释》的机械套用，从而背离了《刑法》第 318 条和《国（边）境解释》的精神实质，必然会造成混淆罪与非罪的界限，而入人于罪的严重后果。甚至与会专家们表示，如果可以这样认定的话，我们每个人都可能会面临以此受罚甚至入罪的境地。譬如我们出国参加学术会议，为办出国手续方便，有时会使用出国旅游的虚假事由；我们明明是出国旅游，为了能在国外多停留几天，有时会让组织单位办理一个虚假的商务签证；明明是出国探亲，却办了一个旅游签证，等等。还有，某高校组织外教到学校教学，却帮他们办理了旅游签证；某政府机构为给某政府官员办理出国手续，明明是官员出国考察，却为其办理了某公司人员出国旅游的签证。凡此种种，不一而足，难道这些都是涉嫌偷越国（边）境行为，或组织他人偷越国（边）境犯

罪行为，而应当予以追究法律责任，甚至刑事责任吗？这完全是说不通的，也是不符合《刑法》第318条和《国（边）境解释》的相关规定的实质旨意的。并且，随着我国进一步的改革开放，此种以虚假事由出入国（边）境的情况会越来越多，如果对此不加区别地一律按偷越国（边）境处理，甚至对组织者按组织他人偷越国（边）境犯罪处理，将会对改革开放产生严重的负面影响。进而言之，我国海南省已经对几十个国家实行免签政策，在此范围内实际上就等于取消了偷越国（边）境行为的管控空间。这也是对我们如何与时俱进，正确处理与此案相关的问题提出了重要的启示。

四、对 J 某某、Y 某等人的行为应当作实事求是的准确分析和解释

其一，某某公司 J 某某、Y 某等人为涉案外国人提供虚假出入境材料以获取商务、旅游、学习等类型签证，但这些外国人进入我国（边）境后，是到少儿英语培训机构担任外教。实际上他们应当办理工作签证但有些人没有办理（或者说，其中多数人不符合条件，也办理不了工作签证），这部分外国人其实属于在华非法就业。这种情形属于违反我国《出入境管理法》的行为，应当给予行政处罚，而并不属于偷越国（边）境行为。行为人相应的组织者的行为也就不构成组织他人偷越国（边）境罪，而是属于行政管控范围。

《出入境管理法》第41条第1款规定："外国人在中国境内工作，应当按照规定取得工作许可和工作类居留证件。任何单位和个人不得聘用未取得工作许可和工作类居留证件的外国人。"第80条规定，外国人非法就业的，处以罚款；情节严重的，处5日以上15日以下拘留，并处以罚款。介绍外国人非法就业的，对个人和单位处以罚款；有违法所得的，没收违法所得。上述行政处罚均无需以相关人员实施偷越国（边）境行为为前提。J 某某、Y 某等人的行为，如果违反了上述规定，就应当依此进行行政处罚，而不应予以刑事处罚。

其二，如果起诉书指控的某某公司为多名外国人提供虚假出入境材料以获取商务、旅游、学习等签证的行为中，存在涉嫌其他违法犯罪的行为的话，那也应当将其与所指控的偷越国（边）罪划清罪与非罪的界限，不能将行政违法认定为刑事犯罪；如果存在某种刑事犯罪的话，那也应当划清此罪与彼罪的界限，而不能将其可能涉嫌的某种轻微的刑事犯罪与组织他人偷越国（边）的性质严重的犯罪混为一谈。

综上所述，与会专家一致认为：起诉书指控的 J 某某、Y 某等人的行为，

如果可能涉嫌构成其他违法甚至轻微犯罪的话，那么也决不构成组织他人偷越国（边）境罪。如果按照起诉书机械套用上述司法解释中的"使用以虚假的出入境事由骗取的出入境证件出入国（边）境的"理由，判决其构成组织他人偷越国（边）境罪，那么就是混淆了罪与非罪或此罪与彼罪的界限，其法律效果和社会效果都会是很不好的；相反，如果能严格把关，不仅可以划清罪与非罪的界限，而且能够划清此罪与彼罪的界限，依法判决J某某、Y某等被告人不构成组织偷越国（边）境罪，这将成为一个标杆性的判决，不仅对本案，而且对全国都具有典型的指导意义。由于本案涉及对相关立法和司法解释的适用，在司法实践中存在较为普遍的争议问题，承办本案的司法机关必要时可层报最高人民法院、最高人民检察院提请予以明确的司法批复。果如此，也是对国家法治作出了一份重要贡献。

以上意见供参考。

謷言刍议

真是太棒了！本案论证意见可以作为对相关立法、司法解释条文作体系性、实质性、实事求是的解释与理解的范例。

判断某人实施的"使用以虚假的出入境事由"的方式"骗取的出入境证件出入国（边）境的"的行为，是否属于偷越国（边）境行为，要看其真实的出入境事由是什么，以其真实的事由出入境，是否对国家出入境管理具有严重的危害性，并与其他相关偷越国（边）境行为是否具有可罚的等值性而定。

如果只对该行为作形式性、表面性、机械性的解释和理解，而将诸如以旅游为名，而实为出国留学的出境，或以旅游为名而实为来华买卖货物、学习、就业的入境等，都一概以此定罪，就是将对国家出入境管理不具有严重的危害性，并与其他相关偷越国（边）境行为不具有可罚的等值性的行为，与偷越国（边）境行为混为一谈，而混淆了罪与非罪或此罪与彼罪的界限。

只有对该条立法和相关司法解释作体系性、实质性、实事求是的解释和理解，将该行为中，对国家出入境管理并不具有严重的危害性，与其他相关偷越国（边）境行为不具有可罚的等值性的行为，从该行为的刑法管控中剔除出去，才能体现罪刑法定原则的应有之义和实事求是的精神实质。

余以为，本案论证意见无论从立法解释和司法解释还是实事求是的理解和解释来说，都是具有可供参考和进一步探讨的价值的。

39. 关于被告人 W 某某涉嫌盗窃罪的罪与罚问题

论证要旨

对于被告人 W 某某是否构成盗窃罪，不能机械性地套用法条。就本案而言，W 某某与其"情人"发生感情纠葛期间，将她手机上的 8 万元转到自己名下。根据案情，只具有暂时控制该款项，而并不具有将其永久占有的"非法占为己有"的盗窃罪的主观故意和行为特征，综合案中各方面的因素，以不认为是犯罪和不追究刑事责任为宜。

案情简介

被告人 W 某某（已婚）与王某某（未婚）自 2016 年 9 月通过陌陌（社交软件）相识，并发展成为情人关系。W 某某虽大部分时间在美国工作但几乎每月都会到北京与王某某约会，后来 W 某某也开始在国内工作创业，两人交往甚密，以至于谈婚论嫁。在交往过程中，W 某某发现王某某除与之交往还同时与其他男性交往，并为此也与王某某发生过多次争吵（详见相关 QQ、陌陌、微信等聊天记录）。

2018 年 7 月初，W 某某（系郑州某某公司法定代表人）回国，并于 7 月 10 日晚从郑州到北京约会王某某。22 点 30 分左右，在王某某楼下（北京市海淀区某某楼），W 某某提出想要继续与王某某保持情人关系，并要求王某某断绝和其他男性的来往，王某某则要求 W 某某离婚，两人由此发生争执。W 某某欲离开，王某某阻拦其离开，并发生肢体冲突，W 某某将王某某推倒在地。随后王某某从后面追上来再次阻拦 W 某某离开，又被 W 某某推倒在地。冲突中造成王某某轻微伤，W 某某也有受伤。王某某再次倒地后，W 某某从地上捡起王某某手机离开。

2018 年 7 月 11 日早上 7 点左右，王某某到中关村某某派出所报案称 W 某某抢劫。7 月 11 日早上 7 点左右，W 某某入住学院路某某宾馆，9 点多从居住的宾馆出来去找王某某，并发 QQ 提出将手机返还给她，王某某未回复。

2018 年 7 月 11 日上午 10 点 30 分，W 某某通过王某某的支付宝给自己转款 5 万元人民币，12 点 30 分左右又通过王某某的微信给自己转款 3 万元人民币。根据 W 某某的回忆，当时王某某的支付宝账户大约有二十几万元至三十几万元人民币，他转走了其中的 5 万元。王某某的微信零钱包大概有 3 万多元，他转走了整数 3 万元。

期间 W 某某还去看了其在某地承租的房子（W 某某常不在国内由王某某控制），想看看王某某是否在那，但该房子已被王某某转租他人，W 某某没有找到王某某。

2018 年 7 月 11 日 15 点左右，W 某某回酒店，警方在 W 某某住宿的酒店内，对外出返回酒店的 W 某某进行涉嫌抢劫罪的刑事传唤。在该宾馆的传唤中，W 某某就主动交代了其利用手机卡获取验证码，从王某某支付宝和微信中分别转账 5 万元及 3 万元的事实，并希望通过警方将前述款项返还给王某某。

论证意见

中国政法大学法律应用研究中心接受北京市盈科律师事务所委托，于 2018 年 12 月 2 日在京代为召开专家论证会，对被告人 W 某某涉嫌盗窃罪一案进行论证。与会六名刑事法学专家认真审阅了本案的相关事实材料，并对案中一些关键性事实材料进行了详细审核查询，对案涉事实和法律问题进行了认真讨论研究，形成了如下一致专家法律意见。

根据《中华人民共和国刑法》第 264 条的规定，盗窃罪是指以非法占有为目的，盗窃公私财物数额较大或者多次盗窃、入户盗窃、携带凶器盗窃、扒窃公私财物的行为。因此，构成盗窃罪必须主客观要件同时具备。客观要件是具有"盗窃公私财物数额较大或者多次盗窃、入户盗窃、携带凶器盗窃、扒窃公私财物"的行为，主观要件是具有"以非法占有为目的"。

与会专家一致认为，本案中 W 某某在客观上具有背着他人将他人账户上的 8 万元人民币转到自己账户上的行为，在形式上具有盗窃罪的客观要件，但根据案中证据，综合分析案件情况，案中 W 某某缺乏与之相应的"以非法占有为目的"的主观要件，起码是现有证据不能证明其具有"以非法占有为目的"，因而应依法认定其不构成盗窃罪。

一、关于被告人 W 某某是否具有盗窃罪的非法占有目的问题

（一）被告人 W 某某偷转王某某款项 8 万元，属于是临时性控制该款项，而不具有盗窃罪之非法占有的目的，缺乏盗窃罪的主观要件，因而不构成盗窃罪

与会专家指出，我国刑法规定的非法占有目的中的"非法占有"，与民法中的非法占有不是等同的概念，也不是仅指事实上的非法支配或控制，而是指为了永久性地非法占有他人财产，并据为己有。因而不能将盗窃罪的非法占有理解为一般的事实上的支配或控制。如果只是临时性地占有他人财物，行为人虽然事实上支配或者控制了该财物，但并不具有永久性地非法占有他人财产的确定性，就不能认定为具有盗窃罪的非法占有的目的，也就不能成立盗窃罪。只有将盗窃罪的非法占有目的，理解为永久性地非法占有他人财产的目的，将临时性地非法支配或控制他人财产，而不具有永久性地非法占有他人财产的目的的情况，及其是否具有永久性地非法占有他人财产的目的性并不确定的情形排除在外，才能使这一主观要件的认定具有区分罪与非罪和此罪与彼罪的根本属性。质言之，由于特殊原因，行为人擅自将他人的财物临时性地加以控制，但并不是想将其永久性地非法占为己有，或者想立即归还，或者是否要立即归还需要与财产所有人协商，具有明显的不确定性，在此情况下，由于行为人没有非法永久性占有他人财产的目的性，一般不应认定其构成盗窃罪。

本案中行为人 W 某某转走他人款项 8 万元的行为，即属于这种不构成盗窃罪的情形，至少在事实证据上是不能排除这种情形的存在。具体的事实与理由如下：

（1）相关资料显示，2018 年 7 月 11 日早上 7 点左右，王某某到中关村某某派出所报案称 W 某某抢劫，但 W 某某并不知情。7 月 11 日 9 点多，W 某某从居住的宾馆出来去找王某某，并发 QQ 提出将手机返还给她，对方未回复。

此时 W 某某尚未将手机中的钱款转出，W 某某提出"将手机返还给她"，当然就应包括将手机中储存的钱款一同返还，这就意味着到此为止，W 某某并没将手机和手机中的钱款非法占为己有的意思和目的。

（2）相关资料显示，2018 年 7 月 11 日上午 10 点 30 分，W 某某通过王某

某支付宝给自己转款 5 万元人民币，12 点 30 分左右又通过王某某微信给自己转款 3 万元人民币，两项共计 8 万元人民币。在这期间，W 某某去看了其承租的房子（W 某某认为该房由王某某所控制），想看看王某某是否在那，但该房子已被王某某转租他人，W 某某没有找到王某某。

（3）W 某某的口供显示，其所以转走王某某 8 万元人民币，一说是，其在王某某身上花了 40 万元，她现在不再做情人了，8 万元算是退回来的钱；一说是，"我主观上没有占有这笔钱的意思，我转走了是从感情上逼她回头，继续和我做朋友，另一方面如果不回头，希望她妥善解决我们俩之间的借款问题。我事后，第二天就主动和她 QQ 联系，想要还她钱和手机，并和她商量我们俩的感情和经济纠纷"。

专家们认为，对上述情况进行客观分析，可以判定为，当时双方情人关系在存续期间发生了危机，W 某某先行控制这笔钱，是为了掌握主动权，一是"逼她回头"和好；二是在他们之间商量感情和经济纠纷中掌握主动；三是借此作为与她商量他俩感情和经济纠纷的由头。据此可以得出结论，如果没有司法介入，其结果应当是，如果二人重归于好，W 某某会将手机和钱款还给王某某；如果王某某感情不能"回头"，W 某某就会将该款项作为与王某某协商解决他俩感情和经济纠纷的砝码。总之，在二人情人关系存续和发生危机期间，作为 W 某某还在争取二人重归于好的情况下，W 某某是否具有将案涉款项永久占为己有的目的性，起码是处于不确定状态的。

根据上述情形，虽然不能说 W 某某一定就没有永久性地非法占有王某某 8 万元钱款的目的和可能，但也很难说 W 某某一定就有永久性地非法占有这 8 万元钱款的目的。因为如果真正是想"永久性地非法占有被害人的财物"，行为人在行为实施完毕后一般是不会主动找被害人的。通常只是由于其他的原因，即行为人取走别人的财物后，不是想永久性地占有，而是基于别的目的，才会出现这种情形。本案中行为人 W 某某转走王某某 8 万元钱款的行为，基本上属于这种情形；或者是由于双方争吵而一时赌气，并不是想真正永久性地占有该钱款，而是想找她并立即归还她；或者是想将该钱款暂时控制在手，以此作为与王某某重新和好的一个筹码，而使是否具有永久性地非法占有他人财产的目的处于一种不确定性状态。因而，在这种情况下，认定被告人 W 某某具有永久性地非法占有他人财产的"非法占有的目的"，是没有事实和法律依据的，起码是属于现有证据不能证明其具有盗窃罪的非法占有的目的性。

（二）从被告人 W 某某的个人、家庭等情况来看，其不可能具有盗窃该 8 万元的盗窃犯罪的非法占有他人财产的目的性

专家们指出，经了解，W 某某家庭条件比较优越，他作为清华大学的高材生，又到美国名校深造，后又在美国高科技公司工作，现又回国创业，作为公司法定代表人，其收入应当是比较丰厚的，起码不至于为了 8 万元而盗窃他人的财产。如果他与王某某不是情人关系，如果二人不是发生了感情纠葛，如果二人之间没有发生"借款"或"经济纠纷"，相信 W 某某是不可能将王某某的 8 万元转到自己名下的，他是不可能用这种方法和手段，非法占有他人财产，而实施盗窃犯罪的。如果他真是为了盗窃王某某的钱，那他就会将她的存钱全部取光，而不会给她剩下巨额存款而不转走，且转走的钱款数额要考虑与其"欠款"数额的一致性，这显然与盗窃犯罪追求最大限度地非法占有他人财产的特征明显不符。因此，将 W 某某的行为认定为非法占有他人财产的盗窃行为，是于理不通、于事不符、于法不合的。

二、关于是否应对被告人 W 某某追究刑事责任问题

本案具有显著的特殊性，即 W 某某所转款项来自于其情人王某某，而不是与其无关的不相识之人，这就与通常的盗窃犯罪有显著的区别。最高人民法院、最高人民检察院《关于办理盗窃刑事案件适用法律若干问题的解释》第 8 条规定："偷拿家庭成员或者近亲属的财物，获得谅解的，一般可不认为犯罪；追究刑事责任的，应当酌情从宽。"本案 W 某某偷转的款项虽然不属于家庭成员或者近亲属的，但二者之间毕竟存在着一种"情夫、情妇"的特殊密切关系，按照有关司法解释，二者属于"特定关系人"；而"特定关系人"中的"情夫、情妇"是与"近亲属"相并列的"利益共同体"关系，虽然这种"情夫、情妇"的关系不受法律保护，但二者之间的紧密的利益关系，是不容否定的。由于 W 某某偷转的是其情人王某某的钱，二者之间又发生过多笔相互巨额转款，二者的情人关系虽发生了危机，但 W 某某还在企图进行挽回，事后他主动找王某某要与她进行商谈、协调，案发后又主动上交出 8 万元要退给王某某，并主动赔偿其损失，取得了王某某谅解。专家们认为，根据上述情况，参照上述司法解释，以不认为其行为是犯罪，不追究其刑事责任为宜。

三、从有利于挽救、教育被告人 W 某某出发，专家建议对其以不认为是犯罪论处为宜

专家们指出，W 某某的行为在法律上具有相应的违法性和可罚性，但在事实和法律上却并不是一定要按犯罪对待并需要处以刑罚的情况，即使是属于可定可不定、可罚可不罚的情况，也还是以不定不罚为宜。因为对他而言，如果不考虑本案的具体特殊情况，而机械地套用法条对他定罪判刑，那么他的前途命运将毁于一旦，其法律效果、社会效果应当说都会是负面的。相反，如果被告人在法庭和控辩双方的教育之下，充分认识到自己的违法行为给当事人及国家秩序造成的损害，能够接受深刻的教训，感激司法机关对自己的教育挽救，并以实际行动报效祖国，为祖国多作贡献，这样的谦抑性司法效果明显是正面的，其法律效果和社会效果都会是良性的。为此，与会专家一致诚心希望法庭能给被告人 W 某某一个不追究刑事责任的改过自新的做人机会，"不然就太可惜了"。

以上意见供参考。

簪言刍议

专家们对本案论证的一个亮点是，对于盗窃罪的主观故意，"以非法占有为目的"，结合案情，将其解释为"以永久性非法占有为目的"，从而就将如本案被告人 W 某某这样的"以暂时控制而非永久性非法占为己有"的故意，即与盗窃犯罪故意，区别开来；并结合其与被害人是"情人"这种"特定关系人"，且自愿退还了所涉财物，取得了被害人的谅解的情节，为挽救教育被告人，提出对其以"不以犯罪论处"为宜的论证结论。

这一论证意见，加深了对盗窃罪"以非法占有为目的"的理解，对特定条件下的财产类犯罪的主观故意的判断，具有一定的意义。

40. W 某某等 12 人并不构成聚众扰乱社会秩序罪

论证要旨

其一，某某公司 12 名员工没有聚众扰乱社会秩序：

1. 该市场经营权至今仍归属于某某公司。

2. 某某联社并未取得该市场的合法经营权。

3. 12 名员工的行为不是抢夺该市场经营权的扰乱社会秩序的行为，而是维护自己合法经营权的行为。

其二，本案不存在构成聚众扰乱社会秩序罪的客观要件：

1. 相关业户证明存在损失的事实不足以证明存在本罪的客观要件事实。

2. 某某联社证明其有经营损失，不能作为对 12 名员工定罪的根据。

3. 有关南海培训的事实与案件无关。

其三，12 名员工的行为要放在"11·21""5·18"事件的背景下，严格按照法治的要求，慎重地定性，妥善地处理。

案情简介

这是一起由土地使用权租赁民事纠纷引发的刑事案件。某某市某某联社以某某公司租赁土地使用权建设果品市场没有按时交纳租金违约为名，于 2013 年 11 月 2 日宣布解除合同并组织 200 余名保安，将某某公司员工赶跑，经报案，当地公安机关，不管不问；某某公司员工因无家可归，于 2014 年 5 月 16 日返回自己所有的办公楼和宿舍，但当地公安机关闻讯后出动数百名警力，将某某公司员工 106 人拘留，其后对其中的 12 名员工以聚众扰乱社会秩序罪，移送检察院审查起诉。

论证意见

中国政法大学法律应用研究中心接受委托人委托，就委托人提出的 12 名员工涉嫌聚众扰乱社会秩序犯罪一案，于 2015 年 1 月 20 日在京召开了专家论证会，十名刑事、民事法学专家到会参加了论证。专家们认真地审查了本案的事实材料，就本案所涉法律问题，进行了认真讨论、研究。专家们一致认为：本案 12 名员工不构成聚众扰乱社会秩序罪，某某区检察院在起诉阶段，应依法对其作无罪不起诉处理。具体意见如下：

一、某某公司 12 名员工没有聚众扰乱社会秩序

专家们认为，聚众扰乱社会秩序罪所扰乱的是国家机关、企业、事业单位、人民团体的正常工作秩序，对本案而言，扰乱的应当是果品市场的正常（合法）的经营秩序。由于某某公司对该市场具有合法的经营权，而某某联社对该市场不具有合法的经营权，其涉案 12 名员工的行为属于排除某某联社非法经营和侵权而维护自己的合法经营权的行为，因而其行为并非属于扰乱该市场的正常合法的经营秩序。

（一）该市场经营权至今仍归属于某某公司

专家们认为，涉案市场的经营权属于工商登记权利、行政许可取得的权利、专属于登记上的权利人的权利，是一项独立的权利，不是场地权利的产物或者从权利，更不是衍生权利。

《中华人民共和国民法通则》（当时有效）第 36 条第 2 款规定："法人的民事权利能力和民事行为能力，从法人成立时产生，到法人终止时消失。"《公司登记管理条例》（已失效）第 2 条第 1 款规定：有限责任公司"设立、变更、终止，应当依照本条例办理公司登记"；第 3 条第 1 款规定：公司经登记机关依法登记，领取《企业法人营业执照》，方取得企业法人资格。经查，某某公司经某某市工商行政管理局某某区分局依法登记取得《企业法人营业执照》，成立日期：2001 年 3 月 15 日；营业期限：2001 年 3 月 15 日至 2016 年 10 月 17 日；住所地为：某某市某某区某某路 338 号之三。同时，取得了某某市质量技术监督局颁发的《组织机构代码证》，有效期：2011 年 3 月 9 日至 2015 年 3 月 9 日。该公司还取得某某市国家税务局、某某市地方税务局颁发的《税务登记证》。由此证明，某某公司自 2001 年 3 月 15 日起，经依法登记，取得某某市某某区某某路 338 号市场的合法经营权，至今并未因公司终止和工商登记变更、吊销营业执照等原因而丧失对该市场的合法经营权。

（二）某某联社并未取得该市场的合法经营权

某某联社以解除涉案场地租赁合同为由，于 2013 年 11 月 21 日聚众以暴力手段将某某公司经营管理人员赶跑，抢占该市场后自行经营，但并未取得该市场合法经营的任何证照，某某公司对该市场合法经营的任何证照也并未撤销。因此，某某联社对该市场的经营属于无证照非法经营，该非法经营在民事上对某某公司构成侵权。

此外，对于涉案场地上的不动产（建筑、"盖物"），亦没有生效的法律文件确定其权属不归属于某某公司；且经查，涉案民事诉讼相关管辖权异议的生效裁定，已确定涉案场地上的不动产"盖物"不属于涉案民事诉讼的审理范围。由此可见，涉案场地上的不动产（建筑、"盖物"）至今其权属仍归属于某某公司所有。

（三）12 名员工的行为不是抢夺该市场经营权的扰乱社会秩序的行为，而是维护自己合法经营权的行为

某某市公安局某某区分局起诉意见认为：W 某某等人为抢夺某某市某某区某某路运城果品市场的经营权而聚众扰乱了市场内的社会秩序。

专家们认为，12 名员工的行为并不是抢夺该市场经营权的行为，而是维护该市场的经营权的行为。因为该市场的经营权始终归属于某某公司，该权利属于登记权利，不是靠抢夺能获取的。12 名员工的行为是维权行为，是维护自己公司依法享有的经营权。且其行为仅仅涉及进入公司经营的办公大楼，而并未对该市场进行任何冲击。某某联社聚众将某某公司员工赶跑，并封锁此办公大楼，并暴力阻止、驱赶涉案某某公司员工进入此办公大楼，才引发了双方冲突，从而才可能对该市场经营造成一定影响。

二、本案不存在构成聚众扰乱社会秩序罪的客观要件

聚众扰乱社会秩序罪的客观方面表现为聚众扰乱社会秩序、情节严重，致使工作、生产、经营和教学、科研无法进行，造成严重损失的行为。

专家们认为，既然 12 名员工的行为不属于扰乱正常合法的市场经营的社会秩序的行为，那么也就不存在因为其扰乱社会（市场）秩序的行为，而致使该市场营业无法进行，并造成严重损失的问题。

其一，某某区分局起诉意见，并没有认定存在因 12 名员工聚众扰乱社会秩序而导致该市场经营无法进行的事实，且其认定的造成了 3 万多元财产损

失和 3 人轻微伤的事实，也并不属于本罪构成要件事实，因为这不属于市场经营的损失，更不属于其重大损失。

其二，某某区检察院两次退查决定也证明其侦查及补充侦查的证据不足，不能据以认定确有犯罪事实。

其三，第二次补充侦查涉及的有关事实材料，也均不能证明存在本罪的客观要件事实。现具体分析论证如下：

（一）相关业户证明存在损失的事实不足以证明存在本罪的客观要件事实

据悉，某某公安分局询问了市场八九个卖香蕉、板栗的业户，他们证明"5·18"事件曾使办公大楼旁市场出入口堵塞，车辆无法出入，影响了经营，但这并不能证明案件存在本罪的客观要件事实。理由是：

（1）经查，涉案市场有业户约 500 余家，所卖水果品种有香蕉、苹果、梨、菠萝、板栗等。现仅有八九个业户证明该事件对其经营在一两天内造成营业损失，而案中却没有证据证明该事件对市场其余众多业户或对该市场在总体上造成了无法营业的重大损失。

（2）另外，这些业户证明的客观真实性也值得怀疑。在某某联社控制市场的情况下，又在某某联社市场管理办公室进行询问，且某某公安分局又是为坚决支持某某联社控制市场，而追究某某公司员工"犯罪行为"的，在这样的高压态势之下，有关业户出于利害关系考虑，就很难保证其证明内容的客观真实性。

（3）退一步讲，即使发生了个别业户所称在这两天的事件中，营业无法进行，受到了相应损失，但这也不应只归责于这 12 名员工。因为这是由事件双方冲突和某某公安分局对此非法处理造成的。经查，某某公司员工，欲返回自己经营所在办公大楼，某某联社组织众人阻止、驱赶，由此引发了冲突，但这只持续了一个小时左右；其后，其员工便进入了办公大楼，直到第二天被某某分局拘捕。之所以造成一两天堵塞道路而影响有关业户的经营，主要是由某某公安分局封锁大楼并非法拘留某某公司 116 名员工所致。将引发冲突的后果责任单纯归责于某某公司员工一方，并以刑事犯罪来追究，不仅混淆了合法与非法的界限，更重要的是混淆了罪与非罪的界限。

（二）某某联社证明其有经营损失，不能作为对 12 名员工定罪的根据

某某联社证明其于 2013 年 11 月 21 日将某某公司的果品市场收回，并对市场进行管理经营，"5·18"事件因某某公司打砸市场，导致两天无法经营，

造成了很大经济损失。

这里的关键问题是，某某联社是否对该市场具有合法的经营权。案中证据证明，某某联社本身并不具有对该市场合法经营的证照，其不具有对该市场经营的主体资格。因此，其对该市场的经营属于无证照的非法经营，而其非法经营的"损失"（如果存在的话），不受法律保护，因而不能作为对12名员工定罪的依据。从实质来说，其一切经营所得均应属于某某公司所得，其所受"损失"，其实属于某某公司自己的损失。并且，某某联社是造成冲突的主要责任方，该损失在本质上是由某某联社持续的非法侵权行为所致。

（三）有关南海培训的事实与案件无关

某某公司在南海对员工进行培训，其相关材料显示，无论是"培训合同"，还是"培训内容"及相关经费汇账手续等都与"5·18"事件毫无关联，因而与12名员工涉嫌聚众扰乱社会秩序罪无证据的关联性，因而不能作为定案的根据。

由上可见，案中现有证据，均不能证明12名员工存在聚众扰乱社会秩序罪的客观要件。

三、12名员工的行为要放在"11·21""5·18"事件的背景下，严格按照法治的要求，慎重地定性，妥善地处理

专家们指出，12名员工参与的"5·18"事件，是由"11·21"事件引起的，对于两个事件要严格地划清合法与非法的界限、罪与非罪的界限。

（一）要划清合法与非法的界限

要划清合法与非法的界限，其前提是正确认定对于涉案果品市场谁具有合法的经营权。本案事实清楚地证明，某某公司对涉案市场经营权的证照齐全，至今有效。因此，在"11·21"事件中，在没有任何涉案市场经营权的证照发生撤销或变更的情况下，某某联社纠集200余人暴力驱赶某某公司员工，非法抢占市场，并强行组织人员管理经营该市场，其行为在民事上属于非法侵权一方，在冲突中某某公司员工属于维权一方。在"5·18"事件中，某某公司员工属于排除非法经营而维护自己合法经营权的一方；而某某联社阻止、驱赶某某公司员工，不准其进入办公大楼，并由此与其发生冲突，其行为是"11·21"事件侵权行为的继续，是非法经营的一方。冲突的损害后果自然应由违法侵权的一方负责，而不应由合法、维权的一方负责。

（二）要划清罪与非罪的界限

犯罪的前提是违法，某某公司 12 名员工的行为既然是维护自己公司合法经营权的行为，就不存在犯罪问题。如果按照某某分局侦查的逻辑，只要该 12 名员工有聚众并与对方某某联社发生冲突，并造成一些经营损失，就可据此而认定其构成聚众扰乱社会秩序罪，并予以拘留、逮捕、提请公诉；那么，在"11·21"事件中，某某联社相关人员也具有聚众、与某某公司员工发生冲突并造成了某某公司至今无法经营，造成了某某公司经营的巨额经济损失，造成了市场营业的巨大损失，为什么某某公安分局却认为其没有犯罪事实而不予立案呢？这显然有失公允。

（三）要从法治的高度，稳定的大局出发，妥善处理涉案问题

专家们强调指出，值此全党全国落实党的十八届四中全会作出依法治国、建设法治国家的决定精神，政法工作严肃法纪，加强法治，坚决纠正和防止冤错案件的情况下，本案又事涉两省、两市的共同扶持保障某某市百万果农卖果市场稳定的大局问题，依法妥善处理本案，具有重要的法律和社会意义。

专家们强调指出，本案没有任何证据证明涉案 12 名员工构成聚众扰乱社会秩序罪，某某公安分局拘留、逮捕 12 名员工，提请公诉，已构成重大违法。在审查起诉阶段，某某区检察院应当根据《中华人民共和国刑事诉讼法》第 173 条第 1 款之规定，依法作出对涉案 12 名犯罪嫌疑人没有犯罪事实而不起诉的决定处理，使 12 名无罪员工尽快从错误的刑事追究中解脱出来。

以上意见供参考。

瞽言刍议

地方保护主义介入司法，这是公权私用的反映，而公权私用则是公权私有的反映；公权一旦变为私有，那么什么以权谋私、权钱交易、徇私枉法、权力寻租等便是必然的产物。

41. 中某公司是否构成新型套路贷违法犯罪?

论证要旨

这是一起新型的套路贷违法犯罪案件,具有实质性的套路贷违法犯罪的基本特征,其表现形式上的非典型性,并不影响以此罪论处。

案情简介

委托方提供的案件事实情况:

2017 年初,在洽谈承揽委托方开发建设的相关房产物业销售业务时,中某公司承诺向委托方提供委托贷款。双方共同签订了《某某信息港信息项目合作协议》。该协议内容:数字公司将持有的信息公司 51% 的股权,以 510 万元股权让与担保形式变更至中某公司名下,并约定了等值回购条款;中某公司向信息公司提供最终累计不超过人民币 2.351 亿元的委托贷款,同时,委托方须把相关的房产物业按 2.402 亿元的"交易价款"全部交由中某公司全权销售,销售差价以"包销服务费"名义支付给中某公司;协议约定该笔委托贷款将于 2017 年 12 月 31 日"销售业绩考核期"届满时全部发放完毕,并约定了各自的违约责任。

2017 年 5 月 19 日,中某公司提供了第一笔委托贷款 9000 余万元,依照协议,数字公司、金某某公司将持有的信息公司 49% 的股权,质押于中某公司并完成了质押登记手续。

由于中某公司承诺的委托贷款的余下款项迟迟不能兑现,2017 年 11 月,委托方在某某农商行的 8420 万元的贷款被迫申请展期。中某公司又以为展期提供股东担保为名,胁迫委托方签订了《〈某某信息港信息项目合作协议〉补充协议》,约定以"同方公寓"4000 余平方米的在建物业作为"履约担保物"向中某公司提供反担保。

2017 年 12 月 31 日,协议约定的"销售业绩考核期"届满,中某公司承诺的委托贷款余下款项全部没有如约支付，而承揽价值 2.4 亿元的房产物业销售，仅完成 4000 余万元。为避免资金链断裂，在后续协商中，委托方完全处于被胁迫的状态，不得不答应中某公司的种种不公平条件。

2018 年 5 月 4 日，信息公司被迫与中某公司签订《补充协议二》，约定：中某公司不再承担信息公司房产的包销任务及包销的违约责任 6700 多万元；中某公司在 2018 年 5 月 30 日前提供第二笔委托贷款 8420 万元给信息公司；信息公司将其所有的物业抵押给中某公司；委托方股东黄某等人为信息公司向中某公司提供连带责任保证，等等。

签订协议达到免除赔偿的目的后，中某公司仍拒不履行支付 8420 万元委托贷款义务，2018 年 7 月 10 日、2018 年 8 月 28 日、2018 年 9 月 28 日分别书面致函催促中某公司付款未果。

2018 年 9 月 30 日，中某公司提出，委托方必须签订《补充协议三》，方可付款。为保证信息公司资金周转和信息公司融资信用，委托方再次与中某公司签订《补充协议三》，重新约定：解除《补充协议二》；金某某公司以其持有的中科公司 40% 的股权利润分红，为信息公司在《合作协议》及《补充协议三》中的义务及责任作连带保证；信息公司全部的印章、证照、银行账户及秘钥交由中某公司控制；信息公司持有的某某信息港大厦商场物业（价值 3.1 亿元）抵押给中某公司。

在《补充协议三》签订后，委托方为清偿债务，多渠道多途径谋求资金。2018 年 12 月，市农商行某某支行已初步同意信息公司向其申请借款 2 亿元。2018 年 12 月 29 日，按照《补充协议三》的约定，委托方向中某公司提交了《委贷款清偿计划》，但中某公司违背约定，拒绝在《贷款申请》等资料上盖章用印，导致融资无法进行。

同时，中某公司利用其虚假大股东的身份和掌控的公章证照等，一直故意阻挠信息公司正常的经营活动：拒不移交项目营销场所和销售资料（至今未办移交）；拒绝在房屋销售过程中使用印章和网签密钥使物业无法销售；拒绝或有意拖延在物业租赁合同上盖章用印，致使信息港大厦商场等物业无法租赁，造成巨大损失；拒不配合办理公司涉税业务；拒不配合支付各类工程款项和工人工资等。

在中某低碳公司地块项目上，中某公司以相同的手法，于 2017 年 7 月 19 日，签订了《某某高新区 ZK34-08 地块合作协议》，并以让与担保的方式控制了中某低碳公司 60% 的股权。在该项目上，中某公司同样以大股东的身份阻挠公司的正常经营，拒不配合支付工程款项，导致中某公司被钟某某施工队起诉，被某某市创建混凝土公司起诉并申请执行破产。

中某公司通过以上"某某信息港项目"和"中某地块项目"系列操作，一步一步把委托方逼入其设置的陷阱中，在迫使其资金链断裂，无债务清偿能力后，将委托方告上法庭。

2019 年 8 月 5 日，中某公司向某某市中级人民法院递交 2 份民事起诉状。在某某信息港项目案中，中某公司向委托方借出的款项本金共为 17 518 万元，而在其起诉状中，仅 2019 年 2 月 20 日至 2019 年 12 月 31 日期间，向委托方追偿的利息和违约金就高达 9162.4 万元，折算年利率达到 60.6%。在中某低碳地块项目案中，中某公司出借给委托方的本金为 17 000 万元，其起诉状中暂计至 2019 年 12 月 31 日利息达 6218.75 万元。且起诉状诉求中，中某公司请求对委托方物业折价销售，对抵押物业和股权处置款其享有优先受偿权；并故意隐瞒事实，提起诉前财产保全，申请超额查封委托方资产达 47 415.32 万元。

论证意见

委托方因中某公司涉嫌套路贷违法犯罪一案，向受托方提交专家论证申请和案件材料，请求代为邀请专家论证，提供专家论证法律意见。受托方在审阅委托方提交的案件材料后，认为符合专家论证的条件，邀请了三名刑事法学教授，于 2021 年 7 月 31 日在京召开了专家论证会。专家们在仔细研究委托方提交的案件材料、向委托方询问有关情况、深入讨论的基础上，形成了一致法律意见，即：中某公司行为涉嫌新型套路贷违法犯罪，应当依法立案查处。现将论证意见及其事实、理由阐述如下：

一、专家们认为案涉中某公司行为构成了新型套路贷违法犯罪

专家们指出，正确把握本案定性，必须严格坚持以事实为根据，以法律为准绳的基本原则。最主要的是，看本案基本事实是否符合最高人民法院、最高人民检察院、公安部、司法部《关于办理"套路贷"刑事案件若干问题的意见》（以下简称《套路贷解释》）的相关规定。据此，专家们认为，本案事实具有套路贷的基本特征，属于新型套路贷违法犯罪。

（一）《套路贷解释》的相关规定

《套路贷解释》第 1 条至第 3 条明确规定了"套路贷"的下述特征：

第一，"套路贷"，是对以非法占有为目的，假借民间借贷之名，诱使或迫使被害人签订"借贷"或变相"借贷""抵押""担保"等相关协议，通过虚增借贷金额、恶意制造违约、肆意认定违约、毁匿还款证据等方式形成虚假债权债务，并借助诉讼、仲裁、公证或者采用暴力、威胁以及其他手段非法占有被害人财物的相关违法犯罪活动的概括性称谓。

第二，"套路贷"与平等主体之间基于意思自治而形成的民事借贷关系存在本质区别，民间借贷的出借人是为了到期按照协议约定的内容收回本金并获取利息，不具有非法占有他人财物的目的，也不会在签订、履行借贷协议过程中实施虚增借贷金额、制造虚假给付痕迹、恶意制造违约、肆意认定违约、毁匿还款证据等行为。

司法实践中，应当注意非法讨债引发的案件与"套路贷"案件的区别，犯罪嫌疑人、被告人不具有非法占有目的，也未使用"套路"与借款人形成虚假债权债务，不应视为"套路贷"。因使用暴力、威胁以及其他手段强行索债构成犯罪的，应当根据具体案件事实定罪处罚。

第三，实践中，"套路贷"的常见犯罪手法和步骤包括但不限于以下情形：

（1）制造民间借贷假象。犯罪嫌疑人、被告人往往以"小额贷款公司""投资公司""咨询公司""担保公司""网络借贷平台"等名义对外宣传，以低息、无抵押、无担保、快速放款等为诱饵吸引被害人借款，继而以"保证金""行规"等虚假理由诱使被害人基于错误认识签订金额虚高的"借贷"协议或相关协议。有的犯罪嫌疑人、被告人还会以被害人先前借贷违约等理由，迫使对方签订金额虚高的"借贷"协议或相关协议。

（2）制造资金走账流水等虚假给付事实。犯罪嫌疑人、被告人按照虚高的"借贷"协议金额将资金转入被害人账户，制造已将全部借款交付被害人的银行流水痕迹，随后便采取各种手段将其中全部或者部分资金收回，被害人实际上并未取得或者完全取得"借贷"协议、银行流水上显示的钱款。

（3）故意制造违约或者肆意认定违约。犯罪嫌疑人、被告人往往会以设置违约陷阱、制造还款障碍等方式，故意造成被害人违约，或者通过肆意认定违约，强行要求被害人偿还虚假债务。

（4）恶意垒高借款金额。当被害人无力偿还时，有的犯罪嫌疑人、被告人会安排其所属公司或者指定的关联公司、关联人员为被害人偿还"借款"，继而与被害人签订金额更大的虚高"借贷"协议或相关协议，通过这种"转单平账""以贷还贷"的方式不断垒高"债务"。

（5）软硬兼施"索债"。在被害人未偿还虚高"借款"的情况下，犯罪嫌疑人、被告人借助诉讼、仲裁、公证或者采用暴力、威胁以及其他手段向被害人或者被害人的特定关系人索取"债务"。

（二）最高人民法院副院长姜伟对此作的明确解释

最高人民法院副院长、全国扫黑办副主任姜伟在回答"套路贷"与民间借贷的区别时表示，有无非法占有他人财产目的，是"套路贷"与民间借贷的本质区别。

姜伟表示，"套路贷"是对某一类犯罪行为的通称，具体说是以对非法占有为目的，诱使或迫使被害人签订"借贷"或变相"借贷""抵押""担保"等相关协议，通过虚增借贷金额、恶意制造违约、肆意认定违约等方式形成虚假债权债务，并以非法手段占有被害人财物的相关违法犯罪活动的概括性称谓。在"套路贷"案件中，行为人假借民间借贷之名，具有非常强的隐蔽性和迷惑性。"套路贷"与普通的民间借贷有着本质区别。民间借贷的本金和合法利息均受法律保护，而"套路贷"本质上属于违法犯罪行为，"套路贷"的实质，就是一个披着民间借贷外衣行诈骗之实的骗局，应受法律惩处。

他指出，在实践中，可以从以下几个方面区分"套路贷"和民间借贷主要有这么几点：

第一，看有无非法占有他人财产目的，这是"套路贷"与民间借贷的本质区别。民间借贷的目的是获取利息收益，借贷双方主观上都不希望发生违约的情况，出借人希望借款人能按时还款，而"套路贷"是以借款为幌子，通过设计套路，引诱、逼迫借款人垒高债务，最终达到非法占有借款人财产的目的。比如，有的案件中，被告人为了占有借款人的房产，就诱使他人先借款 5 万元，然后以种种借口约定 5 年内归还借款本息 19 万元。随后被告人采用肆意认定违约、虚假转单平账等手段垒高债务，将借款人的房产强行抵押、最终变现，最后非法占有借款人的财产达 102 万元。可见，"套路贷"的目的并不是获取约定的利息，而是非法占有被害人的财产。

第二，看是否具有"诈骗"的性质。民间借贷是双方真实意愿下的借贷行为，而"套路贷"具有诈骗的性质。行为人处心积虑设计各种套路，制造债权债务假象，非法强占他人财产。例如，有的犯罪分子往往会以低息、无抵押等为诱饵吸引被害人"上钩"，以行业规矩为由诱使被害人签订虚高借款合同，谎称只要按时还款，虚高的借款金额就不用还，然后制造虚假给付痕迹，采用拒绝接受还款等方式刻意制造违约，通过一系列"套路"形成高额债务，达到非法占有他人财物的目的。

（三）专家们认为中某公司的行为具备套路贷的基本特征

专家们认为，中某公司的行为具备套路贷违法犯罪的以下基本特征：

第一，以非法占有为目的，以民间借贷的手段，诱使被害人签订"借贷""抵押""担保""股权转让""公司管控"等协议，将被害人公司牢牢地捆绑在了其牢笼之中，以便其最终将被害人财产进行宰割，以实现其非法占有被害人公司的全部资产的目的。本案中，中某公司以提供贷款，包销物业，不收取利息为饵，诱使信息公司签署名为合作实为借贷的协议。并在协议中设置陷阱：①要求信息公司以 510 万元转让价值 5 亿元的 51% 的股份给中某公司；②49% 的股权也质押给中某公司；③信息公司的印章、证照、账户全部交由中某公司掌控；④中某公司委派管理人员对信息公司的经营权和财产进行控制。

第二，恶意设置还款障碍、拒不履行合同义务、乘人之危迫使被害人签订免除其违约责任，并设置被害人抵押、质押责任和违约陷阱，为通过诉讼手段非法占有被害人财产，制造"合法"根据。

（1）中某公司在包销过程中虚高房价、违规收费、管理层默许暗示销售人员消极或制定差异化销售激励机制，导致信息公司房产滞销，销售率不到 16%，由于未能及时销售房产回笼资金，信息公司无法按时还贷，陷入违约困境。

（2）中某公司故意造成信息公司无法偿还银行到期贷款后，又故意违约拒不支付第二笔贷款，陷信息公司于资金无法周转的困境。签订不平等协议《补充协议二》和《补充协议三》，免除中某公司未完成销售任务和违规销售违约金约 6700 万元；同时增加信息公司的担保责任：①金某某以其持有的中某公司 40% 的股权利润分红为信息公司作连带担保；②以信息公司持有的某某信息港大厦商场物业（价值 31 052 万元）抵押给中某公司，作为信息公司的还贷担保；③免除中某公司逾期提供第二笔委托贷款 8420 万元的违约责任，展期 4 个月。约定畸高利息和违约金：①信息公司如果未能按时还贷，应每日支付 10 万元违约金，并按年利率 15% 支付利息，并且每一季度利息上浮 30%（折算年化利率为 60%）；②中某公司可自主将所有物业折价变卖后抵扣；③黄某、赵某某、郑某某、唐某等人个人全部资产为信息公司向中某公司提供连带担保责任。

（3）截断信息公司所有资金来源，堵死信息公司所有融资渠道。恶意垒高借款金额。《补充协议三》签订后，中某公司套路已全部设置完毕，其后利用所掌控的信息公司的经营权、印章、证照、账号、密钥等，故意阻碍信息公司正常经营，以不盖章的方式阻挠信息公司出售房产、出租房产，让信息公司完全失去了资金来源，甚至拒不配合信息公司支付税费、工人工资，让信息公司经营陷入瘫痪。信息公司已申请了银行融资还债，中某公司拒绝在贷款申请文件上签字盖章，又不按合同约定退还股份，直接导致信息公司融资还贷流产。信息公司所有资金来源被截断，所有融资渠道被堵死，债权额不断累加。

第三，制造虚假债权债务，借助诉讼手段非法占有被害人的财产。

中某公司恶意造成信息公司违约后，将信息公司起诉至某某市中级人民法院。中某公司实际借给信息公司款项仅 3.45 亿元，不到一年的时间，却通过法院查封了信息公司等实际价值超过 10 亿元的全部资产，要求信息公司等偿还债务本金以及年化利率高达 60% 的畸高利息，企图以诉讼的手段达到其侵吞信息公司巨额资产的犯罪目的。

纵观全案事实，专家们认为：中某公司与被害人公司签订案涉合同，借给被害人公司一定资金，其目的并不是获取其借款的本金和合法利息，而是一步一步设置障碍和陷阱，以实现其非法占有其资产的目的。其非法犯罪的步骤反映如下：

其一，通过恶意违约不履行合同有效包销房产的主要义务，让被害人公司不能获取通过其及时包销房产回笼资金按时还贷，从而使被害方陷于不能及时还贷的困境。

其二，当被害方陷于无法按时偿还银行到期借款困境之后，又恶意违约拒不支付第二笔借款，并迫使被害方免除其前期违约应承担的 6700 万元违约金的根本违约责任，进而增加被害方的担保责任。

其三，其又迫使被害方免除其拒不履行第二笔委托贷款 8420 万元的违约责任，展期 4 个月，并为被害方约定畸高利息和违约金，并使其据此可获得自主将被害方所有物业折价变卖抵扣和让被害方相关自然人承担连带担保责任。

其四，其在截断信息公司所有资金来源，堵死信息公司所有融资渠道，并恶意垒高借款资金的情况下，利用其掌控的信息公司经营权、公司印章、证照、账户、密码等，以拒不盖章的方式，阻止信息公司出售、出租房产，以拒不在信息公司贷款申请文件上签字、盖章，又拒不按约定退还股份和公司证照、印章等凭证，完全阻断了信息公司可以申请银行融资还债和自主出售、出租房产还债的有效途径，致使信息公司进一步陷于债务累加、违约责任加重的境地。

其五，其通过诉讼，以被害人公司借款本金仅 3.45 亿元，明显高额查封公司及个人财产实际价值约 10 亿元；虚增违约金或利息及被害人公司和相关自然人的包销服务费、股权转让款高达 5 亿多元；且要求相关自然人承担连带清偿责任；以未销售的物业进行折价销售清偿债务；以抵押物优先受偿；在股权处置价款上享有优先受让权；要求相关公司办理变更登记手续等。其目的明显，不仅是要对被害人公司和相关自然人的虚增债务所涉巨额财产非法占为己有，而且是要将被害人信息公司及其名下的项目和财产非法占为己有。

以上表明，中某公司的行为符合套路贷违法犯罪的基本特征。

（四）本案某些非典型性的套路贷的特征并不影响对套路贷的定性

其一，犯罪嫌疑人、被告人往往以"小额贷款公司""投资公司""咨询公司""担保公司""网络借贷平台"等名义对外宣传，诱使他人受骗，但这不是套路贷的本质特征。犯罪嫌疑人利用其他公司平台，甚至是上市公司全资子公司的平台，诱使他人受骗，也并不能作为排除其构成套路贷违法犯罪嫌疑的必要特征。

其二，在本案中，表面上并不存在"肆意认定违约、毁匿还款证据等方式形成虚假债权债务"和虚增违约责任的情况，但实际上，中某公司以拒不履行合同义务，陷信息公司于不能按时偿还银行贷款的严重违约境地，然后乘人之危，一方面免除自己的根本违约责任，另一方面违背承诺，进一步陷信息公司于加重对银行的违约责任，并设置信息公司对违约的陷阱，凡此种种，其违法犯罪行为虽隐蔽性很强，甚至披上了合法性外衣，但却明显暴露了其人为地构陷被害人陷于巨额不当债务和违约责任的套路贷的陷阱的违法犯罪目的。

其三，中某公司具有套路贷诈骗违法犯罪的非法占有他人财产的根本特征。中某公司与被害人公司签订相关合同，以其上市公司全资子公司的身份可诚信履约的信用假象，骗取被害方的信任，使其产生错误认识，将解决资金暂时困难以按时偿付银行贷款的合同义务寄托在其能诚信履约上。但其实际上并不想诚信履约，相反却恶意违约，目的是陷被害方于严重危机之境地，并以此乘人之危，再以承诺承担委托贷款为诱饵，先是迫使对方免除自己的根本违约责任，再迫使对方将公司股权、经营权即相关经营印章、凭证交到自己手中，最后是拒不履行承诺，人为制造对方严重违约责任，并以此起诉对方，企图达到其非法占有被害人相关全部财产的目的。因此符合其隐瞒真相、骗取信任，使对方产生错误认识，并将公司财产和经营权交给其控制，以使对方陷于其违约陷阱，从而通过诉讼达到非法占有他人财产的目的。

由上可见，专家们认为中某公司的上述行为，构成了新型的套路贷违法犯罪行为。

（五）本案的套路贷行为与一般民事纠纷的本质区别

根据《套路贷解释》第1条和本案事实，本案"套路贷"的实质，就是一个披着民间借贷外衣行诈骗之实的骗局，其本质特征就是设置圈套，非法占有他人财产。中某公司假借民间借贷之名，设置圈套，诱使或迫使被害人签订"借贷""抵押""担保"等相关协议，通过拒不履行合同主要义务，迫使对方免除其违约责任，同时恶意制造对方违约，形成实质性虚假的债权债务，并借助诉讼手段企图非法占有被害人财物。

根据《套路贷解释》第2条和本案事实，本案"套路贷"与平等主体之间基于意思自治而形成的民事借贷关系存在本质区别，其实质上不是为了履行合同，到期按照协议约定的内容收回本金并获取利息，而是拒不履行合同主要义务，用设置圈套的手段，非法占有被害人财物。

二、某某市中级人民法院的相关裁定应当得到应有的重视

专家们指出，某某市中级人民法院，2021年3月12日作出的裁定〔2021〕粤13民初210号之三、211号之三为：中止民事案件审理，移送某某市公安局处理，应当得到依法处理。

该裁定载："本院经审查认为，根据《中华人民共和国民事诉讼法》第一百五十条第一款第（六）项'其他应当中止诉讼的情形'的规定，某某公司是否涉嫌'套路贷'，尚待公安机关侦查，故本案应当中止诉讼。"

专家们认为：该裁定业已发生法律效力并已执行。其裁定明确包括以下四个方面内容：

其一，在案涉民事诉讼中，信息公司主张中某公司涉嫌"套路贷"，并申请该院向公安机关移送"套路贷"的犯罪线索。

其二，该院经审查认为，信息公司的主张和申请，符合《中华人民共和国民事诉讼法》（2017 年）第 150 条第 1 款第（六）项"其他应当中止诉讼的情形"的规定。

其三，该院依法裁定中止民事诉讼的审理，支持信息公司关于中某公司涉嫌"套路贷"的主张，以及将中某公司涉嫌"套路贷"的犯罪线索向公安机关移送的申请。

其四，该裁定认为公安机关应当对根据本裁定移送的信息公司关于对中某公司涉嫌"套路贷"犯罪的控告主张，和该院向公安机关移送的"套路贷"的犯罪线索依法进行审查，并按《中华人民共和国刑事诉讼法》第 112 条的规定，对立案材料进行审查和处理。

该裁定的以上各点，应当得到尊重和认真执行。

此外，举报方提供的中某公司"侵吞中某低碳某某高新区 zk34-08 地块的"材料，有助于对中某公司在本案中"套路贷"的"套路"问题，加强理解。该材料可作为相关联的举报材料，一并纳入审查范围。

三、结论

综上所述，专家们一致认为，中某公司所涉"套路贷"违法犯罪问题，尽管具有某些非典型的特征，但并不影响对其"套路贷"违法犯罪的定性，因为其具有"套路贷"违法犯罪的基本特征，是一种新型的"套路贷违法犯罪"，应当得到依法查处。

以上意见供参考。

赘言刍议

本案专家论证的是一起具有非典型性的套路贷违法犯罪案件，该论证以本案基本事实、基本证据为根据，以刑法和司法解释的相关规定为准绳，严格划清本案一般民事纠纷与刑事诈骗违法犯罪的界限及此罪与彼罪的界限，认为其具有套路贷违法犯罪的基本特征，其表现形式上的非典型性，不影响以此罪论处，属于新型的套路贷违法犯罪案件。对此，不仅应引起个案的重视，而且对司法实践中的此类违法犯罪行为的处理，也具有重要的参考价值。

42. 某某公司不构成非法经营罪

论证要旨

案涉某某公司在未取得国家规定《道路运输经营许可证》和其车辆未取得《道路运输证》的情况下，开展运输业务，不属于《中华人民共和国刑法》（以下简称《刑法》）第 225 条第（四）项规定的"其他严重扰乱市场秩序的非法经营行为"的情况，对于此种情况，没有司法解释明确规定为属于非法经营罪，该地方法院也没有将此层报最高人民法院请示，故判决其构成非法经营罪，依法不能成立。

案情简介

某某市某某县人民检察院指控，2010 年 2 月 19 日至 2014 年 2 月 28 日，被告单位某某建筑工程公司（以下简称"某某公司"），以营利为目的，在公司未取得国家规定《道路运输经营许可证》、车辆未取得《道路运输证》的情况下，组织非营运重型自卸车、重型半挂引车共计 29 辆，装载沙子、碎石和山皮，运输到某某公路沥青搅拌站、某某管桩有限公司、某某市混凝土有限公司等地，从中挣取车辆营运收入。夏某某在担任某某公司法定代表人期间，伙同公司调度、现金出纳员任某某、车队队长李某某共同实施上述非法经营行为。经某某会计师事务所有限公司某某分所审计："某某公司"及个人挂靠运输车辆经营数额共计 5948.2678 万元，违法所得数额 1105.6454 万元。

某某县人民法院认为：某某公司的经营范围有土木工程服务，砂石料销售等，其营业执照上明确标注"依法须经批准的项目，经相关部门批准后方可开展经营活动"。道路运输经营许可证，是单位、团体和个人有权利从事道路运输经营活动的证明，即从事物流和货运站场企业经营时必须取得的前置许可，有此证的主体方可有营运的车辆，是车辆上营运证的必要条件。道路运输经营的证照，是一项非常重要的公共资源，它与公共安全、公共利益密切相关，国务院《道路运输条例》设置了较为严格的许可条件，故道路运输经营应取得相应的行政许可。某某公司大量货车运营影响到道路运输的有序竞争，未经许可擅自组织道路运输经营，严重扰乱运输地区的道路运输市场，情节严重，构成非法经营罪。被告人夏某某作为本案的直接责任人，被告人任某某、李某某作为本案的其他直接责任人员，均应承担刑事责任。某某会计师事务所有限责任公司系某某省司法厅备案的司法鉴定机构，其分所依照法律程序作出的审计结论同样具有法律效力。某某公司采用非法运输手段取得的利益不受法律保护，故审计报告中扣除底料费的计算方法正确，辩护人的意见不予采纳。公诉机关本项指控的基本事实和罪名成立。

该案经某某市中级人民法院审理后，以部分事实不清、证据不足，发回某某县人民法院重审。

论证意见

中国政法大学法律应用研究中心接受委托，就被告单位某某公司是否构成非法经营罪，其相关责任人员是否承担刑事责任问题，在京召开了权威法律专家论证会。三位与会专家就委托事项涉及的事实认定、证据运用和法律适用问题，进行了认真的核对、研究、讨论，并就有关事实的证据问题向委托单位代表进行了质询，并对相关卷宗材料进行了核查，在此基础上形成了一致法律意见：被告单位某某公司不构成非法经营罪，其相关责任人员亦不存在承担刑事责任的问题。

一、非法经营罪的法律规定和司法解释

非法经营罪从已被取消的投机倒把罪名分解衍生而来，现行《刑法》对非法经营罪作了相对严格的限制。《刑法》第 225 条规定："违反国家规定，有下列非法经营行为之一，扰乱市场秩序，情节严重的，处五年以下有期徒刑或者拘役，并处或者单处违法所得一倍以上五倍以下罚金；情节特别严重的，处五年以上有期徒刑，并处违法所得一倍以上五倍以下罚金或者没收财产：（一）未经许可经营法律、行政法规规定的专营、专卖物品或者其他限制买卖的物品的；（二）买卖进出口许可证、进出口原产地证明以及其他法律、行政法规规定的经营许可证或者批准文件的；（三）未经国家有关主管部门批

准非法经营证券、期货、保险业务的，或者非法从事资金支付结算业务的；（四）其他严重扰乱市场秩序的非法经营行为。"

《刑法》第 225 条的前三项规定明确具体，对此理解和适用争议少，而第四项的兜底性条款，因为规定概括模糊，是理解和适用的难点所在，在学界和司法实务部门经常引起争议。为此，2011 年 4 月 8 日最高人民法院《关于准确理解和适用刑法中"国家规定"的有关问题的通知》对其中引起争议的关键点作了明确的规定。该通知第 3 条规定："各级人民法院审理非法经营犯罪案件，要依法严格把握刑法第二百二十五条第（四）的适用范围。对被告人的行为是否属于刑法第二百二十五条第（四）规定的'其它严重扰乱市场秩序的非法经营行为'，有关司法解释未作明确规定的，应当作为法律适用问题，逐级向最高人民法院请示。"这说明，对于未列入刑法及有关司法解释明确规定的非法经营行为，若要入罪，必须进行严格限制，必须与刑法及司法解释所列举的行为有同类性，不能做任意扩大解释。不符合法律和相关司法解释明确规定的非法经营行为，原则上不应作为犯罪处理。即使在极其特殊的情况下需要作犯罪处理的，地方各级人民法院也要逐级上报，向最高人民法院请示，否则不得认定为非法经营罪。

二、本案被告单位某某公司及其相关责任人员的行为与刑法和相关司法解释的规定不符，不构成非法经营罪

（一）上述行为与《刑法》第 225 条前三项规定不符

《刑法》第 225 条前三项规定的内容是：①未经许可经营法律、行政法规规定的专营、专卖物品或者其他限制买卖的物品的；②买卖进出口许可证、进出口原产地证明以及其他法律、行政法规规定的经营许可证或者批准文件的；③未经国家有关主管部门批准非法经营证券、期货、保险业务的，或者非法从事资金支付结算业务的。

而本案的案情是：被告单位某某公司，以营利为目的，在公司未取得国家规定《道路运输经营许可证》、车辆未取得《道路运输证》的情况下，组织非营运重型自卸车、重型半挂引车共计 29 辆，装载沙子、碎石和山皮，运输到某某公路沥青搅拌站、某某管桩有限公司、某某市混凝土有限公司等地，从中挣取车辆营运收入。

可见，本案案情与《刑法》第 225 条前三项规定明显不符。

（二）本案案情与《刑法》第 225 条第（四）项兜底性条款规定不符，不构成非法经营罪

根据最高人民法院相关司法解释，《刑法》第 225 条第（四）项是在前三项规定明确列举的三类非法经营犯罪行为具体情形的基础上，规定的一个兜底性条款，在司法实践中适用该项规定应当特别慎重，相关行为认定为非法经营犯罪需有法律、司法解释的明确规定，且要具备与前三项规定行为相当的社会危害性和刑事处罚必要性，要严格避免将一般的行政违法行为当作刑事犯罪来处理。

现将有关非法经营罪的主要司法解释清单排列如下：

（1）1987 年 11 月 27 日最高人民法院、最高人民检察院《关于办理盗窃、盗掘、非法经营和走私文物的案件具体应用法律的若干问题的解释》（已失效）规定的非法经营文物行为。

（2）1998 年 8 月 28 日最高人民法院《关于审理骗购外汇、非法买卖外汇刑事案件具体应用法律若干问题的解释》规定的非法经营外汇行为。

（3）1998 年 12 月 17 日最高人民法院《关于审理非法出版物刑事案件具体应用法律若干问题的解释》规定的非法经营出版物行为。

（4）2000 年 5 月 12 日最高人民法院《关于审理扰乱电信市场管理秩序案件具体应用法律若干问题的解释》规定的非法经营电信业务行为。

（5）2002 年 8 月 16 日最高人民法院、最高人民检察院《关于办理非法生产、销售、使用禁止在饲料和动物饮用水中使用的药品等刑事案件具体应用法律若干问题的解释》规定的非法生产、销售瘦肉精等行为。

（6）2002 年 9 月 4 日最高人民检察院《关于办理非法经营食盐刑事案件具体应用法律若干问题的解释》（已失效）规定的非法经营食盐行为。

（7）2003 年 5 月 14 日最高人民法院、最高人民检察院《关于办理妨害预防、控制突发传染病疫情等灾害的刑事案件具体应用法律若干问题的解释》规定的预防、控制传染病期间哄抬物价的行为。

（8）2004 年 7 月 16 日最高人民法院、最高人民检察院、公安部《关于依法开展打击淫秽色情网站专项行动有关工作的通知》规定的非法经营网吧的行为。

（9）2005 年 5 月 11 日最高人民法院、最高人民检察院《关于办理赌博刑事案件具体应用法律若干问题的解释》规定的非法发行、销售彩票的行为。

（10）2008 年 1 月 2 日最高人民法院、最高人民检察院、公安部、中国证券监督管理委员会《关于整治非法证券活动有关问题的通知》规定的非法经营证券业务的行为。

（11）2009 年 5 月 13 日最高人民法院、最高人民检察院关于办理生产、销售假药、劣药刑事案件具体应用法律若干问题的解释》（已失效）规定的生产、销售假药、劣药的行为。

（12）2009 年 12 月 3 日最高人民法院、最高人民检察院《关于办理妨害信用卡管理刑事案件具体应用法律若干问题的解释》（2018 年修正）规定的使用 POS 机等方法套现的行为。

（13）2010 年 12 月 13 日最高人民法院《关于审理非法集资刑事案件具体应用法律若干问题的解释》（2022 年修正）规定的非法发行基金的行为；

（14）2012 年 6 月 18 日最高人民法院、最高人民检察院、公安部《关于办理走私、非法买卖麻黄碱类复方制剂等刑事案件适用法律若干问题的意见》规定的非法买卖麻黄碱类复方制剂等行为。

（15）2012 年 9 月 6 日最高人民法院、最高人民检察院、公安部、国家安全监管总局《关于依法加强对涉嫌犯罪的非法生产经营烟花爆竹行为刑事责任追究的通知》规定的非法生产、经营烟花爆竹的行为。

（16）2013 年 5 月 2 日最高人民法院、最高人民检察院《关于办理危害食品安全刑事案件适用法律若干问题的解释》（已失效）规定的非法生产、销售非食品原料及非法从事生猪屠宰、销售等行为。

（17）2013 年 5 月 21 日最高人民法院、最高人民检察院、公安部、原农业部、原国家食品药品监督管理总局《关于进一步加强麻黄草管理严厉打击非法买卖麻黄草等违法犯罪活动的通知》规定的非法采挖、销售、收购麻黄草的行为。

（18）2013 年 9 月 6 日最高人民法院、最高人民检察院《关于办理利用信息网络实施诽谤等刑事案件适用法律若干问题的解释》规定的通过信息网络有偿提供删除信息服务，或者明知是虚假信息，通过信息网络有偿提供发布信息等服务的行为。

（19）2014 年 3 月 14 日最高人民法院、最高人民检察院、公安部、国家安全部《关于依法办理非法生产销售使用"伪基站"设备案件的意见》规定的非法生产、销售"伪基站"设备的行为。

（20）2014 年 11 月 3 日最高人民法院、最高人民检察院《关于办理危害药品安全刑事案件适用法律若干问题的解释》（2022 年修改）规定的违反国家药品管理法律法规，未取得或者使用伪造、变造的药品经营许可证，非法经营药品，情节严重的行为。

（21）2015 年 5 月 18 日《全国法院毒品犯罪审判工作座谈会纪要》规定的行为人出于医疗目的，违反有关药品管理的国家规定，非法贩卖国家规定管制的能够使人形成瘾癖的麻醉药品或者精神药品，扰乱市场秩序，情节严重的行为。

由此可以看出，本案情形不仅与《刑法》第 225 条前三项规定不符，与上述所列的司法解释规定的内容也均不相符，而且与这些司法解释规定的内容也不具有同类性。由于本案情形与上述所列的司法解释规定的内容均不相符，而且也不具有同类性，因此应当理解为与《刑法》第 225 条第（四）项兜底性条款规定不符，而本案对此有关司法解释未作明确规定的情况，有关司法机关并没有作为法律适用问题，逐级向最高人民法院请示，其擅自作为非法经营犯罪处理，是根本违法的。

三、结论

综上所述，与会专家一致认为：①本案被告单位某某公司的行为与《刑法》第 225 条前三项规定不符；②也与《刑法》第 225 条第（四）项兜底性条款规定不符；③相关司法机关对此未经层报最高人民法院审批，擅自作为非法经营犯罪处理，是根本违法的。因此，被告单位某某公司依法并不构成非法经营罪，其相关责任人员亦不承担刑事责任。

以上意见供参考。

附相关案例（一）

最高法指令再审内蒙古农民王某军收购玉米被判非法经营罪一案
（2016 年 12 月 30 日 23：51，新华社）

新华社北京 12 月 30 日电，记者 30 日从最高人民法院获悉，内蒙古农民王某军收购玉米被巴彦淖尔市临河区人民法院以非法经营罪判刑一案，最高人民法院日前依法指令巴彦淖尔市中级人民法院再审。

原审法院以被告人王某军没有办理粮食经营许可证和工商营业执照而进行粮食收购活动，违反《粮食流通管理条例》相关规定为由，依据《刑法》第225条第（四）项规定，以非法经营罪判处王某军有期徒刑一年，缓刑二年，并处罚金人民币2万元。

判决生效后，引起社会关注。有观点认为，小麦、玉米等粮食是涉及民生和社会稳定的重要基础资源，国家在收购、买卖等环节均有严格的专营制度，该农民收购玉米被判刑符合法律法规。也有观点认为，在市场经济条件下，该农民收购粮食无非是追求"差价"，只要不违反契约，就应是正常的市场行为，不应以"非法经营罪"追究刑事责任。

我国《刑法》第225条对非法经营罪作了明确规定："违反国家规定，有下列非法经营行为之一，扰乱市场秩序，情节严重的，处五年以下有期徒刑或者拘役，并处或者单处违法所得一倍以上五倍以下罚金；情节特别严重的，处五年以上有期徒刑，并处违法所得一倍以上五倍以下罚金或者没收财产：（一）未经许可经营法律、行政法规规定的专营、专卖物品或者其他限制买卖的物品的；（二）买卖进出口许可证、进出口原产地证明以及其他法律、行政法规规定的经营许可证或者批准文件的；（三）未经国家有关主管部门批准非法经营证券、期货、保险业务的，或者非法从事资金支付结算业务的；（四）其他严重扰乱市场秩序的非法经营行为。"

最高人民法院认为，《刑法》第225条第（四）项是在前三项规定明确列举的三类非法经营行为具体情形的基础上规定的一个兜底性条款，在司法实践中适用该项规定应当特别慎重，相关行为需有法律、司法解释的明确规定，且要具备与前三项规定行为相当的社会危害性和刑事处罚必要性，严格避免将一般的行政违法行为当作刑事犯罪来处理。就本案而言，王某军从粮农处收购玉米卖给粮库，在粮农与粮库之间起了桥梁纽带作用，没有破坏粮食流通的主渠道，没有严重扰乱市场秩序，且不具有与《刑法》第225条规定的非法经营罪前三项行为相当的社会危害性，不具有刑事处罚的必要性。

附相关案例（二）

内蒙古农民收购玉米被判非法经营罪一案进入再审程序
2017 年 1 月 10 日，《人民法院报》第 1 版

本报讯，针对社会各界关注度较高的内蒙古农民王某军收购玉米被判非法经营罪一案，受最高人民法院委托，内蒙古自治区巴彦淖尔市中级人民法院近日依法向王某军送达了再审决定书，现该案已进入再审程序。

据了解，原审被告人王某军系巴彦淖尔市临河区白脑包镇永胜村农民，2016 年 4 月 15 日被巴彦淖尔市临河区人民法院以非法经营罪判处有期徒刑一年，缓刑二年，并处罚金人民币 2 万元；王某军退缴的非法获利人民币 6 千元，由侦查机关上缴国库。2016 年 12 月 16 日，最高人民法院作出 [2016] 最高法刑监 6 号再审决定书，指令由巴彦淖尔市中级人民法院对临河区人民法院一审判决生效的被告人王某军非法经营一案进行再审。

接到最高人民法院再审指令后，巴彦淖尔市中级人民法院依法组成合议庭，向原审被告人王某军告知其在再审中享有的诉讼权利和承担的诉讼义务。王某军向巴彦淖尔市中级人民法院提交了法律援助申请，巴彦淖尔市司法局发出了《法律援助通知书》，指派律师为其提供辩护。同时，巴彦淖尔市中级人民法院向巴彦淖尔市人民检察院送达了再审决定书，通知检察机关阅案，准备出庭。

据介绍，巴彦淖尔市中级人民法院将严格按照相关规定，在确定开庭日期后，依法提前向社会公告，并对本案依法进行公开审理和宣判。（记者张贵）

赘言刍议

本案明显不构成非法经营罪，但某些法院，时不时地要将这样的明显不构成非法经营罪的行为，装进这个"其他"类的兜底性条款之中。他们认为"兜底条款是个筐，想要入罪就往里装"。但是司法解释已经将这个口袋给封紧了，2011 年 4 月 8 日最高人民法院《关于准确理解和适用刑法中"国家规定"的有关问题的通知》，就是给这个口袋扎紧了，并贴上了封条，不准地方法院随便启封，必要时只有层报最高人民法院请示才行。

    本案专家论证重申禁止地方法院随便启封"兜底条款"的违法行为，并罗列了这个口袋里都是装了哪些有关司法解释所作的属于非法经营罪情形的明确规定；同时，还附录了相关错误的判决案例以供警戒。可谓是苦口婆心，此心可鉴。

    本案的论证意见，对此类案件的处理，是具有直接参考价值的。

43. F 某某构成普通货物走私罪吗?

论证要旨

本案控诉事实是靠孤证定罪,该孤证又同时自相矛盾、反复无常,令人怀疑,属于"疑证",不能作为定案根据,故不能成立。

F 某某虽是法定代表人,又自认对其单位犯罪应当负责,但他对单位犯罪没有起组织、策划、实施该危害社会行为作用,故根据相关立法解释,不应负刑事责任。

案情简介

原审判决依据的被告人 F 某某涉案基本事实:

2001 年 9 月,某某信号厂为了消化吸收荷兰斯密特公司的技术,并在国内销售其产品,主导签订了三方协议:有进出口权的某某信号厂负责进口,斯密特公司负责出口 MorsSmitt 品牌铁路机车专用产品,西某公司作为代理商在国内销售。信号厂在办理货物进口手续时,聘用某某报关报检服务公司代理进口报关,按照外方给出的指导意见以"空气制动器零件/隔离件"申报,货物经海关验单放行。

此后数年因信号厂所试制样品多次被外方来厂断定不合格,遂中止了国产化工作。2004 年西某公司取得进出口经营权后,继续执行上述三方协议进口外方该系列产品,西某公司还是沿用之前信号厂申报的品名,聘用的代理进口报关公司也没有变,货物经海关验单放行。

2015 年 9 月 1 日,某某机场海关在审核货物单据时发现,西某公司申报名称"空气制动器零件/隔离件"和"空气制动器零件/底座"与货物提单名称英文"relay"(意为继电器)不符,继电器的商品编码应为 85364000,税率为 10%,认为存在伪报品名的嫌疑,某某海关遂对该公司进口货物的商品名称及其归类进行核查。

在获知海关工作人员即将到西某公司实地核查的消息后，为了应对海关的检查，负责进口货物申报工作的副总吴某某组织有关人员开会，要求统一口径：进口的是"空气制动器零件"而非继电器，并布置虚假的生产线等，在 2015 年 9 月 22 日海关现场检查时应对。

发生这事时 F 某某在北京开会，没有授意吴某某布置虚假生产线等。2015 年 10 月 10 日，海关人员再次来到西某公司检查前，吴某某指使周某制作一份关于《空气制动器零件与继电器的区别》的文件，用于在座谈会上进行辩解。海关工作人员针对西某公司的辩解，提出希望西某公司能提供更权威的第三方商品鉴定报告等类似文件，以说明进口产品是空气制动器零件而非继电器。面对扣押货物迟迟不能放行的状况，压力之下的吴某某伪造一份铁道部产品质量监督检验中心检验站的《检验/认定报告》，吴某某在外私自刻制了印有"铁道部产品质量监督检验中心检验站"文字的印章，打印盖章后，约 F 某某一同将该伪造的报告送到咸阳海关。该报告明确表述，"空气制动器零件"产品不符合继电器的结构模式，不具有独立电器元件的功能。

原审判决认定，经查，被告人 F 某某系公司法人，对公司的走私行为应承担直接的主要责任，构成走私普通货物罪。

论证意见

中国政法大学法律应用研究中心接受委托，经审查认为符合接受委托代为组织专家论证提供法律帮助的条件，决定立项，并于 2020 年 8 月 28 日在京召开了专家论证会，与会三名刑事法学教授会前审阅了论证所依据的事实材料，会上就相关事实证据问题向承办律师进行了质询，经认真研究、讨论，形成如下一致法律意见，即根据现有事实材料，依据我国法律，所判决 F 某某犯普通货物走私罪，事实不清、证据不足，依法不能成立。现将事实理由，具体论证如下：

一、综合全案证据，原审判决对被告人 F 某某没有达到证明的要求和标准

《中华人民共和国刑事诉讼法》（以下简称《刑事诉讼法》）第 55 条"重证据、重调查研究、不轻信口供原则"规定："对一切案件的判处都要重证据，重调查研究，不轻信口供。只有被告人供述，没有其他证据的，不能认定被告人有罪和处以刑罚；没有被告人供述，证据确实、充分的，可以认定被告人有罪和处以刑罚。证据确实、充分，应当符合以下条件：（一）定罪量刑的事实都有证据证明；（二）据以定案的证据均经法定程序查证属实；（三）综合全案证据，对所认定事实已排除合理怀疑。"第 200 条规定："……（一）案件事实清楚，证据确实、充分，依据法律认定被告人有罪的，应当作出有罪判决；（二）依据法律认定被告人无罪的，应当作出无罪判决；（三）证据不足，不能认定被告人有罪的，应当作出证据不足、指控的犯罪不能成立的无罪判决。"

根据以上法律规定，认定被告人 F 某某负有罪的刑事责任，必须做到：案件事实清楚，证据确实充分，综合全案证据，对所认定事实已排除合理怀疑。专家们认为，原审判决认定 F 某某对单位普通货物走私罪负刑事责任，并没有达到这一认定标准。

本案正确处理的关键在于弄清以下基本事实：其一，F 某某对于吴某某制作虚假的鉴定报告，有没有授意和安排，事先是否知情和默认；其二，F 某某第一次知道这份鉴定报告是虚假鉴定报告是在海关放货之前还是之后。

厘清以上基本事实，是查明 F 某某有无犯罪的故意和行为以及划清其罪与非罪界限的关键所在。而案中证据却并没有足以划清这一罪与非罪的界限。综合全案情况，全案证据对此的证明，明显属于证据不足。

（一）片面以被告人吴某某的口供定案，明显证据不足

关于 F 某某是否对其作假知情和默许问题，2016 年 5 月 18 日吴某某供述："由于海关要求我司提供第三方关于此货物的鉴定报告，我向 F 某某汇报此事时，他让我把周某叫到办公室，商量该报告应找哪家公司出的事情。我提出来，咱们公司伪造一份报告交给海关，当时他们也就默许了。随后我找人刻章，盖在和周某起草的《产品检验/鉴定报告》上，并向海关提交了。"（见其第一次《讯问笔录》第 6 页）此时吴某某供述是其吴本人的起意，F 某某和周某默许。

但 F 某某则并不承认知情和默许吴某某造假，其在侦查阶段和庭审中，均辩称，其对造假事实并不知情，其是在海关放货案发后，才知道鉴定造假之事。其在庭审中说："我之前没有做过虚假的材料，海关叫我之前我是不知道的，去了海关缉私局之后才知道材料是假的。海关跟我们说我们提供的虚假文件并当场出示给了我。"（见庭审笔录第 9 页）还说："我不知道在这期间

做了假的文件"，"我没有授意和安排做虚假文件"。（见庭审笔录第 10 页）其在法庭上"辩称我未授权吴某某伪造文件欺瞒海关，只是安排让其全力配合海关调查。事发后，我对吴某某的行为默认是因作为法人应当承担其责任。且辩称西某公司在 2015 年 9 月以前从未有过伪报瞒报、欺瞒海关的走私行为。我所为进口货物的报关行为是延续该公司与某某信号厂及斯密特公司三方协议的内容及进口附随货物资料均如实报关，主观没有走私的故意。"（见判决书第 8 页）

此外，周某的口供也没有对吴某某的口供予以佐证。

由上可见，片面以吴某某的口供定案明显证据不足。

其一，属于孤证。孤证不能定案，在于任何证据都不具有自我证明效力。

其二，只有口供不能定案。只有口供，没有其他证据不能认定被告人有罪，在于口供虚伪的可能性很大，没有其他证据查证属实，不能作为定案根据。

其三，其口供与 F 某某口供相矛盾，而无其他证据佐证，其根本性矛盾不能合理排除之前不能以此定案。

（二）吴某某的口供前后矛盾，虚伪的可能性很大，该口供不足为凭

2016 年 5 月 18 日吴某某第一次《讯问笔录》（第 6 页）供述："由于海关要求我司提供第三方关于此货物的鉴定报告，我向 F 某某汇报此事时，他让我把周某叫到办公室，商量该报告应找哪家公司出的事情。我提出来，咱们公司伪造一份报告交给海关，当时他们也就默许了。随后我找人刻章，盖在和周某起草的《产品检验/鉴定报告》上，并向海关提交了。"这次吴某某供述的是其本人的起意，F 某某和周某默许。

2016 年 5 月 19 日吴某某《讯问笔录》（第 2 页）供述："我和老板 F 某某、周某协商后，由我伪造了虚假的铁道部《检验/认定报告》，周某提供了技术支持，我和 F 某某一起提交给了海关，用于机场海关对我司的产品进行归类。"在《讯问笔录》（第 3 页）供述，"海关扣货后，我经常给老板汇报此事，我制作《检验/认定报告》，老板没有要求我这样做，但是他知情。因为我向他汇报了，但他没有表态，让我自己处理此事，于是我就将做好的报告，向海关提交了。"这次吴某某供述的是三人协商后，是吴自己伪造虚假检验报告。

2016 年 6 月 25 日吴某某《讯问笔录》（第 3 页）供述："我和老板 F 某

某、周某协商后，由我伪造了虚假的《检验/认定报告》，周某提供了技术支持，我和 F 某某一起提交给海关，用于机场海关对我们的产品归类。"这次吴某某供述的也是三人协商，不是默认。

2016 年 8 月 4 日吴某某《讯问笔录》（第 4 页）供述："海关第二次来公司检查时，要求提供第三方鉴定报告，供海关处置时参考，会后 F 总将我和周某叫到办公室，商量如何鉴定的事情，也没有什么结果。之后因货物始终不能放行，我们压力越来越大，在一次向 F 总汇报工作的时候，我建议弄一份虚假的鉴定报告应对海关的检查。F 总默许我去执行。我私下刻章，制作假报告。"这次吴某某供述没有三个人协商这回事，是自己起意和实施，F 某某默许。

以上是吴某某《讯问笔录》中四次供述和辩解充满矛盾的情况。

2016 年 5 月 18 日吴某某在《情况说明》（第 4 页）中写道："后来海关要公司提供第三方鉴定报告，我给 F 总汇报后，叫来了周某，我们三人都认为让第三方出鉴定报告很难。后来便商议公司内部编写一份鉴定报告，由周某写内容，我理顺文字。我在马路上联系刻了一枚章，伪造了一份第三方的鉴定报告后提交了海关。"这次吴某某又说是三人商议造假，与之前的供述又有矛盾。

5 月 18 日晨吴某某又写了一份《情况说明》（第 1 页）供述，大意是：回忆对鉴定报告的形成过程细节，"第三方鉴定报告问题，我们在 F 总办公室商量怎么办，商量过程中，大家都没有形成请谁家（也就是委托哪家鉴定机构）帮我们做的意见，于是 F 总说他再想想，让我和周某也再想想再作商议。这件事到此为止，就先放下了，我俩离开了 F 总办公室"。不到半天的时间，吴某某供述虚假《检验/认定报告》形成过程细节与前一个《情况说明》又不一致，这次的供述是没商量出结果，也没商量伪造作假的事，也没有谁起意去弄假报告。由此可见，之前的供述和情况说明吴某某是在往 F 某某身上推罪责。

吴某某 5 月 19 日晨《情况说明》（第 2 页）供述："时间一天天过去了，货物无法正常提取，我的心理压力越来越大。我有一次去 F 总办公室办别的事，我便提出伪造一份鉴定报告的愚蠢建议，但是 F 总对我提出的建议没有表态，既没有说同意，也没有说不同意的话。在这种情况下，我便理解为默许。后来我伪造了一份，弄好给 F 总看，他看了没有说过多的话，只是说先放下吧（放在我的办公室）。有一天我随 F 总去海关汇报时顺便把这份鉴定报告交给了张关长。"吴某某的这次供述又重申没有和 F 某某协商，是自己的起意，不但内容与之前供述不一致，而且还少了一个人（少了周某，场景变成吴某某、F 某某俩人），吴某某还进一步解释了他所理解的 F 某某的默认，是"既没有说同意，也没有说不同意，在这种情况下，我便理解为默许"。

吴某某 6 月 30 日《补充材料》（第 2 页，该材料 8 月 4 日提供海关）称："第二次海关到公司会议张关长等人离开后，F 总、周某、我三人在其办公室商量，商谈最终没有结果。时间一天天过去了，我压力越来越大，压得我喘不过气来，趁着有一次汇报其他工作的过程中，我试探性地建议编个报告如何。F 总对此建议没有明确表示同意和反对。对此，我便理解为默许同意我的建议。于是此后的几天里，我私刻了章，编制了一份模板，技术部分找周某修订。随后，我和周某拿着初稿向 F 总做了汇报并请他审阅了此报告初稿，F 总表示同意。于是我正式打印并加盖了印章后，让周某和 F 总审定，两人都表示认可和同意。F 总交代我，先保存在我手里。此后有一天早晨，F 总让我带上鉴定报告去海关，我交给了翟科长。"由于这是吴某某最后一次自述，《补充材料》的末尾吴某某还特别注明"以上所述真实可靠，否则本人愿意承担法律责任"的话语，因此可以把这看作是铁板钉钉的最后陈述。这个《补充材料》留下了更丰富的信息：①海关离开后，吴某某、F 某某、周某三人一起商量过工作，但没有一起商量过伪造假报告；②吴某某出于巨大的工作压力在之后有一次汇报其他事情时向 F 某某提出伪造假报告的建议，是吴自己起意造假，周某没有在场；③F 某某对吴某某的造假建议没有表示同意和反对；④所谓的 F 某某授意仅仅是吴某某个人的主观臆测。吴某某的原话是"F 没有明确表示同意和反对。对此，我便理解为默许同意我的建议"。

以上是吴某某四次自书的《情况说明》材料充满矛盾的情况。

对于吴某某供述 F 某某默认其和周某制作虚假鉴定报告一事，涉事的 F 某某是否认的，周某也是否认的，尽管吴某某在往 F 某某的身上推卸罪责，但他一个人的说辞却是孤证。

概括总结以上吴某某的供述辩解、情况说明，有三个明显特征：一是，有诸多前后矛盾的地方。围绕伪造《产品检验/鉴定报告》一件事情，吴某某自己理应印象深刻很快就能交代清楚，但是，短短几天内，吴某某的交代反反复复、前后很不一致，既反映出吴某某处于高度的思想紧张和心理压力之下，也反映出吴某某往 F 某某身上推脱罪责的侥幸心理；二是，当吴某某主观上往 F 某某身上推卸罪责的时候，往往出现孤证；三是，当吴某某主观上承认罪责的时候，往往能和 F 某某、周某的供述相互印证。更主要的是，全部是主观证据，没有客观证据。原审判决在 F 某某到底有没有授意吴某某制作假报告，到底存不存在犯罪事实的认定上，对吴某某前后矛盾的供述不加甄别，只是选择性地引用指认 F 某某有罪的部分，而且是孤证。依据吴某某前后充满矛盾的供述和辩解去认定 F 某某构成犯罪，证据明显不足，定罪证据没有形成完整的证据链条，证明案件事实的主要证据前后不一，存在矛盾。综合全案证据没有排除 F 某某对走私行为不知情、亦未参与的合理怀疑

（三）根据原审判决认定的事实、证据，不能认定被告人 F 某某构成本罪

1. 判决书依据的事实、证据

（1）F 某某辩称："我未授权吴某某伪造文件欺瞒海关，只是安排让其全力配合海关调查。事发后，我对吴某某的行为默认是因作为法人应当承担其责任。且辩称西某公司在 2015 年 9 月以前从未有过伪报瞒报、欺瞒海关的走私行为。我所为进口货物的报关行为是延续该公司与某某信号厂及斯密特公司三方协议的内容及进口附随货物资料均如实报关，主观没有走私的故意。案发后，我积极配合海关调查，协助海关抓获了同案犯吴某某，并主动缴纳了巨额保证金及货物保函担保金 315 万元，我未给国家税收造成损失。"

（2）F 某某称"公司一直认知这是铁路用配件，主观上没有骗取国家税收的意思"。

（3）吴某某供称："由于海关要求公司提供第三方关于此货物的鉴定报告，他向 F 某某汇报此事，周某在场，他提出来伪造一份报告交给海关，当时他们也就默许了。"

（4）周某供称："F 某某没有直接给他说什么，所有的事情都是吴某某交代，他才叫手下的人或者亲自去做的。"

原审判决根据以上认定的事实、证据，判决认定："经查，被告人 F 某某系公司法人，对公司的走私行为应承担直接的主要责任。"

2. 根据以上认定的事实、证据，不足以认定被告人 F 某某有罪

其一，不能认定其有犯罪事实。

（1）判决确认的被告人 F 某某辩解，一直辩称其未授权吴某某伪造文件

欺瞒海关，只是安排让其全力配合海关调查。事发后，其对吴某某的行为默认是因作为法人应当承担其责任。其"主观没有走私的故意"，"以前从未有过伪报瞒报、欺瞒海关的走私行为"。

（2）周某供称：造假的事情都是吴某某交代，他才叫手下的人或者亲自去做的，与 F 某某无关。

（3）只有吴某某供称，其造假是 F 某某、周某"当时他们也就默许了"。而 F 某某、周某却都予以否认。

原审判决并没有确凿证据证明 F 某某有默认或参与造假事实，也没有确认 F 某某具有参与或者组织、指挥的涉案犯罪的行为，在此情况下，判决其有罪，直接违反了证据裁判原则。

其二，不能以自认犯罪为根据，判决其承担单位犯罪的直接刑事责任。

本案属于单位犯罪，原审判决认定，F 某某在事发后对吴某某的行为默认是因其作为法人应当承担其责任。并据此判决："被告人 F 某某系公司法人，对公司的走私行为应承担直接的主要责任。"

其实，F 某某事后（货物被海关放行后）听吴某某说了刻假章的事才知道报告是假的，虽然没有向海关报告此事是错误的，但是，F 某某这种知情不举的消极不作为不属于法律上规定的故意犯罪和过失犯罪范畴，因为该犯罪行为已经结束，并不属于共同犯罪的问题；我国刑法也没有规定犯罪结束后，犯罪知情不举的人可以构成共同犯罪，所以不能据此认定 F 某某对本单位走私犯罪负责，其作为本单位法定代表人自认负责，不具有任何法律效力。

二、原审判决适用法律错误

原审判决以 F 某某系公司法定代表人为由，判定其"对公司的走私行为承担直接的主要责任"（判决书第 28 页）适用法律错误。

《中华人民共和国刑法》（以下简称《刑法》）第 31 条规定："单位犯罪的，对单位判处罚金，并对其直接负责的主管人员和其他直接责任人员判处刑罚……"

全国人民代表大会常务委员会关于《刑法》第 31 条的解释："公司、企业、事业单位、机关、团体等单位实施刑法规定的危害社会的行为，刑法分则和其他法律未规定追究单位的刑事责任的，对组织、策划、实施该危害社会行为的人依法追究刑事责任。"

专家们指出，根据《刑法》第 31 条和立法机构对《刑法》第 31 条规定的立法解释，认定为对单位犯罪直接负责的主管人员，应当是对单位犯罪起组织、策划、实施该危害社会行为作用的，依法应当追究刑事责任的人员。被告人 F 某某虽为该犯罪单位的法定代表人，但没有事实、证据证明，且原审判决采信的证据和所认定的事实，也并没有确认 F 某某在该单位犯罪中有任何组织、策划、实施该单位走私犯罪的行为，在此情况下，仅凭他是该单位法定代表人，就对其定罪判刑，违背了上述法律规定，也违反了我国刑法责任主义原则和罪刑法定原则。

三、论证结论

综上所述，专家们一致认为，原审判决对被告人 F 某某定罪判刑，在证据运用上属于无证定罪，在法律适用上属于根本违法，可以认定其是错判。根据《刑事诉讼法》第 253 条第（二）项"据以定罪量刑的证据不确实、不充分、依法应当予以排除，或者证明案件事实的主要证据之间存在矛盾的"以及第（三）项"原审判决、裁定适用法律确有错误的"的规定，应当依法通过再审程序纠正原审判决错误，宣告被告人 F 某某无罪，其对本单位犯罪不负刑事责任。

以上意见供参考。

謷言刍议

本案论证主要是要解决两个根本问题：一是孤证、疑证能否据以定案问题；二是法人犯罪中法定代表人是否一定要负刑事责任问题。

对于一，论证意见明确回答：不能。原因很简单：

孤证不能定罪，是因为任何证据其真实可靠性，都不能由自身得到证明；相反其不真实可靠性却可以从其自身得到证明，如无根无据的"胡说八道"之类。我国古代可以用打出来的认罪口供定罪，甚至"定罪必取输服供词"，但没有口供用孤证的证言定罪不行，则要靠三个以上的证言"众证定罪"。

至于"疑证"不能定罪，原因也很简单。

本案主要事实是被告人 F 某某是否指使、同意或默许吴某某伪造文件欺骗海关，对此主要证据涉及的是吴某某、周某某和 F 某某三人的口供，周某某、F某某均是"零口供"，吴某某的口供不仅属于孤证，而且自相矛盾、反复无常，本身属于"疑证"，故不能以此证明被告人参与诈骗犯罪。

对于二，在单位犯罪中，法定代表人即使自认有责，但若没有对单位犯罪起组织、策划、实施该危害社会行为作用的，依据立法解释，亦不应负刑事责任。

44. L 某某并不构成非法占用农用地罪

论证要旨

案中证据充分证明，案涉农用土地被占用和改变用途，是符合当地土地利用总体规划，并经当地政府依法批准的；案涉被占用农用土地的农民上访，属于该土地使用权征用补偿纠纷问题；其先占用后办手续，属于违规问题，不是非法占用土地问题，更不是刑事犯罪问题。

案情简介

2009 年，原某某理工大学与投资人 L 某某签订合作办学协议，并与某某省某某区人民政府签订征地建校合作协议，并办理了相关征用农民土地的合法手续。在建校过程中，有农民不断上访，要求落实补偿款问题；投资方为赶建设进度，曾有先占后批行为，但所占用土地都在总体规划和审批红线范围之内。为此，犯罪嫌疑人 L 某某被当地公安机关以非法占用土地罪而追究刑事责任。

论证意见

中国政法大学法律应用研究中心接受北京市泽文律师事务所委托，就 L 某某涉嫌非法占用农用地罪一案进行专家论证，并于 2019 年 12 月 24 日在京召开了专家论证会。与会三名刑事法学教授，认真、仔细地审阅了本案全部论证所依据的材料，就其中的关键问题询问了委托方律师，在认真厘清本案基本事实的基础上，对本案进行了认真讨论、研究，形成一致法律意见，即本案 L 某某并不构成非法占用农用地罪。具体论证意见如下：

一、非法占用农用地罪及其构成要件

《中华人民共和国刑法》第 342 条规定，非法占用农用地罪，是指违反土地管理法规，非法占用耕地、林地等农用地，改变被占用土地用途，数量较大，造成耕地、林地等农用地大量毁坏的行为。全国人大常委会关于《刑法》第 342 条的解释"违反土地管理法规"，是指违反土地管理法、森林法、草原法的法律以及有关行政法规中关于土地管理的规定。本罪侵犯的客体是国家的耕地管理制度。所谓耕地的管理制度，则是指我国《宪法》《土地管理法》及其实施条例等一系列有关耕地的行政性管理法规的总称。本罪的对象是耕地资源。

本罪在客观方面表现为违反土地管理法规，非法占用耕地改作他用，数量较大，造成耕地大量毁坏的行为。非法占用耕地，是指未经法定程序审批、登记、核发证书、确认土地使用权，而占用耕地的行为。非法占用耕地行为通常表现为：其一，未经批准占用耕地，即未经国家土地管理机关审理，并报经人民政府批准，擅自占用耕地的；其二，少批多占耕地的，即部分耕地的占用是经过合法批准的，但超过批准的数量且多占耕地的数量较大的；其三，骗取批准而占用耕地的，主要是以提供虚假文件、谎报用途或借用、盗用他人的名义申请等欺骗手段取得批准手续而占用耕地，且数量较大的。改作他用是指改变耕地的种植用途而作其他方面使用。

本罪的主体既可以是自然人，也可以是单位。单位非法占用耕地，主要是指单位在国家建设用地、本单位发展建设和乡（镇）村建设用地过程中，违反土地管理法规，非法占用耕地改作他用，数量较大，造成耕地大量毁坏的行为。

本罪的主观方面表现为故意。即明知占用耕地改作他用的行为违反土地管理法律法规，而且对于占用耕地改作他用会造成大量耕地被毁坏的结果也是明知的。明知自己的行为会发生危害社会的结果，仍然希望或者放任结果的发生，在主观上为故意。

本罪的行为特征是：根据最高人民法院《关于审理破坏土地资源刑事案件具体应用法律若干问题的解释》，改变被占用土地用途，是指行为人违反土地利用总体规划或者计划，未经批准或者骗取批准，擅自将耕地、林地等农用地改为建设用地或者改为其他用途的情况。

二、L 某某不构成非法占用农用地罪

（一）案涉土地被占用和改变用途，是符合当地土地利用总体规划或者计划，并经当地政府依法批准的

（1）《某某省教育厅文件》（某教发〔2012〕60 号）载：为落实教育部《独立学院设置与管理办法》（第 26 号令），2009 年，原某某理工大学与投资人 L 某某签订合作办学协议，并与某某区人民政府签订征地建校合作协议；自 2011 年 8 月以来，各级政府做了大量的宣传和解释工作，并向政府各部门开始报批立项，土地调规、规划初审，环境测评，排污调研，土地初勘等前期手续。目前，某某理工大学轻工学院某某校区项目经省发改委立项，三个村的土地已经全部征完，征地款全部打入占地户的存折，投资方已投入征地补偿款 6027 万元，且发放款已基本完成。

（2）《某某市城乡规划局某某分局关于建设项目征求意见函的复函》载：分局意见：102 国道南侧地块可以作为教育设施用地。《某某市国土资源局某某分局》（某国土资规字 88 号）载："L 某某新建某某理工大学轻工学院某某校区项目已经某某区发改委以某发改函字〔2011〕213 号确定为准类项目，项目建设符合国家产业政策。""经审核，该项目拟占地块已纳入某某区土地利用总体规划建设用地总规划。"

（3）《某某理工大学轻工学院文件（轻工学院〔2017〕第 43 号）》载：2012 年某某省政府通过决议，同意拨付轻工学院 500 亩土地在某某区建设新校区。

（4）《某某省林业厅准予行政许可决定书》（某林批〔2018〕00200284 号）载："同意某某理工大学轻工学院某某校区项目使用某某区某某镇某某庄林地 2.3919 公顷。"

（5）《某某省人民政府建设用地批复文件》（某政挂钩转征函〔2012〕88 号）》和〔2014〕614 号载：同意转征案涉相关土地。

（6）某某市国土资源局某某区分局《建设用地项目呈报材料"一书四方案"》载：案涉三村土地正式纳入向某某市政府请求最后核准拨付程序。

（7）《不动产权证》载：权利人：某某理工大学轻工学院；权利类型：国有建设用地使用权；持证人：某某理工大学轻工学院，宗地面积：334 149.740 平方米。

以上证据充分证明，案涉某某理工大学轻工学院所占用宗地，是经某某省政府批准、某某省发改委立项；某某市规划部门审核，纳入某某区土地利用总体规划建设用地总规划；经省政府及省林业厅批准转用征收；并经合法征收完毕；某某理工大学轻工学院获得了所占用宗地的《不动产权证》。占用该宗土地，完全不属于 L 某某个人违反土地管理法规，非法占用耕地改作他用，数量较大，造成耕地大量毁坏的行为；完全不属于未经批准或者骗取批准，擅自将耕地、林地等农用地改为建设用地或者改为其他用途的情况。因此，绝不构成非法占用农用地罪。

（二）案涉问题并不属于刑事犯罪问题

一是据《某某省教育厅文件》（某教发〔2012〕60 号）反映，案涉征地项目主要存在的问题：自征地以来，经常有村民到各级政府上访，主要原因是认为"征地补偿低"或因项目停工要求项目"尽快实施"。但该问题明显不属于非法占地刑事犯罪问题，而属于征地补偿纠纷问题，且该问题通过当地"各级政府做好安抚解释工作"，早已顺利解决。

二是据某某省理工大学轻工学院董事长 L 某某《紧急报告》反映，由于各项手续办理滞后，3500 余名新生即将到新校区报到，"情况万分紧急"，一方面请求政府尽快办理手续并优先拨付土地指标，另一方面请求"边干边跑"。为此在建设中，可能存在有一定的先建设后批准的现象。但据悉，第一，其所建设的土地范围，始终没有超出该项目规划红线的范围；第二，该项目建设用地，没有超出某某省政府批准转征土地的范围。由此可见，这一问题并不属于根本违法问题，而属于批转土地手续与实际执行之间的衔接问题，是在紧急情况下的一种所谓执行"变通"问题。当然在严格意义上，这也是属于违规问题，但这种违规，与故意违反土地管理法规，明知是非法占用耕地而改作他用的行为，从而对于占用耕地私自改作他用而造成了大量耕地被毁坏的结果发生的犯罪行为有本质的区别。

三、对本案的处理

《中华人民共和国刑事诉讼法》第 163 条规定："在侦查过程中，发现不应对犯罪嫌疑人追究刑事责任的，应当撤销案件；犯罪嫌疑人已被逮捕的，应当立即释放，发给释放证明，并且通知原批准逮捕的人民检察院。"

鉴于本案犯罪嫌疑人 L 某某并不构成犯罪，不应追究刑事责任，且该案早已超过了立案侦查的办案期限，专家们建议对本案应尽快作出撤销案件处理决定。

以上意见供参考。

赘言刍议

这个案件也是奇怪的案件，明明是各级政府部门审批土地的手续齐全，为什么要动用刑事手段，对犯罪嫌疑人 L 某某予以刑事追究呢？其中可能是有人对该宗土地占用有不同意见，也可能是在征用该宗土地过程中，发生了矛盾纠纷，譬如土地补偿纠纷等，但这也没必要将此上升到刑事犯罪的高度去解决。

可见，法治，首先是政府的法治、公安司法等执法机关的法治，即首先要把政府和执法机关的权力纳入法治的范围。有一句话，叫作"把权力关进法治的笼子里"，这就讲到了法治落实的点子上了。

45. 被告人 Z 某某并不构成开设赌场罪共犯

论证要旨

对于本案，关于 Z 某某是否构成赌博罪共犯，根据《中华人民共和国刑法》（以下简称《刑法》）第 303 条和最高人民法院、最高人民检察院、公安部《关于办理利用赌博机开设赌场案件适用法律若干问题的意见》第 3 条，以及最高人民法院、最高人民检察院《关于办理赌博刑事案件具体应用法律若干问题的解释》第 4 条的规定，依据本案证据，被告人 Z 某某明显不具有所明确规定的可以以设赌场罪共犯论处的情形；但其是否具有"提供其他直接帮助的"情形，这是本案论证的重点。

专家们指出，对于"提供其他直接帮助的"情形，司法解释不可能也没有必要作进一步的细化解释，但不等于对其可以作任意理解和解释，相反，应当按照与所明确列举的情形相类同的情形来加以理解并应当进行严格把控。根据所明确列举的"直接帮助"的情形，这些直接帮助对开设赌场来说均具有直接影响作用，即这些帮助对赌场的开设、运营和营利具有直接影响作用，凡对此不具有直接影响作用的帮助，不应视为直接帮助。

而案中没有证据证明 Z 某某对于开设赌场提供过任何帮助，更谈不上提供过"直接帮助"，因而 Z 某某不构成开设赌场罪共犯。

案情简介

某某省某某市人民检察院起诉书指控，被告人 Z 某某作为国家工作人员，在案涉赌场多次参赌，但输多赢少。案涉赌场股东决定给其干股，以折扣其所欠赌债，以便以后赌场出事好让他"罩着"，Z 某某为此构成开设赌场罪共犯。

论证意见

中国政法大学法律应用研究中心接受委托方委托，经审查，认为符合接受委托代为组织专家论证的条件，决定接受委托，并聘请中国五名权威刑法、刑事诉讼法、证据法教授，在京召开了专家论证会。会前各位专家认真审阅本案有关事实材料，会上就有关事实、证据、法律问题，进行了质询、研判和探讨，一致认为，本案被告人 Z 某某并不构成开设赌场罪，具体论证意见及事实根据与理由如下：

一、被告人 Z 某某不具备构成开设赌场罪共犯的要件

根据我国《刑法》第 303 条的规定，赌博罪是指以营利为目的，聚众赌博、开设赌场或者以赌博为业的行为。

关于赌博罪共犯，最高人民法院、最高人民检察院、公安部《关于办理利用赌博机开设赌场案件适用法律若干问题的意见》第 3 条 "关于共犯的认定"规定："明知他人利用赌博机开设赌场，具有下列情形之一的，以开设赌场罪的共犯论处：（一）提供赌博机、资金、场地、技术支持、资金结算服务的；（二）受雇参与赌场经营管理并分成的；（三）为开设赌场者组织客源、收取回扣、手续费的；（四）参与赌场管理并领取高额固定工资的；（五）提供其他直接帮助的。"最高人民法院、最高人民检察院《关于办理赌博刑事案件具体应用法律若干问题的解释》第 4 条规定："明知他人实施赌博犯罪活动，而为其提供资金、计算机网络、通讯、费用结算等直接帮助的，以赌博罪的共犯论处。"

上述司法解释，针对"开设赌场罪""赌博罪""共犯论处"的情形，分别列举了五种情形。根据侦查卷宗的证据材料所显示的事实，被告人 Z 某某既没有为开设赌场提供场地、资金，也没有为开设赌场提供技术、设备，更没有参与管理、服务和收取过任何资金和分红。因此，被告人 Z 某某不具有相关司法解释所明确列举的"以共犯论处"的情形。那么，被告人 Z 某某是否具有所明确列举的情形之外的"提供其他直接帮助的"情形呢？对此，必须结合案情正确加以界定。

（一）何谓提供其他直接帮助

专家们指出，对于"提供其他直接帮助的"情形，司法解释不可能也没有必要作进一步的细化解释，但不等于可以作任意理解和解释，相反，应当按照与所明确列举的情形相类同的情形来加以理解并应当进行严格把控。根据所明确列举的"直接帮助"的情形，这些直接帮助对开设赌场来说均具有直接影响作用，即这些帮助对赌场的开设、运营和营利具有直接影响作用，凡对此不具有直接影响作用的，不应视为直接帮助。

（二）被告人 Z 某某是否对开设赌场"提供了其他直接帮助"

经查全案证据材料，涉及被告人 Z 某某对开设赌场"帮助"事宜的只有两个同案被告人的供述。其一是被告人徐某某 2015 年 9 月 14 日第三次笔录。其称："股东们也给我说 Z 某某老这样输钱，以后有事了全靠他罩着呢，以后给 Z 某某算一个股东。"其二是被告人申某某（证据第 6 卷第 142 页）的供述："我们想着如果赌场被公安机关查了还可以找他帮助，所以其他股东也都同意了。"但卷宗中被告人 Z 某某从未供述曾同意为开设赌场"罩着"，出事后为他们提供帮助，且在事实上，他也从未为该赌场事后提供过任何"罩着"和出事后的帮助。故此，专家们一致认为，被告人 Z 某某从主观故意到客观行为，从未对该赌场的开设提供过任何帮助，更谈不上提供直接帮助，因此，不能以"提供其他直接帮助"为由，认定被告人 Z 某某构成开设赌场罪共犯。

二、指控被告人 Z 某某接受赌场"干股"构成开设赌场罪共犯依法不能成立

起诉书指控：经被告人徐某某介绍，被告人 Z 某某多次在该赌场参与赌博，在输多赢少的情况下，经被告人介绍在该赌场入干股，用赌场分红折抵赌债构成开设赌场罪共犯。专家们认为该指控与事实、法律相悖。

（一）该指控缺乏事实法律根据

起诉书指控被告人 Z 某某在该赌场入干股，用赌场分红折抵赌债，构成开设赌场罪共犯，缺乏法律根据。根据《刑法》第 303 条和相关司法解释的规定，结合本案事实，Z 某某可涉嫌构成开设赌场罪共犯的事实情况，只应为开设赌场提供资金直接帮助；但本案是赌场为其提供"干股"，而不属于他为赌场提供资金直接帮助。赌场为其提供"干股"，转化为他为赌场提供资金直接帮助的必要条件是，他因"干股"分得相应的红利存于赌场作为股金或流动资金，从而形成了变相为赌场提供资金的直接帮助。但本案证据显示，Z 某某并没有因"干股"实际分得任何红利，因而也就谈不上以红利入股或以

红利资金对赌场提供直接帮助的问题。为此，专家们一致认为，在本案中不存在 Z 某某因"干股"而为赌场提供资金直接帮助而构成开设赌场罪共犯的问题，故指控其因此构成开设赌场罪共犯缺乏事实和法律根据。

专家们指出，如果被告人 Z 某某接受"干股"并因而收取了赌场的红利，但并未将红利投入赌场，那么其收受红利资金则属于受贿问题，而不是开设赌场罪共犯问题。但本案中被告人 Z 某某并没有收取过赌场红利，只是在其输多赢少的情况下，"用赌场分红折抵赌债"，其实质是在 Z 某某参赌其欠赌债的情况下为其提供赌债折扣的优惠而已，这属于赌场赌债打折优惠折扣问题，不属于投入资金帮助构成开设赌场罪共犯和收受贿赂犯罪问题。专家们强调指出，被告人 Z 某某作为国家工作人员非法参与赌博，应受到必要的处罚，但应当严格依照罪刑法定的原则，根据事实和法律划清罪与非罪的界限，唯其如此，才能做到不枉不纵。

（二）指控被告人 Z 某某在该赌场入干股，事实不清，证据不足

起诉书指控被告人 Z 某某在徐某某等开设的赌场入干股，但具体在什么时间，在何地点，是何人提议给 Z 某某干股；又是哪些股东，在何时、何地研究决定给 Z 某某干股的；决定给其干股后又是谁，从何时为其作为干股入账的；赌场每天记账，Z 某某共参赌多少次，所欠赌债多少，其分红共多少，最后是折抵后其所欠赌债到底是多少，凡此种种没有任何一项做到了事实清楚，具体明确。

相反案中，证据矛盾重重。

（1）关于谁提议给 Z 某某干股：Z 某某供述说是延某当时提出给干股的；徐某某说，当时我没说什么，是后来股东们提出给 Z 某某一干股，大家都同意了；而申某某则说，是事后徐提出给 Z 某某干股，股东都予以同意。

（2）关于分红与赌债折抵后 Z 某某欠赌债多少：Z 某某说，欠 3 至 4 万元；徐某某说，欠 10 来万元；申某某说，欠 7 至 8 万元；姬某则什么都不说。姬某是记账者，对如何记账 Z 某某共分红多少，欠赌债多少，折抵后欠赌债多少，应说得清楚，侦查中为什么不问他，他为什么不说，这也甚为可疑！

三、Z 某某的供述存在证据合法性待排除的问题

被告人 Z 某某的辩护律师提出，本案中关于 Z 某某的讯问笔录存在着时间倒错问题和讯问诱供嫌疑问题。对此，专家们认为：①讯问时间在记录上

存在着瑕疵，有待调查补正。②讯问主体存在疑问及诱供嫌疑问题，对此应通过非法证据排除程序予以解决。

以上意见供参考。

瞽言刍议

在本案中，案涉赌场，因国家工作人员被告人 Z 某某多次参赌，输多赢少，赌场为了以后出事好让 Z 某某给"罩着"，于是决定给他"干股"以折扣其所欠赌债，而 Z 某某却并没有接受其"干股"的意思表示，亦没有为赌场提供过帮助，更谈不上提供"直接帮助"，因而明显不构成开设赌场罪共犯。

Z 某某虽为国家工作人员，也不能以"知法犯法，罪加一等"为由，将一般违法、违规违纪行为而"入人以罪"。划清罪与非罪界限和此罪与彼罪界限，保障无罪人不受刑事追究，是对任何人都适用的，这也是法律面前人人平等的应有之义。

46. C 某某等人拆除违建并不构成寻衅滋事罪

论证要旨

专家们指出：

其一，被告人拆除的案涉岗亭为违法建筑，依法不受法律保护。

其二，某某公司搭建案涉岗亭违建是侵权行为。

其三，C 某某等人拆除该违建的行为属于维权行为，依法不受法律追究。

其四，某某公司违规、违约在先，且对激化矛盾应承担主要责任。

总之，被告人 C 某某等人不具有《中华人民共和国刑法》（以下简称《刑法》）第 293 条和最高人民法院、最高人民检察院《关于办理寻衅滋事刑事案件适用法律若干问题的解释》所规定的寻衅滋事犯罪的情况，不构成寻衅滋事罪。

案情简介

某某市某某区人民检察院起诉书（某检刑诉［2019］327 号），指控被告人 C 某某等人，对于 2018 年 10 月 12 日晚上，某某公司在其小区内强行修建的收费岗亭"安全岛"不满，因而组织人将"安全岛"拆除。起诉书指控 C 某某等人任意损毁他人财物（价值人民币 4905 元），情节严重，其行为触犯了《刑法》第 293 条第 1 款第 3 项规定，构成寻衅滋事罪。

论证意见

中国政法大学法律应用研究中心接受北京市京师律师事务所委托，于 2019 年 11 月 2 日在京召开了专家论证会，与会五名刑事法学专家出席会议，对本案论证事项所涉及的事实认定、证据运用和法律适用问题，进行了认真的审查鉴别、分析研究，并就案涉相关问题，询问了委托方。在弄清事实的基础上，根据法律规定，形成一致法律意见，即：C 某某等人不构成寻衅滋事罪。具体论证意见和理由如下：

一、案涉建筑为违法建筑，依法不受法律保护

经查，根据《某某市人民政府办公室关于某某市机动车停车场管理办法》（某政办〔2015〕2号）第4条、第11条、第12条的规定，修建小区停车场及相关附属设施，计划方案需要有市城乡规划部门进行审核，征求公安、住房城乡建设和市容管理等部门的意见；具体实施需要公安、住房城乡建设等相关部门的审批、监督。

某某市某某区城市管理行政执法局，于2018年12月19日作出《某某市某某区城市管理行政执法局责令改正通知书》某某城管（规划）责改〔2018〕7039号，认定未经规划审批搭建岗亭4个，即案涉建筑违反《中华人民共和国城乡规划法》第40条第1款、第64条和《中华人民共和国行政处罚法》第23条之规定，责令某某停车服务有限公司3日内拆除搭建的4个岗亭或提供相关规划手续。

该通知业已发生法律效力，且未经合法程序予以撤销，行政相对人亦未提供相关规划手续。故行政相对人所搭建的岗亭被依法认定为违法建筑，而不受法律保护，应自行拆除。因C某某等人拆除的是不受法律保护的案涉违法建筑，故并不具有可罚性，更不能以犯罪论处。

从毁坏财物的角度看，C某某等人毁坏的是违建财物，其本身并不具有任何价值，不仅应由行政相对人某某通畅停车服务有限公司自行拆除，其违法所搭建的岗亭，也必然遭受毁坏，不会有任何价值，而且还要为此付出相应的拆除费用。可见，C某某等人拆除部分该违建的行为，并没有对某某公司造成任何财产损失。以任意损毁他人财物为由，起诉C某某等人构成寻衅滋事罪，没有任何财产损失的事实基础。

二、C 某某等人的行为属于维权行为，依法不受法律追究

（一）某某公司搭建案涉岗亭是侵权行为

《业主大会和业主委员会指导规则》（建房〔2009〕274号）（以下简称《指导规则》）第13条第1、2款规定："依法登记取得或者根据物权法第二章第三节规定取得建筑物专有部分所有权的人，应当认定为业主。基于房屋买卖等民事法律行为，已经合法占有建筑物专有部分，但尚未依法办理所有

权登记的人，可以认定为业主。"据此，根据委托方提供的证据可以认定 C 某某等人属于该社区的业主。

另《指导规则》第 17 条规定："业主大会决定以下事项：……（七）改建、重建建筑物及其附属设施；……"将小区现有停车位规划为收费停车场，并修建相关设施属于"改建、重建建筑物及其附属设施"的范围，应当由业主大会而非业主委员会决定。但是，根据现有证据，搭建案涉岗亭这一建筑物"附属设施"，并没有经过小区业主大会讨论决定，中央花园小区业主委员会未经业主大会讨论决定，就与某某公司签订《中央花园小区停车管理委托经营合同》，并违法搭建相关岗亭设施，对业主是侵权，小区物业委员会与某某公司依据该合同修建收费停车场案涉岗亭相关设施，构成共同侵权。

因此，专家们认为，某某花园小区业主委员会无权决定是否修建收费停车场岗亭，无权与某某公司签订停车管理委托经营合同。某某公司在未征得 C 某某等业主同意以及未通知 C 某某等业主的情况下，私自建设停车场相关设施，其行为不仅涉嫌违法，而且直接侵害了 C 某某等业主的合法权益。

（二）C 某某等人的行为是排除违建侵权的维权行为，依法不受法律追究

其一，C 某某等人维护的是业主对案涉建筑附属设施建设的决定权。案涉业主委员会与某某公司在未经业主大会讨论决定通过的情况下，擅自协议并强行修建该违建设施，直接侵害了业主的决定权。C 某某等人当然有权予以反对并主张自己的权利。

其二，案涉违法建筑直接侵害了 C 某某等人的合法权益，他们当然有权予以排除。尽管他们不是申请公力救济，而是直接以私力救济的方式，将违法建筑拆除，其行为方式不妥，但这并不能否定其维权排除违法建筑的本质，且其不妥的方式亦未造成对方的任何损失，其行为不具有任何可罚性，更不能对其追究任何刑事责任。否则，就是在对侵权人不追究责任，而对维权人追究责任，且是追究刑事责任，这岂不是颠倒了是非，错究了责任，其公平公正如何体现呢？

三、某某公司违规、违约在先，且对激化矛盾应承担主要责任

本案中有一个重要的情况是，围绕着应否修建案涉附属设施问题，在相关业主与某某公司之间发生过较长时间的争议，并且矛盾达到了相当激烈的程度，以至于"纠纷不断"，而引起了当地行政管理部门的高度重视，并于

"2017 年 7 月 18 日下午，某某花园停车场纠纷协调会在某某区某某路街道会议室召开，某某区政法委维稳办、某某市公安局某某分局、某某路街道均派员和业委会负责人、某某公司负责人、部分商户代表共同参加会议。鉴于商户业主代表强烈反对小区停车收费，为维护稳定，会议要求双方应依法依规就停车场设立、收费问题进一步协商，在没有就此事项达成一致意见前，双方暂时搁置争议，不得作进一步激化矛盾的单方行为"。（见起诉书第 3 页第 2 段）但其后，某某公司在未与各方进一步协商，没有就此事项与各方达成一致意见的情况下，于 2018 年 10 月 12 日晚上，强行修建了收费岗亭"安全岛"，引起了 C 某某等人的不满，C 某某等人遂组织人将"安全岛"拆除。可见，C 某某等人的行为，是由于某某公司违反"就此事项达成一致意见前，双方暂时搁置争议，不得作进一步激化矛盾的单方行为"行政部门的管理要求和其郑重诺言引起的。某某公司对此应负主要责任。

四、结论

最高人民法院、最高人民检察院《关于办理寻衅滋事刑事案件适用法律若干问题的解释》第 1 条规定："行为人为寻求刺激、发泄情绪、逞强耍横等，无事生非，实施刑法第二百九十三条规定的行为的，应当认定为'寻衅滋事'。行为人因日常生活中的偶发矛盾纠纷，借故生非，实施刑法第二百九十三条规定的行为的，应当认定为'寻衅滋事'，但矛盾系由被害人故意引发或者被害人对矛盾激化负有主要责任的除外。行为人因婚恋、家庭、邻里、债务等纠纷，实施殴打、辱骂、恐吓他人或者损毁、占用他人财物等行为的，一般不认定为'寻衅滋事'，但经有关部门批评制止或者处理处罚后，继续实施前列行为，破坏社会秩序的除外。"

根据上述情况和司法解释，C 某某等人的行为本质上不属于上述司法解释第一款规定的"行为人为寻求刺激、发泄情绪、逞强耍横等，无事生非，实施"的寻衅滋事犯罪行为，其不是"无事生非"，而是对具体特定的侵权行为而实施的民事维权行为；也不属于其第 2 款规定的寻衅滋事犯罪行为，因为该行为的矛盾纠纷的引起责任在"被害人"，矛盾的"激化"责任也主要在"被害人"；该行为也不属于其第 3 款规定的寻衅滋事犯罪行为，因为这明显属于一般民事纠纷，属于一般不应当认定为"寻衅滋事"的行为范围，而非其但书例外所规定的"经有关部门批评制止或者处理处罚后，继续实施前列行为，破坏社会秩序的除外"的行为。

起诉书指控 C 某某等人任意损毁他人财物（价值人民币 4905 元），情节严重，其行为触犯了《刑法》第 293 条第 1 款第 3 项规定，构成寻衅滋事罪。其错误在于：其一，C 某某等人并非任意损毁他人财物，而是对特定侵权行为的维权；其二，C 某某等人并没有对他人造成任何实际损失，其拆除物本就属于依法应予拆毁之物；其三，C 某某等人的行为更谈不上什么"情节严重"。故，以此定罪完全没有事实和法律根据。

总之，C 某某等人的案涉行为，无论从《刑法》第 293 条规定的犯罪构成，还是从上述司法解释所规定的各犯罪情节来看，都明显不构成所控的寻衅滋事犯罪。为保障无罪人不受刑事追究，专家们一致建议，对 C 某某等人应当作无罪处理。

以上意见供参考。

瞽言刍议

本案似乎很简单，但为什么当地公安机关和检察院一定要追究当事人的刑事责任呢？是因为对被拆除的岗亭是否为违建存在不同认识吗？肯定不是。因为有《某某市某某区城市管理行政执法局责令改正通知书》明确确定其为违法建筑，在案证明，且已经发生了法律效力；既如此，怎么能指控 C 某某等人任意损毁他人财物（价值人民币 4905 元），情节严重，其行为触犯了《刑法》第 293 条第 1 款第 3 项规定，构成寻衅滋事罪呢？看来，不应该是个认识问题。如果实属认识问题，那么其就等于是把自己置于普法对象的地位了。

可见，在我国的法治建设中，不仅要防止"徇私枉法"，而更要防止"徇公枉法"，且要把防止"徇公枉法"，放到法治建设的战略性的地位来对待，要把防止滥用公权力侵犯人权、破坏法治，放到法治建设的首要位置。只有这样，法治才能真正落实！

47. 被告人 G 某某构成恶势力犯罪吗？

论证要旨

对指控的五宗罪共十四起犯罪和六起违法案件进行逐一审查鉴别，只有三起犯罪能够成立。

对三起成立的犯罪和违法情况进行综合审查判断，本案第一起犯罪属于依法不宜重新追究的轻罪，而第二起、第三起，亦均属轻罪，且具有多方面从轻或减轻情节，其余多为民事纠纷或一般违法行为，且多由公安机关定性而依法处理，其违法犯罪时间跨越 20 年，之间明显没有恶势力犯罪的内在联系性。

结论：对本案不宜以恶势力性质犯罪论处。

案情简介

起诉书指控被告人 G 某某构成恶势力犯罪，具体犯有寻衅滋事罪、聚众斗殴罪、妨害公务罪、非国家工作人员受贿罪和重婚罪共五宗罪及六起违法案件。

论证意见

中国政法大学法律应用研究中心接受委托，于 2020 年 5 月 11 日在京代为组织召开了专家论证会，与会五名刑事法学专家教授出席会议，对本案论证事项所涉及的事实认定、证据运用和法律适用问题，进行了认真的审查鉴别、分析研究，并就案涉相关问题，询问了委托方。在弄清事实的基础上，根据法律规定，形成如下一致法律意见，具体论证意见与事实、理由如下：

对起诉书指控被告人 G 某某构成恶势力犯罪，具体犯有寻衅滋事、聚众斗殴、妨害公务、非国家工作人员受贿和重婚罪共五宗罪及六起违法案件，进行逐一审查，依据现有事实证据和法律规定，论证意见如下：

一、关于寻衅滋事罪

专家们指出，对于寻衅滋事罪的认定，应严格根据事实，依据《中华人民共和国刑法》（以下简称《刑法》）第 293 条及相关司法解释来加以认定，其中，2013 年 7 月 15 日最高人民法院、最高人民检察院《关于办理寻衅滋事刑事案件适用法律若干问题的解释》（以下简称《寻衅滋事解释》）和最高人民法院、最高人民检察院、公安部、司法部《关于办理恶势力刑事案件若干问题的意见》（以下简称《恶势力意见》）应作为重要依据。

（一）关于被告人殴打张某某的行为问题

1. 基本事实

被告人的工厂与其宾馆用电是按工厂用电费率缴费，时任电业局主管业务的副局长张某某，要求宾馆用电单独拉线并按宾馆缴电费率缴费，宾馆用电费率高于工厂用电。张某某用电话向被告人提出上述要求，被告人不愿意再拉一路线，且不想按宾馆用电费率缴费，张某某要求被告人到其办公室面谈此事。2008 年 12 月 29 日，被告人到电业局张某某办公室，双方争吵互殴，之后到被告人将张某某打成轻伤。电业局之后未再要求被告人按宾馆用电费率缴费。案发后，公安机关按故意伤害案立案（见第 4 卷 44 页《立案决定书》），被告人投案自首（见第 4 卷第 57、58 页 2019 年 1 月 12 日被告人的《询问笔录》），双方达成调解协议，被告人赔偿张某某各项费用 16 万元，双方互不追究任何责任（见第 4 卷 73 页《协议书》），被告人被取保候审（见第 4 卷 46 页《取保候审决定书》），2010 年 1 月 14 日公安机关撤销案件（见第 4 卷 52 页《撤销案件决定书》）。

2. 张某某的行为属于职务行为

张某某是主管业务的副局长，电话通知被告人宾馆的电费不能按生产企业费率缴纳，应另走一趟线路便于单独核算电费，因被告人电话里理解不了，于是要求被告人到办公室当面讲解国家规定，做其思想工作。张某某的行为是履行国家工作人员工作的职务行为

3. 被告人的主观故意不是寻衅滋事

被告人的主观目的是不愿意多缴电费，是想阻止电业局对其宾馆按宾馆业用电费率缴费，而且实施了阻碍的殴打行为，最终达到了目的。被告人 G 某某的这一行为不符合寻衅滋事罪的主观故意特征。

4. 被告人的行为不符合寻衅滋事罪的主观要件

（1）寻衅滋事罪的概念。寻衅滋事罪是指肆意挑衅，随意殴打、骚扰他人或任意损毁、占用公私财物，或者在公共场所起哄闹事，严重破坏社会秩序的行为。《刑法》将寻衅滋事罪的客观表现形式规定为四种：①随意殴打他人，情节恶劣的；②追逐、拦截、辱骂、恐吓他人，情节恶劣的；③强拿硬要或者任意损毁、占用公私财物，情节严重的；④在公共场所起哄闹事，造成公共场所秩序严重混乱的。

（2）寻衅滋事罪的主观要件。寻衅滋事在主观方面主要表现为故意，具有流氓动机。本质特征是行为人公然藐视国家法纪和社会公德，故意用寻衅滋事，破坏社会秩序的行为，来寻求精神刺激，填补精神上的空虚。行为人具有寻求精神刺激、发泄不良情绪、耍威风、取乐等流氓动机，并在此动机的支配下实施寻衅滋事行为，达到某种精神上的满足。

被告人 G 某某的主观故意就是阻止电业局按商业电费率收缴其宾馆电费，在互殴中打伤了张某某，显然不符合寻衅滋事罪的特征，因此被告人的行为构不成寻衅滋事罪。被告人的行为构成了妨害公务罪。

5. 被告人的行为符合妨害公务罪的特征，且牵连故意伤害罪

（1）妨害公务罪的概念。妨害公务罪是指以暴力、威胁方法阻碍国家机关工作人员依法执行职务，造成严重后果的行为。

关于阻碍执行公务的地点，实践中多数是国家工作人员离开办公地点进入执法场所而受到阻碍，或者去往执法场所的途中遭到阻碍，但只要是以暴力、威胁方法阻碍国家机关工作人员依法履行职务，即使是在国家工作人员日常办公室，意图阻止其执行公务，采用暴力、威胁方法的同样构成妨害公务罪。

（2）妨害公务罪的主观故意特征。本罪在主观方面表现为故意，即明知对方是正依法执行职务的国家机关工作人员，而故意对其实施暴力或者威胁，使其不能执行职务。被告人的行为符合妨害公务罪的构成要件。

（3）被告人的行为触犯两个罪名，即妨害公务罪和故意伤害罪，属于牵连犯罪，即在实施妨害公务犯罪行为过程中，触犯了故意伤害罪的罪名。

被告人为阻碍电业局按规定收取宾馆电费，采取了殴打他人的行为，对于殴打他人的行为主观上是明确的，就是给他人造成人身伤害，构成了轻伤，其行为构成了故意伤害罪。对于牵连犯罪的定罪，依据法律规定应当依照处刑较重的规定定罪处罚。

6. 原公安机关立案后撤案是合法有效的

由于妨害公务罪和伤害罪（轻伤）的最高刑期都是 3 年，故，原公安机关以故意伤害罪立案是正确的。鉴于被告人当时主动投案，坦白交代，属于投案自首，且能够积极赔偿被害人经济损失，并达成协议，被害人不追究被告人的刑事责任，公安机关撤销案件符合法律规定。

7. 被害人张某某对被告人予以谅解

张某某在案发当时对被告人谅解，现在依然出具谅解书，对被告人谅解。

专家们认为：《恶势力意见》第 9 条第 2 款规定："已被处理或者已作为民间纠纷调处，后经查证确属恶势力违法犯罪活动的，均可以作为认定恶势力的事实依据，但不符合法定情形的，不得重新追究法律责任。"专家们指出，本起刑事犯罪案件发生在 2008 年，如果如起诉书指控的从 2006 年起就形成了以 G 某某为首的恶势力集团，那么至今已经有近 15 年的历史，而该恶势力集团却没有发展成黑势力集团，这是不可思议的；并且，该刑事案件发生之后，被害人虽受轻伤，但被告人已经赔偿，且取得了被害人谅解，公安机关作了撤诉处理。根据上述情况，依据上述司法解释规定，专家们认为，对此不宜作为恶势力犯罪对待，鉴于该案已被公安机关予以处理，故不宜作为恶势力犯罪，重新追究刑事责任。

（二）被告人殴打李某的行为问题

寻衅滋事罪必须情节恶劣，在本案中，双方虽有互殴行为，且时间很短，在现场执勤警察及时赶到将持有凶器并打伤人的李某等人带走调查，终因本案情节轻微公安机关依法没有立案。

李某证言："问：是否有人受伤？答：我们这边没有外伤，对方有个人好像眼眶被打坏了，好像是 G 某某的叔叔，我不认识。"【见 2019 年 6 月 28 日 10 时 29 分《询问笔录》第 3 页，第 3 卷第 4 页倒数 4、5 行】

刘某某证言："问：是否有人受伤？答：没人受伤，反正我没看到有人受伤。"【见 2019 年 9 月 6 日 9 时 29 分《询问笔录》第 5 页，第 3 卷第 14 页倒数第 9、10 行】

这一事件虽然属于寻衅滋事行为，但该行为不存在《寻衅滋事解释》第 2 条规定的"情节恶劣"的情形，故不应按犯罪对待。

（三）被告人殴打王某某的行为问题

2017 年 5 月 16 日被告人在民政局门口殴打王某某一案，情节显著轻微，在公安机关三份起诉意见书中，亦均不认为是犯罪。专家们认为这属于一般寻衅滋事违法行为，不存在任何《寻衅滋事解释》第 2 条规定的"情节恶劣"的情形，故应不以刑事犯罪论处。

此外，结合两起寻衅滋事违法行为，亦构不成《寻衅滋事解释》第 2 条规定的"多次随意殴打他人"的"情节恶劣"的条件（多次应理解为三次以上），将二者结合，亦不应按寻衅滋事犯罪论处。

（四）对以下三起民事纠纷不应按寻衅滋事犯罪论处

（1）2017 年春天，被告人 G 某某与妹妹发生家庭矛盾，砸坏玻璃模型一事，属于家庭纠纷，且属一般违法行为，110 民警到后，兄妹自行和解，情节显著轻微，构不成犯罪。且公安机关三份起诉意见书，没有指控此为寻衅滋事，而是认为属于毁坏财物行为，但毁坏财物罪当然构不成。

专家们指出，《寻衅滋事解释》第 1 条第 3 款规定："行为人因婚恋、家庭、邻里、债务等纠纷，实施殴打、辱骂、恐吓他人或者损毁、占用他人财物等行为的，一般不认定为'寻衅滋事'，但经有关部门批评制止或者处理处罚后，继续实施前列行为，破坏社会秩序的除外。"被告人 G 某某在此后并无继续实施前列行为，故不应以寻衅滋事论处。

（2）2018 年的一天，被告人在某某家具总厂销售大厅楼下门市检查商户卫生时，看见卖农机配件商户门前放着一个大铁锅，训斥鲁某某发生纠纷，打了鲁某某及其父亲鲁某耳光。

专家们认为，这一行为属于企业管理过程中的方式方法不当行为，但不属于"借故生非"的寻衅滋事行为，且对方具有明显的过错，公安机关将本起事件认定为一般违法行为，是客观公正的。

（3）2018 年政府修扩建某某家具厂通往工业园区的一条道路，政府征用了农民土地，农民得到了补偿，但依然有农民上访，为解决上访问题，本因政府直接处理，但政府要求被告人支付上访户部分费用，双方达成了协议。镇党委书记赵某某代表政府理应积极签字处理，因其拒绝签字发生争吵，被告人 G 某某打了赵某某一耳光，之后赵某某请示上级领导后签了字。

专家们认为，被告人的目的是自己出钱为政府办事，而赵某某却代表政府拒绝签字，本身具有过失，为促使赵某某签字解决上访问题实施了一般违法行为，该行为不属于"借故生事"的寻衅滋事行为。公安机关起诉意见书得此认定是一般违法案件，也是符合事实和法律的。

上述三起违法行为均由被告人主动供述，属于违法行为中的自首行为，该违法行为不仅与寻衅滋事犯罪无关，而且亦不应纳入恶势力犯罪范围处理。

二、关于被告人与刘某互殴行为问题

专家们认为，在本案中，斗殴双方均已构成聚众斗殴罪，但刘某方在起因上有主要过错，且辩护人指出，2019年7月16日13时32分，被告人G某某接受讯问时主动供述了这一行为，公安机关在之前未掌握此案线索，没有举报，在被告人G某某供述后，公安机关于2019年7月18日立案。被告人的行为属于自首。对此应当予以审查认定。

三、被告人殴打赵某行为问题

专家们认为，被告人G某某已构成妨害公务罪，但应考虑其有如下情节：

1. 被害人的伤情均属轻微伤

被害人赵某的伤属于软组织挫伤（见第6卷第70页《住院记录》），徐某某的伤是右眼球挫伤（见第6卷第47页《出院记录》），两个人的伤均没有达到轻伤程度。

2. 被告人积极赔偿被害人经济损失

被害人赵某证明："赔偿了我三万元，赔偿了我同事徐某某一万元。"（见第6卷第3页第4行）"后期G某某给我赔偿的医疗费，我又到某地看病，G某某又给我3万元医疗费，这件事就不了了之了。"（见第6卷第7页第2行）。徐某某证言"G某某也道歉了"。

3. 案发后被害人对被告人予以谅解

案发后被告人积极赔偿被害人医疗费等损失，并诚恳道歉，与被害人和解解决，获得被害人谅解。

4. 被告人有悔改表现

案发后至今十年时间，再也没有发生过妨害国家工作人员执行公务的行为，说明被告人G某某改正了，对G某某犯有妨害公务罪应从轻处罚。

5. 被害人现在对被告人依然谅解，出具了谅解书

以上从轻情节应予审查认定。

四、关于所涉非国家工作人员受贿罪问题

专家们认为，被告人并不构成本罪。理由是：

（一）张某某购买电影票属于商业交易行为，不属于权钱交易行为

1. 张某某买电影票是为了 G 某某不给他涨房租，主动讨好 G 某某

2019 年 9 月 4 日 9 点 20 分张某某《询问笔录》第 4 页，即第 8 卷第 5 页张某某证言："问：你不给他化妆品会有什么结果？答：我的房租肯定从每年 25 万元涨到 26 万元……问：继续讲？答：……我去吴某某办公室……咋一下房费就 26 万元了呢？吴某某跟我说让我到新宝电影院买 2 万元电影票，之后他再去和 G 某某说，可以把房租便宜点……"

2. 张某某买电影票是吴某某的意见

吴某某的供述证明是他给张某某出的主意，让张某某买 2 万元电影票。第 1 卷第 124 页吴某某供述："问：张某某为什么要买这么多电影票？答：张某某害怕 G 某某给他涨房租，讨好 G 某某。"第 1 卷第 159 页吴某某供述："问：张某某为什么要买新宝电影院的电影票？""答：G 某某总欺负张某某，还要给张某某涨房租，张某某就来找我问我怎么办能缓和和 G 某某的关系，让我给张某某出个主意，我就跟他说，你去新宝电影院买 2 万元电影票吧，之后我和 G 某某说说，以后 G 某某能对你好点。"第 1 卷第 160 页吴某某供述："问：让新泽商场商户买电影票是谁的主意？答：我和 G 某某一起商量的，要是商户买电影票就不收好处费了。"

3. 没有证据证明被告人知道张某某买电影票的事

被告人 G 某某不承认吴某某找他说过买电影票的事。从证据学上分析，张某某没有找过 G 某某，吴某某称与 G 某某商量过，G 某某否认，没有证据证明让张某某买电影票是 G 某某授意的。依据上述事实可以判断，让张某某购买电影票是吴某某为张某某出的主意，张某某为讨好 G 某某而购买。现有证据不能证明被告人 G 某某构成了本罪。

4. 即使吴某某是受被告人指使让张某某购买电影票，也构不成本罪

退一步讲，即使是 G 某某授意的，张某某购买了电影票，且团购票价低于零售价，电影院没有多收票价，张某某已经全部使用了电影票，享受了电影服务，用钱买了服务，这种行为属于商业消费行为，不属于权钱交易。

（二）栾某某购买电影票，被告人不涉嫌犯罪

起诉书指控：G某某要给栾某某的童装店涨房租，栾某某嫌房租高，G某某提出栾某某买电影票可以不涨房租，吴某某在G某某授意下找栾某某买电影票，栾某某被迫购买了一万元电影票，起诉书认为，被告人的行为构成了受贿罪。

被告人否认上述指控，称没有让栾某某买电影票，不知道这事，也没有授意吴某某找栾某某。退一步讲即使是G某某授意的，栾某某购买了电影票，且团购票价低于零售价，电影院没有多收票价，栾某某享受了电影服务，这种行为同上，是属于商业交易行为，而不属于权钱交易，故构不成本罪。

（三）关于收取王某某10万元是否构成本罪，需要排除合理的怀疑，在排除合理怀疑之前不能认定被告人构成本罪

（1）G某某承认收到了王某某的10万元，但不认可为减少王某某租金而受贿，认为是王某某承租原李某某和王某某商铺，支付的10万元是商铺装修及设备设施款；商铺装修较好，有柜台、柜架、射灯等。李某某开店时借其15万元，李某某同意接手商铺的人支付10万元补偿款，用于偿还被告人借款。

（2）王某某、吴某某证明为减少租金而给G某某10万元款。

（3）事实上王某某承租的原李某某的商铺直接入住经营，没有装修及购置设备设施。

（4）案卷证据显示李某某的鞋店存货是G某某帮忙处理的，李某某和被告人G某某是情人关系，两人生了一个儿子。被告人支付李某某相关费用存在可能性，至于李某某是否借过被告人的15万元钱？是否同意G某某为其原商铺出租时收回10万元用于偿还被告人借款？目前存疑，需要核实。

客观上李某某让被告人处理存货，并交给被告人装修较好、有柜台、柜架、射灯等设施的商铺，这样的商铺中包含有装修及设备设施的价值，商铺占用的房子属于被告人和孙某某成立的新某百货大楼公司，但装修及其他设备设施不属于该公司，被告人为情人李某某处理完存货，出租商铺时收取装修价值及设备设施款项，在情理之中。

（5）如果排除被告人供述的理由，依据吴某某、王某某证言及被告人收钱的事实，可以认定被告人涉嫌受贿罪。但是如果不能排除被告人供述的客观性、合理性，则应按照疑罪从无的刑法原则，认定被告人无罪。

（四）认定被告人受贿栾某某 4 万元证据不足

起诉书指控：被告人让吴某某找栾某某拿 4 万元好处费，房租每年从 16 万元降到 14 万元，租期 3 年，栾某某同意并交给吴某某 4 万元，吴某某把钱放在 G 某某的奔驰轿车内。起诉书认为被告人构成了受贿罪。这一指控不能成立。

被告人否认收到了 4 万元钱，吴某某证明被告人收到了，但没有其他证据支持，在证据上属于"一对一"，不能据此认定谁是谁非；吴某某是商场负责人，从证据学上讲，只能认定吴某某收了 4 万元好处费。可见，认定被告人收取 4 万元证据不足。

（五）认定被告人受贿王某某 4 万元证据不足

起诉书指控：被告人要给王某某涨房租 2 万元，如果王某某给 4 万元好处费可以保证两年内不涨房租。王某某把钱交给吴某某，吴某某交给了被告人。被告人构成了受贿罪。

被告人 G 某某否认收到了 4 万元钱，没有其他证据佐证其收到 4 万元钱，只能认定吴某某收了 4 万元好处费，而认定被告人受贿证据不足。

五、指控被告人犯有重婚罪证据不足

重婚罪是指有配偶或者明知他人有配偶而与之结婚的行为。有配偶的人与他人以夫妻名义同居生活的，或者明知他人有配偶而与之以夫妻名义同居生活的，仍应按重婚罪定罪处罚。

被告人和庞某某是夫妻，两人有结婚证，被告人与李某、被告人与李某某没有登记结婚。被告人与李某某及李某是否以夫妻名义同居生活是本案的焦点所在。以夫妻名义同居生活包括两个条件：一是以夫妻名义，二是同居生活，二者必须同时具备，缺一不可，只是同居生活构不成，只说是夫妻没有同居生活也构不成。

现有证据中，被告人承认李某某、李某是情人，不是夫妻，李某某承认是情人，没有李某的证言。李某某、李某生子的父亲登记的不是被告人 G 某某。其他 22 个证人证言中，有两三个证人证明"听被告人说"有三个媳妇，其余证人证言均是"听说"被告人有三个媳妇。除此之外，没有任何证据证明，被告人与李某某、李某以夫妻名义同居生活。某某公（刑）诉字 [2019] 123—1《起诉意见书》第 16 页倒数第五行，认定"李某某是 G 某某情妇"；某某公（刑）诉字［2019］123—2《起诉意见书》第 16 页倒数第三行也认定"李某某是 G 某某的情妇"。

证人的"听说"证言，后者属于传来证据，传来证据来源不清，根源不明的，不能作为定案根据。前者即使是"听被告人说"，也要查明，该证人是在何时何地听被告人如何说的，其是否知悉被告人有妻子，或知悉被告人有妻子而被告人是否曾谎称已离婚，从而判断其听到说的"三个媳妇"的真正含义是指"妻子"还是"情妇"。仅凭"听他说有三个媳妇"，就断定足以证明他与其情妇是"以夫妻名义共同生活"，在逻辑上推不出，在证据上不充足。

六、被告人与其他涉案人员等构不成恶势力犯罪

起诉书指控被告人涉嫌五个罪名，共十四起犯罪行为，其中只有"被告人殴打张某某的行为""被告人与刘某互殴行为""被告人殴打赵某行为"，构成了犯罪；但第一起犯罪属于依法不宜重新追究的轻罪，而第二起、第三起，亦均属轻罪，且具有多方面从轻或减轻情节。其余多为民事纠纷或一般违法行为，且多由公安机关定性而依法处理。从被告人的公司成立至今已近 20 年，从指控其第一起犯罪至今也已有 15 年的历程，在这近 20 来年的时间里，因各种矛盾和纠纷，导致了两起应依法追究刑事责任的轻罪和相关一般违法行为，为此而以该公司为基地，以形成了恶势力集团犯罪追究被告人等的刑事责任，与《恶势力意见》第二部分的"恶势力、恶势力犯罪集团的认定标准"不符："恶势力，是指经常纠集在一起，以暴力、威胁或者其他手段，在一定区域或者行业内多次实施违法犯罪活动，为非作恶，欺压百姓，扰乱经济、社会生活秩序，造成较为恶劣的社会影响，但尚未形成黑社会性质组织的违法犯罪组织。""单纯为牟取不法经济利益而实施的'黄、赌、毒、盗、抢、骗'等违法犯罪活动，不具有为非作恶、欺压百姓特征的，或者因本人及近亲属的婚恋纠纷、家庭纠纷、邻里纠纷、劳动纠纷、合法债务纠纷而引发以及其他确属事出有因的违法犯罪活动，不应作为恶势力案件处理。……恶势力的其他成员，是指知道或应当知道与他人经常纠集在一起是为了共同实施违法犯罪，仍按照纠集者的组织、策划、指挥参与违法犯罪活动的违法犯罪分子，包括已有充分证据证明但尚未归案的人员，以及因法定情形不予追究法律责任，或者因参与实施恶势力违法犯罪活动已受到行政或刑事处罚

的人员。仅因临时雇佣或被雇佣、利用或被利用以及受蒙蔽参与少量恶势力违法犯罪活动的，一般不应认定为恶势力成员。"

由上可见，从法律意义上讲，被告人 G 某某及其他被告人的结合，是为了开展企业活动而不是为了共同实施违法犯罪，且近 20 年来，仅有两起涉嫌犯罪即殴打刘某案（已调解）和殴打赵某案现需追究刑事责任，这与为非作恶，欺压百姓独霸一方的恶势力犯罪有着明显的区别。这样的犯罪无论从组织结构、组织性质、社会影响等各方面均与恶势力联系不到一起。至于指控被告人的违法事件，多数属于企业管理过程中管理不规范的问题，企业经营过程中与企业的客户因种种原因发生纠纷在所难免，但被告人处理纠纷的方式方法确有不当之处，有的行为甚至违法，必须予以纠正。

对于一个土生土长的企业家，在其成长过程中有触犯法律的行为，应当予以惩罚和教育，给其改过自新的机会，让其严肃对待其过往的所作所为，深刻反省自己，尽快回归社会，努力依法经营好自己的企业，为政府、为老百姓尽其所能多作贡献，这样处理既符合依法惩治黑恶势力犯罪的要求，又符合坚持法治和公平正义，依法保障人权和保护民营企业与民营企业家的合法权益的要求，二者不可偏废，尤其是在当前国内外的特殊环境下，故对 G 某某的行为不宜按恶势力犯罪论处。

以上意见供参考。

督言刍议

对于涉黑恶性质的犯罪，专家论证均持特别慎重的态度。只有经"预审"确认定性确属不当，才可进入程序。

论证的基本思路是：

其一，对指控的各项违法犯罪逐一从事实、证据、法律上进行审查，看其指控认定是否成立。

本案论证对起诉书指控被告人涉嫌五个罪名，共十四起犯罪行为，进行逐一梳理，发现只有"被告人殴打张某某的行为""被告人与刘某互殴行为""被告人殴打赵某行为"构成了犯罪，其余皆不成立。

其二，在此基础上再进行综合审查分析，看这些指控能够成立的违法犯罪之间，是否具有黑恶势力犯罪的内在联系，即是否具有黑恶势力犯罪的基本特征的内在联系性。

本案第一起犯罪属于依法不宜重新追究的轻罪，而第二起、第三起，亦均属轻罪，且具有多方面从轻或减轻情节，其余多为民事纠纷或一般违法行为，且多由公安机关定性而依法处理过，其违法犯罪时间跨越 20 年，之间明显没有恶势力犯罪的内在联系性。

由上，结论为：不宜定性为恶势力性质犯罪。

另外，本案提示我们，对于黑恶势力性质的犯罪的认定，应当持特别慎重的态度。其教训是：

其一，不能硬充数，将几十年来的违法犯罪不管情节轻重，是否已处理、未处理都拿来充数。

其二，不能脱离黑恶势力犯罪的内在联系性，将它们随意地串起来进行定性。

其三，对是否为黑恶势力性质犯罪，应严格以刑法规定和司法解释规定为准，而不能随意进行扩大解释。

其三，防止对黑恶势力犯罪定性的扩大化，是当前和今后对此审查的重要任务之一。不枉不纵、疑罪从无，罪疑从轻、存疑有利于被告，是应当重点把握的原则。

刑事案件要划清"四个界限"，即罪与非罪、此罪与彼罪、罚与不罚、此罚与彼罚的界限，有的还要加上此人与彼人的界限，如聂树斌案等。凡属划清这四个界限问题，在事实、证据、法律的界限上存在难以排除的合理怀疑的，都要从有利于被告的方面作出认定，而不能相反。这是无罪推定原则和证据裁判原则的应有之义。

48. 被告人 L 某斌是否构成恶势力性质寻衅滋事罪和虚假诉讼罪？

论证要旨

（一）L 某斌不具有恶势力性质寻衅滋事犯罪

其一，纠集者不具有相对固定性。

其二，不具有 2 年之内，至少应有 2 名相同的成员多次参与实施违法犯罪活动的特征。

其三，具有因合法债务纠纷而引发以及其他确属事出有因引发的违法犯罪活动的不应作为恶势力案件处理的特征。

其四，被告人 L 某斌没有共同参与实施寻衅滋事犯罪的故意和行为。

故，指控 L 某斌具有恶势力性质的寻衅滋事犯罪依法不能成立。

（二）L 某斌不构成虚假诉讼罪

其一，指控虚假诉讼罪缺乏民事诉讼的基础，案涉民事诉讼判决未经合法程序推翻，仍具有法律效力。

其二，案涉民事诉讼并非无中生有。

其三，即使有"部分篡改型"的民事诉讼行为，也不得以虚假诉讼罪论处。

故，指控 L 某斌虚假诉讼罪，依法不能成立。

案情简介

债务人何某某欠债权人 L 某华借款未能偿还，据 L 某华声称该借款有一部分是其弟 L 某斌的（其有票据可以证实，但是侦查机关一直未予理睬），L 某华因为要债未果，便伙同他人找何某某索要借款，因何某某躲避不还，L 某华等人采取锁门、跟随纠缠等方式索债，并且至何某某的父母住所找何某某，因将他人的住所误认为是何某某父母住所发生了骚扰，经他人报警处理后，L 某华进行了赔偿和道歉。何某某妻子张某某数次报警，事发地公安机关警察多次出警处理，书面认定是经济纠纷，要求到法院起诉解决，不属于治安案件，不符合刑事立案条件，并对 L 某华进行了训诫。

何某某通过到异地公安机关举报 L 某斌、L 某华兄弟二人等涉嫌寻衅滋事犯罪，2018 年 9 月 30 日，某某省公安厅指定某某市公安局管辖侦办寻衅滋事案，同日该局又指定下属某某公安分局管辖立案侦查。2020 年 7 月 14 日对 L 某斌刑事拘留，次日变更为指定居所监视居住，9 月 9 日批准逮捕。某某市公安局某某公安分局到某某市某某区人民法院调取 L 某斌与某某公司借款合同纠纷案件材料，指控其涉嫌虚假诉讼犯罪。

2020 年 10 月份左右，L 某华等人被某某市某某区人民法院以寻衅滋事定罪判刑。

2020 年 11 月份左右，何某某及张某某等人因黑社会性质组织罪等 9 宗罪，被某某区人民法院定罪判刑。

2021 年 1 月份，L 某斌被移送某某区人民法院审理。某某区人民检察院起诉书认为 L 某斌"放任、默许" L 某华等人寻衅滋事，因而要承担寻衅滋事罪刑事责任，并认为 L 某斌在向某某市某某公司借款合同纠纷中，把利息转化为本金后要求承担利滚利的行为属于虚假诉讼，应当承担虚假诉讼罪刑事责任，同时，其犯罪被定性为恶势力性质犯罪。

论证意见

中国政法大学法律应用研究中心接受委托，对委托方提交的论证事实材料进行审查，并与委托方进行了认真审查核对，认为符合中心接受委托代为邀请组织专家进行专家论证的条件，并于 2021 年 3 月 11 日，邀请了五名专家教授，对本案进行了论证。会前专家们认真审阅了论证所依据的事实材料，会上对相关材料进行了认真审查核对，在弄清相关事实的基础之上，就本案所要论证的问题，根据事实和法律，发表了论证意见，大家一致认为：被告人 L 某斌并不构成恶势力性质寻衅滋事罪和虚假诉讼罪。现具体论证如下：

一、关于恶势力寻衅滋事犯罪问题

就起诉书的指控，其主要依据是，L 某斌放任、默许 L 某华、L 某等人多次使用暴力、以暴力相威胁或实施软暴力手段向借款人催收欠款，侵害他人人身权利、财产权利，实施寻衅滋事犯罪。被告人 L 某斌与 L 某华、L 某等人形成恶势力。

（一）指控形成恶势力不能成立

最高人民法院、最高人民检察院、公安部、司法部《关于办理恶势力刑事案件若干问题的意见》（以下简称《恶势力意见》）第 4 条规定，恶势力，是指经常纠集在一起，以暴力、威胁或者其他手段，在一定区域或者行业内多次实施违法犯罪活动，为非作恶，欺压百姓，扰乱经济、社会生活秩序，造成较为恶劣的社会影响，但尚未形成黑社会性质组织的违法犯罪组织。

专家们认为，起诉书指控的事实，并不符合上述规定。

其一，《恶势力意见》第 6 条规定，恶势力一般为 3 人以上，纠集者相对固定。纠集者，是指在恶势力实施的违法犯罪活动中起组织、策划、指挥作用的违法犯罪分子。成员较为固定且符合恶势力其他认定条件，但多次实施违法犯罪活动由不同的成员组织、策划、指挥的，也可以认定为恶势力，有前述行为的成员均可以认定为纠集者。

经查，起诉书指控的案涉恶势力性质的寻衅滋事行为，共有 5 次，都是 L 某华和其他"闲散人员"参与的。每次参加的人员和人数并不固定，其中 L 某只参与两起，而 L 某斌一次也没有参与，与参与人员大都不认识。每次索要债务参与人员具有临时随意性，并不具有固定性。这些参与人员之间也不具有恶势力有组织犯罪的"组织"特征。

其二，《恶势力意见》第 7 条规定："经常纠集在一起，以暴力、威胁或者其他手段，在一定区域或者行业内多次实施违法犯罪活动"，是指犯罪嫌疑人、被告人于 2 年之内，以暴力、威胁或者其他手段，在一定区域或者行业内多次实施违法犯罪活动，且包括纠集者在内，至少应有 2 名相同的成员多次参与实施违法犯罪活动。

专家们指出，所谓"多次"违法犯罪活动，应当理解为 3 次以上，但经查起诉书的指控，本案指控的 L 某华等人针对债务人何某某要债引起的寻衅滋事，是反复实施的寻衅滋事单一性质的违法行为，单次情节、数额尚不构成犯罪，按照刑法或司法解释、规范性文件的规定累加后应作为犯罪处理的，在进行这一认定时，应将这些累加的违法行为计为 1 次犯罪活动。因此，本案指控 5 起违法行为，即使作为犯罪处理的，也只能计为 1 次寻衅滋事违法犯罪，与认定恶势力犯罪需要达到多次违法犯罪之认定标准不符合。退一步讲，即使按寻衅滋事的违法活动来说，案中相同成员 L 某华和 L 某，也只共同参与了两次，因而也不符合 2 名相同人员多次参加的条件。

其三，《恶势力意见》第 5 条规定：单纯为牟取不法经济利益而实施的"黄、赌、毒、盗、抢、骗"等违法犯罪活动，不具有为非作恶、欺压百姓特征的，或者因本人及近亲属的婚恋纠纷、家庭纠纷、邻里纠纷、劳动纠纷、合法债务纠纷而引发以及其他确属事出有因的违法犯罪活动，不应作为恶势力案件处理。

专家们指出，起诉书指控 L 某斌以向不特定对象发放高息贷款的方式牟利等内容与事实不符。起诉书指控的案涉行为，成因具有合法债务合同基础，行为目的单纯是催收特定债务人何某某所欠债务的本息，其行为指向的对象，单纯是特定债务人何某某，而不是针对社会上不特定的无关人员或单位的为非作恶、欺压百姓的行为。案中证据证明，L 某华曾因找债务人找错了门，因而其因骚扰了他人，进行了赔偿和道歉。由此，也从反面证明，他们的行为指向，仅为了收回债务，因而并不具有为非作恶、欺压百姓的行为特征。

（二）起诉书指控 L 某斌构成寻衅滋事共同犯罪不能成立

专家们指出，起诉书指控 L 某斌与 L 某华、L 某构成的寻衅滋事犯罪行为采取了放任和默许态度，因而构成共同犯罪，这一指控依法不能成立。

依据《中华人民共和国刑法》（以下简称《刑法》）第 25 条第 1 款的规定，共同犯罪是指二人以上共同故意犯罪。共同犯罪应当具备以下几个条件：①共同犯罪人必须是两个或者两个以上达到法定刑事责任年龄、具有刑事责任能力的人；②共同犯罪人主观上必须有共同的犯罪故意；③共同犯罪人在客观上必须有共同的犯罪行为；④共同犯罪人必须具有共同的犯罪客体。

经查被告人 L 某斌既没有与 L 某华及 L 某有共同寻衅滋事的犯罪故意，也没有与他们共同寻衅滋事的犯罪行为，因而不可能成就与他们的共同犯罪。

1. 被告人 L 某斌没有案涉寻衅滋事犯罪的共同故意

就犯罪故意而言，各共同犯罪人必须有共同的犯罪故意，即要求各共同犯罪人通过意思联络，认识到他们的共同犯罪行为会发生危害社会的结果，并决意参加共同犯罪，希望或放任这种结果发生的心理状态。

起诉书指控被告人的放任、默许，这基本上属于间接故意的范畴，虽然被告人的间接故意，也可以与他人构成共同犯罪，但这必须建立在有共同犯罪行为的基础之上，亦即被告人放任、默认的是其共同犯罪行为会发生危害社会的结果，而不是放任、默许他人的犯罪行为。而本案起诉书指控的是被告人 L 某斌放任、默许他人的寻衅滋事的犯罪行为，而其本人则并没有与他人共同实施寻衅滋事的犯罪行为，因而也就谈不上放任、默许自己的行为危害社会结果的发生。可见，不能认定被告人 L 某斌在本案中具有与他人寻衅滋事犯罪的共同故意。

2. 被告人 L 某斌没有共同参与实施寻衅滋事犯罪的行为

在本案中，包括在处理 L 某华、L 某等人的案涉寻衅滋事犯罪案件中，没有证据证明 L 某斌有任何直接参与案涉寻衅滋事犯罪的行为，也没有证据证明 L 某华、L 某等人的案涉寻衅滋事犯罪行为系受 L 某斌的指使。

专家们注意到，案涉《起诉意见书》曾指控案涉犯罪行为系受 L 某斌的指使，但经审查起诉，因没有证据证明，并没有支持其起诉意见，而是改为 L 某斌放任、默许其行为。专家们认为，既然被告人 L 某斌既没有直接参与实施寻衅滋事犯罪行为，也没有指使他人实施案涉寻衅滋事犯罪，就不可能构成与他人的具有共同故意的寻衅滋事犯罪。

经查，L 某华等人向债务人何某某追偿债务，并没有证据证明系 L 某斌指使其寻衅滋事犯罪，也没有证据证明他亲自参与了案涉寻衅滋事犯罪，故指控其共同参与案涉寻衅滋事犯罪，没有事实和法律根据。

3. "另案" L 某华等被告人的相关判决也印证了本案被告人 L 某斌并非案涉犯罪共犯

经查，案涉"另案"已判决 L 某华、L 某等人构成恶势力寻衅滋事犯罪。如果 L 某斌与他们构成恶势力寻衅滋事的共同犯罪，那么就应当在"另案"中一并判决确定，起码应在判决中注明对其是"另案处理"。但并不存在对其一并判决确定有罪和"另案处理"的注明。可见，在"另案"的侦查、起诉和判决中，并没有事实和法律依据确定本案被告人 L 某斌与另案被判刑人 L 某华、L 某构成了恶势力寻衅滋事罪的共犯。这也从另外的司法机关生效判决确定被告人 L 某斌无罪的层面，进一步印证了 L 某斌并不构成案涉共同犯罪。

二、指控被告人 L 某斌构成虚假诉讼罪依法不能成立

起诉书指控被告人 L 某斌的某某公司在向某某市某某公司借款合同纠纷中，把高额利息转化为本金后要求债务人承担原本金与利息的诉讼行为属于虚假诉讼，应当承担虚假诉讼犯罪的刑事责任。专家们认为该指控依法不能

成立。事实理由如下：

（一）指控虚假诉讼罪缺乏民事诉讼的基础

经查，某某市某某区人民法院经依法对案涉〔2017〕某民初 6024 号民事诉讼案件进行审理，没有发现 L 某斌有伪造借款合同的证据，也没有发现有捏造虚构借款合同关系，故依法以调解书确认借款合同合法有效，债务人同意并签署法庭达成的调解协议书。该调解书已经发生法律效力，因为被告人 L 某斌被刑事指定管辖，尚未申请进入执行程序。债务人某某市某某公司对调解协议书无任何异议，并表示将继续履行该调解书确定的还款义务。对此，某某区人民法院的审判人员已经作证证明，整个案件审判过程没有发现虚假诉讼。在此情况下，异地侦查和公诉机关将本案作为虚假诉讼犯罪强加在原审法院生效民事判决之上，侵害了原民事生效调解书的权威性和排他性。

（二）案涉民事诉讼并非无中生有

2018 年 9 月 26 日，最高人民法院、最高人民检察院联合公布《关于办理虚假诉讼刑事案件适用法律若干问题的解释》（以下简称《解释》），自 2018 年 10 月 1 日起施行。

关于虚假诉讼罪的行为方式及其认定问题，根据《解释》第 1 条第 1 款的规定，需要特别注意把握，虚假诉讼罪仅限于"无中生有型"虚假诉讼行为。《解释》明确，《刑法》规定的"以捏造的事实提起民事诉讼"是指捏造民事法律关系，虚构民事纠纷，向人民法院提起民事诉讼的行为。其中，"捏造"是指无中生有、凭空捏造和虚构；"事实"是指行为人据以提起民事诉讼、人民法院据以立案受理、构成民事案由的事实。"捏造事实"行为的本质是捏造民事法律关系、虚构民事纠纷，两者应同时具备、缺一不可。而本案所涉借贷事实是双方当事人认可的真实发生的民事法律关系事实，借款本金是真实的，利息也是双方真实约定的。故以此提起民事诉讼，并非属于以"无中生有"捏造民事法律关系，虚构民事纠纷，而向人民法院提起民事诉讼的行为，故不能以虚假诉讼罪论处。

根据《解释》第 1 条第 2 款的规定，隐瞒债务已经全部清偿的事实，向人民法院提起民事诉讼，要求他人履行债务的，以"以捏造的事实提起民事诉讼论"。而本案起诉的事实则属于借款的相关本金和利息没有清偿，而不属于隐瞒了债务已经全部清偿的事实。

（三）案中即使有"部分篡改型"的民事诉讼行为，也不得以虚假诉讼罪论处

根据《解释》第 7 条的规定，采取伪造证据等手段篡改案件事实，骗取人民法院裁判文书，构成犯罪的，依照《刑法》第 280 条、第 307 条等规定追究刑事责任。可见，即使被告人 L 某斌在起诉中，有将法院判决不予保护的高额利息进行合法化处理的行为，那也是仅涉及民事判决的客观公正性和准确性的问题，仍然属于民事纠纷范畴，是需要通过民事诉讼程序解决的问题，与刑事犯罪无关。

对于"部分篡改型"虚假诉讼行为，即民事法律关系和民事纠纷客观存在，行为人只是对具体的诉讼标的额、履行方式等部分事实作了夸大或者隐瞒的行为，不属于《刑法》规定的虚假诉讼罪的范畴。如查证属实，确有依照《刑法》第 280 条、第 307 条等规定追究刑事责任的情况，那也不能以虚假诉讼罪论处。而本案中尚未发现具备确有另案追究上述刑事责任的条件。

由上可见，本案起诉书指控被告人的 L 某斌虚假诉讼罪，违背了《刑法》第 307 条之一及《解释》第 1 条第 1 款、第 2 款和第 7 条的规定，依法不能成立。

专家们指出，最高人民法院、最高人民检察院、公安部、司法部又印发了《关于进一步加强虚假诉讼犯罪惩治工作的意见》（以下简称《意见》），自 2021 年 3 月 10 日起施行。足见，当前贯彻落实党中央决策部署，加大对虚假诉讼、恶意诉讼、无理缠诉行为的惩治力度之必要。

但《意见》也同时规定，惩治虚假诉讼犯罪，也要严格根据《刑法》《刑事诉讼法》《民事诉讼法》和《关于办理虚假诉讼刑事案件适用法律若干问题的解释》加以严格甄别处理。专家们指出，既然本案指控该罪名依法不能成立，就应当通过诉讼程序依法予以纠正，以维护当事人的合法权益，使无罪人免受刑事追究。

以上意见供参考。

誓言刍议

这又是一起债务人恶意"先告状"引发的恶势力性质犯罪案件。这里的教训是：

其一，恶势力性质犯罪不能凑数。

认定恶势力性质犯罪，根据司法解释规定，最起码要有 3 人以上，纠集者相对固定的成员，于 2 年之内，有 2 名相同的成员，以暴力、威胁或者其他手段，在一定区域或者行业内实施 3 起以上违法犯罪活动。本案为了凑数，将指控的一起寻衅滋事罪的犯罪行为，拆分成了 5 次违法犯罪行为，即人为地凑数。案涉 5 次寻衅滋事违法行为只有叠加在一起，才有可能形成指控的寻衅滋事犯罪，因而不能将此拆分成 5 个违法犯罪行为。

其二，虚假诉讼罪应仅限于"无中生有型"，而对于"部分篡改型"则不能以虚假诉讼罪论处。

其三，虚假诉讼罪应具有民事诉讼的裁判基础。民事诉讼生效判决也同样具有所谓的既判力，即具有权威性、强制性、稳定性、排他性，未经依法裁判予以推翻，任何人和组织，不得确定其非法无效，更不得以此作为虚假诉讼加以刑事裁判，否则不仅违反了法院裁判的权威性和排他性，而且违反了法秩序统一性的根本原则。这是一个应当引起高度重视的问题。同时在司法实践中，这也是一个普遍存在的问题。一方面，民事行为合法有效性的生效判决没有被推翻；另一方面，生效刑事判决认定其是虚假民事诉讼犯罪。

49. G 某某故意伤害一案，因检察机关长期 搁置了诉讼，是否受追诉期限的限制？

论证要旨

G 某某故意伤害罪一案，在审查起诉阶段，由于种种原因，案件长期被搁置，没有终结。专家们论证认为，根据《中华人民共和国刑法》（以下简称《刑法》）第 88 条的规定，本案既然被害人在追诉期限内已经提出控告，且公安机关已经立案，即使由于检察机关自身原因，长期搁置了时间，而犯罪嫌疑人 G 某某没有逃避侦查、审判，也不能因此而受追诉期限的限制。

案情简介

由某某县公安局刑事科学技术鉴定书某公法鉴［94］085 号证明：1994年 7 月 4 日，G 某等人与顾某某等人发生冲突，顾某某妻子刘某某被打伤，经法庭鉴定，认为"刘某某的损伤程度已构成重伤"。

1994 年 7 月，某某县公安局对 G 某某采取了收容审查、措施，8 月 18 日更换为"保外就医"；1996 年 9 月，对 G 某某提请逮捕；1996 年 9 月 30 日，某某县人民检察院认为 G 某某的行为已构成故意伤害罪，但没有逮捕必要，决定不予批准；公安机关之后对 G 某某取保候审；1996 年 11 月，某某县公安局以故意伤害罪将 G 某某移送检察院审查起诉，之后，因种种原因本案搁置在审查起诉阶段至今（2016 年），既未起诉到法院，也未作出退回补充侦查和不起诉决定，本案诉讼并未依法终结。

论证意见

中国政法大学法律应用研究中心接受委托，就 G 某某伤害犯罪一案是否超过追诉时效问题，在京召开了专家论证会，与会三名刑法学和刑事诉讼法学专家到会，认真审阅了本案的事实材料，就有关案情询问了委托人，经认真讨论、研究，明确了有关基本事实，得出如下一致法律意见：犯罪嫌疑人G某某所犯故意伤害罪没有超过追诉时效。具体事由如下：

1997年修正前的《刑法》第77条规定："在人民法院、人民检察院、公安机关采取强制措施后，逃避侦查或者审判的，不受追诉期限的限制。"1997年修正后的《刑法》第88条规定："在人民检察院、公安机关、国家安全机关立案侦查或在人民法院受理案件以后，逃避侦查或者审判的，不受追诉期限的限制。被害人在追诉期限内提出控告，人民法院、人民检察院、公安机关应当立案而不予立案的，不受追诉期限的限制。"《刑法》的以上规定在理论上通常叫作追诉时效的延长，且是无限期延长，其实按照法条规定叫作"不受追诉期限的限制"更为合适。其立法的精神是：只要侦查机关予以立案侦查或人民法院受理案件，就要保障犯罪嫌疑人、被告人依法受到应有的刑事追究，即使逃避侦查、审判的，其逃避时间也不能作为追诉时效期限计算；并且，即使人民法院、人民检察院、公安机关没有立案，只要被害人在追诉期限内提出控告，人民法院、人民检察院应当立案的，也不受追诉期限的限制。

本案犯罪嫌疑人G某某犯有故意伤害罪，被害人进行了控告，公安机关进行了立案侦查，就应当保障犯罪嫌疑人依法受到应有的刑事追究，而不论其是否逃避侦查审判。

有观点认为，公安、检察机关在处理本案时没有及时侦查、审判，致使案件处于搁置状态，这个责任不应由犯罪嫌疑人承受，其搁置后的时间应纳入追诉时效期限来计算。这一观点看起来有一定道理，但其实是完全不能成立的。因为《刑法》第88条第2款规定，只要被害人已控告，即使人民法院、人民检察院、公安机关应当立案而错误地不予立案，其追诉都不受期限限制，其追诉后果也当然要由犯罪嫌疑人、被告人承担。

结论：本案犯罪嫌疑人G某某伤害犯罪在追诉期限已被被害人刘某某控告，当地公安机关也已对其立案、侦查，不管其是否逃避侦查审判，只要本案刑事诉讼没有终结，就不应以追诉时效期限为由，致使其不受到应予依法恢复的刑事追究。

以上意见供参考。

49. G某某故意伤害一案，因检察机关长期搁置了诉讼，是否受追诉期限的限制？

本案的问题是，在审查起诉阶段，由于种种原因，案件长期搁置，没有终结，其是否应受追诉期限的限制。专家们论证指出，根据《刑法》第88条的规定，本案既然被害人在追诉期限内已经提出控告，且公安机关已经立案，即使由于检察机关自身原因搁置了诉讼时间，但犯罪嫌疑人G某某没有逃避侦查、审判，不能因此而受追诉期限的限制。

理论界通常将此称为"诉讼时效延长"，但专家们认为，将其称为"不受追诉期限限制"更为恰当。

这一论证观点对于处理此类案件，具有一定的参考价值。

50. 一审法院对起诉被告人 F 某的罪名有管辖权，而对于判决改变的罪名没有管辖权，其依法能够管辖吗？

论证要旨

某某州中级人民法院对所判决的金融凭证诈骗罪，没有管辖权，理由是：某某州既非该犯罪行为发生地，又非该犯罪结果发生地，又非被告人住所地。以侦查、起诉指控为合同诈骗犯罪罪名有管辖权，虽对判决改变的罪名没有管辖权，但以继续管辖有利于节约司法资源为由，认为管辖不违法，没有事实和法律依据，依法不能成立。

判决被告人构成金融凭证诈骗罪，因被告人没有使用伪造、变造的金融凭证，没有非法占有的犯罪目的和故意，因而依法不能成立。

案情简介

F 某，男，1967 年 10 月 9 日出生，浙江省杭州市人，系中国农业银行浙江分行某某路支行行长，因涉嫌合同诈骗罪，2014 年 1 月 23 日被湖南省某某市公安局刑事拘留，同年 2 月 20 日被逮捕。

湖南省某某人民检察院指控 F 某和本案的寿某某、陈某某、罗某、唐某某、郭某某等被告人犯有合同诈骗罪，2015 年 8 月 19 日至 22 日，某某州中级人民法院对本案开庭公开审理，于 2016 年 1 月 16 日作出一审判决，认定所有被告人犯有金融凭证诈骗罪，F 某被判处有期徒刑十五年。

辩护人认为某某州中级人民法院对本案无管辖权，且认为 F 某不构成公诉机关指控的合同诈骗罪，也不构成一审判决认定的金融凭证诈骗罪。

论证意见

中国政法大学法律应用研究中心接受北京某某律师事务所的委托，就 F 某被湖南省某某州中级人民法院判决构成金融凭证诈骗罪一案，于 2016 年 1 月 25 日代为组织五名刑事法学专家进行专家论证。专家们审阅了委托方提交的材料，听取了委托方对于案情及相关情况的介绍，经集体讨论和审慎研究，认为某某州中级人民法院对本案无管辖权，本案应退回某某州人民检察院后由其依法移送至有管辖权的某某市人民检察院审查起诉；F 某不构成被指控的合同诈骗罪，也不构成被判的金融凭证诈骗罪，某某州人民法院的一审判决不当，应予撤销。

具体意见如下：

一、关于本案管辖权问题

1. 人民法院对刑事案件应依法进行管辖的相关规定

人民法院对刑事案件的管辖必须以犯罪地管辖为原则，被告人住所地管辖为例外。此外，法院对刑事案件不具有管辖权。

《中华人民共和国刑事诉讼法》（以下简称《刑事诉讼法》）第 24 条规定，刑事案件由犯罪地的人民法院管辖。如果由被告人居住地的人民法院审判更为适宜的，可以由被告人居住地的人民法院管辖。最高人民法院《关于适用〈中华人民共和国刑事诉讼法〉的解释》第 2 条规定，犯罪地包括犯罪行为发生地和犯罪结果发生地。

2. 本案某某州中级人民法院认为原公诉机关公诉的合同诈骗罪应为金融凭证诈骗罪，某某州中级人民法院对定性为金融凭证诈骗案的本案无管辖权

（1）本案中所有被告人的行为未发生在某某州辖区内，某某州不是犯罪行为发生地，该地法院对本案没有管辖权。

本案中寿某某等使用真实汇款凭证的行为发生在某某省某某市，因此，行为发生地法院某某市中级人民法院对本案有管辖权。

（2）本案的犯罪结果并未发生在某某州辖区，某某州中级人民法院不得依据犯罪结果发生地的规定管辖本案。本案被告人住所地亦不在某某州辖区。

（3）本案法院确定的罪名是金融凭证诈骗罪，侵害的是农业银行某某路

支行的财产利益，犯罪结果发生在银行的住所地辖区，应当由某某市人民法院进行管辖。

3. 对无管辖权的案件，人民法院应当退回人民检察

最高人民法院《关于适用〈中华人民共和国刑事诉讼法〉的解释》第180条规定，对提起公诉的案件，人民法院应当在收到起诉书和案卷、证据后，指定审判人员审查是否属于本院管辖；第181条规定，人民法院对提起公诉的案件审查后，对不属于本院管辖或者被告人不在案的，应当退回人民检察院。

根据上述司法解释的规定，人民法院对提起公诉的案件经审查发现不属于本院管辖的案件，应当依法退回人民检察院。

本案中，某某州中级人民法院对犯罪行为发生在某某市、被害人农业银行某某路支行住所地在某某市、犯罪结果发生在某某市的金融凭证诈骗罪无管辖权，应当依法退回某某州人民检察院。

4. 某某州人民检察院应当将本案依法移送有管辖权的某某市人民检察院审查起诉

最高人民法院、最高人民检察院、公安部、国家安全部、司法部、全国人大常委会法制工作委员《关于刑事诉讼法实施中若干问题的规定》第23条规定：人民检察院对于审查起诉的案件，按照刑事诉讼法的管辖规定，认为应当由上级人民检察院或者同级其他人民检察院起诉的，应当将案件移送有管辖权的人民检察院。

根据上述规定，本案应当由某某州人民检察院依法移送某某市人民检察院审查起诉。

5. 人民法院独立行使审判权，不受任何其他国家机关的非法干涉

《刑事诉讼法》第3条规定，人民法院、人民检察院和公安机关进行刑事诉讼，必须严格遵守本法和其他法律的有关规定。第五条人民法院依照法律规定独立行使审判权，人民检察院依照法律规定独立行使检察权，不受行政机关、社会团体和个人的干涉。

根据上述法律规定，人民法院应依法独立对其审判的刑事案件是否有管辖权进行审查，如发现对已受理的案件无管辖权，应当依法退回提起公诉的人民检察院，由人民检察院依法向有管辖权的人民检察院移送。对刑事案件有管辖权是人民法院行使刑事审判职权的前提，人民法院对刑事案件的管辖

依据是《刑事诉讼法》的规定，不能因为同辖区的公安机关在先的侦查行为、检察机关在先的提起公诉行为而当然获得对案件的管辖权。

二、管辖权异议成立

本案辩护人提出地区管辖的异议，认为某某州司法机关对本案无管辖权，对此某某州中级人民法院在判决书中予以驳回。判决书第 54 页原文摘录如下："经查，本院立案受理本案时，对公诉机关指控的罪名具有管辖权，本院通过开庭审理，认为公诉机关指控罪名不当，根据法律规定应按照审理认定的罪名作出有罪判决。法律并无受案法院对改变起诉罪名后没有管辖权的案件要移送的规定，本院继续审理并不违法。同时，各被告人在本院一审判决后仍有上诉的救济途径，本院继续审判本案不会导致司法不公的结果。司法权由国家统一行使，本院系代表国家行使审判权，而非代表地方，本院继续审判有利于节约司法资源。故辩护人上述理由不能成立，本院不予采纳。"

一审法院的上述依据和理由不能成立，具体如下：

（1）《刑事诉讼法》第 24 条规定，刑事案件以犯罪地人民法院管辖为原则，本案中某某州中级人民法院对金融凭证诈骗罪无管辖权。

（2）某某州中级人民法院对刑事案件的审理必须严格遵守刑事诉讼法的犯罪地地区管辖的规定，对犯罪地不在其行政区域范围内的刑事案件无管辖权，更无权代表国家对其行政区域外的刑事案件进行管辖。

（3）人民法院对是否属于本院应当受理的刑事案件有职责进行依法审查，并不是区分立案庭或刑事审判庭。变更指控罪名涉及案件管辖问题的，属于对人民法院刑事审判活动的颠覆，辩护人和所有被告人均享有提出管辖权异议的法定权利，人民法院应当对是否有管辖权依职权进行审查。如不属本院管辖范围，应依法退回人民检察院。

某某州中级人民法院认为对变更后的罪名即使无管辖权也可以作出判决不需移送，这种意见是对该司法解释的曲解。因为该项解释执行的前提是法院对改变罪名的案件仍有管辖权，而不是对改变罪名的案件没有管辖权的也可以继续管辖，可以违背《刑事诉讼法》第 24 条的管辖规定继续审理案件。因此，某某州中级人民法院的上述意见属于适用司法解释错误。

（4）无管辖权继续判决并不是节约国家司法资源，节约国家司法资源的前提必须是有管辖权，相反，错误管辖、乱管辖就是滥用职权，而导致判决无效，是浪费司法资源。

三、检察机关指控 F 某犯有合同诈骗罪不成立

上诉人 F 某及其辩护人认为某某酒供销有限公司与寿某某的浙江某某实业有限公司之间是融资借贷关系，可以通过民事法律法律关系解决其争议，本案不构成合同诈骗罪；某某酒供销有限公司与中国农业银行某某路支行之间是平等民事主体之间的储蓄合同关系，如因存款余额的变动产生争议可以通过《账户管理协议书》的约定通过民事诉讼解决；本案上诉人 F 某不以非法占有为目的、仅是履行民事合同的行为，且在开户、面签、储户自行转款过程中并无不当，因此不构成合同诈骗罪。

某某酒供销有任公司不是刑事上的"被害人"，而实质上是民间借贷的出借人；一审刑事判决认定本案被害人是农行某某路支行，因此其在本案中的报案材料、证人证言等证据均不能作为定案依据。

庭审调查证据显示，罗某的南京金某某酒业有限公司自 2013 年 7 月开始多次与某某酒供销有限公司的销售、法务部、财务部进行反复磋商，就其资金出借形成协议。特别是 2013 年 7 月开始的多份三方协议，足以证明某某酒供销有限公司是明确知道合同相对方即借款方存在的。在某某酒供销有限公司法务部工作人员的证词中可以明确得知三方合同变更为一份付贷款利息的《协议书》、一份销酒的《买卖合同书》、一份《一年期企业存款协议书》，是经过某某酒供销有限公司的三份合同在 2013 年 12 月 5 日下午最终同时定稿的。上述协议经过财务、法务及律师的反复推敲。三份合同互为补充，有内在关联，是一个整体，通过绕开国有企业及上市公司资金监管，规避法律风险，实现了流动资金获取贷款收益和销售收益的目的。

某某酒供销有限公司通过与南京金某某酒业有限公司的《协议书》获取1 亿元贷款的一年期的贷款利息 645 万元，同时获取了 600 万元洞藏系列酒的销售利润约为 355 万元，约合人民币 1000 万元；罗某及南京金某某酒业有限公司获取价值 600 万元的酒；其他中介人获取 740 万元的中介费；寿某某的浙江某某实业有限公司支付 1940 万元，获得 1 亿元资金为期一年的使用权，据称比浙江本地的借贷融资成本低了 1 倍，节约了近 2000 万元；而相比较而言，农业银行某某路支行收取了不到 1000 元的手续费。

从合同的约定条款上看，南京金某某酒业有限公司贷款期限 1 年，不提前支取，在开户时不开通网银、不短息通知、不开通密码器已实质性地符合资金借款人的要求；从履行情况上看，资金借款人向某某酒供销有限公司支付了贷款利息 645 万元、支付购酒款 600 万元，向中间人支付了中介费 740 万元。在以向贷款人先期支付贷款利息和购酒款后，贷款人逐笔将 1 亿元资金转入双方约定的贷款人的账户。

根据权利义务对等原则，如借款人知晓无法借用 1 亿元借款绝不会支付1940 万元的对价，如贷款人未收到 1245 万元现金（利息和购酒款），也绝不会出借资金，如中介人和委托代理人罗某未获取 740 万元中介费和 600 万元的酒，也绝不会和贷款人、借款人同时签订多份合同。在出现纠纷后，多次进行磋商的是合同双方和中介方。

根据《合同法》（当时有效）的规定，如贷款方、借款方认为合同在履行过程中产生争议，可以进行协商，或者通过法院诉讼解除合同，由责任方返还借款并根据过错赔偿损失。

某某州中级人民法院已经以判决的形式认定某某州人民检察院指控 F 某合同诈骗罪的罪名不成立，因此，F 某的行为不符合合同诈骗罪的构成要件。

四、从客观行为上看 F 某不构成金融凭证诈骗罪

（一）有关金融凭证诈骗罪的法律规定

《中华人民共和国刑法》（以下简称《刑法》）第 194 条规定："有下列情形之一，进行金融票据诈骗活动，数额较大的，处五年以下有期徒刑或者拘役，并处二万元以上二十万元以下罚金；数额巨大或者有其他严重情节的，处五年以上十年以下有期徒刑，并处五万元以上五十万元以下罚金；数额特别巨大或者有其他特别严重情节的，处十年以上有期徒刑或者无期徒刑，并处五万元以上五十万元以下罚金或者没收财产：（一）明知是伪造、变造的汇票、本票、支票而使用的；（二）明知是作废的汇票、本票、支票而使用的；（三）冒用他人的汇票、本票、支票的；（四）签发空头支票或者与其预留印鉴不符的支票，骗取财物的；（五）汇票、本票的出票人签发无资金保证的汇票、本票或者在出票时作虚假记载，骗取财物的。使用伪造、变造的委托收款凭证、汇款凭证、银行存单等其他银行结算凭证的，依照前款的规定处罚。"

（1）从本罪的客观行为上看，必须为实现诈骗钱财的目的，使用"伪造"的委托收款凭证、汇款凭证、银行存单等银行结算凭证，仅使用银行结算凭证的行为并不构成本罪。

本案中，除 F 某以外的其他被告人使用的都是真实的银行结算凭证，而 F 某根本没有使用任何的银行结算凭证。

根据全国人民代表大会常务委员会法制工作委员会编的《中华人民共和国刑法释义》的权威定义：伪造是指行为人未经国家有关主管部门批准，非法印制银行结算凭证的行为。

本案中，被告人唐某某使用的银行结算凭证是有中国人民银行监制、农业银行统一印制的真实、合法的结算凭证，唐某某没有非法印制银行结算凭证，因此，他使用的不是伪造的银行结算凭证。

F 某根本没有使用银行结算凭证，该凭证亦不是伪造，因此 F 某的行为与金融凭证诈骗罪无关，其不构成该罪。

本案一审法院在判决书（第 51 页第二段第 6 行）中完全认可用于汇款的金融凭证是真实的，既然金融凭证是真实的不是伪造的，就不能适用《刑法》第 194 条第 2 款的规定。

（二）罪刑法定，法无明文规定不为罪，严禁有罪推定和类推

《刑法》第 3 条："法律明文规定为犯罪行为的，依照法律定罪处刑；法律没有明文规定为犯罪行为的，不得定罪处刑。"

《刑法》第 194 条规定的金融凭证诈骗罪成立的前提是使用伪造、变造的银行金融凭证，使用其他形式的金融凭证不构成犯罪。此项犯罪针对的是银行金融凭证，且明文规定只有伪造、变造金融凭证这两种形式。而本案中的金融凭证是真实的，至于在其上加盖真实的印鉴的行为并非变造、伪造金融凭证。因而，不得在有罪推定基础上进行有罪类推。

法律并没有规定在真实银行凭证上加盖真实印鉴构成犯罪，且 F 某自始至终都没有使用涉案的银行凭证，因此上诉人不构成金融凭证诈骗罪。

五、从主观上看上诉人 F 某不具有非法占有的故意

从主观要件上看，上诉人的目的只是为银行拓展业务，这可由多名被告人的供述加以证实。F 某作为支行的负责人，支行的存款压力大，每年有 6000 多万元的存款指标，因此有大额存款是其十分欢迎的，其根本目的是为

银行开拓业务，不存在非法占有上述 1 亿元的故意。

陈某某、唐某某等均向 F 某告知向某某酒厂的借款，某某酒供销有限公司要在某某市设立分公司开户等，且在 2013 年 1 月 8 日某某酒供销有限公司的人到某某市要求寿某某等人就借款事宜商谈时，上诉人 F 某再次要求寿某某等人出示借款协议。

六、从客观行为上看 F 某的行为不构成金融凭证诈骗罪

F 某的行为属于正常工作行为而不是犯罪行为，对 1 亿元以储户账户转至其指定账户与否 F 某无权决定。

某某酒营销有限公司与农业银行某某路支行之间自 2013 年 11 月 29 日起是储蓄合同关系，根据双方之间的《账户管理协议书》的约定，作为储户转移其账户内的存款、购买重要的空白凭证、办理汇兑凭证等业务的唯一依据是与预留印鉴相符。F 某在涉及的具体业务办理过程中并不是以非法占有为目的，因而不构成犯罪。

1. 开户

2013 年 11 月 29 日，某某酒供销有限公司在农业银行某某路支行开设一般性账户，在申请书中约定支付依据为电子印鉴，当日在银行预留印鉴，12 月 4 日启用预留印鉴。11 月 29 日签订《账户管理协议书》，约定预留印鉴是办理存款支付、购买重要空白凭证、汇兑凭证的唯一依据。如预留印鉴丢失或失去控制，只要预留印鉴相符，银行不承担任何法律责任。

在本案中，柜员在办理开户过程中与 F 某并无联系，开户手续齐全，合法有效，账户于 2013 年 12 月 4 日生效，预留印鉴同日启用。某某酒公司人员通过电话已知道账户生效，并且在 2013 年 12 月 9 日转存入 3400 万元，如果其在不确认账户已生效的前提下不会转入如此大额的资金。

F 某代表银行受理安排其开户的目的是增加银行的营业收入，没有证据证明其有非法占有的预谋。

2. 按照农行范本提供咨询，属正常合法行为

2013 年 12 月 4 日晚，F 某持农业银行的合法的理财协议范本向罗某、陈某某、寿某某进行业务咨询，属正常合法行为，并不是预谋犯罪。且除面签外，未参与某某酒供销有限公司与其他被告人的协商和签订协议的行为，对他们的协议内容并不知情。

3. 面签

在账户已生效的前提下，面签仅是核实企业法定代表人是否知道其员工赵某某代表其单位开户，并不能否认《授权书》和开户的效力。面签属于正常的履行职责的工作行为。

通过面签取得法定代表人夏某某亲笔签字的面签授权委托书，虽未加盖公章，但因其是法定代表人，根据《中华人民共和国民法通则》和《中华人民共和国公司法》的规定，法定代表人的签字代表公司，自 2013 年 12 月 5 日面签的授权委托书已产生法律效力，是对 2013 年 11 月 28 日已出具的《授权书》的再次确认，但并不影响《授权书》的效力。

因此，公诉人及本案被告人甚至银行的柜员包括 F 某认为在《授权书》上未加盖公章就不产生法律效力，是其对法律规定不了解产生的错误供述，不应作为定案的依据。

另在《账户管理协议书》于 11 月 29 日已生效且对双方产生法律约束力的情况下，有无该《授权书》、该《授权书》是否生效、是否加盖公章均不能成为柜员出售重要空白凭证的前提和条件，柜员在约定的预留印鉴经农行某某路支行后台中心印鉴复核通过后向储户经办人员出售重要空白凭证属履行工作职责，并无不当。

4. 购买、出售重要空白凭证和转款

根据双方之间早已生效的《账户管理协议书》，储户自行购买重要空白凭证，自行将其存款转移至其他账户，是储户的权利和自由，只要与预留印鉴相符就必须办理。根据岗位职责柜员必须办理，这是柜员的职责，由前台柜员和后台中心共同完成。

F 某作为某某路银行的行长无权决定出售与否、转账与否。因此，认为 F 某在储户购买结算申请书中起了决定性作用是错误认定，而起了决定性作用的是印鉴且预留印鉴相符。只要印鉴是真实的，F 某和银行均不应承担法律责任。

从总合同双方主体看，对于银行而言，无论经办人是谁只要印鉴相符，都属于储户某某酒供销有限公司将存款自主转移至其指定的账户，至于其基于何种原因，不在银行的注意义务范围之内，银行亦无权利干涉储户的自由。这不仅适用于某某酒供销有限公司与农业银行某某路支行，且是所有储户和银行的普遍规则。

七、关于印鉴部分

某某酒供销有限公司丢失或被他人使用印鉴除自身应承担法律责任外，应依法追究使用公章印鉴人的责任。F 某对此并不知情亦未参与，不应承担法律责任。

某某酒供销有限公司作为储户其真实印鉴因保管不善被他人使用是造成其存款被自行转账至其他账户的根本原因。根据《账户管理协议》的约定，印鉴丢失，应向银行挂失支付，直至案发某某酒供销有限公司才知道印鉴丢失或失去控制，未向银行挂失支付，依据约定银行不承担其损失，作为行长 F 某也不应承担任何法律责任。

某某酒供销有限公司有权通过法律途径追究使用其公章的相关责任人的法律责任，如有经济损失可以向其追偿，与上诉人 F 某和银行无关。

绝不可因为使用公章的人（寿某某、陈某某等人）无偿还剩余 6000 万元的经济能力，而使经济纠纷刑事化，希望通过对 F 某的刑事指控后的判决，来转嫁损失至农业银行。

八、关于唐某某的身份问题

唐某某只要持有身份证办理上述业务，其是否是某某酒供销有限公司的员工或有无授权一概与银行和 F 某无关，不在 F 某和银行的职权和责任范围之内，一审认定唐某某等冒用该公司名义购买金融凭证、填写虚假内容与上诉人 F 某无关，其客观行为不符合金融凭证诈骗罪的客观行为要件。

在持有加盖了与预留印鉴相符的真实印鉴购买凭证委托书和结算业务申请书后，唐某某作为储户某某酒供销有限公司在银行业务的经办人，只要持有个人身份证并经银行联网核查属实，就可以办理相关业务。能否办理转款业务取决于印鉴是否与预留印鉴相符，而不取决于唐某某的身份。换言之，即使某某酒供销有限公司的赵某办理上述业务，也不会额外要求其出具授权委托书，仅需身份证，但如果与预留印鉴不符，同样无法办理。任何一个人如唐某某、李某某、赵某某等只要持有与预留印鉴相符的凭证均可办理业务。

银行对经办人是否为储户单位的财务人员、工作人员概无注意义务，只要其是一个成年人即可。不能人为加大金融机构的责任和义务，在已约定了预留印鉴作为唯一安全依据的情况下，不得妨碍金融的效率。这同样是对所有银行和储户都适用的普遍原则。

作为储户拥有追究使用公章之人的权利和法律措施，但无权追究银行行长、柜员和银行的责任。

F某并未参与、策划、实施使用公章的行为，并不知道储户某某酒供销有限公司重要凭证上的真实印鉴是未经储户同意加盖上去的，对此，作为银行行长和银行无权也不可能知道。因此，上诉人F某的行为并不构成和使用公章的人的共犯，上诉人F某不应就此承担法律责任。

综上所述，与会专家认为，某某州中级人民法院对本案没有管辖权，应当退回至某某州人民检察院并由后者依法移送至某某省某某市人民检察院审查起诉。上诉人F某不构成指控的合同诈骗罪，不构成一审法院认定的金融凭证诈骗罪。某某州中级人民法院判决的程序错误和实体错误应当予以纠正。

以上意见供参考。

瞽言刍议

一个刑事案件，无权管辖而一定要管辖，这往往并不是由于认识上的原因造成的。可见，根除错误管辖还有待于从解决司法地方保护和部门利益等着手，否则可能是无济于事的。

与此相应，不构成指控的此罪，就一定要改变罪名判决一个彼罪，或者相反，不管其成立与否，这也是常常遇到的一个不好纠正的司法难题。

余以为，判决未经对此审理就改变起诉罪名，就其实质，应当属于法院自诉自判，既剥夺了检察院的公诉权，又剥夺了被告人的辩护权，是严重的程序违法，破坏程序法治，违背程序正义的行为。

当然，在特殊的情况下，实质上没有剥夺被告人的辩护权，从有利于被告原则和诉讼经济原则出发，作为变通例外，还是可以判决改变罪名的。譬如，起诉罪名是故意杀人罪，而辩护意见是故意伤害罪，法院判绝不是故意杀人罪而是故意伤害罪，这是当然可以的。而起诉的是故意伤害罪，辩护意见是无罪，而法院判决是故意杀人罪，这就是决不可以的：属于一审判决的，应当以程序严重违法为由；发回重审，属于二审判决的，应当作为可以提起再审的重要事由来对待。对此，应当以司法解释的形式加以解决。